U0495064

修订珍藏版

最后一役

1945
柏林战役

[美] 科尼利厄斯·瑞恩—著
王义国—译
董旻杰—校译

Cornelius Ryan

THE LAST BATTLE

The Classic History of the Battle for Berlin

中信出版集团 · 北京

图书在版编目（CIP）数据

最后一役：1945 柏林战役 /（美）科尼利厄斯·瑞恩著；王义国译. -- 2 版. -- 北京：中信出版社，2018.5（2024.10 重印）

（二战史诗三部曲·修订珍藏版）

书名原文：The Last Battle: The Classic History of the Battle for Berlin

ISBN 978-7-5086-8193-1

Ⅰ.①最… Ⅱ.①科… ②王… Ⅲ.①柏林战役(1945) Ⅳ.①E195.2

中国版本图书馆 CIP 数据核字（2017）第 240788 号

最后一役：1945 柏林战役
（二战史诗三部曲·修订珍藏版）

著　　者：[美]科尼利厄斯·瑞恩
译　　者：王义国
出版发行：中信出版集团股份有限公司
（北京市朝阳区东三环北路 27 号嘉铭中心　邮编　100020）
承 印 者：河北鹏润印刷有限公司

开　　本：880mm×1230mm　1/32　　印　　张：17　　插　　页：32　　字　　数：394 千字
版　　次：2018 年 5 月第 2 版　　印　　次：2024 年 10 月第 15 次印刷
京权图字：01-2015-4621　　书　　号：ISBN 978-7-5086-8193-1
定　　价：96.00 元

在论及战争中的事件时，我不敢从道听途说出发，也不敢基于我自己的观念。我所描述的，只是我的亲眼所见，如果系得知于他人，也是做了最仔细、最苛求的探究。这是一个困难的任务，因为同一个事件，目击者由于记忆不同，或者对事件的兴趣角度不同，给出的说法也大相径庭。因而大有可能的是，我的叙述严格基于史实的性质反而可能令人非常失望。不过，如果他想看到实际发生的事件的真实画面的话……他就一定会说，我所写的东西是有用的，而能够这样，我也就满足了。

——修昔底德，《伯罗奔尼撒战争史》卷一

初版序言

一部不朽的作品和它所描绘的战争深渊

“也许是当下全世界最才华横溢的记者！”

这是马尔科姆·马格里奇（Malcolm Muggeridge，1903—1990）对本书作者瑞恩的赞誉。马格里奇是20世纪国际文化界最有影响的人士之一，著名作家、记者，当过爱丁堡大学的校长。1973年，法国政府授予瑞恩荣誉军团骑士勋章时，马格里奇说了上述赞誉之辞。

科尼利厄斯·瑞恩（Cornelius Ryan，1920—1974）出生于爱尔兰的都柏林，起初就读于爱尔兰公教兄弟会（Christian Brothers）学校，后来又在爱尔兰音乐学院主修小提琴。顺便说一句，公教兄弟会学校是为贫穷的天主教徒子弟提供受教育机会的机构。

瑞恩虽然大学主修的是音乐，但他更有志于写作。1941年，他21岁的时候，加入了伦敦的路透社。1943年，他加入位于伦敦的《每日电讯报》（*Daily Telegraph*）担任战地记者，而且参加了战斗，与美军第8、第9航空队一起执行了14次飞行轰炸任务，报道了D日登陆以及巴顿将军的美军第3集团军穿越法国和德国的挺进情况。

欧战结束后，瑞恩又被派往太平洋战区，开办了《每日电讯报》的日本分社。1946年他被派往耶路撒冷，担任《每日电讯报》中东分社的社长，同时还担任《时代》(*Time*)周刊和位于圣路易的《快邮报》(*Post Dispatch*)的特约记者。所谓特约记者，也就是按篇幅取酬的记者。

1947年，瑞恩得到了一个职位，担任《时代》周刊的撰稿编辑，同时移民美国。1949年离开《时代》周刊之后，他在《新闻周刊》(*Newsweek*)短暂工作了一段时间，1950年担任《柯里尔》(*Collier*)双周刊的副主编，同年与凯瑟琳·摩根(Kathryn Morgan)结婚，并取得美国国籍。在《柯里尔》工作期间，瑞恩报道了美国的太空计划，并向美国公众介绍了沃纳·马格努斯·马克西米利安·冯·布劳恩男爵(Wernher Magnus Maximilian Freiherr von Braun，1912—1977)，从而获得了巨大声誉。冯·布劳恩是德国火箭设计师，战后移居美国，1958年1月主持发射了美国第一颗人造卫星“探险者1号”。

1956年，《柯里尔》停刊，瑞恩随即开始《最长的一天》的研究和写作。《最长的一天》于1959年出版，大获成功并为他赢得国际声誉。1959年，他获得描写国外事务的最佳图书奖——克里斯托弗奖(Christopher Award)，1962年获得意大利的班加雷拉文学奖(Bancarella Prize)。《最长的一天》出版后，他立即加入《读者文摘》(*Reader's Digest*)，继续新闻事业，同时又开始第二本关于二战的作品《最后一役》的研究与写作。这部作品于1965年出版。

1970年，瑞恩被诊断患有癌症，开始化疗。与此同时，他开始着手第三本二战作品《遥远的桥》的研究与写作。1973年，为了表彰他在新闻和历史写作领域做出的贡献，他被授予法国荣誉军团骑士勋章。1974 年，《遥远的桥》出版，俄亥俄大学授予他荣誉博士学位。在为最后一本书进行宣传的旅途当中，他再次住进医院。1974 年 11 月 23 日不幸去世。

瑞恩年仅 54 岁就英年早逝，令人扼腕。不过他的作品却为他赢得了不朽的声名，人们将世世代代记住这位最为才华横溢的记者。而这绝非溢美之词。

瑞恩的三部二战作品，按照写作与出版时间的先后，依次为《最长的一天》（1959）、《最后一役》（1965）、《遥远的桥》（1974）；但按照所反映的历史事件的顺序，则是《遥远的桥》次之，《最后一役》为第三。《最长的一天》描写的是“霸王”行动，也就是 1944 年 6 月 6 日的诺曼底登陆；《遥远的桥》描写的是 1944 年 9 月 17 日到 26 日，荷兰的“市场–花园”行动；《最后一役》则描写了 1945 年 4 月 15 日到 5 月 10 日盟军对柏林的进攻战役。这三部作品被公认为二战文学的经典作品，以 20 多种文字在世界各地发行，具有全球性影响。其中《最长的一天》和《遥远的桥》又被拍成电影，风靡全球，为人们所耳熟能详。

这三部作品，是历史文学作品，但最重要的首先是历史。写历史，首先就是要写出“信史”。

毋庸置疑，瑞恩才华横溢，早年的小提琴训练赋予了他乐音的精确性、优美的韵律感、敏锐的感受性和丰富的想象力。但写作纪实作品，他则铭记着历史学鼻祖修昔底德的教诲，那就是“严格基于史实”。瑞恩就是要写得“无一字无出处”。

他是怎么做到这一点的呢？我自然无力给出完整的答案。不过首先我们应该记得，瑞恩是二战的亲历者。前面已经说过，他曾担任战地记者，与美军第 8、第 9 航空队一起执行了 14 次飞行轰炸任务，报道了 D 日登陆。他参加过战斗，所以他笔下的作战场景读来才令人感到如此身临其境。

具体到《最后一役》一书，我恳请读者拨冗读一下本书后面的“作者致谢”一节，总共有2 000人提供了信息，700多人参加了采访。作者既采访了艾森豪威尔、蒙哥马利等英美将领，也采访了科涅夫、崔可夫等苏联元帅，还采访了数量众多的德国将领，当然还有平民。这些采访绝非可有可无。作者特别提到，在为期 3 个月的时间里，他曾对德军名将戈特哈德·海因里希（Gotthard Heinrici）进行了无数次的采访，如果没有海因里希，这本书就写不出来。这既非客套也非过谦。如果没有海因里希，苏德两军的战斗就无法写得那么细腻逼真，也就无法让读者读得那么兴趣盎然。

作者还搜集、研究了大量资料，有若干历史档案在本书中第一次被解密。所以，前面提到他的作品的时候，都使用了“研究与写作”一语。当然，我们还应该记得，瑞恩是一位才华横溢的记者，他以历史资料、目击者的叙述、个人的回忆为线索，编织成丰富多彩的画面，展现了更为广阔的战役场景。在创造出令人满意的“大画面”上，瑞恩的才能是无与伦比的。

如此写来，才让众多的同行和读者由衷感叹，《最后一役》是“一个罕见的成就……世世代代的人都将予以关注”。

瑞恩用“迦太基”（Carthage）一词指称柏林，其中包含了他对历史的看法和对战争及其事件的理解。本书一开始就提到，柏林已经成为第二个迦太基。迦太基是古代最著名的城市之一，相传是由推罗的腓尼基人于公元前814年所建，屡遭战祸，最终于公元146年被罗马人彻底毁灭。作者在这里把柏林比作第二个迦太基，别有深意。柏林战役是第二次世界大战欧洲战场的战火得以平息的最后一仗，是对希特勒第三帝国发起的最后攻势。柏林作为欧洲一个具有历史意义的首都，在这场战役中被摧毁了。今之柏林，犹如古之迦太基，其结局令人叹息。

英语中有一个与迦太基有关的习语，叫“迦太基式和约”（Carthaginian peace），也就是对战败一方提出苛刻条件的和平条约。第二次世界大战进入最后一年，第三帝国所有的领导人都知道大势已去，希特勒之外的其他重要领导人有不少想议和，有的做出了试探，有的想向西方单方面投降。但得到的回答只有一个：不得议和，只能投降；不能单方面投降，只能无条件投降。对德国来说，只有彻底的失败，别无其他出路。

何以如此？因为人人都要找德国人算账。19世纪德国出版商卡尔·贝德克尔（Karl Baedeker）曾发行了《贝德克尔旅游指南》（*Baedeker guide for tourists*），而到了第二次世界大战，又出现了“贝德克尔空袭”（Baedeker raids）一语，指1942年德国对英国历史胜迹和文化名城的一系列轰炸，那是名副其实的按图索骥大轰炸。现在，盟军以柏林为目标，开始了复仇。美国人白天轰炸，英国皇家空军晚上轰炸。毁坏的建筑物密集的地区，是德国空军在伦敦炸毁区域的10倍，伤亡数字则是在轰炸伦敦中死亡和受重伤者的5倍。

复仇！是的，“胜利”之外，复仇是柏林之役的第二个反复响彻的主题。要复仇的有敦刻尔克大撤退的老兵。1940年五六月间，被德军围困的英军和其他盟国军队从这里撤往英国，实际上是被赶到海上的，没能撤离的英军几乎都被消灭。要复仇的有法国，第二次世界大战前期是法兰西历史中十分灰暗的一页。第一次世界大战的英雄贝当将军，到了二战无奈地向德军求和，当上傀儡政府元首并把法国拱手交给德国人，这成了法国人耻辱和悲哀的心病。要复仇的还有被地狱般的集中营深深震惊的盟军士兵……当然，最猛烈的复仇来自苏联军队。他们的仇恨来自斯大林格勒地狱般的废墟，来自被焚毁的数以万计的苏联村庄的焦土，来自被德军杀死的父兄们的鲜血，来自惨遭凌辱的母亲和姐妹绝望的眼神……而这种巨大的仇恨将转变为一种可怕的力量。事实上，在柏林之役中，正是这种仇恨使一部分苏联士兵变得残暴和凶狠，并以复仇的名义，在柏林城内四处抢劫、杀人、强奸……

就连某些德国人——他们对德军在苏联国土的行径，以及第三帝国在集中营犯下的暴行略知一二——也自知罪孽深重，在劫难逃，深感迦太基被夷为平地的梦魇可能要在柏林身上成为现实了。

当然，毕竟当时已是20世纪，人们到底理性多了，柏林虽然最终遭到了毁灭，但并没有被夷为平地。不过这种“迦太基式和约”的震撼力是无可估量的。失败越彻底，投降越无条件，后遗症也就越少。现在德国仍然在反思自己父辈的罪行，受到重创的威廉皇帝纪念教堂现在叫警世教堂，供人们凭吊忏悔，这种认罪的态度不可能与当年的彻底失败没有关系。

《最后一役》是对柏林战役扣人心弦的报道，又是有关普通人的故事，是有关军人和平民的故事。作者瑞恩深入军事和政治层面的内核，探讨了生存这个更为深刻的问题。如作者所说，在二战这个最血腥、最关键的时刻，“吃饭已经变得比爱更重要，躲藏比战斗更有尊严，忍受比获得胜利在军事上更为正确”。

到这场最后一役时，希特勒的侵略政策已经给德意志民族带来了灭顶之灾。德意志民族本来是注重高雅体面的民族，曾经诞生了号称“3B”的世界一流音乐家——巴赫（Bach）、贝多芬（Beethoven）、勃拉姆斯（Brahms）。可是在柏林被围困时，人们的生存状况极其恶劣，有些细节无法细说，甚至一想起就令人作呕。在这种情况下，哪里还有体面尊严可言？更有甚者，有的柏林人居然哄抢商店。为了生存，人们竟堕落到如此地步！

我认为希特勒的最可恶之处，就在于他把全体人民拖入战争的深渊。希特勒进行的是“总体战”，最后导致德国总体战败以及被占领、被瓜分。他罪孽深重，却要全体德国人民替他背负罪责。

过去在入侵他国的时候，希特勒便推行“焦土政策”；现在德国战败，他又要在本土实施“焦土政策”，要求毁城，要求玉石俱焚，也就是要求民族的总体毁灭。所幸德国也不是铁板一块，他的“焦土政策”最终并没有在本土彻底实施，否则人们将何以继续生存下去？

虽然柏林的陷落只不过是时间问题，不过战争的胜负也只有在交手之后才能见分晓。就兵力而言，盟军有几个集团军群或者方面军，每个集团军群或者方面军都有几十万兵力，而且动用了西方世界几乎所有的钢铁和弹药，德军也是穷举国之力血战到底，战斗的惨烈程度、给双方带来的伤亡，自可想见。

在翻译《最后一役》的过程中，我不由得一再痛感，战争的最大伤亡者是平民，不能再有战争了。今天的人们已经更为理性，不仅德国应该反省，而且参战各国都应该反省，整个人类都应该反省。

在翻译《最后一役》的过程中，感慨不时涌现，上述只不过略陈一二而已，而且也未能尽意。第二次世界大战是人类遭遇的空前浩劫，战后反思是人类在付出了高昂代价后留给后人的珍贵遗产。

王义国

前言

1945 年 4 月 16 日，星期一，A 日

柏林之战，对希特勒的第三帝国发动的最后一击，开始于 1945 年 4 月 16 日，星期一，凌晨 4 点整——西方盟军称之为 A 日[1]。在一瞬间，离德国首都东部不到 62 公里的地方，涨水的奥得河上方的夜空中突然燃起了红色的火焰，令人目瞪口呆的战斗即将打响，苏联人对这座城市的进攻也由此开始。

几乎同时，美军第 9 集团军各部正在远离柏林——回过头来向西行军，他们要在唐格明德（Tangermünde）和巴尔比（Barby）之间的易北河沿岸占领新的阵地。早在 4 月 14 日艾森豪威尔将军就做出决定，下令英美盟军停止在德国境内的大规模突进。“柏林，”他说道，“不再是首要军事目标了。”当美军部队接到命令时，有些部队离柏林只有 70 多公里。

苏联发起进攻的时候，柏林人在被炸成瓦砾的城市里静候着，

1　A 日（A-Day），意为“开始日”。原书第 122 页说：“那个行动预定开始的日期被指定为‘A 日’，它将取决于盟军向柏林推进的速度。”本书脚注，如无特别说明，均为译者注。

麻木而恐惧，他们坚持当下唯一有价值的政治学——“生存政治学”。吃饭已经变得比爱更重要，躲藏比战斗更有尊严，忍受比获得胜利在军事上更为正确。

下面就是这场最后一役的故事——对柏林的进攻和占领。尽管本书叙述了战斗经过，但它却并非军事类的报道。更为贴切地说，它是普通人的故事，这些军人和平民不得不被卷入随着失败和胜利而来的绝望、沮丧、恐惧和强暴之中。

目录

第 1 部

城市

Part One

The City

1

北纬地区的黎明来得很早，甚至当轰炸机群正在飞离城市的时候，第一缕晨曦就已经越过东方的地平线，穿过云层泼洒下来。在这个寂静的清晨，巨大的黑色烟柱耸立在潘科区（Pankow）、韦森塞区（Weissensee）和利希滕贝格区（Lichtenberg）的上空。刚刚经历了夜间轰炸的柏林正在熊熊燃烧——火焰的反光映射在低矮的云层上面，与柔和的阳光混合在一起，令人难以区分。

当废墟上的烟尘缓缓飘散后，这座遭受了最猛烈轰炸的德国城市显得格外荒凉与可怕。房梁已经歪斜的倒塌楼房、成千上万个层叠在一起的弹坑，充满了这座已经被硝烟熏成黑色的首都。成片的住宅区不见了，一排排街区从城市的心脏地带整体消失了。原先宽阔的马路和街道，现在已经成了废墟中坑坑洼洼的小径，在山一般的瓦砾堆中蜿蜒蛇行。没有窗子、房顶坍塌、内部也被烧个精光的楼房，遍布着每一寸土地，正绝望地注视着天空。

空袭之后，残存的灰烬如同雨水般飘落下来，给废墟漆上了一层薄粉。街道变成了充斥着残垣断壁和扭曲钢筋的“峡谷”，只剩下打着旋儿的灰尘在飘动。菩提树下街[1]也是这样一番光景，那些闻名遐迩的大树连树枝上的叶芽都被烧焦了，变成了光秃秃的枯枝。在这条著名的林荫大道两侧，保存完好的银行、图书馆和格调高雅的商店寥寥无几，大多毁于空袭。然而在这条大道的西端，8 层楼高的勃兰登堡门——柏林最著名的标志性建筑——尽管伤痕累累，但 12 根巨大的希腊式石柱依然矗立。

在附近的威廉大街上，政府大楼和旧时代的宫殿遍布街道两侧。而现在，这一切早已不复存在，只剩下从数千个窗户上散落下来的玻璃碎片在瓦砾中闪闪发光。大街第 73 号就是那座美丽的小宫殿——魏玛共和国期间，它曾是几任德国总统的官邸，后来成了第三帝国外交部所在地——其内部现已毁于一场凶猛的大火。以往人们曾将其描述成一座微型凡尔赛宫，而现在前院那座用来装饰华丽喷泉的海上仙女像被炸碎了，倒在柱廊式的前门上。飞溅的碎片把屋顶边缘的两个莱茵河少女雕塑击打得伤痕累累：塑像的脑袋被炸掉了，如同无头死尸般趴倒在一片狼藉的院子里。

在一个街区之外，第 77 号虽然也有伤痕，但仍保持完整。这座 L 形的 3 层建筑四周堆满了瓦砾，大楼黄褐色的外墙已显得凹凸不平。令人炫目的金鹰雕像镶嵌在房屋每个入口的上方，它们的爪子趾高气扬地勾着卐字徽章——不过现在，那些骄傲的金鹰已经被打得弹痕累累，身上还有深深的割痕。一座气势雄伟的阳

1　菩提树下街（Unter den Linden），直译是椴树下大街，柏林东区的一条著名大街，西起勃兰登堡门，东至柏林电视塔，全长 1.5 公里，因过去种有椴树而得名。菩提树下街是柏林市中心的交通枢纽，并且将多处重要景观和名胜连接在了一起。作为传奇性的首都景观大街，它有很多动人的历史故事。

台从建筑上方伸展出来——全世界曾经从那座阳台上听到过许多疯狂的长篇演说。新帝国总理府，也就是阿道夫·希特勒的官署仍然存在。

在空袭中遭到重创的还有选帝侯大街——也就是柏林的第五大道。大街尽头的威廉皇帝纪念教堂曾是一栋气势恢宏的建筑物，而今，它那变形的结构骨架膨胀了起来，烧焦的时钟上，指针从1943年开始就停在7点30分整，至今分秒未动。单是在1943年11月的一个晚上，炸弹就彻底摧毁了这座城市的4平方公里区域，大钟也在这样的灾难中永久性地停摆了。

距离大街100米开外，原本闻名世界的柏林动物园已经被炸成了杂乱的废墟。饲养河马、袋鼠、老虎、大象和各类爬行动物的馆舍，连同周围的几十座建筑都遭到了严重破坏，水族馆更是被彻底摧毁。占地2.5平方公里的蒂尔加滕公园也曾是柏林的著名地标，它环绕着动物园，但现在却被摧残成一片荒地。公园里边的弹坑就像房间那么大，湖里填满了瓦砾，附近的大使馆楼房也被部分摧毁。这座公园曾经生长着大片茂密的天然森林，现在大部分树都被烧掉了，只留下丑陋的树桩。

在蒂尔加滕的东北角是柏林最壮观的废墟——帝国国会大厦。不过，它并非毁于盟军的轰炸，而是在德国国内的政治斗争中遭殃的。作为昔日的议会所在地，国会大厦在1933年被纳粹故意纵火烧掉了。他们随后栽赃嫁祸给共产党，从而为希特勒攫取完整的独裁权力提供了一个绝好的借口。6根巨大的石柱耸立在帝国国会大厦的入口处，而在其上方的柱廊上凿刻着几个黑色大字："致德意志人民"（Dem Deutschen Volke）。如今，柱廊倒塌了，柱廊下面的废墟几乎把整个大厦都彻底埋没。

国会大厦对面的国王广场上，以前是一个雕塑群。现在除了一根立在巨大柱廊基座上的圆柱以外（这个巨大的圆柱有 67 米高，由铜和深红色花岗岩制成），雕塑已经全部消失了。那根巨大的圆柱被称为胜利纪念柱。它之所以能够幸存下来，并非盟军轰炸机部队手下留情的结果，而是因为它在 1933 年时挪了窝。国会纵火案后，希特勒命人将圆柱移动到距离原址 1.6 公里以外的夏洛滕堡大道旁，也就是东西轴心大道中心附近。所谓东西轴心大道，是数条道路的交叉处，大致从西边的哈弗尔河穿过城市，到东边的菩提树下街。当太阳在3月的清晨升起时，阳光映照着柱子顶部的金像——一座展开双翼的胜利女神奈基（Nike）的青铜雕像，一只手拿着月桂花冠，另一只手擎着一面装饰有铁十字勋章的军旗。细长而优美的胜利纪念柱，恐怕是整座柏林城内屈指可数的没有被轰炸波及的建筑了。

在这座饱受折磨的城市各处，哀号般的空袭警报解除信号开始传出，这也意味着盟军对柏林发动的第 314 次空袭终于结束了。在战争的最初几年里，空袭是零星发生的，在之后的日子则变得越来越频繁。到了现在，对帝国首都的轰炸已经变成了持续性的蹂躏——美国人在白天炸，英国皇家空军在夜里炸。破坏程度的统计数字几乎每个小时都在递增，而累计到现在的数据更是让所有人震惊：炸弹摧毁了 26 平方公里以上遍布建筑物的城区——这是德国空军摧毁伦敦城区面积的 10 倍。8 500 万立方米的瓦砾堆积在街道上——这足以垒起一座 300 多米高的山峰。在柏林全部的 156.2 万座住宅中，几乎有一半受损，更有三分之一的房屋被彻底摧毁或是重创，以至于完全不能居住。要想确切计算人员上的巨大伤亡几乎是不可能的——光是死亡人数就已经达到 5.2 万人，重伤者则超过 10 万人。上述数字是伦敦遭受轰炸后人员伤亡的 5 倍，柏林城已经成了第二个迦太基[1]——而最后的痛苦挣扎还没有来到呢。

出乎意料的是，在毁灭性空袭后残留的废墟中，历经劫难的人们却仍能继续生活下去——哪怕这样的生活是在残垣断壁中以一种疯狂与理智相交织的状态持续下去的。1.2 万名警察仍然坚守在值勤岗位上；邮递员和往常一样沿着大街小巷投递邮件；报纸每天都在印刷，电话电报业务也在继续；垃圾有人清理，剧院、电影院照常营业，遭到严重破坏的动物园同样对外开放部分区域。柏林爱乐乐团正在完成演出季；百货公司则搞起了特卖；食品店和面包店每天早晨都开门，而且洗衣店、干洗店和美容院的生意还特别好；地铁和高架铁路上的列车仍在运行；柏林城内的时髦酒吧和餐馆能保持完好无损的屈指可数，但内部却是人满为患；著名的柏林花匠们也没有从废墟中消失，他们刺耳的叫卖声就像和平时期一样回响在每条街道上。

也许最不平常的是柏林的大工厂，它们有 65% 以上仍然处于某种程度的开工状态，接近 60 万人在其中劳动。但“如何去上班”现在却成了一个大问题：频繁的轰炸造成了严重的交通堵塞，人们时常要绕道才能到达目的地。而在人群和废墟中，无止境的减速、抛锚更是家常便饭，这些不便让人们的上班之路往往要消耗掉几个

---

1 迦太基（Carthage），古代最著名的城市之一，北非奴隶制国家迦太基古国的首都。相传是由推罗的腓尼基人于公元前 814 年所建，在为争夺地中海西部统治权而与古罗马人进行的布匿战争中屡遭战祸，最终于公元前 146 年的第三次布匿战争中被罗马人彻底毁灭。

钟头。千里之外的美国人起得很早，往往从上午 9 点开始就对城市进行狂轰滥炸。为了准点到岗，柏林人不得不起得更早。

在这个阳光明媚的早晨，柏林人就像新石器时代的穴居人一般出现在城市的 12 个街区里。他们从地铁的出站口涌出，从公共建筑下面的防空洞里钻出，从被炸坏的家中的地窖和地下室里走出。幸存下来的柏林人或许憧憬着不同的希望，心怀着各色恐惧，甚至连效忠对象或者政治信仰也不尽相同，但在这一点上所有人都是一致的：既然从头天晚上的灭顶之灾中活了下来，那就决心再活上一天。

这句话同样适用于这个国家。在第二次世界大战的第 6 个年头里，希特勒的德国正在为了生存下去而进行着绝望的战斗。这个自认为将存在千年的帝国[1]，已经遭到来自东西方两侧的围攻。其中，从西方杀来的英美盟军已经在雷马根（Remagen）完成了强渡，冲过了宽阔的莱茵河，正全速朝柏林挺进——此时此刻，他们距离柏林仅 500 公里。而在奥得河东岸，一个更为可怕的威胁正在形成：兵临当地的苏联红军距离柏林已不到 80 公里！这样的压迫感难以用语言形容。

这是 1945 年 3 月 21 日，星期三——春天的第一天。在这天上午，通过全城所有的收音机，柏林人听到了最后一首流行金曲：《这将是一个没有终点的春天》。

1 帝国（Reich）是德语中对神圣罗马帝国的统称。第二帝国指 1871 至 1918 年的德意志帝国；第三帝国为 1933 至 1945 年间的纳粹德国；神圣罗马帝国存世于 962 至 1806 年，到 1962 年是一千年，所以有“这个即将持续千年的帝国”之说。

2

每个柏林人都以自己的方式，对威胁他们的险境做出了反应：有些人固执地对险境视而不见，他们希望险境会自动消失；有些人是自入虎口；还有些人的反应是愤怒或者恐惧；而另外一些人，基于走投无路身陷绝境的可怕逻辑，准备勇敢地直面命运。

在西南部的采伦多夫区（Zehlendorf），送奶工里夏德·波甘诺夫斯卡（Richard Poganowska）像往常一样，天还没大亮就起床了。在过去的几年里，波甘诺夫斯卡每天都重复做着那些令人感到单调乏味的工作，但现在他却对这样的例行公事心存感激。他在采伦多夫区边缘时尚的达勒姆地区、有着300年历史的达勒姆庄园农场里干活，该农场离庞大的首都市中心只有几公里远。在其他任何一座城市，要是在城市里面开办奶牛场会让人感到奇怪，但在柏林则不然。这座城市总面积的五分之一是公园和林地，它们就在湖泊、运河和溪流的旁边。尽管如此，波甘诺夫斯卡却和庄园农场的许多雇员一样，巴不得农场是在别的某个地方——远离城市，远离危险和连续不断的轰炸。

波甘诺夫斯卡、他的妻子莉丝贝特和他们的3个孩子，在路易丝王后街的主楼地下室里再次度过了一夜。由于高射炮的开火声和炸弹的爆炸声，入眠是彻底不可能了，就像任何一个柏林人一样，这名39岁的大个子送奶工近来老是感到疲倦。

他并不知道炸弹在夜间落在了什么地方，不过他却知道庄园农场的大奶牛牛棚附近，一颗炸弹也没有落下过。这群珍贵的奶牛是安全的，仿佛没有什么事情会打扰这200头奶牛。在炸弹的爆炸声和高射炮的轰鸣声中，它们耐心地站着，安宁地进行反刍，而且以某种神奇的方式继续产奶。这一直令波甘诺夫斯卡感到惊奇。

睡眠严重不足的送奶工将牛奶等货物装上那辆古老的棕色送奶马车和拖车，再把两匹马套上马车，那是有着狐狸皮色的莉萨和汉斯，灰色的波美拉尼亚丝毛狗波尔蒂就蹲在送奶工旁边的座位上。一切收拾停当之后，波甘诺夫斯卡驾着马车到各处去送奶。院子的鹅卵石路把车轮磨得咔咔作响，他朝右拐上帕采里林荫大道，向北朝施马根多夫（Schmargendorf）的方向前进。这会儿是清晨6点，等到他送完奶，都已经是晚上9点了。

波甘诺夫斯卡已经昏昏欲睡，但他依然保持着大大咧咧的乐观态度——这样的态度让他俨然成为1200名客户的士气鼓舞者。波甘诺夫斯卡的送货路线大概沿着采伦多夫区、舍讷贝格区（Schöneberg）、维尔默斯多夫区（Wilmersdorf）这3个大区的边缘地带前进。上述3个区都遭受了猛烈的轰炸，而后两者因为离市中心最近，几乎被完全毁灭。单是在维尔默斯多夫，就有超过3.6万栋住宅被炸毁。在两个区的34万人口中，几乎有一半是无家可归者。在这种绝境下，一张罕见的快乐脸蛋很快就成了极受欢迎的精神图腾。

即使在这个阳光微露的时刻，波甘诺夫斯卡仍然发现人们在每个交叉路口等候他。这些日子里，人们做什么事都得排队——等肉贩，等面包师，甚至在自来水管被炸断时还要等水。波甘诺夫斯卡摇响了一个大牛铃向排成长龙的顾客们宣告他的到来。从 1945 年年初起，他就开始使用那个铃铛了，因为越来越频繁的昼间轰炸让挨家挨户地送奶成为奢望，只能招呼顾客到路口取货。对他的顾客而言，这个牛铃就像波甘诺夫斯卡本人一样，已然成为某种象征。

这天上午与往常没什么不同，波甘诺夫斯卡照例向他的顾客们打招呼，然后把各人的定量牛奶和乳制品分发下去。在这些人当中，有一些人他已经认识差不多 10 年了。老顾客们知道，偶尔还能指望他多给一点儿。波甘诺夫斯卡一边接着食物配给卡，一边分发货物。一般情况下，他会为洗礼或者婚礼这样的“特殊需要”多提供一些牛奶或者奶油。诚然，这样做是非法的，因而也是冒风险的——不过近来，所有的柏林人都不得不面对风险。

波甘诺夫斯卡的顾客们表现得越来越疲倦、紧张、斤斤计较，没有什么人谈论战争，谁也不知道有什么事情正在发生，关于战争的事情，谁都无能为力。更何况，纸上谈兵的将军数量已经够多了，实在犯不着小老百姓为他们操心。波甘诺夫斯卡的到来也不会让人们破天荒地去讨论新闻。他自己每天也埋头于本职工作，花 15 个小时“例行公事”，从而将这场战争抛于脑后，这样一来，他就像其他成千上万的柏林人一样，几乎对战争产生了免疫力。

不过现在，波甘诺夫斯卡每天也开始留意那些能够帮助他“不泄气”的迹象。比如，道路交通仍然畅通，主干道上并没有出现路障或者反坦克壕，没有火炮或者隐藏起来的战车，没有士兵被部署在关键性的阵地上。没有证据表明当局害怕苏联人的进攻，或者柏林受到了包围的威胁。

还有一个虽然小但却重要的线索。每天上午，波甘诺夫斯卡都要驾车通过弗里德瑙（Friedenau）分区，那里住着一些地位颇为显赫的顾客。每次路过此地的时候，他都会朝一个著名纳粹分子的家中瞅上几眼——那是柏林邮政局的一名重要官员。通过起居室敞开的窗户，他能够看到镶在大镜框里的希特勒肖像画。体态傲慢、显得格外扎眼的“希特勒”仍然伫立在那里。波甘诺夫斯卡知道第三帝国官僚们的作风：如果形势确实危急的话，墙上的这座元首“神龛”铁定早就消失了。

他柔声唤着马儿继续向前进发。或许有这样那样的事情，但他却看不到有什么真正的理由能让他过分惊恐。

除了施潘道区（Spandau），这座城市的任何一个部分都没能从轰炸中完全幸免，这片从狂轰滥炸（这是所有人都最惧怕的攻击）中幸免于难的区域是柏林的第二大区，坐落于城区的最西部。夜复一夜，这里的居民都以为会遭到从天而降的打击，但令他们感到格外惊异的是，预料中的空袭并没有来临。要知道，施潘道可是柏林庞大的军工制造中心呀！

位于城市核心的那些区有 50% ~ 75% 都被摧毁了，而在如此惨烈的对比之下，施潘道区仅仅丧失了 10% 的建筑物！尽管这意味着有 1 000 多幢房屋不是被毁掉了就是已经不能再住人，但按照饱受空袭之苦而变得愈发坚强的柏林人的标准来看，这不过是被跳蚤咬了一口而已。在市中心区被炸弹蹂躏得焦黑一片的废墟中，有一句刻薄的俏皮话开始流传开来：“渺小的施潘道区人要最后一个进棺材。”（Die Spandauer Zwerge kommen zuletzt in die Sarge.）

安静、如同田园诗般美好的施塔肯（Staaken）分区位于施潘道大区的最西边缘，栖身于此的罗伯特·科尔布（Robert Kolb）和英格博格·科尔布（Ingeborg Kolb）夫妇为自己一家人能住在这么个僻静之处而谢天谢地。这个分区没怎么遭过灾难，哪怕少数落在附近的炸弹，也只是因为没能击中机场而意外掉在这里的，造成的破坏微不足道。他们的两层楼房抹着棕黄色的灰泥，有一个用玻璃封闭的阳台，四周是草坪和花园——这一切都没有受到任何伤害。生活几乎是在正常地继续着，不过罗伯特本人是个例外。54 岁的他是一家印刷厂的技术主管，他发现每天到市中心上班越来越艰难了，这意味着全程都要暴露在猛烈的昼间空袭中。这一直让英格博格忧心忡忡。

这天晚上，科尔布夫妇打算像往常一样，收听英国广播公司（BBC）的德语广播——尽管这种行为很早就被禁止了。他们时刻关注着东部和西部盟军的进展——现在，兵临城下的苏联红军距柏林的路程，甚至可以搭乘公共汽车走完。然而，他们所处的乡间氛围又让他们放松了警惕。他们一直认为战争是遥远而虚幻的事情，根本无法想象来自东方的复仇怒火对城市的威胁已经迫在眉睫。罗伯特·科尔布确信他们是非常安全的，而英格博格则坚信，自己的丈夫毕竟是一名参加过第一次世界大战的老兵，他的预感不会有问题。罗伯特曾信心十足地对她说："战争，将会与我们擦肩而过。"

科尔布夫妇一致认为，无论发生什么，都不会把他们卷进去，只需要平静地展望未来就好。春天来临之际，罗伯特纠结于到底要在花园里的哪个地方挂上吊床；而英格博格则家务缠身，她还想种些菠菜、香菜、莴苣和早季马铃薯。对她而言，横亘在面前的最大问题是：到底应该在4月初种早季马铃薯还是应该再等上些日子，等到了5月，春天的气息更浓郁一些的时候再种呢？

在离奥得河40公里的兰茨贝格（Landsberg，今大波兰地区戈茹夫）城郊，苏联红军元帅格奥尔吉·康斯坦丁诺维奇·朱可夫的司令部就坐落在一栋抹着灰泥的3层楼房之中。朱可夫此刻正坐在司令部里的桌子旁思考着下一步的作战计划，身边的墙上悬挂着一幅巨大的柏林地图，详细地显示了朱可夫为攻占这座城市而拟议的进攻细节。他的桌子上有3部战地电话：一部是日常使用的；另一部能连通他的同事——康斯坦丁·康斯坦丁诺维奇·罗科索夫斯基元帅和伊万·斯捷潘诺维奇·科涅夫元帅，他们二位是北翼和南翼兵力庞大的方面军的司令员；第三部电话能与莫斯科的最高统帅约瑟夫·斯大林直接通话。这位白俄罗斯第1方面军司令员时年49岁，胸部健壮厚实，他每天晚上11点给斯大林打电话，汇报当天的部队进展情况。现在，朱可夫还不清楚斯大林何时会下达攻克柏林的命令，他希望自己还能有一些准备时间，如果有必要朱可夫认为自己能够立刻拿下柏林，但就准备工作而言，现在仍有一些缺憾。根据他的初步计划，进攻会在4月底打响，要是幸运的话能在10~12个小时之内进抵柏林城下，并粉碎一切抵抗。他预料德国人会与他寸土必争，他们大概会在城市的西部边缘进行最为激烈的战斗，正如他所知道的，那里有德国守军唯一明确的逃生路线。不过他决定，在德军试图突围的时候从两侧打击他们，他预期到5月的第一个星期时，一场规模宏大的屠杀将在施潘道区展开。

在位于维尔默斯多夫区的一栋公寓楼的2楼房间里，卡尔·约翰·维贝格（Carl Johann Wiberg）推开了卧室的法式百叶窗门，迈步走到小阳台上，心里估算着天气状况。两只红褐色的腊肠犬伴随在他身边，它们的名字分别叫“奥托叔叔”和“埃菲婶婶”。作为维贝格的忠诚伙伴，腊肠犬们正满怀希望地抬头看着主人，等待着属于它们的清晨散步。

散步是近段时间维贝格消磨时间的唯一方式。街坊四邻都很欣赏这个49岁的瑞典商人，他们认为维贝格首先是一个“好柏林人”，其次才是瑞典人：在轰炸开始的时刻，他并没有如同很多外国人那样抛弃这座城市，而是留了下来。

除此之外，尽管维贝格从没有对自己的不幸发出抱怨，但他的邻居们都知道这个人几乎失去了一切：他的妻子在1939年就死了；他的几家胶水工厂因为轰炸而歇业；这位在柏林打拼了30年的小商人，除了他的狗和这套住房之外，已经一无所有。不过，在一些邻居看来，他的悲惨遭遇比起许多“真正的德国人”而言，已经好上许多了。

维贝格低头看了看“奥托叔叔”和“埃菲婶婶”，然后自言自语道：“该出去了！”他关上窗户，穿过卧室，进入了小门厅。他穿上了工艺考究的软领长大衣，顺手把那顶精心拉过绒的洪堡毡帽[1]戴在头上，随后打开了身旁光洁的红木桌子的抽屉，拿出一副小山羊皮手套。最后，他站在那里，呆呆地看了会儿放在抽屉里面那幅镶了镜框的石版画。

这幅画色彩艳丽，画的是一位手持长矛的骑士，全身披挂，骑

1 Homburg Hut，德国人叫它洪堡毡帽，美国人叫它霍姆堡毡帽，这是一种在整个西方国家流行的首产于德国洪堡（Homburg）的男士软礼帽，帽顶由前向后呈凹形，帽檐微微上翻，使得整体廓型更加流畅，在许多影视作品中都能看到它的身影。

在一匹狂奔的白马上。透过敞开的头盔，骑士凶狠而锐利的目光正凝视着周围的一切。他的前额耷拉着一绺头发，唇上留着一小撮黑色的胡子。一面旗帜正在长矛上猎猎飘扬，旗帜上写着“Der Bannerträger”——“旗手”。

维贝格慢慢地关上了抽屉，把石版画藏了起来。因为在整个德国，对希特勒带有挖苦意味的奚落都是明令禁止的。但维贝格又舍不得丢掉它：这幅讽刺画实在是太有趣了。

他“啪”的一声给狗扣上皮带，仔细锁上前门，然后走下两段台阶，踏上满是瓦砾的街道。在公寓楼附近的街道上，狗在他前面溜达着，引着主人沿街走去，偶尔在弹坑周围小心地迈着脚步。维贝格礼貌地向一些邻居脱帽致敬。他很纳闷，现在结局似乎更近了，可那位威风的“旗手”又在哪里呢？是慕尼黑？是贝希特斯加登（Berchtesgaden）山中的“鹰巢”？或者，是在——柏林？这样的疑惑实在太平常了。有关希特勒的下落，始终是一个巨大的秘密，不会有外人知道的。

这天上午，维贝格决定到位于内斯托街7号的哈里·罗斯酒吧落脚。这是维贝格最喜欢的酒吧，更是该区尚在营业的为数不多的酒吧之一。它的主顾们可谓鱼龙混杂：纳粹要人，德军军官，还有少数商人。那里总有投缘的闲谈，因而人们能够得到最新的消息——昨天晚上炸弹落在什么地方了，哪些工厂遭到了打击，柏林又是怎样在轰炸之下屹立不倒的。维贝格喜欢在这种快活的气氛中见他的老朋友，这位牵着狗的男人对战争的每个方面都很感兴趣，尤其是轰炸的力度以及德国人民的士气，他还特别想搞清楚希特勒到底在什么地方。在过街的时候，他再次向一位老熟人脱帽致敬。

脑子里装满了各种问题的维贝格知道，他的真实身份会让他的邻居们大吃一惊。因为这个比德国人还德国人的瑞典人，是美国绝密战略情报局（OSS）中的一员，换句话说，他是盟军潜伏在柏林城内的间谍。

在克罗依茨贝格区（Kreuzberg）的一间底层公寓套房里，梅兰希通教会[1]的福音派本堂牧师阿图尔·莱克沙伊特（Arthur Leckscheidt）正陷于悲伤和绝望之中。他原先那座有着双尖塔的哥特式教堂在几周以前被炸弹直接命中，并在几分钟后被燃烧弹化为灰烬，教徒也被战火驱散了。透过房间的窗户，莱克沙伊特能看到教堂的废墟，每次凝视都会让他感到悲伤，而这种悲伤感至今仍没有减退。在空袭最猛烈的时候，莱克沙伊特牧师置自己的安全于不顾，冲进了熊熊燃烧的教堂。宏伟的教堂后部和华丽的风琴尚且完好，莱克沙伊特迅速蹿上狭窄的台阶来到风琴楼，他只想向他钟爱的风琴和教堂告别。莱克沙伊特博士独自演奏着告别曲，轻轻地唱出了声，眼里满含热泪。当炸弹在克罗依茨贝格区各处爆炸的时候，附近的乌尔班医院里心存怀疑的病人以及在毗邻的地下室里躲避的人们，都听见了梅兰希通教堂里的风琴奏出的那首古老圣歌："发自内心最深处的需要，我向你哭泣。"

而现在，莱克沙伊特更换了一种告别方式。他的桌子上有一封联名信的草稿，他要把这封信寄给那些已离开这座城市，或是正在军中服役的众多教区居民。他写道："尽管东西两线的战斗令所有人紧张，但德国首都却始终是空袭的中心……亲爱的朋友们，你们

1　菲利普·梅兰希通（Philipp Melanchthon，1497—1560），德意志基督教新教神学家、教育家，起草《奥格斯堡信纲》（1530），阐明路德宗的立场。主张废除教士独身制，改弥撒为圣餐。

能够想象，死神正获得大丰收，甚至连棺材都变得短缺。一个妇女告诉我，为了安葬她死去的丈夫，她用 20 磅蜂蜜换了口棺材。”

莱克沙伊特博士也有些愤懑地提道：“在安葬空袭罹难者的时候，经常没有请牧师们到场。送葬的人往往抛开牧师就随便地主持了葬礼……连《圣经》都没有。”

从始至终，他在信中一再提到城市遭到的破坏。“你想象不出柏林现在是什么样子，最美丽的建筑被炸成了废墟……我们经常断煤气、断电、断水，上帝保佑，让我们不至于闹饥荒！要是到黑市买商品，那价格又高得吓人。”在信的末尾，莱克沙伊特语气显得格外心酸和悲伤：“这大概是相当长时间内的最后一封信了，也许我们很快就会失去一切联系。我们彼此还能再见吗？这全都仰赖上帝。”

另一位神职人员伯恩哈德·哈皮希（Bernhard Happich）神父，坚定地骑着自行车穿梭在达勒姆杂物遍地的街道上，他决定自己掌握自己的命运。已经过去几个星期，一个微妙的问题始终令他担心，在夜复一夜的祷告中，他一边祈求着神灵的引导，一边思索着自己应该走的道路。现在，他做出了决定。

人们对所有神职人员的服务都有很大的需求，其中以对哈皮希神父的需求为甚。神父时年 55 岁，还是一位技术高明的医生，不过他的身份证上盖着一行横着写的鉴定：“耶稣会教士：不适合服兵役”（这是一种纳粹的戳记，就像专供犹太人和其他危险而又不受欢迎的人用的戳记一样）。他从事很多兼职，其中的一个就是担任达勒姆宗教会所的地方管事，这座会所由圣心修女院开办的孤儿院、产科医院和弃婴收养院合并而成。不过，正是修女院院长库内贡德斯（Cunegundes）和她的教徒们给神父带来了问题，也使得他做出了决定。

哈皮希神父对纳粹丝毫不抱幻想，对战争必定会怎样结束也持相同态度，他老早就认定，希特勒和他野蛮的新秩序注定是一场灾难，而现在危机正在迅速来临。陷入困境的柏林成了征服者眼中失去光泽的圣杯，当大军席卷这片土地时，达勒姆宗教会所和那些善良且不谙世事的修女会遭遇到什么事情呢？

哈皮希神父神情严肃，在修女院的外面停下了自行车。大楼只受到表面损伤，修女们坚信这样的幸运是因为她们的祈祷声被上帝听到了。哈皮希神父对此不以为意。他是个讲究实际的中年男人，认为这一切不过是运气以及对手拙劣的瞄准术带来的结果。

路过门厅时，他抬头望着那座巨大的圣米迦勒[1]塑像。圣米迦勒是“与一切邪恶进行战斗的上帝的骑士”，教堂中的塑像高举着一柄剑，穿着蓝色和金色的衣服。修女们虔诚地期待圣米迦勒的护佑，不过哈皮希神父依然为自己做出了决定感到高兴。和许多人一样，他也从那些东边逃过来的难民那里打探到了不少消息，推进中的苏联人已经让德国东部地区陷入一片恐慌。他确信这些说法有许多是夸大其词，但有一些他认为是真的。哈皮希神父决定必须要告诫那 60 名正式修女和庶务修女，她们有遭到侵犯的危险！但在什么时候、用什么样的字眼去警告她们呢，这一切都让哈皮希神父感到头疼。

1　圣米迦勒（Saint Michael），基督教《圣经》中的天使长之一，曾率领他的使者与魔鬼撒旦战斗。

3

对性攻击的恐惧就如同一张棺罩，覆盖在全城之上。在经历了将近 6 年的战争之后，柏林已经变成一座女性占多数人口的“女儿国”。

在 1939 年战争爆发之初，首都的居民人数有 432.1 万。后来的战争在城市中造成了巨大伤亡；而为了躲避轰炸，100 余万市民在 1943 至 1944 年间向相对安全的乡间进行了自发性疏散；再加上相当数量的适龄男女被军队征召服役，这一切使得市内人口总量已经减少了不止 1/3。到现在，所剩下的数量较为可观的男性，唯有 18 岁以下的未成年人和 60 岁以上的老人，18 岁至 30 岁的男性群体总数还不到 10 万人，而且他们当中的大多数人不是免服兵役，就是伤员。1945 年 1 月，城市人口据估计有 290 万人，但到 3 月中旬这个数字显然是过高了。在不到 11 个星期的时间里，柏林城已经遭受了 85 次空袭，敌军围城的威胁更是笼罩在每一个柏林市民头上，这样的重压又让成千上万的人落荒而逃。据军队有关部门估计，柏林的平民人口现在大约有 270 万，其中 200 万以上是女性——而这一数字也只是估算。

由于难民正从苏联占领的东部各省集体大逃亡，导致要获得有关人口真实数字的努力变得更为艰巨，有些人认为难民的数字高达50万。一连数月，这些逃亡的平民背井离乡，用肩膀扛，用马车拉，或者用手推车推着他们的家当，甚至驱赶着牲畜，挤满了进入柏林的道路。他们中的大多数人并没有滞留在柏林，而是继续西行，但在他们的身后，梦魇般的故事和东方经历的传闻被留了下来，然后如同流感一般在柏林城内疯传，把恐惧传染给了许多市民。

难民们谈到了一个个急于复仇、凶猛狂暴而又掠夺成性的征服者；很多百姓从遥远的波兰逃难而来，或是从东普鲁士、波美拉尼亚（Pomerania）[1]和西里西亚（Silesia）[2]的被占领地区艰苦跋涉到了首都，心有余悸地做证说：敌人要把他们斩尽杀绝。难民们断言，苏联的宣传是在敦促苏军不要饶恕任何一个德意志人。他们谈到一则据说是苏联头号宣传家伊利亚·格里戈里耶维奇·爱伦堡（Ilya Grigoryevich Ehrenburg）所写的“复仇宣言”，这则宣言不但被广播了出来，还被印成传单分发给了所有部队。“杀！杀！”宣言开门见山地嘶吼道，“德意志种族只有邪恶！……要在法西斯的兽穴里把法西斯野兽彻底消灭！要使用暴力，打碎这些日耳曼女人的种族骄傲，把她们当作你的合法战利品带走。杀！当你向前冲锋的时候。

1 波美拉尼亚（Pomerania），中北欧地区的一个历史地域名称，现在位于德国和波兰北部，处于波罗的海南岸，一般以奥得河为界，河东地区称为东波美拉尼亚，河西地区就是西波美拉尼亚。二战后德国和波兰基本上以奥得河为国界，德国割让东波美拉尼亚的全部领土给波兰，因此今天波兰的西波美拉尼亚省实则是历史上的东波美拉尼亚的西部地区，与德国人所称的西波美拉尼亚——今德国梅克伦堡（前波美拉尼亚州的部分地区）——不能混淆。

2 西里西亚（Silesia），中欧的一个历史地域名称。目前，该地域的绝大部分地区属于波兰，小部分属于捷克和德国，奥得河及其支流几乎流经整个地区。该地区沿着苏台德山脉，其南部与波希米亚和摩拉维亚接壤。西里西亚最大的城市是今属波兰的弗罗茨瓦夫和卡托维兹，前者曾经是德国历史名城布雷斯劳。西里西亚的东南部分叫上西里西亚，西北部分属于下西里西亚，卡托维兹就属于上西里西亚。

杀！你们是苏联的英雄战士。”[1]

难民们说，向前推进的一线苏军纪律严明，举止得体，但跟在后面的二线部队却是一帮组织混乱的乌合之众。这些士兵桀骜不驯，酗酒无度，干出了凶杀、抢劫和强奸的罪恶暴行。难民们声称，许多苏军指挥员似乎放纵了部下的这些兽行，起码没有想办法阻止他们。不论是农民还是绅士，他们的说法都是相似的。而在潮水般涌来的难民中，到处都有妇女在讲述那令人不寒而栗的故事——女性在枪口的逼迫下脱掉衣服，然后惨遭奸污。

这里面有多少是想象，多少是事实，柏林人并不清楚。很多人对德国党卫队在苏联犯下的暴行和大屠杀有所耳闻，他们担心这些故事是真的。有些人知道在集中营里犹太人的悲惨境遇——这是民族社会主义[2]新的和可怕的一面，这是自由世界尚未了解的一面——这些人也相信难民的话。那些更有见识的柏林人完全相信，压迫者和被压迫者的位置正在对换，报应的车轮转了一圈又回到了原处。

---

1 我并没有见到爱伦堡的传单，但我采访过的许多人见过。此外，德国的官方文件、作战日志和众多的历史著作都一再提到这份传单，传单的最完整文本见于海军总司令邓尼茨的回忆录第 179 页。对于传单的存在，我丝毫也不怀疑。不过我对上述文本有疑问，因为众所周知，俄文翻译成德文的译文是不精确的。不过爱伦堡还写了一些同样恶劣的小册子，任何人从他的作品中都能够看得出来，在战争期间由苏联人自己正式出版的那些小册子尤其如此，在 1941—1945 年间的《苏联战争新闻》第 1 ~ 8 卷，他的“杀死德国人”主题一再被重复。1945 年 4 月 14 日，在苏联红军报纸《红星报》的一篇绝无仅有的社论中，他正式受到苏联宣传人民委员亚历山大洛夫的训斥。亚历山大洛夫写道：“爱伦堡同志是在夸大其词……我们并不是和德国人民打仗，只是和世界上的希特勒分子打仗。”对任何其他的苏联作家来说，这样的指摘都会是灾难性的，但对爱伦堡来说则不然。他继续他的“杀死德国人”的宣传，好像什么事情也没有发生似的。1963 年，爱伦堡的回忆录《人·岁月·生活》在莫斯科出版，在这部回忆录的第 5 卷，爱伦堡轻易地忘掉了他在战争期间写的东西。他在第 126 页写道：“在几十篇文章里，我强调，我们不可以，其实我们也不能够追杀人民——毕竟，我们是苏联人民而不是法西斯。”但下面的话也必须说：不管爱伦堡写的是什么，它也不会比当时纳粹德国宣传部长戈培尔所发表的言论更为恶劣——这个事实许多德国人也轻易忘掉了。——原注

2 民族社会主义（National Socialism），为希特勒所倡导的纳粹主义。

许多人了解第三帝国制造的恐怖达到了何种程度，因而也放弃了最后一丝侥幸。位高权重的官僚和纳粹高级官员已悄悄地把他们的家人送出柏林，要不然就是正在送出。

狂热分子仍然待在这里；而一般的柏林人没啥消息渠道，对真实的形势一无所知，因而也待在这里，他们既不能离开，也不想离开。“啊，德意志，德意志，我的祖国，”一位名叫埃尔娜·森格尔（Erna Saenger）的家庭主妇在日记里这样写道，“信任带来失望。诚心诚意地去相信，就意味着愚昧、盲目……但是……我们要待在柏林。要是每个人都像邻居们那样逃走的话，敌人就会得到他想要的东西。不——我们绝不要那种失败。”森格尔已经65岁了，是6个孩子的母亲。

然而，没有几个柏林人敢断言，自己并没有意识到眼前面对的是何等性质的危险，几乎所有人都听到过这些故事。住在克罗依茨贝格区的一对夫妇，胡戈（Hugo）和埃迪特·诺伊曼（Edith Neumann），实际上已经通过电话得到了警告。住在苏占区的一些亲戚，就在一切通信手段被切断前不久，冒着生命危险告诫诺伊曼夫妇，征服者们正在肆无忌惮地强奸、杀人、抢劫，马上往西跑，跑得越远越好。然而，诺伊曼夫妇还是选择留下来——胡戈苦心经营的电器商店遭到了轰炸，但现在又舍不得放弃它。

由于宣传的缘故，另外一些人宁愿拒绝考虑这些事情，不论是难民们散布的还是政府鼓动的“恐怖故事”，对他们来说已经不再有什么意义了。从希特勒在1941年无缘无故命令入侵苏联的那刻开始，所有的德国人便都被一连串无情的仇恨宣传支配着：苏联人民被描绘为未开化的野蛮人，近乎禽兽。而当形势逆转，德军在苏联的所有战线上节节败退之时，帝国那位先天脚部畸形的宣传部长约瑟夫·戈培尔博士，又强化了他的宣传努力——尤其是在柏林。

戈培尔的助手维尔纳·瑙曼（Werner Naumann）博士在私下承认："我们的宣传成功地渲染出苏联人的可怕模样，引起了全体人民对红军将施加在柏林头上的行径的恐惧，柏林人已经沦入一种纯粹的恐怖状态。"到 1944 年年末，瑙曼却哀叹道："我们做得过分了——宣传引起的恐慌已经反弹到我们身上。"

现如今，宣传的调子又发生了转变。随着希特勒的帝国被一点点肢解，一个又一个柏林的街区被摧毁，戈培尔开始从散布恐怖转向让人消除疑虑：人民被告知，胜利恰恰已经不远了。不过，戈培尔所成功做到的一切，大概只是在见多识广的柏林人当中产生了一种古怪而又令人毛骨悚然的幽默。这种幽默是一种庞大的、集体性的冷嘲。全体人民揶揄地把这种冷嘲对着他们自己，对着国家的领导人，也对着全世界。戈培尔的格言是"元首统率，我们跟随"，而柏林人很快就把这句格言改成"元首统率，我们承受随之而来的一切"。至于宣传部长许诺的（德国）将最终获得胜利，则被人挖苦成郑重呼吁所有人"享受战争吧，和平将是可怕的"。

难民的传闻已经造成了接近歇斯底里的气氛，谣传占据着主导地位，而理性和事实则被歪曲了。各种各样的暴行故事在全城蔓延开来。苏联人被描绘成了吊眼角的蒙古人，他们在人们眼前屠杀妇女和儿童。神职人员被描述成用火焰喷射器烧死；有传闻绘声绘色地告诫所有人，修女被奸污后又被赤身裸体地拉去游街，女人被强征为军妓，而所有的男人都被遣送到西伯利亚服苦役。甚至有一家电台报道说，苏联人把罹难者的舌头钉在桌子上。不那么敏感的人则觉得，这些故事太荒谬了，没什么可信度。

还有些人充分意识到即将面临的是什么。安妮-玛丽·杜兰德-韦弗（Anne-Marie Durand-Wever）医生毕业于芝加哥大学，她是欧洲最著名的妇科医生之一，在舍讷贝格区开办了一家私人诊所，她了解真相。这位 55 岁的医生以反纳粹的观点而著名（她是多部捍卫妇女权利、倡导两性平等和节制生育的著作作者，这些著作被纳粹全部查禁了），她就敦促自己的病人离开柏林。她曾给数量庞大的难民妇女做过体检，得出的结论是，有关强奸的传闻不仅没有夸张，反而远远没有充分如实地陈述那些惨剧。

杜兰德-韦弗医生打算待在柏林，但现在不论到哪里去，她都随身带着一粒小小的速效氰化物胶囊。在当了多年医生以后，她并没有把握自己一定能自杀成功。她认为如果苏联人攻占柏林的话，从 8 岁到 80 岁的每个女性都有被侵犯的可能，包里的这个胶囊能帮助她快速自决以免遭侮辱。

玛戈·绍尔布鲁赫（Margot Sauerbruch）医生同样料想会有最糟糕的情况出现，她和丈夫费迪南德·绍尔布鲁赫（Ferdinand Sauerbruch）教授都在沙里泰医院[1]工作，丈夫是德国最著名的外科医生。沙里泰医院则是柏林最大和最古老的医院，位于米特区（Mitte），由于该医院占地面积大，又紧靠中心火车站，所以接收了最严重的难民病例。基于她对受害者进行的检查，绍尔布鲁赫医生对于苏联红军在失去控制时所犯下的暴行不抱任何幻想，她非常肯定，那些有关强奸的传闻并不是虚传。

---

1 沙里泰医院，在柏林和巴黎两地均有此医院，原文是法文（Charité），字面意思是“济贫”或者“慈爱”医院。

玛戈·绍尔布鲁赫被试图自杀的难民数量惊呆了——其中还包括几十个并没有遭到猥亵或者强暴的女人，她们仅仅是被目睹或者听闻的事情吓坏了，因而试图割腕自杀，有的人甚至试图杀死自己的孩子。不过，绍尔布鲁赫医生只看到那些自杀未遂的人，而至于有多少人自杀成功，谁也无法统计。但有一点可以肯定，一旦苏联人攻占首都，柏林就会掀起一波自杀浪潮。

大多数其他医生显然赞同这个看法。在维尔默斯多夫，京特·兰普雷希特（Günther Lamprecht）医生在日记里提道："重大的课题——甚至在医生当中也是一样——那就是自杀的技巧。这种绝望的交谈已经变得让人无法忍受了。"

那远不仅是交谈而已，死亡计划已经在实施了。在每个区，病人及其亲友包围了医生，人们竞相询问能够迅速自杀的方法，恳求大夫给予配制毒药的处方，在医生拒绝"帮助"时，人们就转身前去药店。在歇斯底里的恐惧浪潮中，成千上万的柏林人下定决心，宁可采取各种方式死去，也不向苏联红军屈服。

"我看到第一双苏联人的靴子时就自行了断。"20岁的克丽斯塔·莫尼尔（Christa Meunier）向她的朋友尤利亚妮·博赫尼克（Juliane Bochnik）吐露道。克丽斯塔已经搞到了毒药，尤利亚妮的朋友罗茜·霍夫曼（Rosie Hoffman）和她的父母也搞到了毒药。霍夫曼夫妇完全绝望了，他们根本不指望苏联人能大发慈悲。然而，尤利亚妮当时并不知道，霍夫曼夫妇是党卫队全国领袖海因里希·卢伊特波尔德·希姆莱的亲戚，而这位恶魔则是盖世太保和党卫队的最高领导人，对集中营里涉及几百万人的集体屠杀负有直接责任。

毒药——尤其是氰化物——是自杀的首选。有一种被称为"KCB"的胶囊简直供不应求，这种含氰化氢的浓缩化合物威力强大，能立即置人于死地，甚至闻到它的气味就能一命呜呼。带着日耳曼人的那种深谋远虑，政府的某个专业行政部门已经在柏林储存了大量的"KCB"。

纳粹官员、高级军官、政府部门领导人，甚至小公务员，都能够轻而易举地为自己和家人朋友搞到毒药。医生、药剂师，甚至包括牙医和实验室工作人员，也有机会获得药片或者胶囊，有些人甚至还增强了药片的效力。鲁道夫·许克尔（Rudolf Hückel）是柏林大学的病理学教授，也是该市最著名的癌症病理学家，他为自己和妻子的氰化物胶囊里加上了醋酸。他向妻子保证，如果他们需要用到毒药的话，醋酸能使毒药更快见效。

有些柏林人由于无法获得速效的氰化物，便把目光投向了巴比妥类药物或者氰化物的派生物。喜剧演员海因茨·吕曼，常常被人称为"德国的丹尼·凯"[1]，他对同为演员的美貌娇妻赫塔·法伊勒以及幼子的未来非常担忧，为了以防万一，他把一罐子老鼠药藏在了花盆里。纳粹德国驻西班牙的前大使，已经退休的荣誉中将威廉·福佩尔，打算通过服用过量药物的方式来毒死自己和妻子。老将军心脏功能差，心脏病发作的时候就服用含有洋地黄制剂(强心剂)的兴奋剂，福佩尔知道用药过量就能造成心力衰竭，这样就能迅速地了结自己。他甚至还为他的一些朋友准备了足够的剂量。

对其他人来说，最佳也是最勇敢的结束方式莫过于给自己一颗

1 丹尼·凯（Danny Kaye），美国著名喜剧演员、歌手，生于1913年，卒于1987年。

飞速的子弹；但数量多得惊人的妇女，大多是中年妇女，却选择了最血腥的方式——剃刀。在夏洛滕堡区（Charlottenburg）的克茨勒（Ketzler）家里，42岁的格特鲁德（Gertrud）原本是一个乐观开朗的女性，现在却在钱包里放了一个刀片——她的妹妹和婆婆同样如此。格特鲁德的朋友英格·吕林（Inge Rühling）也带着一个刀片，两个女人焦虑不安地讨论着，哪一种是确保死亡的最有效方式——究竟是割腕，还是把动脉纵向切开。

还有机会阻止悲剧的降临，让种种极端的自杀手段仅仅存在于人们的臆想中而不去付诸实施吗？或许有的——对大多数柏林人来说，他们还有最后一根救命稻草。出于对苏联红军的恐惧，大部分老百姓，特别是妇女，现在绝望地想让英美盟军攻占柏林。

现在几乎是中午了，在苏联红军战线后方的布洛姆贝格（Bromberg，今波兰比得哥什），谢尔盖·伊万诺维奇·戈尔博夫（Sergei Ivanovich Golbov）上尉醉眼蒙眬，打量着他和另外两位苏军战地记者刚刚“解放”的这间位于3层豪华公寓套房内的大起居室。戈尔博夫和他的朋友们喝得很尽兴。他们每天开车从位于布洛姆贝格的司令部出发，到145公里外的前线获取新闻，不过此刻一切平静：在对柏林的进攻开始以前，没有什么值得报道的。做了几个月的前线报道后，相貌英俊、年方25岁的戈尔博夫正在愉快地享受着生活。

他手握酒瓶子，站在那里，看着眼前精美华丽的室内陈设，那是他从来没有见过的东西。墙上挂着镶嵌在华丽沉重的金色画框中的绘画；窗前挂着缎子边的窗帘，家具上铺着豪华的锦缎料子；地板上铺着厚厚的土耳其地毯；起居室和毗连的餐厅里悬挂着巨大的枝形吊灯。戈尔博夫十分确信，这个套间的主人一定是个重要的纳粹分子。

在起居室的尽头有一扇小门半开着，戈尔博夫推开门发现是一间浴室。墙上的钩子上挂着根绳子，下面吊着一具身穿制服的纳粹官员尸体。戈尔博夫看了尸体一眼，他曾见过几千个死去的德国人，但这具悬挂着的尸体却显得很傻。戈尔博夫呼唤着他的朋友，但他们正在餐厅里尽情玩耍，没有任何回应。这几个苏联人正把德国和威尼斯的水晶制品投掷到枝形吊灯上，互相之间乐此不疲。

戈尔博夫又回头走进起居室，打算在他原先注意到的一张长沙发上坐下来——但现在，他却发现沙发上已经有人了。此“人”——确切地说是一具已经冰凉的女性尸体，全身伸展地躺在上面，身穿一件古希腊式的长袍，腰间系着一根装饰有流苏的绳子。她非常年轻，而且为死亡做了精致的准备，临死前她把头发梳成了辫子，挂在两侧的肩膀上，双手交叉置于胸前。戈尔博夫手里拿着瓶子，坐在一把扶手椅上看着这具美丽的尸体，在他的身后，餐厅里的大笑和玻璃器皿摔碎的声音一直持续着。这个姑娘大概 20 岁出头，从她嘴唇上青色的血迹来看，戈尔博夫认为她多半是用毒药结束了自己的生命。

自杀女孩所躺的沙发后面有张桌子，上面摆放着镶在银框内的照片——微笑着的孩子们簇拥在一对年轻夫妇身旁，画面里还有一对上了年纪的夫妇。戈尔博夫想到了自己的家庭，在列宁格勒围城期间，被饿得半死的爸爸妈妈试图用一种工业用油煮汤喝，那锅毒汤夺走了他父母的生命。戈尔博夫的一个哥哥在战争爆发初期就阵亡了；另一个哥哥，34 岁的米哈伊尔则当了游击队长，在被党卫军抓住后绑在柱子上活活烧死。戈尔博夫认为这个躺在沙发上的姑娘死得很安详。他又从瓶子里闷了一大口酒，走到沙发前抱起那个死去的姑娘，随后走到了紧闭的窗户面前。他的身后，在喊叫和大笑声中，餐厅里的那盏枝形吊灯哗啦一声摔在了地板上。戈尔博夫把姑娘的尸体径直抛出窗外，打碎了很多窗玻璃。

4

柏林的老百姓几乎每天都会朝着轰炸机群挥舞拳头，时常会为在空袭或者在军队中逝去的家人和亲朋好友感到悲伤。而现在，他们则热诚地谈论着英国人和美国人。市民们并没有把英美军队称为“征服者”，而是称其为“解放者”。在态度上，这是一种非同寻常的逆转，而这种心态随后又产生了奇特的效果。

玛丽亚·科克勒住在夏洛滕堡区，她绝不相信美国人和英国人会让柏林落入苏联人之手，她甚至决心帮助西方盟军。这位45岁、头发灰白的家庭主妇对朋友们说，她“准备全力以赴进行战斗，抵挡‘苏联红军’，直到‘美国人’到来”。

许多柏林人收听英国广播公司的广播，留意崩溃中的西线战事的每个阶段——给人感觉就像是在期盼一支胜利的德军赶来解救柏林一样，他们通过这种方式来克服自己的恐惧。在空袭间歇期，会计师玛格丽特·施瓦茨（Margarete Schwarz）夜复一夜地和她的邻居们待在一起，一丝不苟地构思着英美盟军穿越德国西部的大规模强攻。对她而言，盟军所占领的每一公里似乎都是自己奔向解放的又一大步。莉泽-洛特·拉文内似乎同样如此，她把大量的时间消磨在一栋位于滕佩尔霍夫区（Tempelhof）的摆满了书籍的公寓里，她狂热地期盼美国人向前推进，并用铅笔仔细地在一张大地图上画着美军的最新进展。拉文内太太是一名半身残疾者——她的臀部围着钢制的矫正架，架子一直延伸到她的右腿。她不愿意考虑美国人的推进速度，也不担忧如果苏军抢先进城的话会发生什么。

成千上万的人深信美军会首先冲入柏林，他们的信念近乎天真——朦朦胧胧、含糊不清。安娜玛丽·许克尔太太是鲁道夫医生的妻子，她开始将旧的纳粹旗帜扯得稀烂，打算在美国大兵到来之时，把这些旗帜的碎片当作绷带来用，为“伟大的战斗”出一份力。夏洛滕堡区的布丽吉特·韦伯是一位20岁的新娘，新婚才3个月，她确信美国人正在前来，甚至吹嘘自己愿意和任何人打赌，美国人铁定会把尼克拉塞（Nikolassee）的富人区作为居住地。布丽吉特之所以如此笃定，是因为她听说美国人的生活水平高，喜欢讲究的生活，而且那片富人区几乎没有挨过一颗炸弹。

还有的人虽抱着最好的希望，却也为最坏的处境做着准备。头脑清醒的皮娅·范赫芬（Pia van Hoven），以及她的朋友鲁比·博格曼（Ruby Borgmann）和埃伯哈德·博格曼（Eberhard Borgmann）夫妇，不得不得出这样的结论，只有奇迹才能抵挡住苏联人首先杀入柏林的脚步。因此，他们欣然接受好友海因里希·舍勒（Heinrich Schelle）的邀请，在攻城战役开始的时候，和他以及他的家人待在一起。舍勒性格开朗，有着一张胖乎乎的脸蛋，经营着格鲁班-苏夏饭店，那是柏林最著名的餐馆和酒店之一，就位于博格曼家所在大楼的底层。他把饭店地下室变成了一个华丽的避难所，里面有东方地毯、厚帘子和不少给养，以应对城市被包围的绝境。除了马铃薯和金枪鱼罐头之外，食品数量不多，不过在毗邻的地下室里却有充足的最珍贵、最精美的德国和法国葡萄酒——另外还有轩尼诗干邑白兰地和成箱的香槟。舍勒告诉他的朋友们："当我们等候上帝才知道的结局时，我们不妨先过一下舒适的生活。"随后他又补充道："如果停水的话，至少还有香槟可喝。"

比迪·容米塔格是两个少女的母亲，她认为有关美国人和英国人到来的一切议论都"只是些废话"。出生于英国的她嫁给了一个德国人，她对纳粹太了解了，她的丈夫因被怀疑是德国抵抗组织成员而在5个月前被匆匆处决。容米塔格认为，纳粹对西方盟军和对苏联人的态度别无二致，都会拼命抵抗。只要看一下地图就能清楚地知道，英美盟军首先进入柏林的难度更大。不过，即将抵达柏林的苏联红军并没有让比迪过分惊恐，他们并不敢粗暴地对待她，只要她向所见到的第一批苏联人出示她的旧英国护照即可保证安全。这或许是比迪所津津乐道的所谓"英国人的明智方式"。

德国共产党人觉得没有必要用证件来保护自己；与之相反，他们不仅预料到苏联红军会来，甚至还期盼着迎接他们进城。德共党员的生活大都是在为一个梦想而奋斗，而苏联士兵出现的那一刻将会是他们的梦想实现之时。这群人无时无刻不在被盖世太保与刑警追捕和骚扰，但在纳粹的天网之下，竟然有几个坚定的基层党组织幸存了下来，他们和共产党同情者们都热切地等候着来自东方的救星。

尽管全身心地投入到推翻希特勒主义的事业中，但柏林的共产党人太分散了，他们的作用——至少对西方盟军来说——是微不足道的。一个组织松散的共产党地下组织确实存在，但它完全听命于莫斯科，只是作为苏联的谍报网络而工作。

拉杜施（Hildegard Radusch）在1927年至1932年间是柏林市议会的共产党代表，此刻她几乎完全是靠信念支撑而勉强维持着，饥寒交迫的她与几名共产党员一起，躲在柏林东南边缘的普里罗斯村(Prieros)附近。拉杜施和她的女性朋友埃尔泽·“埃迪”·克洛普奇(Else “Eddy” Kloptsch)一起，住在一个装机器用的巨大的木制板条箱里。这个板条箱被固定在一个混凝土墩上，有3米长、2.4米宽。那里没有煤气，没有电，也没有水和盥洗设施，但对于身强力壮的42岁的希尔德加德（她自我描述为“当家的男人”）来说，这却是一个完美的庇护所。

希尔德加德和埃迪从1939年起就住在一起了，她们在普里罗斯村的地下组织存在了差不多10个月。在纳粹的“通缉”黑名单上，希尔德加德赫然在目，但这个机智的女人却一再骗过了盖世太保。像该地区的其他共产党人一样，她面临的最大问题就是缺乏食物，如果去申请食品配给卡，那么身份会立即暴露，随之遭到逮捕。幸运的是，埃迪虽为共产主义的同情者，却并没有被当作共产党员而遭到通缉，因此每周都有食物配给，但少得可怜的定量甚至都不够自己果腹［纳粹官方报纸《人民观察家报》（*Volkischer Beobachter*）曾经刊登了一个成年人每周的食物配给：4.25磅面包，2磅肉和香肠，5盎司黄油，5盎司糖，每3个星期再加上2.25盎司奶酪和3.5盎司人造咖啡］。两个女人偶尔还能小心翼翼地从黑市上买些东西来补充营养，但那里的商品价格实在高得吓人——单是咖啡每磅就要100～200美元。

希尔德加德老是一门心思想着两件事情：一是食物，二是苏联红军带来的解放。不过等待是艰苦的，生存境况也是一个月比一个月更糟糕。她在日记里条理清晰地写下了这些文字。

1945 年 2 月 13 日，她写道：“苏联人快要到这里了……法西斯走狗还没有抓住我。”

2 月 18 日：“自从 7 日听到有关朱可夫的部队到达柏林前线的报道以来，没有什么新闻，我们正绝望地等待着他们的到来。快点来吧，亲爱的同志们，你们来得越快，战争结束得就越快。”

2 月 24 日：“今天去了柏林，买了装在保温瓶里的咖啡，还有一片干面包。路上有 3 个男人怀疑地看着我，但我知道，亲爱的埃迪就在我的身旁，这真是给我的莫大安慰。哪里也没能找到吃的东西，埃迪这次出去实际上是为了用她在黑市上买的食物配给卡买香烟——卡上有 10 支烟卷的定额。可商店里没有香烟，所以她只能买了 5 支雪茄。埃迪本希望用两双长筒袜和一件丝绸连衣裙交换一些食物，结果一无所获，黑市上的面包也绝迹了。”

2 月 25 日：“抽完了 3 支雪茄。朱可夫和科涅夫的公报都没有发布。”

2 月 27 日：“在等待中我已经快神经质了。对于一个急于为事业而奋斗的人而言，被禁锢在这里简直是一场灾难。”

3 月 19 日：“中午美餐一顿——佳肴是马铃薯加盐。晚上吃的是用鱼肝油炸的马铃薯饼，味道不算太辣。”

现在，春天来到了，可希尔德加德仍然在等待。她在日记里写道：“为了找到一些可以拿来填饱肚子的东西，我已经快被逼疯了”。没有来自红军前线的报道，她能找到的可写之物，只剩下“春风把冬日的寒气从田间地头吹跑了。雪花莲开花了，阳光普照，空气温暖。但空袭却仍然在进行着……根据爆炸的声音判断，飞机离我们更近了”。后来她又写道，西方盟军是在莱茵河一带，根据她的估计，“20天之后就会冲进柏林了”。她辛酸地记录道，柏林人“宁可迎接那些资本主义分子”，她希望苏联人能迅速到达，朱可夫的宏大进攻能在复活节就打响。

在普里罗斯村正北大约40公里处，也就是柏林东部边缘的诺因哈根（Neuenhagen），另一个共产党基层组织也在坚持着。它的成员们同样生活在对被捕和死亡的恐惧中，但与他们在普里罗斯的同志们相比，他们更有战斗性，组织得更好，而且也更走运：诺因哈根距离奥得河还不到56公里，因而他们希望，这里将成为最早被红军解放的外围地区之一。

夜复一夜，这个小组的成员就在盖世太保的鼻子底下坚持着工作，为解放日的来临准备一个总体规划。他们知道当地每一个纳粹分子、党卫队和盖世太保官员的姓名及下落，他们知道哪些人会与红军合作，哪些人会选择反抗。有些人的名字被记在了黑名单上，苏联人来到后立即将其逮捕，还有的人要被清算。这个组织严密的小组甚至已经为未来该镇的行政管理制订了详尽计划。

诺因哈根基层组织的所有成员都急切地盼望着苏联人到来。他们坚信自己的建议会被解放者们接受，但心情最急迫者莫过于布鲁诺·扎日茨基（Bruno Zarzycki）。他患有严重的胃溃疡，几乎不能吃饭，但他老是说苏联红军到来的那天他的病就会痊愈，这一点他很确信。

令人难以置信的是，在柏林各处的小隔间和壁橱里，甚至在潮湿的地窖和不通风的阁楼内，所有纳粹受害者中最易遭到仇恨和迫害的一些人还在顽强地活着，等待着他们能从藏身处出现的那一天。他们并不在乎谁先到，只要有外国军队能迅速赶到就行。有些是两三个人住在一起，有些是一家人挤在一起，还有的甚至是一小群人聚居在一起。他们的朋友大都以为他们早已遇害——从某种意义上来看，他们的确是“死”了，一些可怜的人甚至几年都没有见过太阳，更不敢在柏林喧闹的大街小巷中行走。他们病不起，因为生病意味着要请医生，就会立即遭到盘问，身份将暴露无遗。甚至在轰炸最猛烈的时候，他们也待在藏身处，因为若是跑到防空洞里避难，他们立即会被认出来。他们很早就领悟到一条真理：永远不要惊慌失措。为此，这群人保持着一种钢铁般的镇定，他们之所以能够在纳粹的铁蹄下幸存至今，完全归功于他们具有把几乎所有情感都压抑下去的能力。他们善于随机应变又顽强不屈，在经历了6年的战争，以及在希特勒帝国的首都经历了近13年的恐惧和骚扰之后，他们当中几乎有3000人仍然活着。他们的幸存，也证明了这座城市中部分基督徒的勇气。这些基督徒保护了那只被新秩序鄙视的替罪羊——犹太人，而他们中却无人能在这个事实上得到充分认可[1]。

西格蒙德·韦尔特林格尔（Siegmund Weltlinger）和妻子玛格丽特都已经50多岁了，他们藏在潘科区的一套小型底层公寓里。默林

1 犹太人幸存者的估计数字来自柏林市政府的统计资料，该资料是由柏林自由大学的沃尔夫冈·舍夫勒（Wolfgang Scheffler）博士统计的。有一些犹太人专家对此提出了异议——其中就有西格蒙德·韦尔特林格尔，他是战后政府的犹太人事务委员会主席，他把幸存者的人数定为只有1400人。舍夫勒博士说明，除了那些处于秘密状态的人之外，起码还有5100名犹太人与基督徒结婚，在所谓的合法状态下在该城生活。但那充其量只是一种梦魇般的不确定状态，因为那些犹太人永远也不会知道他们何时会被捕。今天，有6000名犹太人住在柏林——这只相当于1933年该城160564名犹太人口的一小部分，希特勒就是在1933年上台的。谁也无法确切知道，在那个数字当中有多少犹太柏林人是离开了该市，移民离开了德国，或者是被驱逐出境，又或是在集中营里被消灭了。——原注

夫妇是基督教科学派成员，冒着生命危险接纳了他们。房间里拥挤不堪，默林夫妇、他们的两个女儿以及韦尔特林格尔夫妇一起挤在一套两居室里，但默林夫妇让韦尔特林格尔夫妇分享他们的食物配给和其他一切，从无怨言。在许多个月里，韦尔特林格尔夫妇只有一次冒险外出的经历：牙痛促使他们冒险，而那位拔牙的牙医也接受了玛格丽特的解释，她是“来走亲戚的表姐”。

一直到 1943 年以前，他们都是幸运的，尽管西格蒙德在 1938 年就被驱逐出证券交易市场，但此后不久他便应邀接管了柏林犹太人社区局的特殊事务。当时，在海因里希 · 施塔尔（Heinrich Stahl）的领导下，该局主要负责登记犹太人的财产和权属人。后来，西格蒙德又试图与纳粹谈判，以减轻在集中营里的犹太人的苦难。施塔尔和韦尔特林格尔知道，社区局迟早是要被关闭的——但他们仍然勇敢地坚持着他们的工作。在 1943 年 2 月 28 日，盖世太保关闭了该局，施塔尔消失在了特莱西恩施塔特隔离区[1]，而韦尔特林格尔夫妇被命令搬到赖尼肯多夫区（Reinickendorf）一处由 60 个家庭组成的“犹太人之家”。韦尔特林格尔夫妇在赖尼肯多夫区的“家”中待到太阳落山后，把衣服上的“大卫之星”标记摘下，然后迅速消失在黑夜里。从那以后，他们就一直与默林一家住在一起。

在两年的时间里，韦尔特林格尔夫妇的外部世界就是一片被大

1 特莱西恩施塔特（Therescienstadt），捷克斯洛伐克境内波希米亚地区北部市镇，1941—1945 年间纳粹德国用作关押犹太人的隔离区，先后共关押 14 万人，33 000 人死于该地，19 000 人从这里转往瑞典或瑞士而生还。约 88 000 人被运往各死亡灭绝营，其中仅 3 000 人在战争结束时生还。

楼框住的天空，外加一棵长在阴暗院子里的树。套间的厨房窗户已然成了他们禁锢生活之中的一本日历。“栗子树披上了银装，这已经是第二回了，”玛格丽特对她的丈夫感叹着，“树叶变黄了两次，但现在它又再次开了花。”她绝望了，他们是不是还要再躲上一年呢？玛格丽特告诉她的丈夫：“也许，我们真的被上帝抛弃了。”

西格蒙德安慰她，他们必须为了很多事情而坚强地活下去，比如，为了他们那一双儿女。西格蒙德安排他们在1938年逃到英格兰，从此再也没有见过他们。如果一切顺利的话，女儿已经是17岁的大姑娘，儿子也应该变成了15岁的俊朗少年。一定要活着见到他们！为了给妻子鼓劲，西格蒙德打开《圣经》，翻到诗篇第91章，轻缓地念着：“虽有千人扑倒在你左边，万人扑倒在你右边，这灾却不得临近你。”他们所能做的一切，就是等待。西格蒙德坚定地对妻子说：“上帝与我们同在。相信我，纳粹就要完蛋了！”

在过去的一年里，有4000多名犹太人在柏林街头被盖世太保逮捕。他们很多人是因为再也无法忍受被禁锢在黑暗中的生活，宁可铤而走险，也要来到大街上晒晒太阳，看一下奢望中的白天和城市。

20岁的汉斯·罗森塔尔（Hans Rosenthal）仍然躲藏在利希滕贝格区，一心要坚持下去。他在一个不到1.8米长、1.5米宽的小隔间里待了26个月，实际上那只是一个小小的工具棚，搭在汉斯母亲的一个老朋友家的后墙边。到目前为止，罗森塔尔的生存环境非常险恶，他的父母早已不在人世，而他本人在16岁的时候就被扔进了劳动营。1943年3月，他逃跑了，在没有身份证件的情况下坐火车到了柏林，寄居在他母亲的朋友家里避难。那个小牢房式的藏身处没有水也没有电，一个老式的便盆是唯一可用的如厕设施。他在晚上空袭的时候倒便盆，因为只有那时他才敢离开藏身处。除了一张窄窄的长沙发之外，隔间里一无所有，不过汉斯却拥有一本《圣经》、一台小收音机，墙上还有一张仔细做了标记的地图。尽管他对西方盟军抱有极大的希望，不过在他看来，似乎苏联人会抢先攻占柏林。这让他忧心忡忡，即使这意味着他将会被放出来。不过，他安慰自己说："我是犹太人，我既然可以逃出纳粹的魔爪，也同样可以从苏联的劫难中生还。"

在同一个行政区的卡尔斯霍斯特（Karlshorst），躲藏在地下室的约阿希姆·利普希茨（Joachim Lipschitz）生活在奥托·克吕格尔（Otto Krüger）的保护之下。总的看来，克吕格尔家的地下室里是安静的，但有时约阿希姆认为自己听见了远处传来的苏联红军的隆隆炮声，那声音就像不耐烦的观众戴着手套鼓掌一样，柔和低沉。他自己也承认，这只是自己的臆想——苏联人其实还在很遥远的地方。不过，他曾领教过红军的持续炮击，约阿希姆曾在德国国防军中服役，1941 年来到东线作战，并在战斗中失去了一条胳膊。但为德国服役的经历并没有让他逃过纳粹的迫害——他是一个犹太人医生和一个非犹太人母亲的儿子，是"半犹太人"。1944 年 4 月，他被纳粹当局挑选出来准备关入集中营，从那时起至今，他就一直处于东躲西藏的状态。

27 岁的约阿希姆想知道，当高潮临近之时将会有什么事情发生。每天晚上，克吕格尔的长女埃莉诺（Eleanore）都会来到地下室，和他一起讨论形势。从 1942 年以来，他们就是一对恋人了，但埃莉诺没有保住这个秘密，结果失去进入大学深造的机会——因为她在和一个“劣等”人交往。现在他们渴望能够结婚。埃莉诺确信纳粹在军事上已经完蛋了，崩溃很快就会到来。约阿希姆却不这么想：德国人将会血战到底，柏林注定会成为一处战场——也许是另一个凡尔登[1]。至于谁将攻占这座城市，他们之间出现了分歧：约阿希姆估计是苏联人，而埃莉诺则认为是英国人和美国人。不过约阿希姆认为，他们应该为可能出现的任何结果做好准备，因而埃莉诺在学习英语，约阿希姆则在钻研俄语。

在等待柏林陷落的人中，没有人比莱奥·施特恩费尔德（Leo Sternfeld）、他的妻子阿格内斯（Agnes）以及他们 23 岁的女儿安娜玛丽（Annemarie）更为苦恼了。施特恩费尔德一家并没有躲藏，因为他们家是新教徒，但莱奥的母亲是犹太人，所以他被纳粹划归为半个犹太人。结果，在整个战争期间，莱奥和他的家人都被恐惧折磨得坐卧不安。盖世太保如同猫耍老鼠一样戏耍他们，尽管他们现在还有人身自由，但随时有可能遭受牢狱之灾。

战火越是临近，危险就越大，莱奥一直努力为妻女打气鼓劲。头天晚上，一颗炸弹把附近的邮局夷为平地，但莱奥居然还能以此来打趣。“你再也不用走那么远去取邮件了，”他告诉妻子，“邮局就躺在台阶上。”

莱奥原本是个商人，现在却在盖世太保的淫威下干起了收垃圾的活。3 月的这个清晨，当莱奥离开位于滕佩尔霍夫区的家时，他知道由于自己一再推迟制订计划，现在再做打算已经为时太晚了。他们无法逃离柏林，也没有时间躲藏起来，如果柏林还能坚持几个

1　凡尔登（Verdun），法国东北部城市，第一次世界大战时法、德两军曾在此激战，这场战役伤亡之大留下了“绞肉机”的外号。

礼拜，就等于宣告了他们的死刑。已有人向莱奥透了底，盖世太保计划在5月19日逮捕所有拥有犹太血统的人，哪怕只有一滴血也不放过。

英军第2集团军指挥部远在德国西部靠近荷兰边境的瓦尔贝克（Walbeck），集团军医务部长休·卢埃林·格林·休斯（Hugh Llewellyn Glyn Hughes）准将，试图就未来几周内他可能遭遇到的一些医疗卫生问题做出评估——他很担心，当大军抵达柏林时，城内会爆发大范围的斑疹伤寒。

他的助手们曾忧心忡忡地汇报说，已经有一些难民在各处穿越了战线，他们身上携带着各种各样的传染病。和盟军前线的其他医生一样，休斯准将正在仔细地关注事态发展，要是出现一种严重的传染病，那就可能造成一场灾难。他用力拉扯着自己的胡子，不知道当涓涓细流变成滔滔洪水时，自己应该怎样应付那些难民，况且，还有成千上万被解放的盟军战俘。当他们到达柏林的时候会发现什么，可能只有上帝才知道。

准将还关心另外一个相关的问题：集中营和劳动营。与之相关的一些消息，是通过中立国传来的，但谁也不知道二者是如何运转的，其中关押了多少人，状况如何。现在看来，英军第2集团军将会是占领集中营的首支军队，他的桌子上有份报告，说汉诺威北部有一个集中营，就位于部队的推进路线上，除此以外几乎没有与之相关的任何信息。休斯准将不知道他们将会发现什么，他希望德国人在医疗问题上也表现出他们通常具有的那种彻底性，把健康卫生状况保持在可控状态。他以前从未听说过那个地方，那个地方叫贝尔森（Belsen）。

5

赫尔穆特·科茨（Helmuth Cords）上尉是一名东线老兵，曾因作战勇敢而获得“铁十字”勋章，但他现在的身份是一名被关押在柏林监牢中的囚犯，很可能活不到亲眼见证战争结局的那一天了。科茨上尉是一群精英分子中的一员，是反希特勒密谋集团 7000 名德国人当中为数不多的幸存者之一，这群人因为与 1944 年 7 月 20 日企图刺杀希特勒的事件有牵连，在 8 个月前被逮捕。希特勒凶残无度地进行了报复：几乎有 5000 名涉嫌参与者被处决，不论有罪或无辜，皆难以幸免；一个个家庭遭受牵连而毁灭，甚至就连密谋者的远亲也被逮捕，而且往往被即刻处决。希特勒曾怒吼道：“叛徒必须像牲畜一样被吊死！”结果密谋集团的主要成员被以一种极其残忍的方式剥夺了生命，他们被挂在钩子上的钢琴丝而不是绳子活活绞死。

莱尔特街监狱 B 监区里，一大群涉嫌密谋者正在其中等待着。他们当中既有保守派，也有共产党；有军官、前政治人物，也有医生、大学教授、作家和神职人员，还包括普通工人和农民。有些人并不知道他们被囚禁的原因，因为他们从没有被正式起诉过；有些人受到了审判，正在等候着审判再次降临；有些人实际上已被证明是无辜的，但仍然被关在牢房里；还有的人已经走完了虚假的审判流程，然后被匆匆宣判，现在正等待着被执行死刑。没有人能够确切知道B监区到底关押着多少囚犯——有人认为有200个，其他人认为不到100个。无从知道正确数字，因为每天都有犯人被带出去，然后就彻底消失了。这全都源于盖世太保头子、党卫队地区总队长兼警察中将海因里希·米勒（Heinrich Müller）一时的心血来潮。被监禁的人根本不指望他能大发慈悲。所有人都认为，哪怕盟军已经打到了监狱大门口，米勒仍会继续屠杀这些囚犯。

科茨就是无辜者之一。1944年7月，他是驻本德勒街的预备军司令部的一名下级军官，直属上级正是有着伯爵头衔的预备军参谋长，37岁的克劳斯·冯·施陶芬贝格（Claus Schenk Graf von Stauffenberg）上校。但这位只有一条胳膊，左眼蒙着黑眼罩仍相貌堂堂的上校是7月20日密谋的关键人物，他自告奋勇去刺杀希特勒。

在位于东普鲁士拉斯滕堡（Rastenburg，今波兰肯琴）代号“狼穴”的元首大本营里，冯·施陶芬贝格利用希特勒举行的冗长的军事会议，把一个装有定时炸弹的公文包放在了希特勒身旁的长地图桌下。冯·施陶芬贝格随后溜出了房间，动身返回柏林。几分钟后炸弹发出了骇人巨响，但不可思议的是希特勒竟在爆炸中幸免于难。几个小时以后，柏林的冯·施陶芬贝格没有受到正式审判，便在本德勒街的预备军司令部院子里被枪决，同时遇难的还有参加密谋的另外3名关键人物[1]。每个与之有关的人，甚至连他的远亲都被逮捕

1 这3人是预备军副总司令弗里德里希·奥尔布里希特步兵上将、默茨·冯·奎恩海姆上校和维尔纳·冯·黑夫滕中尉。

了——包括赫尔穆特·科茨。

科茨的未婚妻尤塔·佐尔格（Jutta Sorge）是德国前总理兼外交大臣古斯塔夫·施特莱斯曼的孙女，她也被捕入狱了，同样被捕的还有她的父母。包括赫尔穆特·科茨在内的所有人，自从被捕之后就一直未经审讯，只是关押着。

赫伯特·科斯奈伊（Herbert Kosney）下士也被关在同一座大楼里，对于7月20日的密谋，他知道的甚至比科茨还要少。不过，科斯奈伊是无意中被牵连的。他是共产党抵抗组织的成员，对暗杀事件的参与仅仅是把一个身份不明的人从利希特费尔德（Lichterfelde）送到了万塞（Wannsee）。

尽管赫伯特并不是共产党员，但从1940年开始，他就一直是各种红色地下组织的外围成员，后来他居然还被征入德军，成为一名普通士兵在前线作战。1942年11月，赫伯特回到柏林休假，他的哥哥库尔特——自1931年起就加入了共产党——用激烈的手段阻止他返回前线。库尔特用一支步枪打断了赫伯特的胳膊，将他送去了一家军队医院，解释说自己发现这名受伤的士兵躺在一条沟里。

这个花招见效了，赫伯特从此远离了前线，被安置在驻柏林的一个预备营里，每隔3个月就从阿尔贝特·奥尔贝茨（Albert Olbertz）医生那里获得一份新的医疗证明，这份证明使得他能一直从事“轻闲的勤务”。碰巧的是，奥尔贝茨医生也是一名共产党抵抗小组的成员。

正是奥尔贝茨连累了赫伯特，令其被捕入狱。在试图暗杀希特勒的行动失败几天以后，奥尔贝茨让赫伯特和他一起做一项紧急运送工作，他们乘坐的军用救护车带上了一个赫伯特完全陌生的人——他是盖世太保的高级军官，党卫队地区总队长兼警察中将、刑事警察总监阿图尔·内贝（Artur Nebe），此时正遭到追捕。过了一段时间，内贝被逮捕了，奥尔贝茨和赫伯特也被抓住了。奥尔贝茨当即自杀，内贝没多久就被绞死，赫伯特也上了死亡黑名单，被民事法庭判了死罪。不过，由于他仍然是个国防军军人，因此必须经过军事法庭的再次审判。赫伯特知道，这仅仅是走个形式而已——在盖世太保头子米勒的眼中，形式不值一提。当赫伯特·科斯奈伊从牢房窗子朝外眺望的时候，还不知道自己什么时候会惨遭毒手。

就在不远处，另一个人坐在那里，不清楚未来有什么在等着他——他是赫伯特的哥哥库尔特·科斯奈伊。盖世太保反复审讯他，但到目前为止他对自己的共产党员身份一个字也没说，更没有暴露会牵连到弟弟的任何事情。他为赫伯特担忧，弟弟会遭遇什么呢？他被带到哪里去了呢？其实，兄弟之间只隔着几间牢房，但不论是库尔特还是赫伯特都对此一无所知。

另外一群囚犯尽管没有遭受牢狱之灾，但他们却被留在了柏林。这些背井离乡的人与无数人一样只有一个愿望，就是快点获得自由，谁把他们放出去都行。这些人是做苦工的奴隶——来自纳粹所占领的几乎每个国家的男女劳工，有从东欧地区抓来的苏联人、波兰人、捷克斯洛伐克人、南斯拉夫人，也有从北欧掠来的挪威人、丹麦人、荷兰人，甚至还有来自西欧的比利时人、卢森堡人和法国人。

纳粹使用暴力抓来了将近 700 万人——几乎等于纽约市的人口总数——让他们在德国人的家庭和企业里干活。有些国家的人口几乎已经被榨干：有50万人来自面积不大的荷兰（荷兰的人口总数是1 095.6万人），6000人来自袖珍国卢森堡（卢森堡的人口总数是29.6万人）。外国劳工在柏林从事着每种可以想象得到的工作：许多纳粹高层人士家里都用苏联女孩充当家仆；从事和战争有关工作的建筑师们，会用年轻的外国制图员做他们的办公室人员；重工业里充斥着这些被抓来的人，干着电工、炼钢工、制模工、技工和无须特殊技能的工作；煤气、自来水和运输公司“雇用了”额外的数千人，但事实上并不发工资。甚至在本德勒街的德国预备军司令部，也有外国劳工的身影，法国人雷蒙德·勒加蒂热（Raymond Legathiére）就受雇在那里全天工作，在窗玻璃被炸弹炸碎后立即换上新的。

柏林的人力形势变得非常严峻，纳粹便公然把《日内瓦公约》抛诸脑后，让战俘像外国劳工那样从事至关重要的与战争有关的工作。由于苏联并不是《日内瓦公约》的签约国，所以德国人认为可以随意使用苏联战俘。目前，战俘和外国劳工别无二致。由于条件日益恶化，战俘们被用来修筑防空掩体，帮助重建遭受轰炸的部队营房，甚至在发电厂里为锅炉铲煤。现在，这两群人之间的唯一区别就是外国劳工的自由要多一些，不过这也得根据在什么地方、做什么工作而定。

外国劳工住的“城市”仅仅是由一些木制的营房式建筑构成的，要么在工厂边上，要么干脆就在工厂里面。他们在社区食堂填饱肚子，佩戴着表明自己身份的特别徽章。有部分企业没有按照纳粹当局的规定办事，宽容地允许他们的外国劳工住在厂区以外的柏林城内。许多人甚至可以自由自在地在城市里行动，去看电影或者去其他娱乐场所放松，只要他们遵守严格的宵禁令就行[1]。

有些看守或警卫已经感到德国失败只是时间问题，厄运将降临在德国人的头上，所以对待劳工们的态度有所缓和，许多外国劳工——有时甚至是战俘——发现，他们偶尔能够逃掉一天的劳动。有一名看守负责25个法国人，他们每天乘坐地铁到城里去干活，这名看守是个软心肠，后来干脆就不再费心清点走出车厢的战俘人数。他并不在乎究竟有多少人在路途中“丢失”了，只要一到18点，每个人都能来到波茨坦广场的地铁站集合，然后返回营地就可以了。

但并非所有的外国劳工都如此幸运，成千上万人的活动遭到了严格限制，根本没有自由可言。在城市经营的或者是政府设立的工厂里，情况皆如此。在柏林南部马林费尔德（Marienfeld）的煤气服务公司，那里的法国工人就没有什么优待，与在私人工厂里干活的工人相比，他们的伙食相当糟糕。不过，这些人的情况仍然要比苏联同行好。有个叫安德烈·布尔多（André Bourdeau）的法国人在日记中写道，看守头子费斯勒“从来都不送任何人去集中营”，而且在一个星期天，为了让劳工们补充食物甚至“允许我们到地里拣几个马铃薯”。布尔多为自己不是来自东方的苏联人而感到庆幸。他写道，苏联人住的院子里“拥挤得可怕，男人、女人和孩子们全都挤在一起……在大部分时间里，他们的食物根本就不像人吃的”。不过，在一些私人开办的工厂里，苏联劳工的处境稍微好一些，起

1　还有另外一种劳工——外国志愿工人。数以千计的欧洲人——有些是纳粹的同情者，有些人认为他们是在与布尔什维克主义进行战斗，而绝大多数人则是愤世嫉俗的机会主义分子——他们对德国报纸上的广告做出了响应，那些广告提供了帝国内的高报酬工作。这些人获准可以自由地住在雇佣地点附近。——原注

码在伙食上，他们与西方劳工是差不多的。

奇怪的是，全柏林的西方劳工都注意到，苏联人身上有一种几乎每天都在发生的变化。在位于夏洛滕堡区的舍林制药和化学股份公司里，人们以为随着战争的推进那些苏联人应该高兴和骄傲才是；可与此相反，他们看上去异常沮丧。来自乌克兰和白俄罗斯的女工，似乎对于城市可能被他们的同胞攻陷而感到特别不安。

两三年以前，当她们来到这里的时候，这些女人穿的是简单朴素的农民服装。渐渐地，她们产生了变化，开始考究自己的服装和举止，许多人开始第一次使用化妆品。苏联姑娘们模仿着身边的法国或者德国女人，从发型到服饰都有了可观的变化。现在，很多人注意到，这些苏联姑娘几乎在一夜之间又回归到农民的装束了。许多劳工认为，她们预见自己会因为太过西方化而遭到苏军的报复与惩罚——即使她们当年是从苏联强征而来的，在德国生活也并非自己的本意。

整个柏林城内的西方劳工士气高涨。位于鲁勒本（Ruhleben）的阿尔克特工厂坦克生产线上有2500名法国、比利时、波兰和荷兰人，除了德国看守之外，那里的每个人都在为未来做着规划。法国工人尤其兴奋，一到晚上就谈论起将来踏上法国的土地后要享用的法国大餐，他们还唱起了流行歌曲，莫里斯·舍瓦利耶的《我就是我》（*Ma Pomme*）和《繁荣昌盛》（*Prospère*）是他们的最爱。

20岁的让·布坦（Jean Bouting）是一位来自巴黎的技工，他为自己的行为加速了德国人的垮台而格外感到快活。几年来，布坦和一些荷兰工人一直在破坏坦克的零部件生产。德国工段长一再威胁说要把破坏分子送到集中营去，但因为人力短缺，他从来也没有这样做过——几乎整座工厂都完全依赖外国劳工维持。让·布坦认为，这种形势很有意思。比如，他所制作的每个滚珠轴承部件都应该在54分钟之内完成，但他却磨起了洋工，想尽一切办法把工期拖到一天，搞出的部件还都是问题产品。在阿尔克特工厂，被强迫劳动的工人们坚信：他们悄悄逃过工段长的耳目而交出的每一个报废零件，都使胜利和柏林的陷落更近了一步。到目前为止，还没有一个人被抓住。

6

不可避免的是，尽管不断地遭到轰炸，尽管在奥得河畔出现了苏联红军的身影，尽管随着盟军从东线和西线的进逼德国本身正在缩小，但仍然有一些人顽固地拒绝考虑即将到来的灾祸。他们就是狂热的纳粹分子，他们当中的大多数人似乎都接受了正在经历的磨难，把它看作是一种炼狱——看作是他们对纳粹主义及其目标献身的一种锻炼和升华。一旦他们展现出自己的忠诚，一切就都会好起来的，他们坚信柏林会永远屹立，第三帝国获得胜利更是理所当然的事情。

纳粹分子在这座城市的生活中处于一个特殊的地位。柏林人从来就没有完全接受希特勒和他的狂热宣传。就见解而言，他们久经世故见多识广，国内的国外的什么没见过。事实上，柏林人十分刻薄幽默，奉行政治犬儒主义，对元首及其鼓吹的新秩序更是完全不感兴趣，这一切都让纳粹党长期以来头痛万分。每当在柏林举行火炬游行或者其他纳粹集会活动，以此来吸引世人注意的时候，当局都要从慕尼黑运来几千名冲锋队员壮大游行者的人群。“在新闻片里他们比我们好看，”柏林人口出妙言道，“他们的脚也大一些！”

尽管希特勒可以做出努力，但他却永远也无法赢得柏林人的心。早在城市被盟军的炸弹炸毁以前，又恼又怒的希特勒就已经计划按照纳粹的形象来打造一个新柏林。他甚至打算把城市的名字改为“日耳曼尼亚”（Germania）[1]，因为他永远也不会忘记在20世纪30年代的每一次自由选举中，柏林人都没有把票投给他。在1932年的那次关键性投票中，希特勒乐观地认为他能让兴登堡[2]下台，可在柏林，他却收获了最低的得票率——只有23%。现在，市民中的狂热分子决心要让柏林——这个在德国中最不纳粹化的城市——成为纳粹主义的最后一个要塞，尽管他们在人数上相对是少数，却仍然控制着整座城市。

成千上万的青少年是狂热分子中的主力军。他们这代人中的大多数都只知道一个上帝——那就是希特勒。从童年开始，他们就被灌输了满脑子的民族社会主义目标和思想，更多的人接受了从使用步枪到类似反坦克火箭筒那样的“铁拳”反坦克榴弹发射器的训练，以捍卫这项事业，使之永存。克劳斯·屈斯特（Klaus Küster）就是这个青少年群体的典型人物，他是“希特勒青年团”[3]团员（柏林有1000多名希特勒青年团团员），他的拿手好戏就是在50米以内的距离击毁坦克，而他还不到16岁。

1　希特勒以此命名的理由是“日耳曼尼亚”作为所有日耳曼人的中心，无论日耳曼人身处世界上的任何一个角落，只要一听到这名字，就能激发他们心中的民族自豪感。

2　保罗·路德维希·冯·兴登堡（Paul Ludwig Hans Anton von Beneckendorff und von Hindenburg，1847—1934），陆军元帅，1925—1934年间任德国总统。第一次世界大战中曾击溃俄军，后任总参谋长，总统任内支持保皇派和法西斯组织，授命希特勒为总理。

3　希特勒青年团（Hitler Youth），1924年纳粹党建立的大德意志青年运动（Grossdeutsche Jugendbewegung）演变成了“德意志劳动青年的希特勒青年团”（Hitler Jugend Bund der deutschen Arbeiterjugend），1933年在合并了德国的各类青少年组织后正式更名为希特勒青年团，1936年12月成为德国法定的青少年必须加入的组织。该组织训练青少年使用武器，学习军事策略，并加强身体能力和灌输反犹太主义，将德国的青少年变成了可以执行战斗任务的辅助部队。

最富有献身精神的人就是如同机器人一样坚决执行命令的党卫队员（包括武装党卫军的军人）[1]，他们坚信纳粹能获得最终胜利，并且完全忠于希特勒。在其他德国人看来，他们的精神状态是完全不可理喻的。他们是如此狂热，这种狂热有时看来甚至已经渗透进潜意识里了。沙里泰医院的费迪南德·绍尔布鲁赫医生，在为刚从奥得河前线送来的一位受了重伤打了麻药的党卫军士兵做手术时，被眼前的突发事件惊呆了。在安静的手术室里，处于深度麻醉状态中的党卫军士兵开始小声但却异常清晰地反复说道："希特勒万岁！……希特勒万岁！……希特勒万岁！"

尽管这些人是真正的极端分子，但也有成千上万的平民选择与他们同流合污，有些人甚至拙劣地模仿着自由世界眼里的那种纳粹狂热分子的模样。47 岁的戈特哈德·卡尔（Gotthard Carl）就是其中一个丑角。尽管戈特哈德不过是临时在德国空军里当会计的卑微文员，但他每天却身着漂亮的蓝色空军军服上班，那种自豪傲慢的样子俨然自己就是一名王牌战斗机飞行员。当他在傍晚时分走进自家公寓时，他的两只脚后跟会"咔嚓"一声并在一起，然后猛地向前伸出右臂，声嘶力竭地呐喊"希特勒万岁"，这样的表演持续了数年。

他的妻子格尔达已经对丈夫的法西斯狂热感到彻底厌倦了，但她又忧心忡忡，急切地希望和丈夫讨论一下有关未来如何生存下去的计划。她指出，苏联军队正在逼近柏林……还没等她吐出下一句话，戈特哈德当即打断了她。"谣言！"他大为光火地吼道，"谣

1　希姆莱的党卫队系统庞大而复杂，为了以示区分，按照国防军编制直接上战场作战的部队被称为武装党卫军（简称党卫军），其他系统的单位统称为党卫队。

言！全是敌人故意散布的恶毒诅咒！”在戈特哈德迷失了方向的纳粹世界里，一切都顺风顺水，希特勒的胜利是必然的，苏联人也并没有兵临柏林城下。

此外，还有那些满怀热情又容易受影响的人——这些人也从未考虑过失败的可能性，在德国海军总司令部供职的埃尔娜·舒尔策（Erna Schultze）就是其中具有代表性的一员。这位41岁的妇女刚刚实现了生活中的“远大”抱负，被任命为一位海军上将的秘书。今天是她担任该职务的第一天。

海军总司令部的建筑没怎么装修过，猛烈轰炸在过去的48小时里一直笼罩在其头上。不过，灰尘和瓦砾并没有让埃尔娜紧张，刚刚放在她桌子上的命令也没有使她心烦意乱——这份命令提道，所有的绝密文件都要焚毁。但就在快要下班的时候，对新工作兴奋不已的埃尔娜却被领导告知：她和别的雇员要放“无限期长假”，她们的工资将通过邮局寄发。这无异于给这位中年妇女的头上浇了一盆冷水。

但埃尔娜仍毫不动摇，她对纳粹的信念如此强烈，以至于当官方公报承认战事不利时，埃尔娜都拒不相信。她坚称，整个柏林的士气仍然高昂，帝国获胜只是时间问题；甚至在埃尔娜离开大楼时，她还乐观地相信，要不了几天，海军总司令部就会重新让她回去工作。

还有一些人的信念非常坚定，他们与等级森严的纳粹组织高层有着千丝万缕的瓜葛，因而对战争或者战争的结局没有任何想法。简而言之，他们被特权地位的气氛和诱惑力彻底迷住了，在这样虚幻的白日梦中，他们不仅感到自己是安全的，还愚昧地继续忠于希特勒，认为自己受着他的完全护佑。克特·赖斯·霍伊泽尔曼（Käthe Reiss Heusermann）就是这样一个人，她长着一双迷人的蓝眼睛。

在选帝侯大街213号，35岁的克特正专心致志地工作着，金发碧眼、性情活泼的她是纳粹领导人的首席牙医胡戈·约翰尼斯·布拉施克（Hugo Johannes Blaschke）教授的助手。布拉施克由于自1934年以来一直为希特勒及其近臣服务，因而被授予党卫队旅队长的军衔，负责柏林党卫队医疗中心的牙科。布拉施克是一个忠诚的纳粹分子，他成功地利用自己与希特勒的关系，成了柏林势力最大也是牟利最多的私人医师。现在他打算再赌上一把。与克特不同，他已经清楚地看到纳粹政权崩溃的不祥之兆，早就做好了打算，时机成熟后就尽早逃离柏林。倘若他留下来的话，他的党卫队军衔和地位会令他非常尴尬：一旦自己落入苏军的手里，今天的显赫完全可能成为明天的灾祸。

克特并没有关注战争形势，因为她实在太忙，从一大早忙到深夜，出入各个诊所、指挥部，或者布拉施克位于选帝侯大街的私人诊所，给他当助手。克特既有能力又有人缘，受到纳粹精英们的完全信任，基本上希特勒的所有随从她都护理过——有一次，她还得到了护理元首本人的殊荣。

那个时刻是她事业的巅峰。1944年11月，她和布拉施克被急召到位于东普鲁士拉斯滕堡的元首大本营，在那里他们发现希特勒正处于剧痛之中。“他的脸，尤其是右颊肿得厉害，”她后来回忆道，“他的牙齿糟糕透顶。他总共有3个假牙上的齿桥，上牙只剩下8颗，甚至连这8颗牙也用黄金镶补着。一个齿桥完成了镶补上牙的工作，用现存的牙齿牢牢固定住，其中的一颗牙，也就是右边的智齿，被严重感染。”

布拉施克看了看那颗牙，他告诉希特勒得把那颗牙齿拔出来，已经没有办法保留那颗牙了。布拉施克进一步解释说，他得拔掉两颗牙——齿桥后面的那颗假牙以及旁边那颗受到感染的牙齿，这就意味着要在假牙前面的瓷制和金制的齿桥中钻个孔，这个过程需要做大量钻孔和锯开的工作。接下来，在最后拔出坏牙之后，他要花几天时间再造一个全新的齿桥，或者把旧的齿桥再次固定。

布拉施克对做这个手术感到精神紧张：手术过程是复杂的，而且谁也不知道希特勒会有什么举动。更麻烦的是元首不喜欢麻醉，克特记得希特勒告诉布拉施克，他只接受“最小剂量的麻醉”。不论是布拉施克还是克特，他们都知道希特勒将会经受难以忍受的痛苦；除此之外，手术过程可能持续 30～45 分钟的时间，但对此他们无计可施。

布拉施克给希特勒的上颚打了一针，手术随即开始。克特站在元首的身旁，用一只手朝后拉着他的面颊，另一只手举着面镜子。布拉施克手中的钻头在刺耳声中迅速钻进齿桥，随后他换下钻头开始锯了起来。希特勒一动不动地坐着——“就像冻僵了一样”，她回忆道。最后，布拉施克把那颗牙清理干净，迅速拔了出来。克特后来说道：“在整个过程中，元首既没有动，也没有说一句话。那是一个非同寻常的表现，我们无法理解，他怎么受得了那种钻心的疼痛。”

那是 5 个月以前的事情了，但直到现在，元首那个悬垂的齿桥并没有接受后续的治疗。在希特勒的核心圈子以外，几乎没有人知道手术的详情。那些为元首工作的人遵循着一个基本原则：有关他的一切，尤其是他的疾病，都是绝密。

克特善于保守秘密。例如，她十分清楚布拉施克正在为帝国公认但尚未成婚的第一夫人特制一副假牙。布拉施克打算在她下一次来柏林时把金齿桥安上去，希特勒的情妇——埃娃·布劳恩，肯定需要它。

最后，克特还知道一个最为严格保守的秘密——希特勒的确切位置。因为她的责任就是，不论元首到哪里去，她都要亦步亦趋地送去一整套牙医工具。除此之外，她还在为希特勒4位秘书中的一位，准备一个带有金齿冠的新齿桥——她便是五短身材、45岁的约翰娜·沃尔夫（Johanna Wolf）。不久后，克特就要在总理府的手术室里，把新齿桥给沃尔夫装上去。在过去的9个星期里，她几乎每天都来往于布拉施克的诊所和总理府之间，自1月16日以来，阿道夫·希特勒就一直居住在那里。

随着春天的夜幕降临城市，柏林呈现出一派荒凉的悲惨景象。这个已经沦为废墟的庞然大物，如同瘫痪的幽灵一般易受攻击，它在苍白的月光中伸展着躯体，为夜间行动的敌人提供了一个再明显不过的打击对象。在地底下，柏林人静静地等待着轰炸机群的光临，不知等到清晨降临时分，他们当中有谁还会继续活着。

21点，英国皇家空军的“兰开斯特”们如期而至，防空警报在24小时内第四次哀号着嗡鸣起来，柏林遭遇的第317次空袭就这样开始了。在位于霍亨索伦路的卫戍司令部里，赫尔穆特·雷曼（Hellmuth Reymann）中将[1]正在桌子边按部就班地埋头工作，对高射

1　原文中雷曼的军衔写的是少将，可他在1943年4月1日就晋升中将了。

炮火和炸弹的爆炸声充耳不闻，他正在为赢得时间而拼死战斗——已经没有多少时间可供浪费了。

仅仅在16天以前，电话铃声在雷曼位于德累斯顿的家中响起，那是希特勒的首席副官威廉·埃马努埃尔·布格多夫（Wilhelm Emanuel Burgdorf）步兵上将打来的。布格多夫用略显苍老的声音对他说道："元首任命你为德累斯顿城防司令。"

一开始雷曼甚至都不知道说啥好，这座建于16世纪的萨克森州首府，拥有童话般的尖塔、城堡和铺着鹅卵石的街道，但这些美丽只是昨日的美好回忆罢了，因为整座城市已经基本上在3次大规模空袭中被完全毁灭了。雷曼因此感到心痛欲绝，他发了脾气，对着话筒吼道："告诉他，这里除了瓦砾之外没什么好保卫的！"然后"啪"的一声把电话挂断。

他愤怒的话语是一种不顾一切的放肆。但一个小时以后，布格多夫再次打来了电话，他说："元首重新任命你为柏林卫戍司令。"

雷曼于3月6日上任，只用了几个小时他就有了惊人的发现。尽管希特勒宣布柏林是一座要塞（Festung）城市，但防御工事只存在于元首的想象之中。这座城市在防御敌人即将发起的进攻上什么都没有做：没有计划，没有防御工事，实际上连防御部队都没有——一切都是空白。更糟糕的是，当局没有为城内的居民准备给养，而且撤离妇幼和老人的计划也根本不存在。

现在雷曼是在24小时连轴转，忙乱地试图理清当前混乱的局面。他遇到的问题非常棘手：从哪里能搞到守卫城市的部队、枪炮、弹药和装备？从哪里能搞到修建防御工事的工兵、机械和所需材料？是否允许他把妇幼和老人撤出城市？如果不允许的话，那么当围城战开始之时，又如何给他们提供食物并保护他们？他的脑海里一再闪现那个大问题：时间——还剩下多少时间？

甚至得到高级军官们的协助更成为一种奢望，时至今日，上级仅仅在最后关头才给雷曼指派了参谋长：汉斯·雷菲尔（Hans Refior）上校。这位干练得力的上校几个小时以前刚到柏林，首都的混乱局面让他大吃一惊。几天以前，他在图片杂志《帝国》（*Das Reich*）里看到了一篇文章，声称柏林固若金汤。他对其中的一句话记忆犹新："有着环形筑垒阵地的柏林，到处布满了防御工事。"如果真是如此，那么这些工事一定进行了"绝妙的伪装"，因为雷菲尔压根就没能找到几处工事。

多年的职业军人生涯后，有着一头灰发的雷曼从来就没有想到，53 岁的自己要面对这样一个近乎不可能完成的任务。他不仅要迎头而上，还得为每个问题找到——而且是迅速地找到答案。拯救柏林是可能的吗？雷曼决心拼尽全力。军事史上类似的战例不胜枚举，当时失败似乎已不可避免，然而最终却柳暗花明，胜利最终还是到来了。他想到了维也纳。这座城市曾在 1683 年成功地挡住了土耳其人的猛攻；他还想到了奥古斯特·威廉·冯·格奈森瑙元帅[1]，他是格布哈特·莱贝雷希特·布吕歇尔元帅[2]的参谋长，曾于 1806

1 格奈森瑙（August Wilhelm Antonius Graf Neidhardt von Gneisenau Graf von Gneisenau，1760—1831）伯爵，普鲁士陆军元帅，普鲁士军事改革和第六次反法同盟战争中的重要人物。他曾与沙恩霍斯特中将一起在普鲁士进行军事改革，组建正在形成中的总参谋部，实行征兵制，对普鲁士和德国的军事制度产生巨大影响。1806 年，他成功地率部抗击法军，保卫了科尔贝格要塞。

2 布吕歇尔（Gebhard Leberecht von Blücher，1742—1819），普鲁士陆军元帅，在数次重大战役中名声远扬，他积极进攻的指挥风格为他赢得了"前进元帅"的称号，并在击败拿破仑的滑铁卢大捷（1815）中起到了关键作用。

年成功地守住了科尔贝格要塞。当然，这样的比较是相形见绌的，但也许给予了他们某种希望。然而，雷曼知道，这一切都将依赖于坚守奥得河防线的德军部队，依赖于指挥这些部队的将领。

那些大人物都不在了，隆美尔、冯·伦德施泰特、冯·克卢格、冯·曼施泰因……这些曾家喻户晓、立下赫赫战功的名将们如今已全部销声匿迹，他们要么死了，要么被打入冷宫，要么不得不隐退。现在，这个国家和军队比以往任何时候都更需要一名一流的军人——另一个富于创造力和干劲的隆美尔，另一个严谨到一丝不苟的冯·伦德施泰特。柏林的安全，或许连德国是否能作为一个国家而继续存在，都将有赖于此。可是那个人，现在又在何方呢?

第 2 部

将军

Part Two

The General

1

3月22日黎明，浓雾密布，天寒地冻。位于柏林南部的第96号帝国公路在挂着露珠的松树林里逶迤远去，一片片白霜在宽阔的沥青路面上隐约闪光。早春的第二日，在这个寒气逼人的清晨，公路上塞满了车辆——甚至对于处在战火之中的德国而言，如此繁忙的交通也形似虚幻的海市蜃楼。

一些重型卡车从公路上驶来，货箱里装着笨重的文件箱、文件柜、办公室设备和纸板箱，车上还高高地堆放着不少艺术品——精致的家具、装在板条箱里的铜管乐器、绘画、陶瓷制品和雕像。在一辆敞篷卡车上，一尊瞎了眼睛的尤利乌斯·恺撒胸像正在轻轻地前后摇晃着。

在卡车的长龙中，还夹杂着各种坐满人的轿车——霍希、漫游者，甚至是梅赛德斯豪华轿车，所有的车都带有银制的卐字标志，表明它们是纳粹党的官员用车。车队沿着第96号帝国公路继续行进，无一例外地开向南方，轿车里坐着第三帝国的纳粹党官僚们——这些纳粹中坚分子被称为“锦鸡”，拥有佩戴金质卐字章的特权。“锦鸡”们与他们的妻子儿女及财物一起，正在向外地转移，这些面色冷酷而阴沉的人身穿棕色制服，目不转睛地凝视着未知的前方。一种令他们感到毛骨悚然的可能性正萦绕在心头，即他们可能被截住，然后送回那处他们刚刚逃离的地方——柏林。

一辆大型黑色梅赛德斯轿车却在逆潮流而动，在公路的另一侧向北方狂飙。这辆车属于德国国防军参谋部门，左挡泥板上挂着一面代表集团军群指挥官的金属旗，由黑、红、白三色方格图案构成。戈特哈德·海因里希大将穿着一件式样老旧的羊皮大衣，脖子上围着一条厚围巾，身子缩成一团坐在副驾驶座上。他正郁郁寡欢地看着车窗外的公路。和帝国的所有将领一样，他也知道这条公路。海因里希的表兄，陆军元帅卡尔·格尔德·冯·伦德施泰特曾刻薄地把这条路称为“der Weg zur Ewigkeit”——“通向永恒之路”。这条路曾让许多高级军官在军事上处于被遗忘的状态，因为第 96 号帝国公路是前往距柏林 29 公里的德国陆军总参谋部的直达路线，在高级将领的圈子以外，没几个德国人知道陆军总参谋部的所在。甚至连当地居民也没有意识到，经过重重伪装并深藏在林中的是希特勒德国军事神经的中枢，它就坐落在措森（Zossen）边上。这座始建于 15 世纪的古镇正是海因里希此行的目的地。

迎面驶来的南逃车队，政府部门正在搬迁……种种令人不安的举动正在对海因里希大将产生难以言表的影响。不过，他并没有把这个影响传染给他 36 岁的副官海因里希·冯·比拉（Heinrich von Bila）上尉。比拉上尉和海因里希的勤务兵巴尔岑（Balzen）一起坐在轿车的后面，在 800 多公里的漫长旅途中，他们之间就没说过几句话。一行人是在黎明前从匈牙利北部地区动身的，海因里希当时正在那里指挥第 1 装甲集团军和匈牙利第 1 集团军，他们先飞到靠近捷克斯洛伐克与德国边境的包岑（Bautzen），再从那里坐车继续赶路。现在，随着时间在他们身边流逝，58岁的海因里希——德国国防军的防御大师之一，正愈发接近他40年戎马生涯中的最大考验。

海因里希将在措森了解新职务的全部职责，不过他已经获悉，他要面对的不会是西方盟军，而是老对手苏联人。对海因里希而言，这样的安排有些苦涩，却最为合适：他将奉命指挥维斯瓦集团军群，把苏联军队阻挡在奥得河畔，拯救柏林。

突然间，刺耳的防空警报大声鸣响了起来。海因里希大吃一惊，猛地转过身来，回头张望他们刚刚经过的那些砖木结构的房屋。没有看到轰炸或者盟军飞机，警报器的声音仍在持续着，随着距离拉开，那令人心悸的警报声逐渐消失了。令他大吃一惊的并不是刺耳的警报声——对于轰炸他并不陌生，而是在如此深居德国腹地的一个小村庄中，竟然也有防空警报了！海因里希慢慢地转过身来。自1939年战争爆发后，他就指挥各支部队，先是在西线，1941年后又开赴苏联作战。他有两年多时间没有在德国待过，因而对总体战对大后方产生的冲击一无所知。他忽然意识到，在自己的国家里，他不过是一个外乡人。这让他感到沮丧，原先他并没有预料到事情会变成这个样子。

然而对于这场战争的经历，没有多少德军将领能与他相提并论；不过换一个角度而言，也几乎没有比他名气更小的高级将领了。他并不是锐气十足的隆美尔，后者因其在北非立下的战功而被普通德国人视为名将，随后希特勒又授予他陆军元帅的元帅杖，让隆美尔成为绝佳的宣传素材。但海因里希却默默无闻得多，除了在作战命令中，你甚至都很难在公开印刷品上找到海因里希的名字，每个军人所追求的名誉和光荣，都与他无缘。作为一名在东线率部与苏联红军作战数年的战地指挥官，其职务本身就将他置于默默无闻的境地。他指挥的军事行动并没有闪电战狂飙突进带来的光荣，唯有难以忍受的撤退行动造成的绝望。他的专长是防御，在这一点上他无与伦比。海因里希是一个思维缜密、面面俱到的战略家，是一个拥有温和举止假象的指挥官，他虽然是受过旧式贵族教育的冷酷将领，但很早以前就领悟到应该用最少的兵力、付出尽可能小的代价来守住防线。他手下的一个参谋有一次评论道："海因里希只有在空中布满敌方火力的时刻才会选择撤退——而且还要经过深思熟虑。"

对海因里希而言，这场战争就是从莫斯科郊外缓慢而又痛苦地一路撤退到喀尔巴阡山脉，他一次又一次地在近乎没有希望的阵地里抵抗着。他不屈不挠、勇敢无畏、一丝不苟，抓住了每一次机会——即使在那里只不过是多坚守一公里，多坚守一小时。他的作战风格非常凶猛，麾下的官兵们骄傲地送给他一个绰号："Unser Giftzwerg"——"我们狠毒的小矮个"[1]。那些第一次见到他的人，往往对"狠毒"这样的描述感到困惑。海因里希身材矮小，长着一双平和的蓝眼睛，外加黄头发和干净的八字胡，乍一看更像是教师而不是将军——而且还是个衣衫褴褛的教师。

对他的副官冯·比拉来说，海因里希并没有什么大将的派头。这是件很值得关切的事情。冯·比拉老是为海因里希的外表烦恼——尤其是他的靴子和大衣。海因里希讨厌德国军官们喜欢的那

---

1 "Unser Giftzwerg"的字面意思是"我们的恶矮子"（引申意思是"我们狠毒的小矮个"）——那些不喜欢海因里希的人说他是"Unser Giftzwerg"时，往往用的是"我们的恶矮子"的意思。——原注

种擦得锃亮、齐膝高的长筒军靴，他更喜欢鞋帮开得很低的普通靴子，然后将一战时期的那种老式皮裹腿在一边扣上。至于大衣，他倒是有几件，不过他最喜欢的一件是有点邋遢的羊皮大衣，尽管冯·比拉一再劝说，他仍拒绝把它丢弃。同样，海因里希的制服要一直穿到磨破露线为止，而且由于他信奉轻装行进，所以海因里希随身很少有超过一套制服的时候——而这“一套”，其实仅仅是指他身上的那套制服而已。

在海因里希的衣服破烂到一定程度之后，冯·比拉不得不采取主动，来为大将添置些新装。比拉有些害怕提到这个话题，因为海因里希对新衣裳没有丝毫兴趣。通常，他会采取一种小心翼翼的方式，试探性地询问海因里希：“大将阁下，我们是不是应该找点时间，量身做一套新制服？”比拉想尽一切办法避免与他的上司就这样的问题发生冲突，因为一番争论下来输家总是他自己。

海因里希放下阅读用的放大镜，看着冯·比拉温和地问道：“你真的这样认为吗，比拉？”

一时间，冯·比拉以为自己成功了。接下来这位“狠毒的小矮个”就冷冰冰地问道：“但这究竟是为了什么呢？”

从那以后，冯·比拉就再也没有提起过这个问题。

不过尽管说海因里希的外表不像将军，但是他的行为的确很像。他是一个十足的军人，而且对他所指挥的部队而言，尤其是经历了莫斯科城下的抵抗之后，他还是一个传奇式的将军。

1941 年 12 月，希特勒对苏联发动的大规模闪击战在即将抵达莫斯科之时终止了。在冰天雪地里，125 万名散落在各条战线上且衣衫单薄的德国军人陷入了地狱般的严寒中，当年的冬季来得过早，而且气温低得吓人。正当德军在冰雪中痛苦挣扎之时，已经被希特勒和他的军事专家们一笔勾销的红军部队突然不知道从哪里冒了出来，苏联人发动了全面进攻，投入了100个拥有丰富冬季作战经验的师来打击侵略者。德军被击退了，损失大得惊人。一时间，仿佛1812年拿破仑大军的可怕溃败将要重演——而且在规模上甚至更大，更为血腥。

战线必须要稳住。而海因里希需要坚守的地段情况最为棘手。1942年1月26日，他受命指挥第4集团军余部，该部坚守着直接面对莫斯科的地段，是德军战线上最为关键的所在。任何大的撤退行动，都会导致两翼部队处于危险境地，引发全线崩溃。

海因里希在一个极度严寒的日子里接管了部队。气温降至零下42摄氏度，蒸汽机车头锅炉里的水都冻住了，机枪无法打响，地面冻得像铁一样硬，战壕和散兵坑根本无法挖掘。海因里希手下那些装备简陋的官兵们就在齐腰深的雪地里奋战，而他们的鼻孔和眼睫毛上全挂着冰溜。“我被告知一定要守住防线，直到攻克莫斯科的大攻势重新开始，”海因里希后来回忆说，“然而在我的周围，我的部下正在死去——不仅仅死于俄国人发射的子弹，还有相当数量的人是被冻死的。”

第4集团军的抵抗差不多持续了10个星期，海因里希用尽了他所能想到的所有方法——正统的和非正统的。他激励他的部下，鞭策他们，提升他们的军衔和职务，或者撤职——而且还一再无视希特勒一贯坚持不容改变的命令“Starre Verteidigung”——“固守不退”。那年春天，第4集团军的参谋人员估计，在漫长的冬天里“狠毒的小矮个”所部与当面敌人的兵力对比，有时至少达到了1

比 12。

在莫斯科城外，海因里希推出了一种后来令他闻名全军的战法。当他得知某个特定防区即将遭到苏联红军进攻时，他会命令部队在头天晚上撤退到二三公里以外的预备阵地上，这样一来，苏联红军来势汹汹的炮火准备就会砸在空无一人的战场上，成为彻头彻尾的无用功。正如海因里希所言："就像打在空袋子上一样，红军的进攻会失去锋芒。我的部下不会遭受任何损失，并且做好了下一步战斗的准备。接下来，我方未受到攻击区域的部队就会从两翼包抄而来，重新占领原先的前沿阵地"。这种战法的关键之处在于要了解苏联军队的进攻准备，利用情报部门的报告、反复侦察和对俘虏的审讯，再加上一点非同寻常的第六感，海因里希得以准确判定敌方进攻的时间和地点，几乎就像数学公式那样不差分毫。

这样的方法并不能一直采用，每次海因里希都不得不提心吊胆——因为拒不执行"固守不退"的命令，希特勒已经囚禁甚至枪毙了数名将领。海因里希后来哀叹，"如果没有他的允许，我们甚至难以把站在窗前的哨兵移到门口。""不过，"上将坦言，"我们当中的一些人，在力所能及的情况下，还是找到了一些方法，来规避希特勒那近乎自杀性的命令。"

由于一些显而易见的原因，海因里希从来也不是希特勒或者其统治集团的宠儿，他的贵族和保守主义的军事背景，要求他应忠实地履行自己忠于希特勒的誓言，但一种更高权威的召唤却凌驾在其之上。早在战争初期，海因里希的宗教观点就与元首产生了冲突。

海因里希的父亲是一名新教牧师，受到亲人们的影响，他每天要读上一段《圣经》，在星期天的时候还要去做礼拜。海因里希不仅一个人做，甚至坚持让他的部下们一起排队去教堂。希特勒却很讨厌这些宗教活动。海因里希接到了几个毫不掩饰的示意，说希特勒认为一个将军被人看到公开去教堂是不明智的。海因里希最后一次回德国的时候，在威斯特法伦州的明斯特（Münster）度假，这时柏林派了一名纳粹党高级官员来拜访他，并与之展开深入交谈。一直都没有加入纳粹党的海因里希被告知，在元首的眼中，自己的宗教活动与民族社会主义的目标完全不一致。海因里希面无表情地听完了警告，但在下一个星期天，他又和妻儿们前往教堂虔诚地做起了礼拜。

从那以后，他的提拔就变得缓慢而又磕磕绊绊了。要不是他无可否认的杰出领导才能，要不是几位领导过他的指挥官——尤其是京特·汉斯·冯·克卢格元帅坚持要提拔他，恐怕他往后的军旅生涯就一直是在原地踏步了。

1943 年岁末，帝国元帅赫尔曼·戈林也表示了对海因里希的敌意，原因还是宗教。戈林曾言辞激烈地向希特勒抱怨，海因里希在指挥第 4 集团军从苏联撤退时，将元首的焦土政策当成了耳旁风。戈林特别指控到，这位将军在斯摩棱斯克故意无视“烧毁每一座可住人的房屋”的命令，幸免于难的建筑物中就有屹立在城市中的大教堂。海因里希严肃地解释说，“倘若彻底烧掉斯摩棱斯克，我就无法让手下的部队途经该城撤出”。这个回答并没有让希特勒和戈林感到满意，但其中却有足够的军事逻辑，这最终让海因里希逃脱了被军事法庭审判的命运。

然而，希特勒依旧对此耿耿于怀。海因里希是一战中毫无人道的毒气战的受害者，从此以后就患上了多种胃病。在与戈林发生上述矛盾几个月后，希特勒提到海因里希的这些不适，以“身体欠佳”的原因将他列入预备役官兵名单。退出现役后，他前往苏台德地区卡尔斯巴德（Karlsbad，今捷克卡罗维发利）的一家疗养院，用海因里希的话来说，“他们就这么让我在那里干坐着”。在他被解职的几个星期后，苏联红军首次突破了第4集团军的防线。

在1944年最初的几个月里，海因里希就待在卡尔斯巴德，在希特勒做出一系列令帝国逐渐毁灭的决定时，他只是远方的一名看客：6月，西方盟军在诺曼底登陆；英美盟军挺进意大利并攻占罗马；7月20日，暗杀希特勒的密谋流产；苏联红军穿越东欧大举猛攻，势不可当。随着形势越来越危急，海因里希发现自己无所作为，沮丧得无法忍受。他本来可以通过恳求元首获得指挥权，但他拒绝这样做。

终于，经历了8个月的被迫转入预备役的生活之后，在1944年夏季快要结束之时，海因里希奉命再入现役——这次是去匈牙利，指挥处于困境中的第1装甲集团军和匈牙利第1集团军。

在匈牙利，海因里希的性格一如既往。当那里的战斗进入高潮之时，约翰·费迪南德·舍尔纳（Johann Ferdinand Schörner）大将——希特勒的得意门生，海因里希在匈牙利的顶头上司——发布了一道指令：任何没有接到命令就擅自撤退者，都要被“立即处决，暴尸示众，以儆效尤”。海因里希对这道命令很反感，生气地反驳道：“在我的指挥下，这种方式以前不会用，现在不会用，将来也不会用！”

尽管他被迫率部从匈牙利北部撤入捷克斯洛伐克，但由于其非常顽强地与敌争夺有利阵地，海因里希还是于1945年3月3日获颁了一枚双剑银橡叶骑士“铁十字”勋章——这对于一个为希特勒非常不喜的人而言，是一个罕见的成就。而现在，仅仅是在荣膺勋章两个星期之后，他正怀揣着命令匆匆赶往措森，去接管维斯瓦集团军群的指挥权。

海因里希凝视着飞驰的梅赛德斯轿车车轮下方远去的第96号帝国公路路面，他不知道这条公路最终将把他带往何方。他还记得在匈牙利的时候参谋们获悉新任命之后的反应，他奉命要去陆军总司令部（OKH）向总参谋长海因茨·古德里安大将报到，他们都惊呆了。“你真的想干这活吗？”他的参谋长乌尔里希·比尔克（Ulrich Bürcker）上校问道。

在他忧心忡忡的部下们看来，直言不讳的海因里希似乎肯定会遇到麻烦。奥得河前线是苏联人和柏林之间的最后一道主要防线，作为奥得河前线的指挥官，他将一直处于希特勒和他的“弄臣们”——海因里希手下的一个军官对希特勒身边的人的蔑称——的监督之下。海因里希从来就不会阿谀谄媚，更不会粉饰事实，他又如何避免与元首身边的人发生冲突呢？而每个人都知道，与元首意见不一致的下场是什么。

与海因里希亲近的军官们尽可能委婉地建议，他可以找某种借口拒绝服从这道命令——比如可以借口“健康原因”。令他们惊讶的是，海因里希简单地回答说，他会“像列兵舒尔茨或者列兵施密特那样服从命令”。

现在，当海因里希逐渐接近措森郊外时，他还清晰地记得自己离开部队那一刻的场景。手下的参谋们看着他，“仿佛我就是一只被送去屠宰的羔羊”。

2

在基地大门口，海因里希的车迅速通过了检查。大门内红黑相间的护栏抬了起来，在哨兵手忙脚乱的敬礼之中，车驶入了措森的指挥部——这几乎就像进入了另一个世界。从某种意义上来说，那确实是另一个世界——一个经过缜密伪装、深深隐藏、井然有序的军队的世界，只为少数人所知，它们的代号是“迈巴赫Ⅰ号”和“迈巴赫Ⅱ号”。

他们开车经过的建筑群是“迈巴赫Ⅰ号”——古德里安大将所领导的陆军总司令部，他就是从这里指挥着在东线奋战的各个集团军。往前再走上1000多米，是另外一片完全独立的营区：“迈巴赫Ⅱ号”，国防军最高统帅部（OKW）。尽管排名第二，但“迈巴赫Ⅱ号”的权威要更高，因为那可是最高统帅希特勒的司令部。

与古德里安将军直接在陆军总司令部进行指挥不同，国防军最高统帅部的最高层——统帅部长官威廉·凯特尔元帅，国防军指挥参谋部参谋长阿尔弗雷德·约德尔大将——在任何情况下都伴随在希特勒身边，无论元首身处何地。还留在措森的只剩下国防军最高统帅部的作战机构，通过这个机构，凯特尔和约德尔遥控指挥着西线的各个集团军。此外这个机构还是一个交流情报的中心，把希特勒的指示传达给整个德国武装部队。

如此一来，“迈巴赫Ⅱ号”就成了一个全封闭的禁地，在它与“迈巴赫Ⅰ号”之间甚至筑起了高耸的铁丝网，还安排了巡逻的哨兵，彻底隔断了两者的联系，甚至连古德里安手下的军官们都没有几个人能获准进入“迈巴赫Ⅱ号”。希特勒曾在1941年宣告，在执行他命令的时候，谁也不许了解超出其职责范围以外的事务。在古德里安的总参谋部里，人们调侃说“如果敌人攻占了国防军最高统帅部，我们仍会继续工作，因为对于那里发生的事情我们一无所知”。

在森林颇具保护性的浓密枝叶下方，海因里希的车行驶在建筑群之间纵横交错的狭窄土路上。透过林木，可以看到一排排参差不齐的低矮的混凝土建筑。它们之间的间隔不小，这是为了从林木中获得最大程度的庇护，为此它们都被漆上了死气沉沉的绿色、棕色和黑色的伪装色。车辆都停在道路之外——在覆盖着伪装网的兵营式房屋旁边。到处都是严阵以待的哨兵，而在营地周围的战略要地上，卫兵干脆就驻守在小型的低矮地堡之中。

这些都属于拥挤的地下设施的一部分，它们在整个营地之下向四周延伸。“迈巴赫Ⅰ号”和“迈巴赫Ⅱ号”的地下设施比地面建筑还要多，每栋房子的地下都有3层，彼此间还用通道相互连接。在这些地下设施之中，最大的是“500型电话交换机”——那是德国最大的电话、电传和军用无线电通信交换机构，它自成体系，完全独立，还拥有着自己的空调系统（包括一个可防毒气的特殊过滤系统）和给水排水设备，以及厨房和生活区。它差不多就在地表21米之下——相当于一栋修建在地下的7层楼房。

陆军总司令部和国防军最高统帅部唯一的共用设施就是这台巨型的电话交换机，它既是将远方征战的陆军战区、海空军司令部与上述两大指挥机构以及柏林联系在一起的纽带，还是帝国政府及各政府部门之间的主要电话交换系统。它建成于1939年，其设计宗旨是要服务于一个国土广袤的帝国。在主中继线或者长途电话室里，几十名话务员坐在灯光闪烁的交换机面板前工作，面板上的每个插孔上方都有一张小卡片，上面写着城市的名字——柏林、布拉格、维也纳、哥本哈根、奥斯陆等。不过，有些交换机面板插孔上的灯光消失了——插孔上面的卡片写着诸如雅典、华沙、布达佩斯、罗马和巴黎这样的名字。

门类齐全的伪装措施并没有让措森的建筑群免于空袭，当海因里希的车在古德里安的指挥部外面慢慢停下时，他能够清楚地看到轰炸留下的证据。此地坑坑洼洼遍布弹坑，大树被连根拔起，有些建筑物遭到的毁坏十分严重。不过，坚固的房屋把轰炸的损毁效果降到了最低——一些房子堪称固若金汤，光是墙壁就厚达1米。[1]

1　事实上，就在7天前的3月15日，在苏联人的要求下，美国人对措森进行了狂轰滥炸。苏联红军空军副司令员兼参谋长谢尔盖·亚历山德罗维奇·胡佳科夫（Sergei Aleksandrovich Khudiakov）空军元帅，给驻莫斯科的美国军事代表团团长约翰·拉塞尔·迪恩少将写了封信，这封信现在分别存档于华盛顿和莫斯科，这里是首次披露。这封信是一份令人吃惊的文件，因为它能让人洞悉苏联人在德国的情报工作做到了何等程度。“亲爱的迪恩将军：根据我们掌握的情报，德军总参谋部位于柏林南部38公里的地区，在一个筑有特殊堡垒的地下掩蔽处，德国人称之为‘要塞’。它位于……措森东南偏南5.5～6公里，第96号帝国公路以东1～1.5公里……这条公路与柏林通往德累斯顿的铁路平行。这块区域全被地下防御工事所占据……占地面积约有5～6平方公里，整个地区被纵深几层的铁丝网环绕，由1个团的党卫军部队严密把守着。根据同一情报来源，地下防御工事的建设始于1936年，在1938年和1939年，德国人对这些地下防御工事进行了抗轰炸和炮击测试。亲爱的将军，我请您不要拒绝我的要求，应尽可能快地给盟军空军发出指示，用重型轰炸机群对‘要塞’进行猛烈轰炸。我确信轰炸的结果是……如果德军的总参谋部还在那里的话，就会遭受重创，它的日常工作就会停止……而且它（或许）还不得不转移到别处。这样一来，德国人就会失去一个组织严密的通信中心和指挥机构。随信附上地图一张，上面有德军总参谋部（陆军司令部）的精确位置。”——原注

还有更多的证据表明，主楼内部也在轰炸中遭了殃。海因里希和冯·比拉见到的第一个人是古德里安的副手：汉斯·克雷布斯（Hans Krebs）步兵上将。克雷布斯就在空袭中负了伤，头上还裹着白色包头巾似的密实绷带，右眼戴着单片眼镜的他此时正坐在靠近古德里安办公室的一张桌子后面。海因里希对面前的这位上将颇有微词，把他看成是一个颠倒黑白的小人。尽管克雷布斯在参谋长的位置上展现了自己的聪明才智，但他对眼前的真相完全视而不见，还替希特勒在人们面前低估严峻的战局。

海因里希瞄了一眼克雷布斯，很突兀地开口问道："你怎么了？"

克雷布斯耸了耸肩，有些无奈地回答道："噢，没事……没什么大碍。"

克雷布斯始终很冷静。战前，他作为德国大使馆的武官被派驻到了莫斯科，能说一口流利的俄语。1941 年，在《苏日中立条约》签署以后，斯大林给了克雷布斯一个热情的拥抱，并告诉他"我们永远都是朋友"。这会儿，在与海因里希随意聊天的时候，克雷布斯提到他仍在坚持学习俄语。"每天早晨，"他说道，"我把一本词典放在镜子下面的架子上，趁着刮脸的时间再学上几个词。"海因里希点了点头。克雷布斯可能会发现，他的俄语很快就要派上用场了。

此时，古德里安的副官贝恩德·弗赖塔格·冯·洛林霍芬（Bernd Freytag von Loringhoven）少校加入了他们的谈话，与他在一起的是格哈德·博尔特（Gerhard Boldt）上尉，他也是古德里安个人参谋班子的一员。两人对海因里希和冯·比拉表示了正式欢迎，然后陪着他们前往古德里安的办公室。在冯·比拉看来，每个人都似乎衣着整洁，高筒靴锃光瓦亮，田野灰色的制服剪裁精细、熨烫精心，领口上佩戴着表明参谋身份的红领章。海因里希和冯·洛林霍芬一起走在前面，和平时一样，他的着装看起来不合时宜——特别是从后面看过去时，那件软毛领子的羊皮大衣让冯·比拉直皱眉。

冯·洛林霍芬消失在古德里安的办公室里，几分钟后又出现了，他打开门请海因里希进去。“海因里希大将阁下。”海因里希进门的时候冯·洛林霍芬喊道，随后关上门，与博尔特及冯·比拉一起待在接待室。

古德里安坐在一张堆满文件的大桌子后面，海因里希刚刚进门，他就站起身热情欢迎，还给来客搬来一把椅子。古德里安花了几分钟时间聊了聊海因里希的行程。海因里希注意到，古德里安显得急躁不安，宽肩膀、中等身材的陆军总参谋长灰发稀疏胡须凌乱，看上去比 56 岁的实际年龄要老得多。有些人可能并不知道，古德里安还是个患有高血压和心脏病的病人，上述疾病的症状并没有因为他屡受挫折而减轻。古德里安是希特勒庞大装甲部队的缔造者，在 1940 年时，他更是靠着凌厉的装甲兵战术，仅用 39 天就将法国征服——在苏联战役时他也几乎取得了如此成就。但近来，这位战功赫赫的名将却发现自己已对战局无能为力了，即便身居总参谋长的高位，可他的话在希特勒面前并没有什么分量。海因里希听闻，就算是在仗打得最顺利的时候，古德里安也是一个脾气火爆的军官。而面对建议屡屡被驳回的现状，这位总参谋长的怒火怕是要更上一层楼了。

闲谈过程中，海因里希四下打量了一番。办公室的陈设很简朴：一张大的地图桌，几把直背椅子，两部电话机，桌上有一盏绿色灯罩的台灯，棕黄色的墙上除了常见的镶在镜框里的希特勒肖像画之外别无他物，这幅画就挂在地图桌上方。堂堂的陆军总参谋长甚至连把安乐椅都没有。

尽管古德里安和海因里希并不是至交，但他们也算老相识了，两位军官尊重彼此的职业素养和能力，关系密切到足以自由随意地聊天。一谈到正题，海因里希便坦率地发言了："将军，我一直都在匈牙利的偏远战场，对于维斯瓦集团军群的情况几乎一无所知，它的建制怎样？奥得河的形势又如何？"

古德里安也没有任何隐瞒："我应该坦率地告诉你，海因里希，希特勒本来不想让你指挥这支部队，他心中另有他人。"

海因里希一言不发。

古德里安继续说道："我要对此负责。我告诉希特勒，你就是指挥维斯瓦集团军群的最合适人选。起初他根本不想考虑你，最后我说服他同意了。"

古德里安讲话的时候是一副公事公办、就事论事的样子，不过当他就这个话题越讲越起劲的时候，他的声音变了，甚至在20年之后，海因里希还能记得他在激烈述说时的细节。

"希姆莱，"古德里安急促地说道，"就是最大的问题，你要摆脱他，取代他——希姆莱！"

他突然从椅子上站了起来，绕着桌子走着，接着又开始在房间里踱步。海因里希刚刚才得知，维斯瓦集团军群的前任指挥官是党卫队全国领袖海因里希·希姆莱。这个消息让他惊呆了，一开始他根本不敢相信如此荒唐的任命。他清楚希姆莱是希特勒核心内阁的成员——在德国是"一人之下万人之上"的实权人物，但他根本没听说过希姆莱有任何指挥部队作战的经历——更不用说指挥集团军群级别的战斗了。

古德里安愤懑地说着：在1月份，波兰前线在苏联红军锐不可当的进攻前开始崩溃时，他强烈敦促组建维斯瓦集团军群。当时的构想是，把维斯瓦集团军群当作一个北方的集团军群，守住奥得河和维斯瓦河之间的主要防线，大致是从东普鲁士到更南方的一个地方，与另一个集团军群相连。这条战线如果能守住的话，那么它就可以挡住雪崩般涌来的苏联红军，使他们不能直接穿过下波美拉尼亚和上西里西亚，否则他们将大举猛攻，然后进入勃兰登堡州，最后到达——柏林，进入德国的心脏。

古德里安曾提议，这个至关重要的集团军群应该由陆军元帅马克西米利安·冯·魏克斯男爵统率。“当时，他恰恰是应付这个局势的合适人选，”古德里安说道，“但结果又如何呢？希特勒说，冯·魏克斯太老了。约德尔也出席了会议，我期望他能站在我这一边，但他说了一通有关冯·魏克斯笃信宗教的话，这事就这么黄了。”

“那么，”古德里安咆哮了起来，“我们得到了谁呢？希特勒任命了希姆莱！在那么多人当中——任命了希姆莱！”

用他自己的话来说，对这个毫无军事常识的人的“骇人而又荒诞无稽的任命”，他“争论过，甚至也乞求过”，但希特勒却固执己见。不出所料，在希姆莱的拙劣指挥下，前线几乎崩溃，苏联红军完全按照古德里安所预计的那样推进着。苏联人一渡过维斯瓦河，就分出一部分兵力挥师北上，在但泽（Danzig，今波兰格但斯克）抵达了波罗的海，单是在东普鲁士就切断并包围了20~25个师；其余的苏联红军穿过波美拉尼亚和上西里西亚，抵达了奥得河和尼斯河。尽管东线各地的德军防线在重压面前都被击溃了，但希姆莱负责的防区却是其中垮得最快的。因为他的失败，通向德国全境主干线的大门已然洞开，苏联人还因此加快了与西方盟军会师的步伐。而最为重要的是，对手已经将柏林置于了险境之中。

古德里安告诉海因里希，就在48小时以前，他驱车前往比肯海恩（Birkenhain）的维斯瓦集团军群指挥部，大致在柏林北边80公里的地方，试图说服希姆莱放弃指挥权。到了那里后，他被告知希姆莱病了，并最终在30多公里外的吕兴（Lychen）附近找到了党卫队全国领袖，“他蜷缩在湖边的疗养院里，只不过有点感冒头痛”。

古德里安很快就意识到希姆莱的“病”可以加以利用。他向党卫队的老大表示了同情，并暗示也许他的工作过于劳累了，他所担任的职务数目足以“耗尽任何一个人的全部精力”。除了担任维斯瓦集团军群指挥官外，野心勃勃的希姆莱还兼任内政部长、德国警察总监、党卫队全国领袖以及预备军总司令。古德里安暗示他，为什么不放弃这些职务中的一个——例如维斯瓦集团军群指挥官呢？

希姆莱领会了其中的含义。他告诉古德里安，这话说得太对了，他身上的众多职务确实给他带来了巨大压力。“不过，”希姆莱问道，“我该如何向元首提出放弃维斯瓦集团军群的指挥权呢？”古德里安立即告诉希姆莱，倘若授权于他的话，他愿意提出这个建议。希姆莱立即表示赞同。古德里安补充说，那天晚上，“希特勒解除了工作过于劳累、负担过重的党卫队全国领袖的军队指挥权，但发了一大通牢骚，而且明显是不情不愿的”。

古德里安停了下来，不过只停了一小会儿。他的怒火经常不受抑制地爆发而出，打断他本就言辞激烈的对灾难性战局的阐述。现在他的脾气又上来了，在歇斯底里的狂怒之中，大将几乎要说不出话来。他嘶吼道："我们所处的混乱局面是万分荒谬的，用如此方式打仗，简直令人难以置信！难以置信！"

古德里安回忆道，在此前的几个月里，他曾试图让希特勒明白"东线才蕴含着真正的威胁"，"有必要采取严厉措施"。他敦促从波罗的海各国进行一系列的战略撤退——尤其是从拉脱维亚的库尔兰（Courland）半岛[1]撤退——还要从巴尔干各国撤退，甚至还提议放弃挪威和意大利。总而言之，每条战线都需要缩短，由此腾出来的每一个师都可以迅速派往东线。根据情报，苏联人比西方盟军的师多1倍——但在东线作战的德军师数量上却少于西线的部队，除此以外，最精锐的德军师竟然摆在了艾森豪威尔的面前。但希特勒拒绝进行防御，他不愿意相信摆在他面前的事实和数字。

接下来，古德里安宣称"希特勒可能犯了他最大的错误"。1944年12月16日，他向西方盟军发动了孤注一掷的大规模进攻，战场位于比利时境内阿登高原绵延起伏的森林和卢森堡北部，德军将从这里席卷而过。希特勒夸下海口，吹嘘这个攻势将会把盟军拦腰切断，从而改变战争的整个进程。在盟军战线的中部，他投入了3个齐装满员的集团军——总共有20个师，其中有12个是装甲师。他们的目标是：突破美军防线，抵达马斯河，然后挥师北上，攻占安特卫普这个极其重要的物资储存港口。战役之初，面对突如其来

---

1 16世纪到18世纪期间，库尔兰地区曾经存在一个由波罗的海日耳曼人建立的小国库尔兰公国。18世纪后，库尔兰先是一度被瑞典占领，后又成为俄罗斯帝国的一部分（库尔兰省），现在的库尔兰是拉脱维亚的一部分，从地形上来说该地区是一个半岛。

的打击，缺乏准备的美军在德军的凌厉攻势下被击溃，蒙受了重大损失。然而德军后继乏力，这场攻势很快便宣告终结；盟军则迅速恢复了元气，只用了5个星期，便把希特勒遭到重创的各个集团军赶回到了德国边境后面。

"在进攻显然已鼓衰力尽之时，"古德里安说道，"我恳求希特勒，把我们的部队从阿登高原撤出，调回东线，我们估计苏军随时都有可能发动猛攻。没有用——他拒不相信我们对苏军力量的判断。"

1月9日，古德里安告诉希特勒，预计苏联人会动用庞大的兵力从波罗的海到巴尔干一线发动全面进攻，估计会投入225个步兵师和22个坦克军。对形势的评估是古德里安的东线外军处处长赖因哈德·格伦（Reinhard Gehlen）少将做出的，他指出红军在各方面都占据了非常大的优势：步兵兵力为11比1，坦克为7比1，炮兵和空军至少是20比1。希特勒"砰砰"地捶打着桌子，怒斥评估报告的作者。"是谁准备的这份垃圾？"他咆哮道，"不管他是谁，都应该把他关进精神病院里去！"

3天以后苏联人发动了进攻，格伦的话被证明是正确的。

"前线实际上是崩溃了，"古德里安告诉海因里希，"失败的首要原因就是我们的大部分装甲部队被牵制在了西线。最后，希特勒终于同意把一部分装甲部队转调过来，但他又不让我用坦克去进攻柏林东边的红军先头部队。他把那些装甲部队派到哪里去了？去了匈牙利，他们在那里被投入毫无用处的进攻中，试图重新攻占那里的油田。"

"嗨，甚至到现在，"他怒气冲冲地说道，"有18个师还待在库尔兰——被牵制在那里无所事事。这里需要他们——而不是波罗的海各国！如果我们要幸存下去，所有的兵力都应该放在奥得河前线。”

古德里安顿了顿，努力使自己冷静下来，随后他又补充道：“苏联人正盯着我们的咽喉，他们停止进攻是为了重整部队以发动更大的攻势。我们估计，你有3~4周时间——直到洪水下落——进行准备。到了那时，苏联人就会试图在西岸建立新的桥头堡，并扩大他们已有的桥头堡。必须把他们击退，不管别的地方发生什么事情，都必须在奥得河畔把苏联人挡住。我们的全部希望都寄托于此。”

3

古德里安叫人送地图来。在外面的接待室里，一名副官从准备好的那堆地图上面摘下几幅，送进了办公室，在两位将军面前的地图桌上把它们摊开。

这是海因里希首次纵览全局。三分之一以上的德国都已被来自西边和东边的盟军所吞噬；剩余的国土全都位于两个巨大的水系屏障之间：西边是莱茵河，东边是奥得河及其支流尼斯河。海因里希还知道，那些帝国尚未陷落的大工业区，正日夜遭受轰炸。

海因里希听说，西线艾森豪威尔的军队正进抵莱茵河畔，而莱茵河是德国伟大的自然防线。英美盟军沿着西岸展开几乎达到800公里——大致是从北海延伸到瑞士边境，在一个地方，莱茵河甚至已经被攻破了。3月7日，在波恩南部的雷马根镇，美军乘守军还没来得及将桥梁完全摧毁，夺取了当地的大桥。现在，一个30公里宽、8公里深的桥头堡正在东岸展开；而在别的渡口，盟军随时都有渡河的可能。

在东线，大批苏联红军已经横跨东欧，建立了一条800多公里长的战线——从波罗的海一直延伸到亚得里亚海。在德国本土，苏联红军的占领区从奥得河—尼斯河沿线一直伸展到了捷克斯洛伐克边境。古德里安告诉海因里希，侦察机已经发现了大量涌向前线的苏军增援部队，毫无疑问，苏联人正在积极准备着新一轮的攻势。每个铁路兵站都在卸下大炮和装备，每条道路上都塞满了坦克、汽车、马车队以及行军的步兵。谁也无法预测在进攻发起时苏联红军会投入多少兵力，不过，光是德国已经确认其存在的就有 3 个方面军——而维斯瓦集团军群就正好顶在了苏联大军的正前方。

海因里希看着他已经接手的战线，第一次看到了他后来声称的“完全令人震惊的真相”。

在地图上，标注维斯瓦集团军群战线的那条蜿蜒的细红线长达 280 公里——从波罗的海岸边，一直到西里西亚奥得河与尼斯河的交汇处，并在那里与舍尔纳大将的部队相连。德军的大部分防线位于奥得河西岸，但在东岸仍然拥有 3 个大型桥头堡：北边的位于波美拉尼亚 13 世纪时期的首府斯德丁（Stettin，今波兰什切青）；南边的分别是屈斯特林（Küstrin，今波兰科斯琴），以及古老的大学城奥得河畔法兰克福（Frankfurt an Oder）——这两座城镇都处于直接面对柏林的至关重要的地段。

海因里希发现，他手里可用来阻挡苏联人攻占首都并挺进德国心脏的兵力只有两个集团军。坚守战线北翼的是由哈索-埃卡德·冯·曼陀菲尔（Hasso-Eccard von Manteuffel）装甲兵上将指挥的第 3 装甲集团军，这位矮个子军人是一位伟大的装甲战术专家，在德国国防军中的地位可能仅次于古德里安和隆美尔。他扼守的阵地有 150 公里长，从斯德丁以北一直延伸到霍亨索伦运河与奥得河的交汇处，后者大致在柏林东北 45 公里处。沿奥得河往南，到 130 公里外的尼斯河交汇处，则由戴着眼镜的 47 岁的特奥多尔·布塞

（Theodor Busse）步兵上将指挥的第9集团军负责防御。

尽管这是令人沮丧的总体概况，但海因里希并没有被敌军部署在他面前的千军万马吓倒。在东线，这位防守大师已经习惯于在兵力对比处于绝对劣势的情况下作战（敌军起码拥有9~10倍的兵力优势），而至于坦克和空中掩护更是少得可怜。海因里希真正担心的是手头两个集团军的作战能力——能否抵挡住敌军如怒涛般的进攻也正是取决于此。

在经验丰富的海因里希看来，一个师的番号及其指挥官，通常都能表明它的历史和战斗力。这会儿正在查看地图的他发现，在东部前线已经没有几个他能认出来的正规师了。新组建的部队大多都没有用来表明番号的数字，而是被冠以各种稀奇古怪的名字，如“格鲁佩·卡森”、“德伯里茨”、“尼德兰”、“库尔马克”、“柏林”和“明谢贝格”。海因里希对这些部队的构成感到纳闷：它们是不是由被打残的部队混编的——各师余部简单拼凑成的临时部队？古德里安的地图并没有给他一幅非常明晰的画面，他得自己去看一下，但突然间他又恍然大悟，怀疑这些师只不过是些名字而已。海因里希并没有对他的怀疑发表意见，因为古德里安还有别的更直接的问题要讨论——尤其是屈斯特林。

海因里希麾下最大的部队是布塞的第9集团军，它是柏林正面的防御屏障。从地图上仓促画出的红色记号可以显见，布塞就要大难临头了。古德里安说，苏联人正在第9集团军的当面集结兵力，他们正竭尽全力拔除德军在奥得河东岸的屈斯特林和法兰克福地区的桥头堡，屈斯特林的形势危如累卵。

在这块地区，此前数周内红军已经分几次成功渡过了奥得河，在西岸夺取了立足点。红军对屈斯特林的大部分进攻都被击退，但拼尽一切努力进行防御后，苏联人仍然围困着该城。他们在该城的两翼夺取了面积可观的桥头堡，在这些钳子般的桥头堡之间，只剩下一条通道能把屈斯特林的保卫者和第 9 集团军连接起来，一旦铁钳合拢，屈斯特林就会落入敌手。而这两个桥头堡一旦连接起来，就会在西岸为苏联人提供一块发起进攻的大跳板，让他们长驱直入扑向柏林。

接下来的一件事情更是让海因里希惊得目瞪口呆。古德里安对他说："希特勒决定要发动一次进攻，拔掉屈斯特林南部的红军桥头堡。布塞将军一直在做准备。我相信，进攻将在两天之内打响。"

古德里安把希特勒的计划进行了概括：整个攻势将从位于屈斯特林以南 21 公里的法兰克福地区发动，5 个装甲掷弹兵师要渡河进入德军在东岸的桥头堡，再从那里沿着河岸发起突击，从后方打击屈斯特林南部的红军桥头堡。

海因里希研究着地图。法兰克福横跨奥得河，城市主体在西岸，只有一座桥把城市的两个部分连接起来。对维斯瓦集团军群的新指挥官来说，有两个事实非常清楚：东岸的山地地形为苏联炮兵提供了理想的条件——从那些高地上他们能够阻止德国人机动，将他们轰杀在路上；更糟糕的是，河东岸的桥头堡范围太小，无法集结起 5 个摩托化师。

海因里希盯着地图看了很长时间。在他想来，那些正在集结的德军师毫无疑问会立即暴露在敌方的火力面前，被苏联人大炮和飞机的狂轰滥炸消灭殆尽。他看着古德里安说道："这完全是不可行的。"

古德里安表示同意。他愤愤不平地告诉海因里希，能够让那些师集结起来的唯一方式，就是“从桥上一个接一个地冲过去——士兵和坦克将组成一个大约 24 公里长的纵队”。但希特勒固执己见，一定要发动这场进攻。“会成功的，”希特勒斩钉截铁地告诉古德里安，“这次大胆的行动完全脱离了教条，苏联人会被打个措手不及的。”

海因里希仍然在研究着地图，他看到屈斯特林和法兰克福之间挤满了红军部队，进攻即使真的能从桥头堡顺利发动，但面对兵力上占尽优势的强大对手，那些德军师也永远到不了屈斯特林。海因里希严肃地警告说：“我们的部队将会被苏联人压制在奥得河边，毫无回旋的余地。毫无疑问，这将是一场彻头彻尾的灾难。”

古德里安对此没有发表任何评论——因为这实在是没有什么可说的。突然他瞥了一眼手表，焦急地说道：“噢，上帝啊，我得赶回柏林，参加元首在 15 点召开的形势汇报会。”

一想到这儿，他又发起了脾气。“没法工作啊，”古德里安气急败坏地吼道，“这样的形势汇报会，一天居然要开两次。我在会议室内一站就是几个小时，而我在那唯一能做的事情就是听希特勒身边的那帮人胡说八道——什么也没有讨论！我什么事情也做不成！我所有的时间，不是花在路上，就是花在了听蠢话上！”

古德里安如此大动肝火，让海因里希有些惊慌。总参谋长的脸红得像甜菜根，一时间，海因里希甚至担心古德里安会因为心脏病发作而当场死去。当古德里安努力控制自己的时候，办公室里出现了一种令人不安的寂静。过了一会儿他说道：“希特勒要讨论对屈斯特林的进攻，你最好和我一起去见见他。”

海因里希谢绝了。“如果要我在后天发动这场荒唐的进攻的话，”他说道，“我最好还是尽快去我的指挥部。”随后他又执拗地补充道：“希特勒可以等上几天再见我。”

随着地图和图表被送进古德里安的办公室，接待室里的冯·比拉也在根据地图和图表的减少，为此次会面计算着时间。就剩下一两张了，他估计情况介绍就快结束。他溜达到桌子旁，穷极无聊地看着最上面的那张地图。这是一张德国全境图，但上面的线条却似乎有些不同，就在冯·比拉要转身离开时，他却感到自己的目光被某种异样所吸引。比拉弯下腰，更加仔细地端详着眼前的这张地图，发现它上面竟密密麻麻地写满了英语……

4

临近 18 点，疲惫的海因里希到达了位于比肯海恩的指挥部，此地距普伦茨劳（Prenzlau）不远。从措森出发后的两个半小时车程中，他一言不发。冯·比拉一度想和将军聊聊，询问将军是否看到了那幅地图。冯·比拉想当然地认为，古德里安已经给海因里希看了另外一幅同样的地图，并解释了其中的内容。实际上海因里希对它一无所知，因而冯·比拉没有得到答案。将军只是干坐着，嘴唇紧闭，忧心忡忡，冯·比拉从来也没有见过他情绪如此低落。

海因里希一看见他的新指挥部，情绪便愈加低落。维斯瓦集团军群的指挥部设立在一座气势恢宏的大官邸内，这里原本是几年前希姆莱为自己修建的个人避难所。官邸的主楼体积庞大、外表华丽，一排粗大的柱子耸立在正面，如同一头建筑学上的大型怪物，两侧簇拥着木头建造的营房。而在附近的铁路专用线上，则停着他陈设豪华的专列“施泰尔马克号”。

与措森一样，这个指挥部也隐藏在森林之中，不过相似之处也就到此为止了。海因里希本以为一个处于作战状态的集团军群指挥部应该充斥着忙碌的军官，但面前的环境却完全出乎他的意料：除了一个在主楼门厅里站岗的党卫军军士以外，这座宏伟的指挥部里仿佛再也找不到什么活物，看上去就像被抛弃了一样。军士询问了海因里希和比拉的名字，然后便领着他们坐在一条硬板凳上。当大将和他的副手回过神来的时候，这名年轻的军士早就没了踪影。

过了些许时刻，一个制服笔挺的高个子军人出现在海因里希面前。这位军衔为党卫队地区总队长兼武装党卫军中将的人自称是希姆莱的参谋长，全名叫海因茨·贝尔纳德·拉默丁（Heinz Bernard Lammerding）。他圆滑地对海因里希解释说，党卫队全国领袖正在进行“一场非常重要的讨论，现在不可以打扰”，话虽客气却态度冷淡。拉默丁并没有邀请海因里希去他的办公室里等着，也没有表现出通常的好客姿态，而是脚后跟一转，便把海因里希和冯·比拉丢在门厅不管了。在海因里希担任高级军官的多年时光里，从来也没有被这样漫不经心地对待过。

他耐心地等待了 15 分钟，然后小声对冯·比拉说：“去告诉那个拉默丁，我无意再在这里坐等了，我要求立即见希姆莱。”几分钟后，海因里希被护送着穿过走廊，进入了希姆莱的办公室。

希姆莱正站在桌子旁边，他中等身材、身长腿短——海因里希的一个参谋记得，他的腿就像“公牛的后腿”。希姆莱长着一张窄脸，下巴向后缩进去，眼睛斜视，戴着朴素的夹丝玻璃眼镜，留着小八字须，薄嘴唇。他的手不大，柔软而且有女人气，手指很长。海因里希注意到，他的皮肤就质地而言是“苍白松垂的，多少有点像海绵”。

希姆莱迎上前来，两人互致问候，然后希姆莱立即开始滔滔不绝地解释起来。“你必须明白，”他说道，同时抓住海因里希的胳膊，“对我而言，离开维斯瓦集团军群是一个最为困难的决定。”他边说边让海因里希坐在一把椅子上，“但正如你所知道的，我有这么多职务，有这么多工作要做——而且，我的健康状况也不是非常好。”

希姆莱在桌子后面坐下，后仰着身子继续说道：“现在，我将把这里发生的一切都毫无保留地告诉你，我已经让人取来所有的地图和报告。”

两个党卫军士兵走进屋内，一个是速记员，另一个抱着一大堆地图，在他们的身后又进来两名参谋军官。海因里希高兴地看到两名军官穿的是国防军制服而不是党卫军制服，其中一位是集团军群副参谋长埃伯哈德·金策尔（Eberhard Kinzel）中将，另一位是集团军群首席参谋（作训参谋主任）汉斯–格奥尔格·艾斯曼（Hans-Georg Eismann）上校。见到艾斯曼令海因里希格外高兴，他知道艾斯曼是一位效率尤其高的参谋军官。拉默丁没有在场。

希姆莱等着大家全都落座，随即开始了一番夸张做作的演讲，为其个人辩解起来。后来海因里希认为，“他似乎是从亚当和夏娃的故事开始讲”[1]，然后不厌其烦地进行解释，但“他说的话没有一句是合乎情理的”。

不论是金策尔还是艾斯曼都知道，希姆莱能够这样一连讲上几个小时。所以在几分钟以后，金策尔便借口“有急事要办”，很识相地告退了。艾斯曼坐在那里打量着希姆莱和海因里希，脑海里对他们进行比较。他注意到海因里希是“一个坚韧不拔、灰白头发的老兵——一个严肃、沉默、忧虑的小个子，对他来说，礼貌是一件天经地义的事情”，但又不得不听一个毫无军人风度、“看不懂地图

1 基督教的《圣经》是从亚当和夏娃的故事开始的，所以这里的“从亚当和夏娃的故事开始”，意思是“从头说起”。

比例尺"的暴发户在炫耀般地夸夸其谈。看着希姆莱打着夸张的手势，"做着夸张的长篇演说，一再重复着最无关紧要的事情"，他知道海因里希一定既震惊又厌恶。

艾斯曼尽可能长时间地等候着，随后他也要求告退，因为"要做的事情太多了"。几分钟后，海因里希注意到，速记员也放弃了工作，把铅笔扔到了一边，这大概是因为他做记录的速度完全跟不上希姆莱的口若悬河。海因里希无聊到了极点，但还是静静地坐着，任凭那些话语左耳朵进右耳朵出。

突然，桌子上的电话响了。希姆莱拿起电话听了一会儿，看上去受到了惊吓。他把电话递给海因里希，说道："你是新指挥官，最好由你来接。"

海因里希拿起电话。他说道："我是海因里希，你是谁？"

对方是第9集团军指挥官布塞上将。海因里希听完电话里的汇报后就呆住了，灾难已经降临到他的头上，苏联人发现了布塞为在屈斯特林南部发动进攻而做的准备。第25装甲师是布塞手里最精锐的部队之一，几个月来一直保持着屈斯特林两翼红军桥头堡之间的通道畅通，该师已经悄悄撤离了自己的阵地，为新的进攻做准备。与该师换防的是第20装甲师，后者正在进入第25装甲师的阵地。苏联人察觉到德军正在换防，于是从北面和南面发动了攻击，完全就像古德里安惧怕的那样，钳子啪的一声夹住了。第20装甲师被切断了退路，屈斯特林被孤立了起来——而苏联人现在拥有了一个可以向柏林发动突击的主要桥头堡。

海因里希用手捂着电话，冷冷地把这个消息告诉了希姆莱。党卫队全国领袖显得紧张不安，他耸了耸肩膀说道："唔，你是维斯瓦集团军群的指挥官。”

海因里希瞪着眼厉声说道：“注意，我对这个集团军群一无所知，我甚至都不知道有什么样的士兵，他们应该在什么地方。”

希姆莱面无表情地看着海因里希。海因里希明白自己不能指望从他那里得到帮助。他回过头来继续打电话，立即授命布塞进行反击，同时对第 9 集团军指挥官做出保证，他会尽可能快地赶到前线。当他把电话挂上的时候，希姆莱又开始了漫无边际的谈话，仿佛一切都没有发生过一样。

但海因里希彻底愤怒了，他生硬地打断希姆莱的胡说八道，严肃地告诉对方：为了德国和德国的未来，自己很有必要得到党卫队全国领袖对整个形势深思熟虑的意见。海因里希后来回忆称，这个问题“显然令希姆莱感到不快”。党卫队全国领袖从椅子上站起身来，绕过桌子，一把抓住海因里希的胳膊，拉着他来到房间远端的沙发上，刻意让速记员听不清他们接下来的谈话。随后，希姆莱用很低的声音向海因里希吐露了一个惊天秘密：自己正在通过某个中立国与西方盟国进行接洽。“谈判已经开始了，我会通过必要的措施来达成目的，”他停了一下，又补充说，“你得明白，我今天告诉你这些，完全是出于对你的绝对信任。”

在长时间的沉默中，希姆莱满怀期望地看着海因里希——大概是等待某种回应。海因里希则目瞪口呆，这可是叛国罪啊，是对德国、德国军队及其领导人的背叛。他竭力控制住自己的思绪，希姆莱跟他说的是不是真话？或者是一种诡计，为的是诱使他做出不明智的行为？海因里希相信，野心勃勃的希姆莱是什么事情都做得出来的。为了争权夺利，他完全有可能去干那些出卖祖国的勾当。久经战场的将军一言不发地坐着，眼前的希姆莱令他感到厌恶。

突然间门打开了，一名党卫军军官走了进来。他的冒失让正在进行的话题被打断，不过也让希姆莱得以从目前尴尬的气氛中解脱出来。“全国领袖阁下，”军官说道，“参谋部集合完毕，待命出发。”

希姆莱站起身来，没有再说一个字便离开了房间。

到 20 点的时候，希姆莱、他的党卫军军官以及卫队都走了。他们把所有的东西都随身带走了，海因里希的勤务兵巴尔岑很快就发现，他们带走的东西包括官邸中的刀叉等银质餐具、盘子甚至还有茶杯、茶碟。他们打包得非常干净，仿佛希姆莱从未在此驻足过一般。希姆莱坐上他的豪华专列，迅速消失在奥得河前线的茫茫夜色中，朝西方驶去。

在希姆莱身后，留下来的海因里希简直怒不可遏。当新任指挥官四下察看指挥部的时候，顿感愤怒和作呕。他手下的一名军官记得，当海因里希察看希姆莱的官邸时，被其缺乏阳刚之气的装饰格调搞得“火气上升了好几度”。巨大的办公室和里面的一切全都是白色的，卧室装饰成柔和的绿色，窗帘、地毯、沙发垫甚至连被子和床罩皆是如此。海因里希尖刻地评论说，这个地方更“适合一位高雅的女士居住，而不是一位试图总领千军万马的统帅”。

深夜时分，海因里希给他在西里西亚的前参谋长去了电话，之前他曾许诺会将发生的事情向对方一一道来。他再次控制住自己的情绪，得以更冷静地思考这次会面。希姆莱披露的内容太过离奇而难以置信，海因里希决定不再提及。在和西里西亚的老同事通电话时，海因里希说道：“希姆莱巴不得离开这里，他走得很高兴，生怕走得不够快。当崩溃来临时，他不想对此负责。不，他只想找个普通的将军来负责，而我就是那个替罪羊。”

在安排给副官的房间里，海因里希的副官冯·比拉上尉正焦躁不安地踱来踱去。他满脑子都是那张地图——就是在措森的古德里安陆军总司令部里看到的那张地图——他无法不去想它，根本控制不住。他认为古怪之处在于，当他研究那张地图的时候竟无人阻拦。然而那张地图显然是司令部里的机密文件，古德里安肯定给海因里希看过了，可海因里希又未做评论。那么是否有这种可能性，那张地图并不像他所认为的那么重要？也许，甚至有可能地图就是古德里安司令部里的人制作出来的，作为德军对盟军动向的一种估计。不过，冯·比拉仍然觉得这种说法无法让人信服。它为什么是用英语印刷的，而不是德语？那就只有另外一种解释：它是一张盟军的地图，被德国情报部门用某种方式搞到的。它还能从别的什么地方得到呢？如果是这样的话——而且冯·比拉也想不出别的答案——那么他就得设法警告他的妻子和 3 个孩子。按照那张地图的内容来看，如果德国战败，那他位于贝恩堡（Bernburg）的家就会处于苏联人控制的区域内。除非冯·比拉是在想象，否则他实际上真看到了一份绝密计划，内容是盟国打算如何占领和瓜分德国。

5

在 80 公里以外的地方，那张地图的原件及附件就存放在柏林达勒姆岩峰路 1 号的保险柜里。那里是最高统帅部国防军指挥参谋部参谋长阿尔弗雷德·约德尔大将的应急指挥部。战争期间，大量荒诞不经的秘密落入了德国情报部门的手中，而这个红色封面的卷宗，则是约德尔读过的最无情地揭示内情的文件。

这份文件包含一封信和一份 70 页的背景备忘录，封底夹着两张可以单独取出的地图，每张约有 50 厘米长、45 厘米宽，绘图比例尺为 1 英寸比 29 英里。它们都是一份机密作战指令前言的副本，在 1 月份被前线德军从英国人手里缴了过来，当时阿登攻势已成强弩之末，如此重要的情报倒也是个不小的收获。至于盟军是否察觉到如此严重的泄密事件，约德尔本人并不清楚。

在希特勒看来，盟军的这份计划太具有爆炸性了，只有最高统帅部里的一些人才被允许阅读。2 月初，元首花了整整一个晚上的时间研究了这份卷宗之后，把上述文件列为“国家绝密”。除了他身边的军事顾问和协助顾问工作的参谋人员以外，任何人都不知道文件的具体内容，甚至连内阁成员也对此一无所知。但在如此严格的保密手段之下，一个老百姓却看到了这些文件和地图，她就是路易丝·约德尔太太———她是与将军结婚才几周的新娘。

就在他们成婚前的一天晚上，约德尔决定把这些文件给他的未婚妻看一看。毕竟作为最高统帅部的机要秘书，她也经手了相当数量的军事秘密。路易丝居住的公寓距离约德尔的指挥部只有一个街区，约德尔把整份文件放进公文包里，提着包就去了她的公寓。当房门紧闭后，他立即把这些文件取了出来，对他的未婚妻说："盟军就是打算这样收拾德国的。"

路易丝把这个红色封面的卷宗放在桌子上，开始一页一页地看起来。她早就学会了阅读军事文件和地图，但此时那些能力完全是多余的——文件的内容相当直接明了。此时此刻，约德尔太太手里拿着的正是盟军在取得战争胜利后对自己祖国的瓜分蓝图，这让她的心为之一沉。她认为艾森豪威尔指挥部里的某个人，在选择代号的时候怀有报复心，文件的封面上有一个令人胆寒的标题："日食行动"（Eclipse）。

约德尔从她的手里拿过卷宗，打开地图平放在桌子上。"看，"他苦涩地说道，"看那些边界。"

路易丝默默地研究着地图上用粗线画的边界，北部和西北部地区标着 2.5 厘米高的国别首字母"U.K."（英国）；南部的巴伐利亚地区写着"U.S.A."（美国）；而帝国的其余部分，大致是整个中央地区以及正东方向则标上了"U.S.S.R."（苏联）。她惊恐地注意到，甚至连柏林也被"三大国"从中分割开来，柏林位于苏占区的中心，盟国在其中分别画上圈，分成了 3 份：美国人占有南面，英国人占有北边的一部分和西北的全部，苏联人占有东北部和东部。她意识到这就是战败的代价了。路易丝 3 看着她的未婚夫说道："就像一场噩梦。”

即便知道这张地图肯定是真的，路易丝还是难以接受这个物证。她问道，这份“日食文件”是从哪里来的？不过话刚出口，她就意识到自己说了句废话。根据多年来对约德尔的了解，他肯定会在这样的事情上守口如瓶（约德尔太太一直认为，阿尔弗雷德是个“性格孤僻的人”，他总是躲藏在一个面具后面，甚至对自己的爱人也是如此）。果不其然，约德尔将军开始闪烁其词。尽管他肯定这些地图和文件的真实性，却并没有披露来自何种渠道，只是很敷衍地说了句：“我们是从英军指挥部里搞到的。”

过了很久，当约德尔返回指挥部以后，路易丝才领悟到“日食行动”所蕴含的另一个灾难。如果德国战败的话，那么她在哈茨山脉的老家将沦为苏占区，生活在那里的亲戚们就会落入苏联人的手里。尽管路易丝爱阿尔弗雷德·约德尔，完全忠诚于她的国家，但她此时此刻却做出了一个非常人道的决定：铤而走险，打电话通知亲戚们赶快往西边逃，她绝不能让自己的嫂子和4个孩子落到苏联人的手中。就在临走前，约德尔还警告过她，绝不允许将有关“日食行动”的机密泄漏出去，但路易丝早已将这些话抛诸脑后了。

路易丝决定冒险。她清楚地知道将军加急电话的代号，她一把抓起话筒，让接线员帮她转接了亲戚的电话。几分钟后，线路终于被接通了，路易丝和惊讶万分的嫂子简短说了几句无关痛痒的话，最后随意提了句：“你知道最近东风来势汹汹，我真的认为你和孩子们应该搬到河西边去。”

她慢慢地放下电话，希望对方能够明白她那笨拙的密码般的信息。在电话线的另一端，她的嫂子听见了对方挂断电话的咔嗒声，她不明白为什么这么晚了路易丝还给她打电话，接到她的电话本是件高兴的事，但她却听不懂路易丝说的是什么，也就没有再多想。

将军和路易丝在3月6日结了婚。从那以后约德尔太太就一直担心，丈夫会对她的“泄密行为”有所察觉。实际上毫无必要，负担过重的将军有更为紧迫的问题要处理。

迄今为止，约德尔和他的参谋们已经彻底研究和分析了“日食行动”，几乎把每段话都背了下来。尽管它并不是一份战略性文件——也就是说，它没有对需要德军采取反制措施的迫在眉睫的敌军行动做出警示——但这个“日食计划”几乎同样重要。首先，它有助于解答几年来一直令约德尔和最高统帅部迷惑的一系列问题：他们想要知道，西方列强与苏联的联盟有多强大？当他们坐下来瓜分战利品的时候联盟会分裂吗？既然苏联红军已经占领了中欧的大部分，那么在1943年卡萨布兰卡会议以后，丘吉尔和罗斯福共同发表的德国必须“无条件投降”的宣言还有效吗？盟军是不是真的想把这样的条件强加给战败的德国呢？当约德尔和德国的最高统帅研究“日食行动”文件的时候，有关盟军动机的所有问题全都消失了，盟国的文件用清楚明白的话做出了回答。

然而，直到2月的第二个星期，约德尔才认识到这份文件的全部重要性，尤其是地图的重要性。在2月9日和之后的3天时间里，罗斯福、丘吉尔和斯大林在雅尔塔举行了秘密会议。尽管情报部门做出了巨大努力想弄清楚在会议上到底发生了什么，但约德尔所了解的在官方公报里几乎全都有了，公报于2月12日向全世界新闻界发布——这就足够了。尽管公报内容闪烁其词、有所保留，但毫无疑问“日食行动”的文件和地图是搞清盟国意图的关键。

官方公报中有一段话说："我们在共同的政策和计划上达成了一致，要坚定不移地将无条件投降的条款执行到底……这些条款将在德国最终战败时公之于众……按照已达成的一致计划，三大强国的军队将分别占领德国的部分领土……"

盟国没有必要陈述那些"条款"了，约德尔早已对"日食行动"文件中的相关内容烂熟于心。尽管雅尔塔公报并没有披露提议中的占领区，但约德尔同样知道了每个占领区的位置和精确的边界，它们在"日食行动"的地图上已经被标了出来。

还有许多其他结论可以被推断出来，但对约德尔而言，有一点格外难以接受。显然，无论在雅尔塔会议上发生了什么别的事情，盟国有关德国的瓜分计划也只不过是在三巨头的会晤中得到了正式批准而已。虽然雅尔塔公报给人一种感觉，正是在这次会议上最终确定了瓜分和占领的蓝图，但"日食行动"的文件和地图上的日期毫无疑问地表明，基本的决定在几个月以前就已做出了。"日食行动"背景备忘录上附函的签名日期是1945年1月，地图在此之前就准备好了：1944年岁末印制，上面的日期是11月。显然，如果盟国之间没有团结一致的话，那个被定义为"对德国的占领计划和执行"的"日食行动"也就永远不会出台了。这是一个发人深省的事实，它让德国最后的一根救命稻草——寄希望于西方盟国与苏联之间的矛盾分歧能让自己夹缝求生——彻底灰飞烟灭了。

从苏联红军越过帝国东部边境的那一刻起，希特勒和他的军事顾问们就一直等待着首道不和的裂缝在盟国当中出现。他们相信，西方和苏联间的冲突一定会出现，因为前者永远也不会让后者统治中欧。约德尔也有同样的看法，他对英国人抱有厚望，因为他觉得英国人永远都不会容忍出现这样的形势。[1] 不过，这都是在他亲眼看到“日食行动”的文件以前。“日食行动”清楚地表明联盟仍然牢不可破，雅尔塔会议进一步证实了这一点。

除此之外，作为整份文件前言的附函在第一段就开宗明义地表明了盟国之间没有任何分歧：“为了让强加在德国身上的投降条款真正得到落实，美国、苏联和联合王国政府（后者也以英联邦自治领的名义）达成协议，由三大国的武装力量共同占领德国。”[2] 而且这封附函的权威性不容置疑：签字日期是 1945 年 1 月；单位是当时在比利时的英军第 21 集团军群指挥部；签名者也绝非无名之辈，他是蒙哥马利元帅的参谋长弗朗西斯·德甘冈少将。

在约德尔看来，文件中一而再再而三地强调要德国无条件投降，完全是想把德国置于死地。一开始德国人认为，喊出无条件投降的宣传口号无非是盟国提高后方士气的手段而已，但摆在面前的残酷事实让所有人都恍然大悟：敌人是真的打算把这一切都不打折扣地付诸实施。“日食行动”的文件中直言不讳地指出：“德国人自己敲响了总体战的战鼓。对于这一切，唯有彻底击败他们，并对其国土实施全面占领方是最好的报应。在‘无条件投降’这个词上，

---

1 在 1945 年 1 月 27 日举行的会议上，希特勒问戈林和约德尔：“你们认为，在内心深处，英国人是不是对俄国人的所有进展满怀热情？”约德尔毫不犹豫地给出了答复。“当然不，”他回答道，“他们的计划是完全不同的……日后……会充分认识到的。”戈林对此也充满自信。“英国人肯定不会计划让我们挡住他们，而让俄国人征服整个德国，”他说道，“他们不会指望我们……在西线像疯子一样挡住他们，与此同时俄国人却越来越深入德国。”约德尔完全同意，他指出英国人“始终对俄国人抱有怀疑的态度”。戈林确信，英国人宁可试图与帝国达成某种妥协，也不愿看到欧洲的心脏落入共产主义的势力范围，因此他说道：“如果这种情况持续下去的话，不出几天我们就会接到‘英国人发来的’电报。”——原注

2 这个译文与原始文件之间可能会有一些微小的差别。“日食行动”文件被缴获后，它被译成德文，随后被拍成照片。上面的文字是从缴获的文件再译回英文的。——原注

德国人没有任何谈判的余地，我们也不打算和他们谈什么。”

盟国的意图，就是彻底毁灭德国的未来与希望。哪怕就是帝国真的打算妥协和停战，只要不是无条件投降，盟国也会置之不理。在约德尔眼中，这就意味着，德国除了死战到底以外，别无选择。[1]

正是在3月的最后一个星期——准确的日子后来谁也记不起来了——古德里安的情报处长赖因哈德·格伦少将驱车前往普伦茨劳，与维斯瓦集团军群的新指挥官见面，他的公文包里有一份“日食行动”的文件副本。格伦向海因里希介绍了苏联红军在奥得河上已探明的最新部署，然后拿出了“日食行动”文件解释了其中内容。海因里希一页页地慢慢看着，然后又仔细地阅读地图，研究了很长时间。最后，海因里希看着格伦，用一句话总结了最高统帅部中每个人都领会到的有关这份文件的真正含义，“Das ist ein Todesurteil”——“这是一个死刑判决！”他说道。

几天之后的3月25日——这天正是棕榈主日[2]——约德尔大将再次研究了“日食行动”的地图，他有充分的理由这样做。小乔治·S. 巴顿将军的美军第3集团军所部已经在星期四晚上渡过莱茵河，渡河地点在美因茨（Mainz）附近的奥彭海姆（Oppenbheim）乡村地域，现在正朝美茵河畔法兰克福（Frankfurt am Main）推进。第

1　1946年，约德尔在纽伦堡被审判时，被问到为什么在1945年初他不建议希特勒投降。约德尔说道：“不这么做的主要原因……是无条件投降……即使我们曾经对我们的下场有过怀疑，那种怀疑也因为我们缴获了英国人的‘日食行动’而排除掉了。”在他说话的那一刻，约德尔看着在场的英国军官，似笑非笑地说道，“英国代表团的先生们将会知道，那个行动是什么。”事实上，出席审判的英国人并没有听懂这句话：“日食行动”非常保密，他们对此一无所知。正是这句神秘的话，加上对约德尔太太的几次采访，才导致“日食行动”的作者及其内容，在这里被首次披露出来。——原注

2　棕榈主日（Palm Sunday），亦译圣枝主日，指复活节前一周的星期日，纪念耶稣在受难前最后一次步入耶路撒冷。

二天，蒙哥马利元帅的部队在北方40公里长的战线上发动了大规模进攻，强渡莱茵河。尽管德军竭尽所能，但莱茵河防线还是很快崩溃了——西方盟军正在快速挺进。现在约德尔焦虑地再次研究起“日食行动”的地图，试图搞清楚盟军到底打算深入德国腹地的哪个地方，这个问题在“日食行动”的背景备忘录里并没有被阐明。约德尔希望，他能拥有该计划的其他部分，尤其是涉及军事行动的部分。

不过那些地图还是提供了一个线索，他甚至在妻子面前提到了这件事，尽管那只是一种预感，但约德尔认为它是正确的。那些地图表明，英美盟军和苏联红军之间的分界线，大致沿着易北河从吕贝克（Lübeck）延伸到维滕贝尔格 (Wittenberge)，再从维滕贝尔格蜿蜒向南，到爱森纳赫（Eisenach）附近，然后转向正东至捷克斯洛伐克边境。那条线除了是占领区的界线之外，是否同样是英美盟军推进的终点线呢？约德尔几乎可以肯定正是如此。他告诉妻子，美国人和英国人已经放弃了占领柏林的计划，并决定将其拱手让给苏联红军。除非“日食行动”的地图被改动过，否则在约德尔看来，艾森豪威尔的部队会在“日食行动”的边界线上慢慢停下来。

第3部

目标

Part Three

The Objective

1

法国北部，锡索讷（Sissonne），临近棕榈主日午夜的时候，一辆美军军官座车停在了当地的一栋灰色石屋门前，屋内就是美军第82空降师师部。车上下来两名军官，一人身穿美军军服，另一人穿着没有佩戴任何标识的英军作战服。第二名下车的人是个瘦高个，留着一副威猛的红色八字须，头上戴着利落的绿色贝雷帽，与他的金黄色头发形成了生动对照。对英国人和美国人来说，他的名字几乎无法发音：阿里·D. 贝斯特布鲁尔杰（Arie D. Bestebreurtje）。大家一般都称呼他“阿里”或者“哈里上尉”，甚至连这些名字都会随着任务的改变而改变，因为他大部分时间都待在德军战线的后方。阿里是特种部队的特工，还是荷兰情报部门的成员。

几天前，阿里的上级把他召到布鲁塞尔，对他说他已被安排到第82空降师，执行一项特殊任务。他要向第82空降师师长、年仅38岁的少将詹姆斯·莫里斯·加文（James Maurice Gavin）报到，参与绝密任务的情况通报会。现在，阿里和护送他的军官进入了师部，急匆匆踏着一段台阶来到二楼，路过一条走廊进入一间防卫森严的地图室。站在门口的宪兵检查了他们的证件，随后敬礼，打开了门。

进入屋内，阿里受到了加文将军和他的参谋长罗伯特·H. 维内克（Robert H. Wienecke）上校的热烈欢迎。阿里注意到屋子里的大部分人都是老相识了：在第 82 空降师对荷兰奈梅亨（Nijmegen）进行突袭的时候，他和他们一起跳伞，一起战斗。对于他所能预料到的保密措施，阿里在布鲁塞尔的上级并没有言过其实，只有 15 位军官在场——各团团长和他们指定的参谋。与会者显然全都经过了精心挑选。屋内的陈设非常朴素，只有几条长凳和桌子，墙上挂着图表，在屋子的一端，有一块被帷幔盖住的墙一般大小的大地图。

一位保卫部门的军官开始点名，根据花名册逐个进行核对，随后加文将军开门见山地开始了任务布置。他站在那张挂有帷幔的地图旁边，示意大家都围过来："只有你们这些有绝对理由需要了解情况的人，才被请来参加这次情况通报会。我必须强调，在进一步命令下达以前，你们今天晚上听到的任何内容都不得出这间屋子，严禁扩散出去。可以这么说，你们将在部下毫不知情的情况下训练他们，因为出击目标只有你们知道，是绝对保密的。实际上，你们已经对手下的士兵进行了一些训练，尽管你们中的大部分人完全没有意识到这一点。在过去的几个星期里，你们和部下一直在跳伞，或者飞到一个特殊的训练区域，那个训练区域是经过周密安排和部署的，以模拟我们下一个突袭目标的实际范围。"

"先生们，我们要进行绝杀，这将是致命一击。"他猛地一拉地图边上的绳子，帷幔滑到了一边，露出了目标：柏林。

当那些军官盯着地图的时候，阿里则仔细观察着他们的脸，他觉得从众人脸上看到了渴望和期待。对此他并不感到惊讶，这些指挥官们已经失意好几个月了。他们中的大多数人曾与部下一起在西西里岛、意大利、诺曼底和荷兰进行了空降作战，但在此后的突出部战役中，伞兵却被当成步兵投入阿登高原的地面战斗中。阿里知道，空降部队一直被视为军中骄子，这些军官认为自己和手下的真正角色是直插敌后的尖兵，突袭还远在地面部队前方的敌后目标，并在困境中坚持到援兵到来。投入常规的地面战斗完全是对他们价值的否定。实际上，这也不是高层刻意为之，而是因为在战争后期，盟军地面部队的推进速度实在太快了，根本不需要伞兵冒着危险深入敌后。计划中的多次空降行动都没能成行。

加文解释说，对柏林的突袭将动用盟军第1空降集团军三个师的兵力，第82空降师被称为“A特遣队”，担任主攻任务。加文从地图顶部展开一个透明的套图塑料膜，指着一堆用黑色蜡笔画出的正方形和椭圆形，那些就是各个目标和空降场。“按照现在的计划，第101空降师将夺取城市西边的加托（Gatow）机场，英军第1空降军的一个旅将直扑城市西北方向的奥拉宁堡（Oranienburg）机场。”他停顿了一下，接着说，“而我们的第82师，将直接空投到柏林城内，我们的目标是要拿下滕佩尔霍夫机场！”

第82空降师的目标看上去小得令人难以置信。在城区和城郊321平方公里的占地面积中，那个机场就像一张邮票——更像一片绿色的污迹，还不到4平方公里大，周边的建筑物很密集。在它的北部、东部和南部边缘，至少有9处公墓环绕在周围，给人相当不吉利的感觉。“两个团将守住机场周边的防线，”加文说道，“第三个团将进入机场北边的建筑群，并直接杀向柏林市中心。我们将坚守这片空降场，直到地面部队赶来，时间不会太久——充其量就是几天时间。”

加文说，对伞兵的“盲训”要强化，滕佩尔霍夫机场及其周边地区的地形模型就放在师部的一个“安全屋”内。空降地域的空中侦察照片、情报评估以及其他材料，都将送到各位团长及其参谋手中，以帮助其制订具体作战计划。“我们很幸运，”加文说道，“能有哈里上尉帮忙，他是“柏林通”，尤其对滕佩尔霍夫机场及周边地区了如指掌。他将和我们一起跳伞，从现在开始就能做情况介绍，回答你们所有的问题。”

加文再次停顿下来，看了看身边的军官。“我相信，你们全都想知道那个大问题的答案。什么时候行动？这取决于德国人。空降柏林的计划从去年 11 月起就开始筹划了，计划一直在改变，而在我们获得行动开始的具体日期以前，你们必须明白它还会有许多变化。行动开始日期被定为 A 日，到底是哪一天将取决于盟军向柏林推进的速度，当然，只有当地面部队推进至与城市的距离适当的时候，空降行动的时间才能定下来。不过，A 日很可能只是一两个星期以后的事情，因此留给我们的时间并不多。现在我能告诉你们的就是这些。”

加文走到一旁，把会议交给他的参谋们。他们挨个讨论着行动的每个阶段。当他们谈论的时候，加文就坐在那里漫不经心地听着。他后来回忆说，出于保密上的原因，他并没有将战役的所有细节对与会者和盘托出，而仅仅是把盟军第 1 空降集团军的部分行动内容告诉了部下们。此次规模宏大的空降突击并不是计划的全部，而仅仅作为盟军占领柏林的大规模强攻计划中的一个部分，伞兵部队将与地面部队一起行动。加文同样没有提到的是，空降作战命令可能会在不同的军事条件下下达：不仅是在德国决定负隅顽抗时伞兵们会行动，哪怕德国军队突然崩溃或投降了，伞兵们也很可能会收到出击命令，以武力迅速接管柏林。但关于后面这个情况所制订的计划目前仍然是绝密的。A 日行动是“霸王行动”——对欧洲的进攻——的必然产物，一度被称为“兰金行动 C 方案”（Rankin, Case C），后来又改称“护身符行动”（Talisman）。出于安全原因，1944 年 11 月，战役的代号又变成了“日食行动”。

“日食行动”的保密等级非常高，除了盟军最高统帅部的高级参谋军官外，只有 20 来位将军被允许进行研究。他们要么是集团军指挥官或者军长，要么是在其他负有相应责任的部门里任职。了解“日食行动”的师长寥寥无几，加文只知道该计划的某些目标，以及计划中涉及他和他的师的部分内容。

此前的几个月里，在盟军第 1 空降集团军指挥官刘易斯·海德·布里尔顿（Lewis Hyde Brereton）中将，以及加文的顶头上司第 18 军军长马修·邦克·李奇微（Matthew Bunker Ridgway）少将所参加的众多会议中，“日食行动”作为对德国的占领计划被摆上桌面。它详细说明了一旦德国投降或者崩溃，需要立即采取哪些行动步骤。它的主要目标是收缴德军的武器，控制住无数溃兵，并监督和敦促德方切实执行无条件投降的相关条款。

按照“日食行动”的条件，对柏林的空降突袭计划要求空降兵能迅速采取行动，“控制敌人首都以及最重要的行政和交通枢纽……彰显我军的实力”。他们要制伏任何可能继续抵抗的残余狂热分子，救出并照料战俘，抢在被销毁之前查封绝密文件、档案和胶卷，控制诸如邮电局、电台、报社和印刷厂之类的信息中心，逮捕战犯和残留的政府要员，并且建立法律和秩序。在等待地面部队和军政府团队到达的过程中，空降部队要首先采取上述这些行动。

关于“日食行动”的内容，加文获悉的就这么多，至于德国战败之后，如何在德国或者柏林划分占领区域，他一无所知。现在加文唯一关心的是让第 82 空降师做好准备。但是由于有这么多要求，这就意味着要做两手准备：第一个计划就是军事上的进攻，以占领城市；第二个计划正如“日食行动”所设想的那样，要求空降部队在柏林空投，充当先锋，但只履行警察的职责。加文已经把他敢说的话全都告诉手下的团长们了。即便他知道，如果战争突然结束的话，空降部队的整个任务就会有重大改变。但根据目前的形势，加文还是明确命令第 82 空降师按照作战预案行动，为从空中武力攻占柏林做好准备。

加文突然意识到，荷兰情报官的情况介绍即将结束。“我必须强调，如果你期望从任何一个柏林人那里得到帮助，还是算了吧。”哈里上尉说道：“想要找愿意帮忙的向导？答案是没有。有没有像我们在法国和荷兰那样的地下抵抗组织？答案是没有。即使有些柏林人私下里是同情我们的，他们也会由于受到惊吓而不敢表现出来。以后我们可以更详细地讨论所有这些问题，但此刻容我向你们保证：不要幻想自己在柏林会被当成解放者，受到香槟酒和玫瑰花的欢迎。德国军队、党卫队和警察将会打光最后一颗子弹，然后再高举双手走出来告诉你们，这一切就是一个可怕的错误，那全是希特勒的错。然后再为你们先于苏联人来到柏林而感谢你们。”

这位大个子荷兰人拽着他的八字须，继续说道：“不过，他们将会拼命作战，而且在一段时间里很可能有点难对付。那是值得的，我为能和你们一起去战斗而感到骄傲。我的朋友们，当我们占领柏林的时候，战争也就结束了。”

加文知道，攻克柏林不会是件容易的事，不过他认为突袭所造成的心理震撼本身，就可能压倒德国的保卫者们了。它将会是这场战争中规模最大的空降突击行动之一。最初的计划要求投入 3 000 架护航战斗机，1 500 架运输机，大概 1 000 架以上的滑翔机和约 2 万名空降兵，这已经超过了 D 日在诺曼底空投的兵力。“我们现在所需要的，”会议结束时加文告诉手下的军官，“只是一个决定和一声‘出发’。”

在约 50 公里外的大穆尔默隆（Mourmelon-le-Grand），打不垮的第 101 空降师也在训练，随时准备投入作战，但该师谁也不知道会接到实施哪项行动的命令。师里接到了大量上级布置的空降突击计划，结果师长马克斯韦尔·达文波特·泰勒（Maxwell Davenport Taylor）少将、副师长杰拉尔德·约瑟夫·希金斯（Gerald Joseph Higgins）准将，以及所有的参谋都觉得自己无所适从。他们得为所有的计划进行准备，却极其怀疑这些计划中的空降行动是否能够真正实施。

除了攻占柏林的计划之外，还有一些其他计划，例如对基尔（Kiel）的德国海军基地进行空降突击的“爆发行动”（Eruption），对战俘营进行一系列空降的“欢腾行动”（Jubilant），在美军第 7 集团军挺进德国西南部的黑森林（Black Forest）之前发动突袭夺取战略目标的“有效行动”（Effective）。还有许多别的计划正在研究，其中有些非常异想天开。第 101 空降师师部了解到，盟军第 1 空降集团军的参谋们甚至考虑，在巴伐利亚州贝希特斯加登周围的山区里空降，夺取上萨尔茨山（Obersalzberg）[1]里的“鹰巢”，也许还能抓住“鹰巢”的主人阿道夫·希特勒。

很显然，这些空降计划不可能全都安排进日程表。希金斯准将对他的参谋们说：“我们根本没有足够的运输机来执行所有的空降作战任务。我们并不贪婪，只需要一次大型的、决定性的空降行动就完全足够了！”

但是，第 1 空降集团军将会获准投入哪次行动呢？第 101 空降师又会在战争的最后期扮演什么角色呢？在柏林空降似乎可能性最大，但师作训科长小哈里·威廉·奥斯本·金纳德（Harry William Osborne Kinnard, Jr）上校认为，那将会是“一件非常棘手的任务”。不过，让第 101 空降师每个人都难以释怀的是，在空降柏林的胜利时刻，自己的作战目标仅仅是占领偏远的加托机场，而他们的主要竞争对手，第 82 空降师，却得以承担攻占滕佩尔霍夫机场的重任，它靠近柏林城区，是行动的核心目标。但无论如何，能参与攻克柏林就已经是中了头奖，每个人都有足够做的事情。

在金纳德上校看来，用空降部队实施空中突击似乎是结束欧战的完美方式。在作战室里的那张地图上，他甚至已经画上了一条红线，从法国的集结区一直延伸至第 101 空降师在柏林的空降区域。距离德国首都的航线全程只有约 765 公里，如果上级一声令下，他

1 Obersalzberg，德语直译的意思是盐山，通常音译成上萨尔茨山，由于奥地利萨尔茨堡就在其北面不远处，以前经常错译成上萨尔茨堡。此地位于德国南部巴伐利亚州贝希特斯加登附近的阿尔卑斯山脉中，紧邻德国和奥地利边境，从 1923 年起是希特勒的度假住所，1933 年改建成为希特勒和纳粹高官们的官邸区，1937 年又在上萨尔茨山的山脚下设立了纳粹德国除柏林外的第二政府驻地，附近的山顶上有座著名别墅，就是“鹰巢”。

认为第一批美国兵大约用 5 个小时就能进入柏林。

第 101 空降师师长泰勒少将和副手希金斯准将一方面急于进攻，另一方面却心存疑虑。他们担心空降部队可能已经没有机会投入这场最终的决战了。希金斯面有愠色地研究着地图，边看边嘀咕：“看地面部队如此神速地进军，恐怕他们是要让我们失业了。”

在同一天，3 月 25 日，星期天，西方盟军的领导人都从盟军最高统帅部获得了令人愉快的消息。在华盛顿和伦敦，美国陆军参谋长乔治·卡特利特·马歇尔五星上将，英帝国军队总参谋长陆军元帅艾伦·布鲁克爵士，分别研究了德怀特·戴维·艾森豪威尔五星上将昨夜发来的电报。“同计划中估计的情况一样，近来在莱茵河西岸的一系列胜利，大量歼灭了敌军在西线的有生力量。我虽然不想显得过于乐观，但却坚信今天的形势提供了一些机会。我们曾为这些机会而斗争过，当它出现在我们面前时，我们就必须大胆地抓住它们……我个人相信，敌人的力量……正变得捉襟见肘，因而不久后能够限制我们突击和前进的只会是我们的后勤补给能力……我正指示在整条战线采取最有力的行动……我打算用最快的速度强化每一次胜利。”

2

从 250 米高度往下看，人员和车辆构成的洪流似乎没有尽头。驾驶无武装的“幼畜”型侦察机“梅小姐号”的梅里特·杜安·弗朗西斯（Merritt Duane Francies）中尉，已经被地面上的景象迷住了，下面全都是部队、坦克和车辆。3 月底，盟军各集团军全都渡过了莱茵河，从那以后弗朗西斯便一直注视着突破的进展情况。现在那条大河已经被远远地甩在了身后，不论前后左右，映入弗朗西斯眼帘的都是一幅卡其色的无边无际的全景图。

弗朗西斯一推操纵杆，“梅小姐号”便沿着英军第 2 集团军和美军第 9 集团军的结合部俯冲下来。他摆动着机翼，看到地面部队的人流挥手示意后直接朝东飞去，他有自己的任务要完成——担当第 5 装甲师先头坦克纵队的“眼睛”。胜利就在眼前，对此他非常确信，什么都不能阻止这场大进军。时年24岁的飞行员后来回忆说，在当时的自己看来，似乎“地壳已经被震得松开，正拼命地朝易北河移去”。易北河正是柏林面前的最后一道水系屏障。

弗朗西斯看到的只是盟军宏大进军场面的一个极小部分。一连数日，在刺骨的寒风中，在大雨和泥泞之中，冒着冻雨和寒冰，一道由军人、补给品和机械组成的宽达 560 多公里的洪流，沿着北起荷兰南至瑞士边境的整条西线，潮水般涌进了德国平原。最后一场宏大的攻势已拉开了帷幕。为了摧毁德国的军事力量，7 个强大的集团军——共有 85 个兵力庞大的师，其中有 5 个空降师、23 个装甲师，460 万西方盟军中的大部分兵力——正杀气腾腾地涌入帝国。

到处悬挂着白床单、白毛巾、白布，它们被战败者充作临时性的降旗。在城镇和乡村之中，惊恐万分的德国人仍然对那些突然向他们袭来的战斗感到茫然，透过屋门和破碎的窗户，他们惊讶地注视着从身边经过的强大的盟军。如此大规模的作战行动，其速度却快得令人喘不过气来。

每条道路上都布满了隆隆行进中的军车车队。坦克、自行火炮、重炮、装甲车、“布伦”式轻型装甲车、弹药运输车、救护车、油罐车以及巨大的柴油机牵引车，它拖着一条街那么长的装满设备的挂车，上面装满了架桥用的部件、浮舟、装甲推土机，甚至还有两栖登陆艇。由吉普车、军官座车、指挥车和庞大的天线林立的电台车组成的各师师部都在机动之中。每条道路上都挤满了一波又一波部队，他们或是坐在卡车里，或是坐在装甲车后部，有些在摩托化纵队旁边行军，有些则在毗邻的田野里跋涉。

他们组成了一道道激昂且雄壮的队列，其中就有那些值得载入二战史册的各种战旗、团徽和标识符号。在那些师、旅、团中，有曾在敦刻尔克撤退中断后的英国禁卫团士兵；有洛瓦特勋爵麾下第 1 特别勤务旅那群胡子拉碴、戴着褪色的绿色贝雷帽的突击队员，他们曾在战争最黑暗的岁月里袭击过被德军占领的欧洲海岸；有著名的加拿大第 2 步兵师中强悍的加拿大人，他们曾在诺曼底登陆的预演——迪耶普（Dieppe）登陆战中蒙受了惨重伤亡。在装甲部队的行列中，飘扬着三角旗的是第 7 装甲师最初的几只“沙漠之鼠”，他们曾在利比亚沙漠中为追击埃尔温·隆美尔元帅做出过贡献。“穿着短裙的恶魔”用风笛奏出的音乐盖住了军人和武器发出的巨大喧嚣，他们是第 51 苏格兰高地师的人，一如既往地用风笛吹奏出战斗序曲。

在美国人的方阵中，有一些师拥有狂放的外号和丰富多彩的传奇经历。“战斗的第 69 师”，号称“胜利之师”的第 5 装甲师，第 84 步兵师叫“劈木人”，第 4 步兵师是“常春藤师”。有着“地狱之轮”之称的第 2 装甲师凭借不按常理出牌的坦克战术，从北非的旱谷一路杀到莱茵河畔，给德国人造成了混乱。外号“大红一师”的第 1 步兵师创下了一个记录，参加登陆战的次数超过其他所有的美军部队。在诺曼底狭窄的“奥马哈”滩头，当所有人似乎都束手无策时，第 1 步兵师与美军资历最老的部队之一、外号“蓝与灰”的强悍且历史悠久的第 29 步兵师一起奋战，丝毫没有放弃。

有支部队前进的速度就像装甲特遣队一样快，它就是著名的第 83 步兵师，近来记者们给该师起了个“痞子马戏团”（Rag-Tag Circus）的绰号。足智多谋的师长罗伯特·昌西·梅肯（Robert Chauncey Macon）少将已经下令，征用任何能够开动的东西来提高该师的运输能力，“不得提出任何疑问”。“痞子马戏团”干脆把缴获的德军车辆匆匆上漆，涂装得五花八门、稀奇古怪，现在他们正乘坐这些车辆全速前进。其中包括德国国防军的吉普车、指挥车、运送弹药的卡车、“豹”式坦克和“虎”式坦克、摩托车、公共汽车，还有两辆珍贵的消防车。在队列前方，就是一辆坐满步兵的消防车，一面在风中招展的大旗被挂在车辆的后保险杠上，上面写着

“下一站，柏林”。

盟军三大集团军群自北向南一字排开，向德军发起攻击。

在荷兰的奈梅亨与莱茵河畔杜塞尔多夫之间，陆军元帅伯纳德·劳·蒙哥马利爵士指挥的第21集团军群已于3月23日强渡莱茵河，现在正全速穿越威斯特法伦平原。这个平原在广袤的鲁尔河谷以北，而鲁尔河谷则是德国整个战争工业的心脏。在蒙哥马利的指挥下，其北翼是亨利·邓肯·格雷厄姆·克里勒（Henry Duncan Graham Crerar）上将[1]的加拿大第1集团军。中路是迈尔斯·克里斯托弗·邓普西（Miles Christopher Dempsey）中将的英军第2集团军。该集团军是所有盟军中最名副其实的“盟军”集团军，除了有英国人、苏格兰人和爱尔兰人的部队之外，还有波兰人、荷兰人、比利时人、捷克斯洛伐克人的队伍，甚至还有美军第17空降师。在集团军群南翼大举猛攻的，是蒙哥马利的第三支军事力量，威廉·胡德·辛普森（William Hood Simpson）中将率领的战力强劲的美军第9集团军。蒙哥马利的部队已经将莱茵河甩到身后大约80公里的地方了。

沿着战线向南，接下来登场的是朴实谦逊的奥马尔·纳尔逊·布莱德雷上将的第12集团军群。他的战线长达200公里，从杜塞尔多夫沿着莱茵河一直到美因茨地区。同蒙哥马利一样，布莱德雷也有3个集团军，不过伦纳德·汤森·杰罗（Leonard Townsend Gerow）中将的美军第15集团军却是一个“幽灵”集团军：该部准备执行占领任务，因而暂时扮演一个相对来说没有作战任务的角色，

1　此处原文是中将，但克里勒早在1944年11月就晋升上将了。

负责守卫莱茵河西岸到鲁尔河之间，从杜塞尔多夫到波恩的区域。布莱德雷的军力在于强大的美军第 1 集团军和第 3 集团军，这两个集团军兵力总数接近 50 万人。考特尼·希克斯·霍奇斯（Courtney Hicks Hodges）中将的美军第 1 集团军——号称欧洲战区的“役马”，是在诺曼底率先登陆的集团军——现在正在鲁尔河南岸蜂拥向前，以极快的速度向东猛冲。自从 3 月 7 日攻占了雷马根桥之后，霍奇斯就不断地扩大莱茵河东岸的桥头堡，投入了一个又一个师。接着，在 3 月 25 日，第 1 集团军官兵以令人难以置信的力量从立足点蜂拥而出，3 天之后距离他们的出发阵地已经有 60 多公里了。紧邻第 1 集团军在德国中部向前突击的，是巴顿中将闻名遐迩的美军第 3 集团军。这位颇具争议且脾气火暴的将军和他的部队比任何一个集团军都推进得更远更快，解放的地盘面积更大，毙伤俘获的德军也更多，这足以令其感到骄傲。而现在，巴顿又再次拔得头筹。在第 21 集团军群于 3 月 23 日发动大肆宣传的攻势之前，他的部队就抢在蒙哥马利的前头，通过 24 小时以上的强行军秘密渡过了莱茵河。现在，巴顿的坦克纵队正以每天 50 公里的高速向东边狂飙突进。

在布莱德雷将军部队的右翼，紧邻巴顿的是第三支庞大的盟军地面部队，雅各布·劳克斯·德弗斯（Jacob Loucks Devers）上将的第 6 集团军群。德弗斯的两个集团军——亚历山大·麦卡雷尔·帕奇（Alexander McCarrell Patch）中将的美军第 7 集团军和让·德拉特·德塔西尼（Jean Joseph Marie de Lattre de Tassigny）上将的法军第 1 集团军——占据着战线的南翼，大约有 240 公里长。帕奇和巴顿的集团军几乎齐头并进，德塔西尼的集团军正在整条战线上最为崎岖不平的地带作战，穿过山峦起伏的孚日山脉和黑林山。他的部队是法国解放后组建的第一支法军集团军，组建时间还不到6个月。现在该部的10万名官兵希望，要在战争结束前跟德国鬼子算算总账。

每个人都有一笔旧账要算。但在西线各地，德国军队已陷入总崩溃，根本就算不上一支有凝聚力和组织性的武装力量了。帝国原本强大的各个集团军早在阿登攻势中就损失惨重，随后一个多月的苦战（主战场在摩泽尔河和莱茵河之间）更是将它们彻底粉碎。希特勒决心在莱茵河西岸遏制住盟军的攻势，不允许手下那些被重创的兵团撤退到东岸事先构筑好的阵地上。这个决定或许是这场战争中最愚蠢的军事决策错误之一，随即就招来了巨大的灾难。在盟军高歌猛进的多路突破之下，危如累卵的德军防线彻底垮掉了，有生力量则被对手的铁钳送入了包围圈之中。最终，6万德军被打死打伤，还有30万人举起双手当了俘虏，这相当于20多个满编师灰飞烟灭了。

现在据估计，德军剩下的60多个师也只是些缺编严重的空架子部队，每个师的实际兵力仅有5000人左右，而根据编制每个师原本应该有9000～12000人。可以确信，德军在西线的满编师只剩下不到26个。就算是这些名义上的全额部队，也严重缺乏武器弹药和机动车辆，大炮和坦克更是少得可怜。除了上述的师级单位以外，战线上还充斥着各师的残部、被打散的党卫军战斗群、防空部队、数以千计的空军人员（德国空军作为一支有威胁的空中力量已经荡然无存了，只能将不少兵力投入地面作战）、准军事组织，由没有受过训练的老人和半大孩子组成的人民冲锋队，甚至由十几岁的军校学员担任其中的军官。德国军队组织混乱，缺乏通信设备，而且往往没有得力的指挥官，不仅无法阻止艾森豪威尔麾下各集团军协调一致的猛烈攻势，甚至连迟滞敌人都无法做到。

从莱茵河畔发起攻势还不到一个星期，蒙哥马利和布莱德雷全速挺进的集团军群就已经团团围住了德军最后的要塞——重兵把守的鲁尔区。在朝东方展开大规模强攻的同时，3 个美军集团军突然猝不及防地从北边和南边朝鲁尔包抄而来：在北边，辛普森的第 9 集团军本来是直接朝东推进的，后来却改变了方向，开始向东南进军；在南边，霍奇斯的第 1 集团军与巴顿麾下的第 3 集团军齐头并进；巴顿的集团军在外圈，他们也改变了方向朝东北推进，以便与辛普森会合。包围圈正在迅速形成，而面对大难临头的危局，以瓦尔特·莫德尔元帅指挥的 B 集团军群为主力的鲁尔驻军却反应迟钝，在很长一段时间内都没有发觉正在合拢的盟军铁钳。21 个德国师已经落入一个长约 112 公里、宽约 88 公里的毁灭性口袋之中。盟军情报部门自豪地宣称，被装进口袋的德军兵力和装备，比苏联人在斯大林格勒俘获的还要多。

在战胜德国的总体计划中，渡过莱茵河与夺取鲁尔区被赋予了决定性意义，但盟军方面估计，要达成上述目标绝不轻松，很可能会是一场旷日持久的恶战。位于鲁尔盆地以内的特大工业区面积几乎达到 10000 平方公里，其中包括数量众多的煤矿、炼油厂、炼钢厂和兵工厂。在突破德军莱茵河防线以前，盟军高层曾悲观地认为要彻底攻占鲁尔区很可能需要几个月的时间。但现在，一切都发生了令人欣喜的剧变：奥马尔·布莱德雷（他被称为“朴实的密苏里人”）一手策划的盟军的钳形攻势正以惊人的速度发展，美军师长们甚至乐观地宣称包围圈将在几天内彻底合拢。一旦鲁尔区被封锁，德国剩余的抵抗力量也就所剩无几了，盟军未来的强大攻势将畅通无阻。哪怕就是现在，敌人的连绵防线早已被扯成了碎片，德国武装力量的总崩溃开始了。

德军的组织异常混乱，于是美军第2装甲师师长艾萨克·戴维斯·怀特（Isaac Davis White）少将干脆命令他的部下避免与大股顽抗之敌纠缠，不断向前推进。作为美军第9集团军的矛头部队，该师沿着鲁尔区的北部边缘进行机动，在不到3天的时间里就向前突破了80多公里。尽管德国人在各个孤立的口袋里苦战着，想方设法迟滞盟军的攻势，但在高歌猛进的第2装甲师官兵们眼中，被炸毁的桥梁、匆匆建起的路障、雷区和恶劣的地形才是首要麻烦。

惠勒·戈弗雷·梅里亚姆（Wheeler Godfrey Merriam）中校率领的第82装甲侦察营是向前猛冲的第2装甲师前卫。该营虽然在高速突破中遭遇了巨大的混乱，但经历的战斗却很少。3月28日，侦察兵们搭乘的坦克分布在一条由东向西的铁路干线两侧，此时梅里亚姆命令停止前进，向上级汇报该营的新位置。当报务员还在试图与师部取得联系的时候，梅里亚姆觉得自己听到了一声汽笛，随后一列满载着部队、装甲车和大炮的德国军列突然开了过来，沿着铁道呼哧呼哧地直接从他的部队当中经过。德国人和美国人吃惊地互相凝视着，梅里亚姆抬头看着从车窗里探出身的德军士兵，距离近到甚至连“士兵们脸上的胡须毛发都清晰可见”（细心的中校还发现“敌人连脸都没有刮”）。他的部下更是目瞪口呆，眼睁睁地看着火车一路西行，双方都一枪未放。

终于，梅里亚姆兴奋地行动了起来，一把抓住步话机话筒，开始呼叫往西若干公里外的师长怀特少将。通过吉普车上的电台，怀特听见了梅里亚姆激动的警告，而几乎在同一时刻，那列火车就轰鸣着出现在了他的视野之中。事情来得如此突然，让久经沙场的师长也愣住了。他只记得一个指挥第 2 装甲师车队的宪兵，突然拦住了正在越过铁路的部队。过了一会儿，怀特终于从震惊中回过神来，他立即抓起野战电话，要求炮兵开炮。没过几分钟，位于更西边的第 92 装甲炮兵营开始齐射，把那列火车干净利落地炸为两截。后来美国人发现，那些平板车上装载了很多反坦克炮和榴弹炮，还有一门 406 毫米口径的铁道炮。列车上被俘的德军士兵供称，他们对于盟军的推进一无所知，以为美国人和英国人还在莱茵河的西边呢。

混乱既是盟友也是敌人。第 30 步兵师 120 团的埃利斯 · W. 威廉森（Ellis W. Williamson）中校所部推进得太快了，竟遭到了友军师属炮兵的炮击，他们把威廉森的部下当成了正在向东撤退的德国人。第 5 装甲师第 34 坦克营的克拉伦斯 · A. 纳尔逊（Clarence A. Nelson）中尉也有过类似奇特的经历。当自己搭乘的吉普车被射穿轮胎后，纳尔逊跳上了一辆半履带式装甲车继续前进，结果这辆倒霉的战车又遭到了猛烈炮击。他命令一辆坦克向前推进，彻底消灭敌人的据点，但当坦克迎着炮火爬上小山并轰了两发炮弹后，却误伤了一辆英国人的装甲汽车。它已在当地潜伏多时，试图伏击德军，最终却遭了自己人的黑枪。幸运的是，车内的英军无人伤亡，但他们却对友军如此冒失的行为大为光火。第 113 机械化骑兵群的随军牧师本 · 莱西 · 罗斯（Ben Lacy Rose）上尉记得，一位坦克指挥官严肃地向骑兵群指挥官报告说：“长官，我们行进的最后 100 码是在草丛下面。我们遭到了顽强抵抗，既有来自敌军的也有来自友军的。”

部队的运动是如此迅速，德军的防御又崩溃得这么快，因而许多指挥官所担心的与其说是敌军火力造成的伤亡，不如说是交通事故带来的减员。著名的英军第 7 装甲师的查尔斯·金（Charles King）上尉恳求他的部下“在路上开车的时候要小心”，并警告说“现在死于交通事故是令人遗憾的”。几个小时以后，这位曾经的“沙漠之鼠”就阵亡了——金上尉乘坐的吉普车压上了德国人埋的地雷。

大部分人并不知道自己在什么地方，谁又在他们的两翼。在很多情况下，先头部队甚至已经跑出在地图上为他们设定的位置了。但第 82 装甲侦察营足智多谋的侦察兵们对此全不在乎，因为他们有一盏独特的指路明灯——手帕大小的美国陆航飞行员逃生地图。这种丝绸制的应急路线图把德军纵深地区的面貌也囊括在里面，原本是空勤人员的特供，帮助其在战机被击落后逃出敌军地盘。而至于如何确定自己在地图上的位置，第 82 装甲侦察营的小伙子们也不发愁，核对德国人留下来的路标就可以了。

在第 84 步兵师的攻击地域，第 333 步兵团 1 营营长诺曼·唐纳德·卡恩斯（Norman Donald Carnes）中校发现，全营只剩下两张标识着行军路线的地图，但他并不担心。只要电台还在工作，就能与团部保持联系。阿瑟·T. 哈德利（Arthur T. Hadley）中尉是第 2 装甲师的心理战专家，他使用的并不是坦克炮，而是用扩音器来要求德国城镇投降，他手里的地图来自 19 世纪德国出版商贝德克尔发行的旅游指南。第 83 步兵师的弗朗西斯·克里斯蒂安·绍默

（Francis Christian Schommer）上尉没有那么多的高科技，但他和他手下的营却对自己所在的位置了如指掌。绍默的定位方式简单而有效。每次他都会抓住遇到的第一个德国人，用枪顶着他的肋骨，再用流利的德语让对方告诉自己这是哪里。他还从来没有得到过错误的回答。

对装甲师的官兵们来说，从莱茵河畔向前挺进，就战法而言他们早已驾轻就熟。穿插、迂回、包围，以及从德国的城镇和军队中间切入，装甲部队的这番蛇行机动为装甲兵战术提供了最佳的经典战例。有些人试图在信件中描述装甲部队向东方高速推进的宏大场面。第67装甲团1营营长克利夫顿·布鲁克斯·巴彻尔德（Clifton Brooks Batchelder）中校认为，这场大规模突击具有“美国内战中伟大的骑兵所拥有的一切勇猛和大胆”。杰拉尔德·P. 莱布曼（Gerald P. Leibman）中尉注意到，当第5装甲师从敌军阵中突破的时候，成千上万的德军被留在身后孤立的口袋里战斗，他半开玩笑地在信中写道，“我们在攻破敌军的前方阵地之后，正在充分利用敌人的后方区域”。在莱布曼看来，此次进攻让人联想到巴顿将军的装甲部队从诺曼底的灌木篱墙中呼啸而出时的景象，莱布曼也参加了当时的战斗。“没人吃饭和睡觉，”他指出，“我们所做的就是进攻、推进，进攻、推进，再现了昔日在法国上演的那一幕。只不过飘扬在房子上的旗帜并不是法国的三色国旗，而是降旗。”

英军第7装甲师131步兵旅德文郡团第2营的弗兰克·巴恩斯中尉告诉他的朋友罗伯特·戴维中尉，“一直向前推进真是妙极了”。两个人都兴高采烈，因为在进攻开始前的情况通报会上，他们被告知这场最后的大规模战役推进的终极目标就是柏林。

蒙哥马利一开始就知道柏林是最终目标。这位动辄发火、容不得拖延、容易激动且常常口不择言的陆军元帅却讲究实际并颇具胆气，早在沙漠中获得了阿拉曼战役的伟大胜利之后，他就把目光盯住了柏林。他在诺曼底登陆可能会因为恶劣天气而推迟的关键时刻，曾坚定不移地说出了两个字"出发"；而现在，他又要求为进军柏林的宏大行动再次开绿灯。由于盟军最高统帅并没有下达任何明确的指令，于是蒙哥马利决定自作主张。3 月 27 日，星期二，18 点 10 分，在一份发给盟军最高统帅部的加密电报中，他告知艾森豪威尔将军："今天我给各集团军指挥官下达了向东进攻的命令，现在进攻就要开始了……我打算使用第 9 和第 2 集团军全力朝易北河一线推进。右翼的第 9 集团军将直扑马格德堡（Magdeburg），左翼的第 2 集团军将攻打汉堡……"

"加拿大第 1 集团军要执行的任务是……扫清荷兰东北部和西部，以及第 2 集团军左翼分界线北边的沿海地区……"

"我已经命令第 9 和第 2 集团军，立即出动各自的装甲部队和机械化部队，以最大的速度和魄力赶到易北河。形势看起来不错，几天内战况应该进展迅速。"

"我的战术指挥部将于 3 月 29 日星期四转移到邦宁哈特（Bonninghardt）西北，随后……我的指挥部转移路线如下：韦瑟尔（Wesel）—明斯特—维登布吕克（Wiedenbrück）—黑尔福德（Herford）—汉诺威。再从那里如我希望的那样取道高速公路直冲柏林。"

被拴在绳子一端的"埃菲婶婶"和"奥托叔叔"缓缓地转动着身子，神情忧伤地低头看着它们在柏林的满是瓦砾的院子。卡尔·维贝格把腊肠犬从位于维尔默斯多夫区的二层公寓套间后面的阳台，拉到了安全的地方，同时轻声细语地鼓励着它们。他正在让狗狗们完成自己设计的遭遇空袭时的逃生步骤，两条狗经过几个星期的训练后，现在已经非常习惯了。维贝格的邻居们对此同样习以为常，尽管他们认为这个瑞典人对自己的宠物关心得有点过分了，但每个人都看惯了“埃菲婶婶”和“奥托叔叔”的样子，狗狗们的皮毛被刷得发亮，在窗户上进进出出。谁也没有对那些悬荡着的绳子多加关注，而这恰恰是维贝格所希望的，一旦哪天盖世太保找上门，他很可能不得不跑到后阳台，通过绳子滑下去逃命。

他非常仔细地考虑着每件事情，因为稍有疏漏，自己作为一名盟军间谍的身份就可能暴露无遗。兵临城下之际，柏林人变得更加多疑和不安，这更让维贝格如履薄冰。他的任务似乎没有任何进展，希特勒的下落仍然是个谜。他问的一些漫不经心和近乎天真的问题，虽然没有引起人们的怀疑，但也没有获得任何有用的情报。甚至他在德国陆军和空军中的高级军官朋友，对希特勒的去向也一无所知。维贝格开始相信，元首和他的政府并没有留在柏林。

正当他领着狗走向阳台时，门铃突然响了。维贝格一下子紧张起来，他并没有料到会有来访者。他一直被某种恐惧感折磨着，生怕自己打开房门后发现门外站着警察。他小心地放开了狗，随后来到门口。外面站着一个高大魁梧的陌生人，穿着工装和皮夹克，右肩上扛着一个大纸箱。

“你是卡尔·维贝格吗？”他问道。

维贝格点了点头。

陌生人把纸箱猛地放在门内。“你在瑞典的朋友们送给你的小小礼物。”他微笑着说道。

“我在瑞典的朋友们？”维贝格小心翼翼地问道。

“噢，你肯定知道那是什么。”陌生人说道。他转过身，迅速下了楼梯。

维贝格轻轻关上门，呆呆地站在那里，低头看着那个纸箱。他从瑞典收到的唯一“礼物”，是用于柏林谍报活动的补给品。这是不是个圈套？他打开箱子的瞬间，警察会不会冲进来？他迅速穿过起居室，小心翼翼地观察着楼下的街道。街上空无一人，他的来访者早就没了影。维贝格又回到门口，站在那里听了一会儿，没有任何异常的响动。最后，他把纸箱拿进了屋，放在起居室的沙发上将其拆开，一台个头不小的无线电发报机赫然出现在眼前。这个“随意送来”的箱子真是令人意外。维贝格突然发现，冷汗早已浸透了自己的后背。

几个星期以前，维贝格的上级，一个名叫亨宁斯·耶森-施密特（Hennings Jessen-Schmidt）的丹麦人通知他，今后他就是柏林间谍网的“仓库保管员”。从那时起，他就一直通过情报员收到各种各样的武器和间谍工具。但以前每次“送货”都是极其小心谨慎的。他的同伴会事先给他打一个只响了两声就会挂断的神秘电话作为行动开始的暗号，“交易”只会选在月黑风高的夜晚，甚至是在柏林遭受轰炸的时候进行以避人耳目。但今天这个不知名的冒失鬼居然在光天化日之下把一台发报机扔在了他家门口！维贝格对此怒不可遏。他后来抱怨称：“有些人仿佛存心要把一切都搞砸，毫无经验，异常业余！”

维贝格发现自己的处境已经相当不妙。只要一个德国警察推开他的家门，一切就全完了：他的套间已经变成一个彻头彻尾的谍报设备仓库，里面藏着大量现金、密码本、各种各样的药物和毒药——从一颗就足以致命的氰化物制品，到可以让人在不同时间段里失去知觉、见效迅速的“迷魂药丸”，应有尽有。更为劲爆的玩意则藏在储煤的地下室和附近租用的车库，这两个地方简直成了微型军火库，里面装满了数量可观的左轮手枪、步枪和弹药。他甚至还有一个装有高爆炸药的特制手提箱。由于担心运送中遭遇突袭，维贝格和耶森-施密特居然把炸药存放在德意志联邦银行保险库内的一个大号寄存箱里！不过，他们认为，这个储存地点简直堪称完美。

迄今为止，维贝格的套间已奇迹般地在若干次空袭后幸存了下来。但他却不敢想，一旦被炸那会是什么后果——他将会立即暴露。耶森-施密特已经通知维贝格，在适当的时候，那些武器装备会发给各间谍小组及破坏小组，他们很快就将到达柏林。这些精挑细选出来的特工，将在得到信号后立即开始行动，信号或是通过电台发出，或是通过伦敦的情报网发出。维贝格希望很快就能把东西分发出去。耶森-施密特已经得到通知，在接下来的几个星期里要随时待命，因为各个小组的工作将与攻占柏林同时进行。按照耶森-施密特和维贝格所收到的情报，英国人和美国人将在4月中旬左右到达柏林。

3

在唐宁街10号寂静的书房里，温斯顿·丘吉尔正弓着身子坐在那把他钟爱的皮椅上接听电话。他的参谋长、有着爵士头衔的黑斯廷斯·莱昂内尔·伊斯梅（Hastings Lionel Ismay）上将正在电话里读蒙哥马利发给盟军最高统帅的电报，陆军元帅关于“将尽最大的速度和魄力”的许诺令人感到欣喜。但更大的喜讯则是，蒙哥马利已经决定向柏林进军！“蒙哥马利，”首相告诉伊斯梅，“正在取得引人注目的进展。”

在英美双方的军队领导人进行了长达数月的激烈争论后，盟军下一步的战略已经逐渐明朗了起来。艾森豪威尔将军早在1944年秋天就提出了计划纲要，这个纲要最终于1945年1月在马耳他召开的英美联合参谋长委员会（The Combined Chiefs of Staff）会议上被批准。该计划要求蒙哥马利的第21集团军群，跨过下莱茵河并在鲁尔区以北发动主攻。丘吉尔在给罗斯福的信中称这条路线为“通往柏林的捷径”。而在南面，美军渡过莱茵河后的下一个目标则是直扑美茵河畔法兰克福地区。这个方向上的攻势是辅助性的，意在将蒙哥马利当面的德军兵力吸引开，减轻主攻的压力。不过，一旦蒙哥马利的进攻遭遇挫折，美军就将接过主攻的重任，从自己的进攻轴线上发起更为凶狠的突击。不过在丘吉尔看来，这种预案恐怕派不上用场了，这次“伟大的十字军东征”即将结束。对首相而言，最令他满意的就是在这么多盟军将领中，将得到攻占德国首都这一莫大荣誉的人正是阿拉曼战役的英雄蒙哥马利。第 21 集团军群已经为进攻特别增加了兵力，在部队、空中支援、给养和装备方面享有优先权。蒙哥马利麾下大约有 35 个师和附属部队，其中包括美军第 9 集团军，总共约有 100 万官兵。

4 天以前，丘吉尔和艾森豪威尔将军一起去了德国，亲眼见证了盟国大军横渡莱茵河的恢宏战斗。当这场历史性的进攻拉开帷幕时，丘吉尔对艾森豪威尔说：“我亲爱的将军，德国被打败了。我们逮住了他，他完了。”

的确，在大多数地区，德军的抵抗轻微得令人吃惊。在美军第 9 集团军的攻击区域，有两个师——大约 34 000 名官兵——与英军并肩渡河，只有 31 人伤亡。现在，蒙哥马利已经有 20 多个师和 1 500 辆坦克渡过了河，正在朝易北河大举猛攻。通往柏林——丘吉尔称之为“英美盟军首要而且真正的目标”——的道路似乎已经畅通无阻。

柏林在政治上也敞开了大门，三巨头从来没有为到底应该由谁攻占柏林而伤脑筋。柏林是一个公开的目标，先到先得！他们对占领问题进行过大量讨论，讨论的结果最终被清晰地标注在“日食行动”的地图上。而美国总统富兰克林·德拉诺·罗斯福则先知先觉地意识到一个关键点：占领和瓜分德国的决定，将会对柏林城的归属以及未来政治格局产生关键性的影响。他认为：一场以柏林为目标的速度竞赛即将开始。

让我们把时针拨回到 1943 年，早在当年的 11 月 19 日，柏林问题就首次摆在了罗斯福面前。当时，他正搭乘着“依阿华号”战列舰前往中东，去参加即将召开的开罗会议和德黑兰会议，这是第五和第六次盟国领导人的战时峰会。在欧内斯特·约瑟夫·金（Ernest Joseph King）海军上将的套房里，总统正端坐在会议桌的主座上，助手和顾问们则坐在他的两侧，其中就有美军参谋长联合会的成员。

1943 年是全世界反法西斯战争的决胜之年。在苏联前线，德国人遭受了他们最大也最惨烈的失败：斯大林格勒战役，德军被包围后彻底断绝与外界的联系达 23 天[1]，被迫投降，此役德军有 30 多万人阵亡、负伤或者被俘；在太平洋战场，有 100 多万美军在战斗，日本人被迫在每条战线上撤退；在西线，隆美尔从北非溃败而归，意大利在遭受到盟军自非洲经由西西里的进攻之后已经投降，而德国人仍毫不动摇地坚守在该国北部地区。现在，英美盟军正在为致命的一击（coup de grace）——“霸王行动”，也就是对欧洲的全面进攻——做着准备。

在“依阿华号”战列舰上，罗斯福显得非常恼火。他面前的文件和地图是“兰金行动 C 方案”计划的要点，所谓“兰金行动 C 方案”，就是围绕即将进行的全面反攻而做的诸多研究之一。“兰金行动 C 方案”考虑的是敌人突然崩溃或者投降时应采取的步骤，一旦出现上述情况，该计划建议应该由三大国分别占领德国和柏林的一块区域。令总统苦恼的是，美国的那块占领区恰恰是由英国的规

1 斯大林格勒的德军被包围远不止 23 天，此处原文应该指的是“指环行动”，即苏联红军发起歼灭被围德军的最后总攻，时间是 1943 年 1 月 10 日～2 月 2 日，正好是 23 天。

划者们挑选出来的。

“兰金行动C方案”是在特殊而又令人沮丧的情况下制订出来的，受其内容影响最大的将是身处欧洲的盟军最高统帅，但此时这名将领还未任命。为最高统帅提前制订计划是一件困难的任务，也就是说，既要为渡过海峡实施大反攻的“霸王行动”做准备，也要为德国万一崩溃而制订计划，亦即“兰金行动”。这个任务交给了英军中将弗雷德里克·埃奇沃思·摩根（Frederick Edgworth Morgan）爵士[1]，他的代号“COSSAC”非常有名，意思是“盟军最高统帅候任参谋长”。这是一个费力不讨好的差使。当他被任命这个职务时，英帝国军队总参谋长艾伦·布鲁克爵士告诉摩根：“嗯，没有法子。当然，它不会起作用的，不过你必须想法子让它起作用！”

在准备“兰金行动C方案”的时候，摩根不得不考虑各种各样无法预料的事情。倘若敌人突然投降，搞得盟军一时无法应付，那又会发生什么事情呢？这种尴尬的情况在第一次世界大战时就真的发生了，当时没有任何人料到，德国居然在1918年11月就突然投降了。谁的部队将要去什么地方？美国、英国和苏联的军队将会占领德国的哪些地方呢？柏林又是谁的猎物？这些都是亟待解决的基本问题。如果盟军不想被对手突如其来的崩盘搞得措手不及的话，

1 按照1943年时的最初构想，实际上“兰金行动”分为三个部分：“A方案”应对的是这样一种形势，德国人可能变得实力不济，反攻也许只需要一个“微型的霸王行动”；“B方案”的设想是德国人从被占领国家的某些地区实施战略撤退，同时他们的主要兵力仍然驻留在欧洲海岸线上，以击退盟军的反攻；“C方案”所应对的，是在反攻开始之前、反攻期间或者反攻之后，德国突然崩溃。“A方案”和“B方案”很早就被放弃了，摩根回忆说，它们只在短期内被考虑过。——原注

就必须把上述问题以一种清晰明确的方式全部解决掉。

不过，到那时为止，有关战争的结束还没有制订出什么特定计划来。尽管英美双方的各类政府机构已经讨论了停战后会出现的问题，但双方只在一点上达成了共识，那就是必须彻底占领德国。而在总体政策的制定上，基本没有任何进展。

相形之下，苏联人在出台政策方面却没有什么困难。约瑟夫·斯大林始终认为占领德国是理所当然的事情，而且他非常清楚地知道该如何做好这件事情。早在 1941 年 12 月，他就将苏联的战后要求直截了当地告知英国外交大臣安东尼·艾登（Anthony Eden），毫不讳言地指出他想要占领和吞并的领土。那是一份给人留下深刻印象的目录。斯大林想要的战利品包括：承认苏联对拉脱维亚、立陶宛和爱沙尼亚的主权要求；苏联 1939 年进攻芬兰时占领的芬兰国土；罗马尼亚的比萨拉比亚省；1939 年通过与纳粹达成协议后苏联所侵占的波兰东部地区；东普鲁士的大部分地区。当他平静地阐述上述条件的时候，在离克里姆林宫不过 25 公里的莫斯科郊外，漫天炮火中的苏德两军还在进行着殊死战斗。

尽管英国人认为斯大林在 1941 年提出的要求至少可以说是不成熟的[1]，但到了 1943 年，他们也在准备自己的计划了。英国外交大臣

1 丘吉尔获悉斯大林的要求时，他正搭乘英国皇家海军的“约克公爵号”战列舰横渡大西洋去和罗斯福会晤。当时美国刚刚参战，此时此刻向强大的新盟友提出这样的问题，丘吉尔有些疑虑。他打电报给艾登：“想必你不会对斯大林不恭敬，我们有责任不让美国为难，不能和他们达成秘密且特殊的协议。若是带着这些建议去见罗斯福总统，就会招致断然拒绝，可能带来长久的麻烦……即使非正式地把它们提出来……在我看来也是不妥当的。”艾登与斯大林的交谈已经告知了美国国务院，不过却没有证据说明，当时曾有人费心告诉美国总统。但到 1943 年 3 月的时候，罗斯福已经被充分告知了，艾登与他讨论了这件事情。按照艾登的说法，总统预见不会同苏联产生大的麻烦。“罗斯福理所当然要考虑的那个大问题，”艾登说道，“就是现在和战后是否有可能与苏联合作。”——原注

安东尼·艾登建议，德国应该被完全占领，由三个盟国来划分各自的占领区。一个被称为“停战和战后委员会”的内阁机构，在副首相克莱门特·理查德·艾德礼的领导下随即建立起来，艾德礼是工党领袖。委员会提出了一个粗略的建议，同样主张三方分割，由英国占领工商业发达的西北地区，还提议柏林应该由三大强国共同占领。美国实际上成了唯一一个没有对战败的德国制订出占领计划的盟国，美国官方认为战后安排应该再等上一段时间，到即将获得最后胜利的时候再说，因为美国人觉得占领政策主要是一个军事问题。

在盟军夺回战场主动权后，反攻的步伐正在日益加快。而随着胜利之日的临近，制订一个对德国的详细占领计划来协调各大国间的利益就变得十分有必要了。1943 年 10 月，在莫斯科举行的外交会议上，各方就确立共同的盟国战后政策问题走出了试探性的第一步。盟国接受了这种观点，即在对德国的控制和占领上负有共同的责任，同时还建立了一个三方机构，即欧洲顾问委员会（EAC），以便“对战事结束后的欧洲问题进行研究，并向三国政府提出建议”。

但与此同时，摩根又提出了他自己的计划——占领德国的一份粗略蓝图——“预备”，他后来解释说“仅仅是在进行了大量的预测工作之后”。一开始，在没有政策指引的情况下摩根提出了一个计划，呼吁进行有限度的占领，但他最后提交的“兰金行动 C 方案”却反映出比艾德礼的委员会更为完善的策划。摩根拿着一张地图坐下来，把德国精确地分成了三份，“用蓝色铅笔沿着现存的州界轻轻地勾勒出来”。显然，由于苏联人是从东边冲过来的，就必须占领东部区域。在修订过的“兰金行动 C 方案”中，建议英美盟军和苏联红军之间的分界线，是从波罗的海之滨的吕贝克到德国中部的爱森纳赫，然后再到捷克斯洛伐克边境。而至于苏占区的范围将达到什么程度，这并不是摩根应该去关心和考虑的，因为那“自然应该是苏联人的事，苏联人并没有包括进我们的‘盟军最高统帅候任参谋长’的班子里”。但柏林确实令他伤脑筋，因为柏林将会在苏占区之内。“我们是否要继续把那个地方当作一个首都，是否还要一个首都？”对此他很纳闷。“这个行动的国际性表明，应该有一个平等的三方势力来占领柏林或者任何其他的首都，占领军中美国、英国和苏联各占三分之一。”

英美两国占领区的位置也不值得伤脑筋，因为它们之间的南北关系早已被两军基地和补给站的位置决定了。这是个难以改变的事实，尽管有些可笑。从第一支美军部队到达联合王国的时候起，美国人就在北爱尔兰地区安营扎寨，随后又把驻地拓展到了英格兰南部和西南部，英军的防区则是在北部和东南部。如此一来，双方的集结地、给养和通信都被彻底分开了。在面对欧洲大陆的方向上，美国人始终是在右边，英国人始终是在左边。按照摩根对“霸王行动”的预知，这样安排就是为了越过英吉利海峡攻上诺曼底海滩。而且可能在穿过欧洲攻入德国心脏部位的过程中，英军会进入德国北部，解放荷兰、丹麦和挪威，右翼的美军则按照他们的前进路线，经过法国、比利时和卢森堡，最终进入德国南部各州。

“我并不认为，”摩根后来说道，“当时有谁能够意识到，这样安排部队会产生全面和最终的影响。这个决定大有可能是英国陆军部的某个小军官做出的，但一切后果都来源于此。”

在“依阿华号”战列舰上的美国总统却完全意识到了南北位置关系的要害所在。这会让美国远离富饶的沿海地区，丧失对出海口的控制。罗斯福对“兰金行动C方案”十分不满。15点，一次交流会议在船舱内正式开始了。罗斯福开门见山提到了“兰金行动C方案”存在的巨大问题，看来总统心里这股火已经憋了很久了。当参谋长们请总统对摩根的修订计划做出指示时，罗斯福斥责了他的军事顾问。在对计划所附的备忘录书写的评语中，罗斯福认为他们“做出了某些假定”，尤其是，美国应该接受英国的建议占领德国南部。“我不喜欢这个安排”，总统表明了他的态度。他想要德国西北部，想要进入不来梅港和汉堡港的权利，还想要进入挪威和丹麦港口的权利。而且罗斯福在某些事情方面非常执着，那就是美国占领区的范围。“我们应该一直到柏林，”他说道，“美国应该拥有柏林，”接着他又补充说，“苏联人可以占有柏林以东的领土。”

罗斯福还对“兰金行动C方案”的另外一个方面感到不悦。美国既然在南边，就应该拥有一个包括法国、比利时和卢森堡的责任范围。他对法国感到担忧，尤其对自由法国军队领导人夏尔·戴高乐将军不放心，他认为戴高乐在“政治上让人头痛”。罗斯福对他的顾问说，当盟军进入法国时，戴高乐就会跟在“部队后面一公里的地方”，准备接管政府。罗斯福尤其害怕在战争结束的时候法国会爆发内战，他说自己不想介入“法国的重建”，总统宣称“法国，那是英国的职责”。

罗斯福还认为，英国对卢森堡、比利时乃至德国南部地区也负有责任。而总统梦寐以求的美国占领区则将横贯德国北部（柏林自然也囊括在内），一直延伸到奥得河畔的斯德丁。随后他再次斟酌字眼，强调自己对原建议中的占领区安排十分不满。“英国人计划让美国拥有南部占领区，”罗斯福说道，“而我不喜欢。”

总统的提议令他的军事顾问们大为震惊。因为在3个月前的魁北克会议上，无论是英美联合参谋长委员会，还是美军自己的参谋长联合会，都已经在原则上批准了这项计划。当时，罗斯福总统对分别占领德国兴致很高，这让计划以更快的速度被制订出来，他认为盟军部队应该“准备与苏联人同时抵达柏林”。

参谋长联合会本来以为，“兰金行动C方案”所涉及的问题全都定下来了，他们之所以把这个计划带到“依阿华号”战列舰上，只是因为其不仅涉及军事政策，还事关政治和经济问题。现在总统挑战的不仅是占领计划，而且还有“霸王行动”的基础本身。如果改变计划中的占领区以迎合总统愿望的话，那么在反攻之前部队就必须换防，这就会延误甚至可能因此危及跨越英吉利海峡的攻势，而这次进攻又是有史以来最复杂的军事行动之一。在他的军事顾问们看来，罗斯福压根就没有意识到推翻“兰金行动C方案”，让英美部队进行换防所涉及的规模惊人的后勤物流运作。如果总统明白全面换防所带来的惊人代价还执意如此，那么这只能说明夺得德国西北部地区，特别是柏林，带来的利益是更为巨大的。但军人们认为，如此代价在军事上难以承受。

马歇尔将军开始婉转地详细介绍起形势来，他同意“重新探讨这个问题”，但坚持称“兰金行动C方案”中的那些建议主要是出于军事方面的考虑。将军分析道：“整个问题其实是由英格兰港口的布置而决定的。从后勤物流的角度而言，我们也必须把美国军队放在右边。”

美军海军作战部长欧内斯特·金海军上将支持马歇尔的看法。他说进攻计划已经发展到这一步了，要在部队部署上接受任何改变都是不现实的。

这个问题大到没边了，因而马歇尔认为在部队换防之前，恰恰需要一个全新的方案——一个灵活的方案，足以应用在“任何发展阶段上”，才能得到总统想在德国得到的东西。

罗斯福并不这么认为。他觉得如果希特勒的帝国全面崩溃的话，美国就应该派出尽可能多的人进入德国。他提出可以派一些人到“苏格兰的周边”，从而可以从北部进入德国。正是在这一点上，他表示盟军肯定应该快速赶往柏林；如果这样的话，美军的各个师就得“尽可能到达柏林”。哈里·霍普金斯是罗斯福的密友和顾问，当时正在“依阿华号”上，他也有同样的紧迫感，认为美国得准备“在（德国）崩溃后的两个小时之内，把一个空降师空投进柏林”。

总统的军事顾问们一再试图让他了解，对“兰金行动 C 方案”做改变会带来什么样的问题，但罗斯福不为所动。最后，他把放在桌子上的《国家地理杂志》里面的一幅德国地图拉到面前，开始画了起来。他先是画了一条线穿过德国西部边境，到杜塞尔多夫后沿着莱茵河朝南直到美因茨，从美因茨他用粗线条沿着北纬 50° 把德国分成两半，大致是从西边的美因茨到东边的捷克斯洛伐克边境上的阿施（Asch，今捷克阿斯），然后他的铅笔向东北方向移动，直到奥得河畔的斯德丁。美国人将会得到这条线上方的区域，下方的区域属于英国人。不过按照罗斯福勾勒的轮廓来看，美占区的东部边界和英占区将会形成一个大致的楔形，那个楔形的顶点在莱比锡，从莱比锡朝东北到斯德丁，朝东南到阿施。总统并没有明说，不过这个浅浅的三角区显然应该是苏占区，它所包含的面积还不到“兰金行动 C 方案”中建议分配给苏联的一半。柏林也没有包含在总统留给苏联的地盘之内，而是位于苏占区和美占区的边界线上。马歇尔的理解是，总统意在让柏林被美军、英军和苏联红军共同占领。

这张地图明白无误地表明了总统脑子里的计划。他告诉自己的参谋长们，如果苏联占据了“兰金行动”文件中由“盟军最高统帅候任参谋长”建议的区域的话，那么“英国人就会在我们的每一个举动中削弱我们的力量”。罗斯福说，“英国的政治考虑是这些建议的后盾”，这是非常明显的。

这番讨论没有做出明确的决定便结束了，但罗斯福却在参谋长们的脑海里留下了明确的期待。按照罗斯福的设想，美国的占领行动意味着要在欧洲驻扎 25 万军人，“至少 1 年，也可能 2 年”。他的战后计划与美国对待战争本身的态度类似，全力以赴，但却用最少量的时间，尽可能少地介入欧洲事务。他预见到，盟军能够迅速而又成功地插入敌人腹地——“乘坐火车侵入德国，战斗很少或者没有战斗”——这将会把美军带进西北部地区，再从那里进入柏林。最重要的是美国总统决心要拥有柏林。[1]

美国的首个对德计划就是这样提出来的。只有一个问题，罗斯福经常被人诟病抢了国务卿的角色，这次除了将自己的看法告诉他的参谋长们外，并没有告诉其他任何人。接下来他们几乎用了 4 个月的时间来研究这份计划。

在“依阿华号”会议结束以后，马歇尔将军把罗斯福的那张地图——美国政府考虑对德占领的一个有形的证据——交给了美国战

1 “依阿华号”战列舰上的事件描述，来自乔治·C. 马歇尔将军手写的会议记录。正式的备忘录里面并没有直接引语，只有一些笔记可以用作参照依据。我是在通过各种情况表明那些内容显然是总统或者他人所说的前提下，用直接引语来表述总统或者他人的话。——原注

争部作战局局长托马斯·特洛伊·汉迪（Thomas Troy Handy）少将。汉迪将军返回华盛顿以后，那张地图被归于作战局的绝密档案之中。据汉迪后来的回忆称，自己从来没有接到过指示，要把地图送交给国务院的任何人。

罗斯福的计划就这样被自己的军事顾问束之高阁了。这只是在“依阿华号”会议之后的日子里，美国官员们在判断上出现的一系列奇怪而又代价昂贵的疏忽之一。这些疏忽将会对德国和柏林的未来产生深远的影响。

11 月 29 日，罗斯福、丘吉尔和斯大林在德黑兰会议上首次见面。在这次会议中，三巨头任命了各自的代表，那些代表将在伦敦至关重要的欧洲顾问委员会里占有一个席位。这个机构受命起草德国的投降条件，界定各国拥有的占领区，并为盟国治理战败后的德国制订计划。欧洲顾问委员会中的英国代表是安东尼·艾登的密友，副外交大臣威廉·斯特朗（William Strang）爵士。苏联人选择了一个难缠的讨价还价者，他的固执已是人所共知——费奥多尔·塔拉索维奇·古谢夫（Fedor Tarasovich Gusev）。古谢夫当时正是苏联驻联合王国的大使。罗斯福任命的则是他派驻大英帝国的特使，那位富有献身精神的既腼腆又常常不善辞令的约翰·吉尔伯特·怀南特（John Gilbert Winant）。关于他的新工作，谁也没有对怀南特讲过三言两语，更没有人告诉他总统在德国的目标。

这位特使曾有机会去了解自己到底应该在欧洲顾问委员会中支持何种性质的政策，但这个转瞬即逝的机会他自己并没有抓住。开罗会议（罗斯福、丘吉尔、蒋介石出席）从 11 月 22 日开到 26 日；德黑兰会议（罗斯福、丘吉尔、斯大林出席）从 11 月 28 日持续到

12月1日；德黑兰会议之后，罗斯福和丘吉尔于12月4日再次在开罗会晤。那天晚上，在与丘吉尔、艾登，以及总统的参谋长威廉·丹尼尔·莱希（William Daniel Leahy）海军上将一同进餐的冗长晚宴上，罗斯福再次表达了对“兰金行动C方案”中的相关提议的反对。总统告诉英国人——显然他并没有透露地图的内容，也没有透露他做了什么程度的修改——他认为美国应该拥有德国西北部地区。丘吉尔和艾登对此表示了强烈反对，但最终这个计划还是被送交到了英美联合参谋长委员会进行研究。他们还相应地建议“盟军最高统帅候任参谋长”，也就是摩根将军，应该考虑对“兰金行动C方案”进行修改的可能性。

怀南特尽管是前往开罗参加会议的代表团成员，却并没有受邀参加那次晚宴，也从未被告知晚宴上讨论的问题。当罗斯福动身回国时，怀南特正在赶往伦敦，去参加欧洲顾问委员会的第一次会议。他对美国总统和政府真正的目标其实只有一些朦胧的意识。

令人啼笑皆非的是，在离伦敦美国大使馆只有几公里远的圣詹姆斯广场旁的诺福克旅舍里，有一个人却对罗斯福总统的所思所想一清二楚。弗雷德里克·摩根中将接到了令他大吃一惊的新命令：将自己手下已经超负荷工作的参谋班子立即投入到对“兰金行动C方案”的重新检讨中，将设想中的英占区与美占区对调。摩根很快就得出了结论：如此庞大的换防和兵力调动是不可能做到的——起码也得等到德国战败之后。他就这样向上级做了汇报，根据他日后的记载，“事情就这样结束了”。

尽管美国军方的首脑们声明不想介入政治，但事实上，他们却要对美国的战后欧洲政策做出决定。在他们眼中，对德国占领区的划分和占领完全就是一个军事问题，应该由战争部民事局来处理。这就让国务院与战争部之间在德国问题上出现了巨大的意见分歧。其后果就仿佛在进行一场拔河比赛，美国在比赛过程中想在该问题上达成一致政策的希望，都不可挽回地丧失了。

首先，所有人都清楚，必须采取某种措施对在伦敦与欧洲顾问委员会进行谈判的大使怀南特做出指示。为了协调美国内部互相冲突的观点，1943 年 12 月初，来自国务院、战争部和海军部的代表在华盛顿成立了一个被称为工作保障委员会的特别小组，但这个小组内部也吵成了一锅粥。军方官员们再次声称，德国的投降和随后对德国的占领“纯粹就是一个军事层面上的事务”，在合适的时候由英美联合参谋长委员会来决定就好了。战争部那群来自民事局的官员闹得更大，他们一开始甚至拒绝在这个工作保障委员会里任职。无尽的甚至有些可笑的分歧让委员会推迟了两个星期才完成组建，而怀南特也收不到任何指示，只能在伦敦干坐着。

最后，战争部的军人同意加入，委员会终于开始运作了起来，但这样的工作也没取得什么成果。委员会每个小组的建议只有在得到其部门领导的明确批准后，才能电告伦敦的怀南特。更糟糕的是，每个部门领导都能够否决建议，战争部的头头们十分热衷于行使这项特权。委员会的代理主席是国务院的菲利普·爱德华·莫斯利（Philip Edward Mosely）教授，他后来又成了怀南特大使的政治顾问。莫斯利日后评论说，民事局的官员们“得到了严格指示，对任何事情都不表示同意，也不表示反对，只能把讨论的情况汇报给他们的上级。保持着一定的距离，按照严格的指令行事，而且还能行使否决权，这样的谈判体系与具有更不妥协心态的苏联谈判者的做法相类似”。

整个 1943 年 12 月，这样的争论始终持续着。在军方看来，占领的地盘（大小）或多或少取决于签署投降书时部队的最后位置。在这种情况下，军方代表认为怀南特在欧洲顾问委员会通过谈判达成的协议对解决占领区的问题没有太大帮助。

军方人士非常固执，他们甚至“枪毙”了国务院提出的一个经过深思熟虑的计划。该计划虽然与英国的方案类似——它也把德国分成三个面积相等的部分——但还增加了一个极其重要的成分：在苏占区的腹地划出一条走廊，将柏林与西方占领区连通起来。这条走廊的倡议人正是莫斯利教授，他完全预料到苏联人会反对，所以他极力劝说将这一条囊括进去。他后来解释说，“我认为，这个计划如果在谈判的一开始就坚定地提出来，会给人留下深刻的印象。而当苏联人开始提出自己的建议时，就有可能把它考虑进去”。他主张必须制定该条款，以便“从西方能够自由而又直接地经过苏占区进入柏林”。

在委员会的全体会议开始之前，国务院的计划被提交给了战争部民事局研究，结果被搁置起来。最后，莫斯利拜访了民事局，找到了处理此事的上校。他问那位军官是否收到了那份计划，上校打开桌子最底下的一个抽屉说：“就在那里”。然后，他坐在椅子上朝后仰着，一边把两只脚都伸到那个抽屉里一边说，“它肯定还要待在那里”。这份计划从来也没有发给怀南特过。

1943 年 12 月 15 日，欧洲顾问委员会在伦敦举行了第一次非正式会议。而在怀南特大使看来，会议可能只处理了议事程序的规则。他仍然没有得到正式的指示，只是从英国人那里非正式地获悉，有个计划令罗斯福不高兴，但他却并不知道那就是摩根的“兰金行动C方案”，人们对他说那个计划是艾德礼计划。他还被非正式地告知（是战争部部长助理约翰·杰伊·麦克洛伊告诉他的），总统想要德国西北地区。怀南特估计英国人并不想调换占领区。[1]他的判断是绝对正确的。

1944年1月14日，新任盟军最高统帅德怀特·艾森豪威尔上将抵达伦敦赴任。此前制订军事计划的所有机构都是由摩根将军掌握的，现在正式移交给了他，但有一个计划时至今日他都无法施加影响。在艾森豪威尔到达后的第二天，欧洲顾问委员会召开了第一次正式会议，摩根的“兰金行动C方案”由威廉·斯特朗爵士提交给了美国大使怀南特和苏联特使费奥多尔·古谢夫。由于华盛顿的僵局，美国就此丧失了主动权，而且永远也不会再获得主动权了。斯特朗爵士后来写道，他比他的同事们有一种优势，“就在于他们不得不给一个既遥远，有时还无动于衷且不明所以的政府发电报来获得指示，而我却被充分授权，通常能够在很短的时间内就为自己定下行动方针。我还有一个优势，那就是政府已经预先有序地制订战后计划了”。

2月18日，在欧洲顾问委员会的第二次正式会议上，在一个无疑是苏联外交决策的纪录中，那位城府很深的古谢夫没有做任何争

1 “长期以来英国人就在经济上与德国西北部地区有着紧密的联系，”麦克洛伊在12月12日给马歇尔将军的信中说，“怀南特告诉我，这个计划是在与他们的政治界和经济界的人士商讨后提出来的。我不知道，面对英国人的强烈反对，总统想在什么程度上坚持对这些地区的占领……总的看来，我赞成占领北部地区，但我认为并不值得为此而吵得这么厉害。”国务院显然对此未置可否。麦克洛伊亲笔补充说，国务卿科德尔·赫尔（Cordell Hull）来电话说：“在北部和南部地区之间，我没有偏爱”。——原注

论，就严肃地接受了英国人有关占领区的提议。

英国人的提议给了苏联人几乎 40% 的德国领土、36% 的人口和 33% 的生产资源。柏林虽然在盟国之间被分割开了，却深深地位于提议中的苏占区内部，距离西边的英美分界线有 177 公里。“这个提议中的划分似乎是最公正的，”斯特朗后来回忆说，“即使这样的计划可能对苏联人过分慷慨了，但这与我们军事当局的愿望也是一致的。他们担心战后人力短缺，因而不想要超过需求的更大的占领区。”

美国军方还担心，苏联以种种借口不加入对日本的战争，这将大大增加美军在太平洋上的伤亡。英国人则认为，如果再不做出决定，苏联人很可能以战争中所付出的巨大代价为借口漫天要价，要求得到一半的德国领土。

现在，一个无情的事实摆在了美国面前：英国和苏联已经达成一致。尽管仍然还要由三巨头来批准英国的计划，但从某种程度上而言，它已经是一个既成事实（fait accompli）了。怀南特除了告知他的政府之外，已无能为力。

苏联人对英国方案接受得如此迅速，让华盛顿和总统感到措手不及。罗斯福匆匆给国务院写了张条子，问“英国人和苏联人草案中的占领区是什么样的？我们提出的区域又是什么样的？我必须知道这一点，以便让它与我在几个月前做出的决定相符合”。国务院的官员们完全摸不着头脑，原因明摆着，他们并不知道罗斯福在德黑兰和开罗对占领区做出了什么样的决定。

在参谋长联合会和国务院之间忙乱地打了一阵子电话以后，总统才知道详情。2 月 21 日，罗斯福详细查看了苏联和英国的计划，感到极其不快。“我不同意英国人关于边界线的提议。”他在给国务院的一份正式备忘录上直言不讳。他并没有提到苏占区，而是再次强烈反对分配给美国的占领区，他甚至更强硬地重复了他在“依阿华号”战列舰上对他的军事顾问们所说的话。总统的备忘录让国务院恍然大悟。

“我们的主要目的，”他写道，“并不是要参与南欧的内部问题，说得准确一些，我们的主要目的是要参与根除德国发动第三次世界大战的可能性和起源。关于我国军队调动的困难性，各种各样的观点都被提出来了……从法国前线转移到德国北部前线——所谓的‘跳背游戏’。这些异议皆似是而非，因为在德国投降的那一天，不论英军和美军在什么地方，他们要去什么地方都很容易——北边、东边或者南边……如果把一切都考虑进去的话，别忘了他们的补给品是从5600多公里以外或者更远的地方海运来的，那么美国就应该使用德国北部的港口，汉堡港和不来梅港，还有……荷兰的港口……因而，我认为美国的方针就应该是占领德国北部……”

“如果还需要什么进一步证明与英国人的这种分歧……我只能补充说，美国的政治考虑使得我的决定毋庸置疑。”随后，为了确保国务卿完全明白他的意图，罗斯福又补充了一句，“如果对上述内容还有疑惑的话，你可以直接找我谈。”他在这句话下画了着重线。

他通过一种幽默的语气向丘吉尔解释了自己的立场。“千万不要让我把任何美国军队留在法国，”他在给英国首相的信里写道，“我不能这么做！我以前曾谴责过你对比利时、法国和意大利的‘为父之道’。你确实应该养育和磨炼你自己的孩子们，让他们成为你未来的保障。而现在，至少应该替他们付学费！”

美军的参谋长们显然也获悉了总统的意见，战争部民事局的军官几乎马上就转变了他们在工作保障委员会里面的立场。伦敦的欧洲顾问委员会开完会后数日，一名上校迈着大步走进了莫斯利教授在国务院的办公室，然后在他的面前展开了一张地图。“这就是总统真正想要的结果。”他说道。莫斯利看着地图一头雾水，他并不知道这些东西是在什么时候、什么情况下搞出来的，他以前从未见过，国务院里也没人见过。这张地图，就是罗斯福总统在“依阿华号”战列舰上标注的那一张。

但没过多久，这张神秘出现的罗斯福地图又神秘地从人们的视线中消失了。莫斯利本来以为，它会被带到华盛顿的工作保障委员会的下一次会议上，然而却并非如此。“在这张地图身上究竟发生了什么，我一无所知。”多年以后莫斯利说，“在下一轮会议上，民事局的官员们带来了一张全新的地图，他们解释说，图上的一些内容根据总统的指示略有改动。到底是谁接受了这些指示，我永远也没能弄明白。”

这个新的概念在某种程度上与总统在“依阿华号”战列舰上画过的地图相类似，但又有许多区别。美国占领区仍然在西北部，英国在南部，但它们之间沿着北纬 50° 走势的分界线到了捷克斯洛伐克边界就戛然而止了。除此之外，美国占领区的东部边界在莱比锡以北直接向东折了过去，包含了更多的领土。而最重要的改变则是，柏林从美国占领区的版图中消失了。在罗斯福的最初设想中，美占区的东部边界通过德国首都，但现在，那条线转向了西边，围着柏林市形成了一个摇摆不定的半圆形。罗斯福本来是对他的参谋长们坚持“我们应该直冲柏林”，“柏林是属于美国的”，怎么现在又改主意了？民事局的军官们并没有对地图上的改变做出任何解释，但他们要求这个新的提议立即发往伦敦，让怀南特要求欧洲顾问委员会接受！

在国务院眼中，这份新提议是很荒唐的：英国和苏联的占领区都比原定计划更小，在两国已经就原先更有利的地盘划分达成一致后，是不可能接受如此不利的修改的。民事局的军官们只是把这份提议唐突地扔给了怀南特，但并没有交给他配套的备忘录，也拒绝准备相关的背景文件——他们认为那是国务院该干的事情，不属于自己的本职工作。这可让怀南特伤透了脑筋，他根本无法在欧洲顾问委员会面前解释清楚新计划的合理性。这位大使发狂一般向国内拍发电报，要求得到更详细的指示，但一无所获。最终，怀南特把这份计划束之高阁，压根就没有提交出去。

美国兜售自己如意算盘的最后努力宣告终结，但罗斯福仍然拒不接受英国的划分方案。到了 1944 年 3 月底，事情出现了转机。乔治·弗罗斯特·凯南当时是怀南特大使的政治顾问，他飞到华盛顿，专程向总统汇报了有关欧洲顾问委员会的问题。凯南称，各国在占领区划分问题上形成的僵局已经在委员会中造成了不利的影响。罗斯福仔细审度了当时的形势，还再次询问了英国人的提议。他最终告诉凯南，“把一切都考虑进去的话，它大概是一个公平的决定”。随后，总统认可了苏联占领区和总体计划，但有一个附加条件。他坚持美国必须拥有西北部区域。按照凯南后来对莫斯利的说法，在会面结束的时候，凯南询问总统他本人的计划发生了什么事情，罗斯福笑了起来。“噢，”他说道，“那只是一个想法。”

时间进入 1944 年后，盟军在各条战线上发起了宏大的进攻。英美军队已经登上了欧洲大陆，把德军赶出了法国，并朝德国本土挺进。但在凯歌高奏之际，各方在幕后的政治斗争也愈发激烈了起来。罗斯福仍坚持自己对德国西北部地区的要求，丘吉尔也从他的立场出发，固执地拒不改变主意。

在4月份，怀南特将美国政府的立场口头告知了欧洲顾问委员会，但他并没有立即把总统的愿望以书面形式摆在代表们的面前。在一个他认为关键的问题得到指示之前，这位大使不打算这么做。在英国人的计划中，仍然没有让西方盟国进入柏林的条款。

英国人估计西方国家进入柏林并不存在问题。他们乐观地认为，当战争终结之时，某种形式的德国当局就会签字投降，并在盟军最高统帅的控制下掌管国家。没有一个地区会与其他任何地区隔绝起来，按照斯特朗的看法，“德国人将会在某些地区之间自由地迁徙，从西方地区向首都迁徙……派驻德国的盟军士兵和民政工作人员，在有正当目的的情况下，也都能自由往来”。而且，每次这个话题在欧洲顾问委员会一被提及，苏联的古谢夫就爽快地向斯特朗和怀南特保证，他看不到会有什么困难。古谢夫一再表示，毕竟单是柏林有美军和英军，就自动带来了进出的权利，这是一件理所当然的事情，是一种君子协定。

然而，怀南特却认为这项条款应该最终确定下来，他认为在三巨头正式接受英国的方案以前，必须先把莫斯利提出的那些“走廊”包括进去。他打算在把总统有关占领区的观点正式摆在欧洲顾问委员会面前的同时，提交这样一个提议，他想要在通过苏占区进入柏林的特定铁路、公路和空中航线方面得到保证。5月份，大使飞到华盛顿面见总统，并向战争部概述了他的“走廊”条款。民事局断然拒绝了怀南特的计划。[1]民事局的军官们向他保证，柏林进入权的问题“不管怎么说都是严格意义上的军事问题”，在德国被占领后将由当地的驻军指挥官通过军事渠道来处理。怀南特受挫之后返回了伦敦，6 月 1 日，他正式同意了英国的计划和提议中的苏占区，只有一个例外，那就是美国应该拥有西北部地区。在这份文件中，没有一项条款规定了进入柏林的权利。[2]起码，盟国已经试探性地为这个城市的未来做出了决定：当战争结束的时候，它几乎就是苏占区中央的一个被盟军共同占领的孤岛。

这场权力斗争现在迅速走向结局。1944 年 7 月末，古谢夫由于急于把苏联在欧洲顾问委员会中获得的收益正式定下来，于是便有意把事情导向一个转折点。他泰然自若地说道，除非英美之间的分歧得到解决，从而令三巨头能够签署协定，否则苏联就没什么理由继续坐看欧洲顾问委员会的讨论。如果他退出顾问委员会，就会使几个月的工作化为乌有，这个含蓄的威胁取得了预期效果。

---

1 在罗斯福和怀南特会面的时候，他们之间发生了什么事情，或者总统对过境柏林的问题的立场是什么，现在不得而知。战争部对怀南特的“走廊”计划究竟是反对还是接受，同样不明了。据报道，战争部民事局局长约翰·H. 希尔德林少将曾对怀南特说，“应该规定进入柏林的权利”。这里的说法涉及三位最重要的美国历史学家对这段历史的观点：菲利普·莫斯利教授（见其《克里姆林宫与世界政治》一书）、赫伯特·费斯（见其《丘吉尔、罗斯福与斯大林》一书）以及国务院历史办公室主任威廉·M. 富兰克林（见其《占领区边界与进入柏林的权利》一文，载于《世界政治》1963 年 10 月号）。“怀南特，”富兰克林写道，“显然没有对这些交谈做备忘录……然而，有一点是非常清楚的：华盛顿的任何人都没有给予怀南特指示，也没有支持他与苏联人进行交涉。”——原注

2 出于一些总是令人费解的原因，从华盛顿返回之后，怀南特在进入柏林的权利上的立场改变了。资深外交官罗伯特·墨菲回忆说，在他于 1944 年 9 月加入盟军最高统帅部之后，他立即和怀南特在伦敦共进午餐，讨论了过境柏林的问题，墨菲敦促怀南特重新审议这个问题。他在回忆录《战士当中的外交官》中写道：“怀南特表明，我们自由进入柏林的权利，包含在我们待在那里的权利当中了。俄国人……无论如何都会有怀疑我们的倾向，如果我们在技术上坚持这一点的话，我们就会强化他们的不信任。”按照墨菲的说法，怀南特不愿意把这个问题强加在欧洲顾问委员会的身上。——原注

在大西洋两岸，焦虑不安的外交官和军事顾问敦促他们的领导人做出让步，但丘吉尔和罗斯福都不为所动。罗斯福似乎不拿苏联的威胁当回事。怀南特被告知，既然美国已经同意了苏占区，所以总统无法理解为什么“在这个时候还有必要同苏联人继续讨论”。

但罗斯福现在却正受到来自各方的压力。在政治口角继续进行的同时，英美盟军的各大集团军正在朝德国蜂拥而去。8月中旬，艾森豪威尔将军给英美联合参谋长委员会发报，提醒他们可能要“面临比预期更快地占领德国的局面”。摩根在其“兰金行动C方案”中曾预见到存在着一个部队的部署问题，现在这个问题又回来折磨决策者们了：位于左翼的英军正在朝德国北部挺进，位于右翼的美军朝德国南部进军。如今艾森豪威尔在占领区的问题上寻求政治上的指导，他是第一个这样做的美国军人。“我们所能做的一切，就是在纯军事的基础上着手处理这个问题”，而这就意味着将保持“我们各集团军的当前部署状况……”。艾森豪威尔又补充说，“考虑到我们可能面临的形势，以及缺乏涉及占领区问题的基本决策，除非我们接到相反的指示，否则我们就必须假定这个解决办法是可以接受的……”

长期以来一直不可避免的决定性时刻现在来到了。美国战争部和国务院此时的状况完全一致，都面临两难的境地，谁也不打算与总统重新审议这个问题。无论如何，这个问题预定要在罗斯福与丘吉尔的新会晤中讨论，而会晤定于秋天举行，任何最终的决定都要等到那时再说。与此同时，艾森豪威尔的计划却不能延误。美军的参谋长们已经为美国的占领计划做好了准备，要么是西北部地区，要么是南部地区，8月18日他们通知艾森豪威尔说“完全同意”他的解决办法。这样一来，尽管罗斯福尚未宣告他的决定，认为美国将占领德国南部地区的设想却被允许继续存在下去了。

1944 年 9 月，罗斯福和丘吉尔再次在魁北克会晤。罗斯福的身体状况已经发生了明显变化，这位一向精力充沛的总统现在显得十分虚弱，面色苍白。过去，他的个人魅力和不拘小节的诙谐能很好地掩盖住身体上的残疾（罗斯福因为脊髓灰质炎的后遗症再也无法站起来了），但现在，这一切却都在他因为剧痛带来的犹豫上暴露无遗。自从 1933 年当选总统以来——比别的任何一位美国总统在位时间都长，甚至当下还在寻求第四次连任——竞选活动、处理国内和国际事务、战时的沉重压力，都在摧残着他的健康。他的医生、家人和朋友们都在恳求他，不要再次参加总统竞选了。对于魁北克的英国代表团来说，罗斯福似乎在迅速地垮下去。丘吉尔的参谋长黑斯廷斯·伊斯梅上将看到他的样子大为震惊。“两年以前，”他说道，“总统一直是健康和富有活力的写照，但现在他消瘦了太多，似乎整个人都缩了进去。上衣从他宽大的肩膀上面垂了下来，衣领显得大了好几个尺寸。我们察觉到，留给他的时日已经不多了。”

面对疲惫、失意，以及顾问们和丘吉尔施加的压力，总统终于妥协了，接受了德国南部的占领区。英国人做了让步，其中的一个举动就是同意让美国控制大港湾以及不来梅州的军队集结地和不来梅港。[1]

1　在这次会议上，还出现了一个有争议的问题，当时美国总统和美国财政部长亨利·摩根索推出了一个严厉而又含意深远的经济计划，要求把德国变成一个没有工业的农业国。起初丘吉尔赞同这个方案，但由于其顾问们的压力，后来又改主意了。几个月以后，罗斯福放弃了这个有争议的摩根索计划。——原注

三巨头的最后一次战时会议于 1945 年 2 月在雅尔塔举行，那是一次至关重要的会议。胜利就在眼前，但显而易见的是，政治的考量已经压倒了军事上的需要，维系盟国领导人团结的纽带被大大削弱了。苏联人每深入中欧一公里，他们的贪婪和傲慢也就增加了一分。丘吉尔一直都是共产主义的死敌，他尤其关注类似波兰这类国家的命运。此时此刻，苏联红军已经把这个国家收入囊中，并建立了对它的统治。

罗斯福面容憔悴，比在魁北克时还要衰弱得多，不过他仍然认为自己在扮演着伟大的仲裁者的角色。在他看来，成就战后和平的唯一途径就是和斯大林合作。他曾经用这样的话语阐述了自己与这位共产党领导人的相处之道："我认为，如果我把能给他的东西全都给他，并且不谈条件，那么位高权重的斯大林也就不会试图霸占任何东西，并将和我一起致力于（建立）一个民主而又和平的世界。"

总统相信美国能够"与苏联和睦相处"，而且他能够"驾驭斯大林"，因为有一次他解释说："在开诚布公的基础上……乔大叔（指斯大林）……是平易近人的"。尽管总统对苏联的战后意图越来越担心，但他基本上仍然坚定地抱有乐观态度。

在雅尔塔会议期间，三巨头做出了战争时期最后的数个重大决定，其中一个就是给予法国在对德占领方面全面的伙伴关系。法国在德国和柏林的占领区都是从英国和美国的区域中划出来的，斯大林则希望撇开法国，更拒绝向法国划出苏占区的任何一部分。1945 年 2 月 11 日，三巨头正式就各自的占领区划分达成了协议。

就这样，在经历了 16 个月的混乱和争吵之后，美国和英国也终于结束了分歧。这个占领计划是以原先的"兰金行动 C 方案"为基础的，现在军方称其为“日食行动”。但这个殚精竭虑的计划有一个令人难以置信的遗漏：文件里根本就没有提及英美进入柏林的权利条款。

仅仅过了6个星期，斯大林就将雅尔塔协定的条款抛之脑后了。在会议结束后还不到三个星期，罗马尼亚政府就被苏联占领军赶下了台，在给国王米哈伊一世[1]的最后通牒中，苏联红军毫不客气地命令他任命罗马尼亚共产党领导人彼特鲁·格罗查（Petru Groza）[2]为首相。波兰也丢掉了。原先许诺的自由选举压根就没有进行。斯大林似乎对雅尔塔协定的核心内容反悔了。协议中声明，盟国将帮助“从纳粹德国以及……前轴心国的附庸国统治下解放出来的各个民族……去建立他们自己选择的民主制度”。但斯大林却要确保雅尔塔协定中每一个有利于他的条款——比如对德国和柏林的分割——都得一丝不苟地实施。

美国驻莫斯科大使威廉·埃夫里尔·哈里曼（William Averell Harriman）曾经提醒罗斯福，斯大林对领土的野心是无穷无尽的。但现在这位苏联领导人如此明目张胆地失信，还是令他感到震惊。3月24日，星期六下午，在白宫顶层的一个小房间里，罗斯福刚刚和安娜·罗森堡（Anna Rosenberg）太太一起吃完午餐。罗森堡太太是他的个人代表，负责研究退伍军人问题。此时哈里曼发来了一封有关波兰局势的电报。总统读了电文后怒不可遏，拼命捶打着轮椅扶

1 米哈伊一世（Michael Ⅰ），罗马尼亚国王，卡罗尔二世之子。1927年（6岁）登王位，1930年其父卡罗尔返国，将他降为王储。1940年9月卡罗尔退位，他复登大宝。1947年12月30日被迫退位，流亡国外，在日内瓦给一家美国经纪行当经理。

2 此处原文有误，彼特鲁·格罗查当时是罗马尼亚农民阵线（Ploughmen's Front）主席，而非实力并不强大的罗马尼亚共产党的总书记。

手。“当他‘砰砰’猛击椅子的时候，”罗森堡太太后来回忆说，“嘴里反复念叨，埃夫里尔是对的！我们不能和斯大林打交道！他违背了自己在雅尔塔许下的每个诺言！”[1]

在伦敦，丘吉尔也对斯大林的所作所为感到忐忑不安。他告诉自己的秘书，他担心全世界可能会认为“罗斯福先生和我签署了的计划书完全就是在欺骗民众”。从雅尔塔返回时，他曾信心满满地告诉英国人民：“斯大林和苏联领导人希望与西方民主国家在光荣的友谊与平等之中共同生活。我觉得……他们言出必行。”

但在 3 月 24 日，在这同一个星期六，忧心忡忡的首相却对他的助手说：“只要我还对苏联的最终意图心存怀疑，我是不会同意去瓜分德国的。”

在苏联咄咄逼人的行动面前，丘吉尔清醒地意识到，西方盟国和苏联讨价还价的最大筹码就是让自己的军队进一步深入德国境内，在“尽可能以东的地方与苏联人会师”。当蒙哥马利元帅发来电文，宣称他有决心突向易北河甚至杀进柏林城时，许多人都对此欢呼雀跃。在丘吉尔的眼中，柏林是一个至高无上的目标，对它的进攻应该迅速展开。但上述这一切只不过是蒙哥马利的一厢情愿罢了，尽管他发出了斗志昂扬的电报，但西线各地的指挥官们却无人收到针对柏林的总攻令。因为那道命令只能来自一个人——盟军最高统帅艾森豪威尔将军。

1　这件事情来源于罗森堡太太的一次私人会谈，罗斯福太太也在场。这两个女人后来交换了意见，在总统到底说的是什么上达成了一致。——原注

4

苏军的空袭打了柏林保卫者们一个措手不及。3 月 28 日，星期三，快到上午 11 点的时候，首批敌机出现了。一瞬间，全城各地的高射炮群纷纷开火，朝天空发射出炮弹。大炮的轰鸣，加上防空警报迟到的尖啸声，震耳欲聋。这些飞机并不是美军的。美国人的空袭很有规律，通常是在上午 9 点炸一次，然后到正午时分再炸一次。这次攻击则从东方而来，无论是攻击的时间安排还是轰炸战术都是全新的。是苏联人！几十架苏联战斗机在屋顶高度呼啸来去，朝着街道倾泻着弹雨。

在波茨坦广场，人们四散而逃。在选帝侯大街上，购物的人们冲出大门朝地铁入口处慌慌张张地逃命，还有不少人选择涌向威廉皇帝纪念教堂受到保护的遗址。但仍有一些柏林人不为所动，他们已经在购买每周食品配给的长队中站了几个小时了，不想因为躲避空袭而让之前的努力白费。在维尔默斯多夫区，36 岁的护士夏洛特·温克勒下决心一定要为她的两个孩子——6 岁的埃克哈特和 9 个月大的芭芭拉——搞到吃的。在阿道夫·希特勒广场，格特鲁德·克茨勒和英格·吕林这两位多年的老朋友，在一家杂货店前面与别人一起安静地等待着属于自己的那份食物。她俩曾做过极端的决定：一旦苏联人打进柏林就自杀，但现在她们却放弃了这种打算。她们现在最想做的事情就是烘烤一块复活节蛋糕。几天以来，两人都在为买到所需的原料而努力。在克珀尼克区（Köpenick），40岁的胖妇人汉娜·舒尔茨正打算多买点面粉，好做一块裱有大理石花纹的假日蛋糕。汉娜还希望为她的丈夫罗伯特买上一副吊裤带，他仅剩的一副吊裤带烂得不成样子了。

在空袭期间，埃纳·萨恩格尔总是替“老爸”担心，她管自己的丈夫康拉德叫“老爸”。同往常一样，康拉德拒不进入采伦多夫区的防空洞，而是又出门了。他迈着有力的步伐朝自己特别喜爱的老克鲁格（Alte Krug）饭馆走去，这家饭馆位于路易丝王后街上。迄今为止，还没有哪次空袭能阻止这位78岁的老兵每周三与一战时的老战友碰面，今天同样如此。

有个柏林人实际上很享受空袭的每一分钟，年轻的鲁道夫·雷施克（Rudolf Reschke）戴着一顶老式钢盔，在位于达勒姆的家门口和路中央之间跑来跑去，故意逗弄那些低空飞行的敌人飞机，他甚至还敢朝着飞行员挥手致意。不过今天，其中的一名飞行员发现了他的滑稽动作，便一头朝他俯冲过来。当鲁道夫奔跑的时候，身后的人行道已经被一片弹雨所覆盖。对鲁道夫而言，这样的惊险场面并不可怕，反而是游戏令人激动的一个部分。对于14岁的他来说，这场战争是他生命中经历的头等大事。

机群对城市发起了一波又一波的攻击。几个飞行中队的弹药打完了，只能依依不舍地脱离编队向东返航，但其他中队的飞机又蜂拥而来，迅速补上了缺额，继续对地面目标进行猛烈的打击。苏联人的空中突袭给柏林的生活添加了新维度的恐怖，平民伤亡惨重。许多运气不佳的倒霉蛋没有被敌机的子弹打死，反而倒在了城市保卫者们的火力之下。苏联飞机飞得太低了，高射炮不得不以近乎平射的方式开火，造成大量炙热的弹片在城市里到处乱飞。炮弹碎片主要来自市内的 3 组巨型防空塔[1]，它们分别位于洪堡海因（Humboldthain）、腓特烈斯海因（Friedrichshain）和柏林动物园。这些巨大的防弹堡垒是在英国皇家空军对柏林首次空袭之后，于 1941 年至 1942 年间建造的。每座防空塔的规模都很庞大，最大的那组防空塔就建在动物园里的鸟类保护区附近，显得不伦不类。每组防空塔都由两座建筑构成：小的叫 L 塔（Leitturm），指挥塔，是通信指挥中心，上面装备有雷达；在它旁边正喷发着烈焰的就是 G 塔（Geschützturm），炮塔。

G 塔体积巨大，占地面积几乎等于一个城市街区，有 40 米高，相当于 13 层的大楼。它的钢筋混凝土墙厚度超过 2.5 米，四周是深深的窗口，遮挡着 7 ~ 10 厘米厚的活动钢板。屋顶上的四座双联装（8 门）128 毫米 Flak 40 高射炮正在连续开火，四个角楼上布置的多门 20 毫米四联装高射炮也在以很高的射速朝天空发射炮弹。

防空塔内部的噪声之大几乎令人无法忍受。除了高炮群开火的炮声之外，还有多架扬弹机作业的机械声响，通过它们，底层军火库里的炮弹才能被源源不断地送到每个炮位上去。就设计用途而言，G 塔不仅仅是座炮台，同时还是一个有 5 层楼那么高的巨型仓库、医院和防空掩体。顶层的炮位下方住着一支 100 人的警卫部队，再

1　原文写的是 6 座防空塔，虽然德国的防空塔共有三种类型，但一般来说每组防空塔都会分一大一小的两座塔——炮塔（G 塔）和指挥塔（L 塔），由于耗资巨大和其他原因，柏林计划中的 6 组防空塔只建成了 3 组。

往下是一个拥有 95 个床位的空军医院，里面各种设施一应俱全，不但有 X 光室，还有两个设备完整的手术室，配备有 6 名医生、20 名护士和大约 30 名护理员。再往下就是第三层，内里是一间宝藏库，贮藏室里存放着柏林顶尖博物馆里的一流展品，比如著名的帕加马[1]浮雕，那是公元前 180 年前后由阿塔罗斯王国的国王欧迈尼斯二世下令建造的巨大祭坛的组成部分。还有埃及、希腊和罗马的各种各样的古董，包括雕像、浮雕、器皿和花瓶，其中“普里阿摩斯[2]的黄金宝藏”是由德国考古学家海因里希·施里曼于 1872 年在古城特洛伊遗址里发掘出来的，包括金银手镯、项链、耳环、护身符、装饰品和珠宝，这是一批数量庞大的收藏品。此外，藏品中还有堪称稀世之珍的哥白林双面挂毯[3]，包括德国 19 世纪画家威廉·莱布尔所画的精美肖像在内的众多绘画，大量带有威廉皇帝头像的硬币。塔楼的下面两层，是面积巨大的防空掩蔽所，里面有大型厨房、食品贮藏室，还有德国广播电台（Deutschlandsender）的应急住处。

G 塔配套设备齐全，有自己的水电供应，在空袭期间能够轻松地为 1.5 万人提供膳宿。这栋综合建筑的给养和弹药储备非常充足，警卫部队甚至自信地认为，哪怕柏林的其他地方都沦陷了，只要有继续打下去的必要，这座动物园内的防空塔就能坚持抵抗一年之久。

如同开始时那样突然，空袭猛然间就结束了。G 塔顶部的高射炮陆陆续续停止了射击。在柏林各处，黑色的烟雾正从燃烧弹造成

---

1 帕加马（Pergamon）是密细亚（安纳托利亚西北部）的一座古希腊殖民城邦，距爱琴海约 26 公里，城市本身坐落在巴克尔河北岸，现在是土耳其贝尔加马的一处历史遗迹。

2 普里阿摩斯（Priam），特洛伊的末代国王，特洛伊城被希腊人攻破时在城中心的宙斯祭坛上战死。

3 哥白林双面挂毯，由法国哥白林挂毯厂制造，多鲜艳图景。

的大火中袅袅升起。苏联人的首次空袭只持续了20分钟就退潮了。柏林的大街小巷上再次挤满了人。在市场和商店外面，那些为躲避空袭而从所排的购物长队中跑掉的人，现在正脾气火爆地想回到原位，但那些坚持排队的人可不打算把自己冒着生命危险才得到的靠前位置让出来。

在动物园里面，G塔顶部的高炮一停火，63岁的海因里希·施瓦茨就匆匆跑到了外面。他焦虑地朝鸟类保护区奔去，随身提着一小桶马肉。“阿布，阿布。”他喊道。不一会儿，池塘边传来了奇怪的噼里啪啦的声音，一只长相怪诞的大鸟迈着高跷似的瘦长腿，步态优雅地从水里走了出来，朝呼唤它的主人走去。这是一只来自尼罗河畔的鹳，品种很罕见，长着灰蓝的羽毛，脑袋前顶着一个“如同底朝上的荷兰木屐”般的大嘴。施瓦茨如释重负，这只名叫阿布·马库博（Abu Markub）的鹳，在猛烈的空袭后仍安然无恙。

即使没有空袭，对施瓦茨来说，每天与这只鸟相处也越来越成了一种磨难。他把马肉递了过去。“我只能给你这个了，”他说道，“我能做什么呢？我知道你最爱吃鱼，但我搞不到。你想不想要呢？”

那只鸟闭上了眼睛。施瓦茨悲伤地摇了摇头。阿布·马库博每天都做出同样的拒绝。如果这只鹳一直这么固执的话，那么只能被活活饿死，但施瓦茨却没有任何办法。最后一盒金枪鱼罐头早就吃完了，而鲜鱼在柏林更是成了稀罕物，至少柏林动物园里找不到。

在仍然饲养着的鸟当中，阿布·马库博是鸟类饲养班班长施瓦茨的真正宠物。他的其他宠儿早就不在了。“阿拉”（Arra），施瓦茨曾经教会那只75岁的鹦鹉喊“爸爸”，出于安全考虑，两年前就被送到萨尔州去了；那群“脚步声很重的”德国鸵鸟，全都在空袭过程中由于冲击波或剧烈震动而死去了。只有阿布还在，而它正在慢慢地饿死。施瓦茨的担忧成了绝望。“它越来越瘦了，”他告诉妻子安娜，“它的关节开始浮肿了。可是当我每次去喂它的时候，它哀怨地盯着我，好像在说‘毫无疑问你犯了一个错误，这不是我吃的’。”

在 1939 年的时候，柏林动物园里栖息着 14000 只兽类、鸟类、爬行类动物和鱼，而现在各个物种加起来只剩下了 1600 只。在这场持续了 6 年的战争中，100 多枚高爆炸弹命中了那些逶迤延伸的动物家园，包括水族馆、昆虫饲养室、大象馆和爬行动物馆等，都在空袭中受损严重，哪怕是供游人和工作人员使用的饭馆、电影院、舞厅和行政楼也没能幸免。最严重的损失发生在 1943 年 11 月，在铺天盖地的空袭中，有大量动物被炸弹夺去了生命，活下来的幸运儿们大部分在后来的日子被疏散到了德国其他的动物园。不过，在柏林动物园还是留下了 1600 多只鸟兽，它们不仅要继续逃避致命的空袭，还要和饥饿做斗争——在实施食物配给制度后的柏林城里，已经很难帮这群动物搞到吃的了。它们对食物的需求量大得骇人，而且种类繁多：大量的马肉、鱼肉是最为急需的，但面条、大米、碾碎的谷物、罐头水果、柠檬酱甚至连蚂蚁幼虫在内的 36 种其他食物也必不可少。但现在动物园里只有大量的干草、稻草、苜蓿和生菜，其他的东西根本搞不到。哪怕饲养员们费尽心思搞出了各种代用食品，但每只鸟、每头动物每天能吃到的东西却连定量的一半都不到，这从它们的模样上就可以看得出来。

动物园里原先有 9 头大象，现在只剩下了 1 头。暹罗大象的皮肤耷拉着，露出巨大的灰色褶子，现在它的脾气非常暴躁，饲养员们都害怕进入它的笼子。大河马罗莎的境况很可怜，它的皮肤又干又燥还起了硬皮，不过大家的宠儿，两岁的小河马克瑙施克却仍然显得年幼活泼。蓬戈，这位一向性情温和的体重 240 公斤的大猩猩，现在掉了 20 多公斤肉，它在笼子里有时能呆坐在原地几个小时，闷闷不乐地怒视着每个人，仿佛要吃人一般。5 头狮子（其中 2 头是幼狮），还有熊、斑马、麋羚、猴子以及罕见的野马，全都露出了营养不良的疲态。

对动物园里的动物来说，它们的生存还面临除了空袭、饥饿以外的第三个威胁。饲养员瓦尔特 · 文特（Walter Wendt）不时报告说，他的一些珍稀动物不知所踪了。只有一种可能，有些柏林人偷窃并杀掉了那些动物，来补充自身短缺的口粮。

动物园园长卢茨 · 黑克（Lutz Heck）面临着进退两难的境地，甚至连他的狩猎伙伴、帝国元帅赫尔曼 · 戈林的友谊，或者其他任何一个人的友谊都无法缓解这样的局面。倘若持续围城，鸟和动物无疑将会被饿死，更糟糕的是，那些危险的动物——狮子、熊、狐狸、鬣狗、藏猫，以及动物园的珍品狒狒，那是黑克亲自从德属喀麦隆带回来的珍稀物种——可能在战斗期间逃跑。黑克不知道，他应该在什么时候杀死那只狒狒，以及他爱得如此之深的 5 头狮子。

那 2 只 9 个月大的幼狮苏丹和布茜是饲养员古斯塔夫 · 里德尔（Gustav Riedel）用奶瓶养大的，他打定了主意，不管有什么命令，他都要设法保住这两只小狮子的性命。里德尔在感情上并不孤立，几乎每个饲养员都有让自己的宠物幸存下来的计划。卡塔琳娜 · 海因罗特博士是时年 74 岁的水族馆馆长的妻子，水族馆已经毁于轰炸，她就在自家的公寓里照料小猴子皮娅。饲养员罗伯特·埃伯哈德满脑子想的都是如何保护好交给他照料的珍稀野马和斑马。瓦尔特·文特最挂念的是那 10 头欧洲野牛，它们是美洲野牛的近亲，是他的骄傲和欢乐，他把 30 年中的大部分时间都用于它们的科学繁殖上。这些野牛是独一无二的，价值超过 100 万帝国马克，大致相当于 25 万美元。

至于鸟类饲养员海因里希·施瓦茨，他再也无法忍受阿布·马库博经历的痛苦了。他站在池塘边再次呼唤那只大鸟，当鸟到来后，施瓦茨弯下身轻轻地把它抱进怀里。从现在开始，这只鸟将在施瓦茨家的浴室里等待着未知的命运——活着，或者死去。

在具有巴洛克风格的红色和金色相间的贝多芬大厅里，指挥棒的刺耳敲击声让大家突然安静了下来。指挥罗伯特·黑格尔（Robert Heger）举起了右臂，摆好姿势站在那里。大厅外，在这座被摧毁的城市的某个地方，消防车尖啸的笛音渐渐地消失了。黑格尔保持这个姿势又待了一会儿，随后指挥棒落下。在咚咚响起的低沉鼓声的引导下，规模庞大的柏林爱乐乐团轻柔地演奏起贝多芬的《小提琴协奏曲》。

当木管乐器开始与打击乐器进行轻声对话时，小提琴独奏者格哈德·特施纳（Gerhard Taschner）注视着指挥，等待着对方的手势。这座位于克滕讷大街未遭破坏的音乐厅里挤满了观众，他们中的大多数人来到这里，就是为了听这位 23 岁的才华横溢的小提琴家演奏。当小提琴的清澈乐音突然响起，又逐渐消失，然后再次骤然升扬的时候，他们听得入了神。这是三月的最后一个星期，出席这场下午音乐会的目击者们回忆说，有些柏林人完全被特施纳的演奏征服了，竟轻声啜泣起来。

在整个战争期间，拥有 105 名成员的爱乐乐团给柏林人提供了难得的极受欢迎的放松机会，令人们从恐惧和绝望中解脱出来。这个乐团隶属于戈培尔的宣传部，其成员免服兵役，因为纳粹高官们认为爱乐乐团有助于提高士气。柏林人对此完全同意。对于音乐爱好者来说，爱乐乐团就像是一种镇静剂，能够让他们从战争的恐怖中解脱出来，哪怕只是暂时的。

有一个人始终都被乐团营造的艺术气氛感染。他就是希特勒的军备和战时生产部部长阿尔贝特·施佩尔（Albert Speer），现在他正坐在前排中央自己常坐的座位上。施佩尔是纳粹统治集团中最有文化的成员，几乎不会错过演出，音乐比任何别的东西都更能帮助他摆脱焦虑，而现在他比以往任何时候都更需要音乐的帮助。

帝国部长施佩尔正面临着自己职业生涯中的最大问题。在整个战争期间，尽管每一种可以想象得到的挫折都出现了，但他却仍能令帝国的工业产能持续释放。不过，在很久以前，他掌握的统计数据就清晰地预测出了未来：第三帝国的失败是不可避免的，它存在的时间已经屈指可数。在盟军越来越深入德国国土之时，正视现实的施佩尔是唯一一个敢对希特勒说出真相的内阁部长。

“战争失败了。”他在 1945 年 3 月 15 日给元首的备忘录中这样写道。

“如果战争失败了，”希特勒怒气冲冲地反驳，“那么这个民族也将灭亡。”

3 月 19 日，希特勒发布了一道骇人听闻的命令，要把德国彻底毁灭。一切都要被炸毁或者烧掉——发电厂、自来水厂和煤气厂，堤坝和水闸，港口和航道，大工业中心和电力网，所有的船舶和桥梁，所有的火车，所有的通信设施，所有的车辆和各种商店，甚至还有乡间公路。

施佩尔不愿相信眼前这一切是真的，他向希特勒表达了自己的反对意见。施佩尔称他有特殊的个人理由来扭转这项政策。如果真的把德国的工商业和所有建筑都连根除掉的话，自己的多年心血将毁于一旦，那些宽阔的高速公路、宏伟的大楼、横跨大河两岸的桥梁，都是他最为得意的作品，他无法接受这一切的幻灭。更何况，施佩尔还亲手锻造了希特勒总体战的可怕工具，他对此负有别人无法担负的责任。而让施佩尔更为忧心忡忡的，则是毁灭政策给整个民族带来的灾难。他直言不讳地告诫希特勒，无论这个政权是存还是亡，“我们都要竭尽全力，为自己民族未来的生存保留住最后一点基础，哪怕是通过最原始的方式也好……我们没有任何权利采用破坏的手段对人民的生存施加毁灭性的影响……”

希特勒并没有被说动。“再也没有必要为德国人民的基本生存需要什么而操心了，”他回答道，“恰好相反，最好是连这些生存的基础都破坏掉，而且由我们自己亲手毁灭这一切。这个民族已经证明是弱者……”希特勒用这些话把德国人民一笔勾销了，他对施佩尔解释说，“那些在这场斗争结束之后幸存下来的人都是劣等人，因为优秀者早已经战死了。”

施佩尔觉得毛骨悚然，那些曾经为他们的领袖浴血奋战的人，这会儿在元首看来显然一钱不值。几年来，施佩尔一直对纳粹种种行径中更为野蛮的一面视而不见，他相信自己理智的所作所为有别于这一切。现在，他终于意识到了几个月来他一直拒绝面对的事情，尽管为时已晚，正如他对阿尔弗雷德·约德尔大将所说的，“希特勒彻底疯了……必须阻止他”。

在3月19日到23日之间，一连串“焦土政策”的命令，从希特勒的大本营飞快地传到了全德国的地方长官和军事指挥官的手中。命令威胁道，将直接处决那些拖延执行“焦土政策”的人。施佩尔明白不能再耽搁下去了，立即采取了行动。他在一小群高级军官友人的帮助下，力图阻止希特勒的计划。他明白，这样可能会给自己带来灭顶之灾，但他想不了那么多了。他给工厂主挂上了加急电话，亲自飞往军队驻地，不厌其烦地拜访各地的官员。不过，施佩尔的工作仿佛已经初见成效，因为就算是最死硬的纳粹分子，也一致认为希特勒的计划将导致德国彻底灭亡。

不过，奔走在严肃紧张的游说活动中的帝国部长怎么还会有如此雅兴，出席爱乐乐团的交响乐会呢？倘若不是因为一个事实，他这样做的确有点不合时宜。但那个残酷的事实就是，在施佩尔为之斗争要保留的德国资源的名单上，爱乐乐团是头号力保目标。由于小提琴家格哈德·特施纳极受施佩尔的喜爱，几个星期以前，乐团经理格哈特·冯·韦斯特曼（Gerhart von Westermann）博士就让特施纳去寻求这位帝国部长的帮助，保持爱乐乐团的完整。根据法律，这些音乐家是免服兵役的，但随着柏林之战迫在眉睫，冯·韦斯特曼担心整个乐团随时有可能被征入人民冲锋队。尽管乐团事务应该由约瑟夫·戈培尔的宣传部管理，但冯·韦斯特曼知道从他那里得不到任何帮助。他对小提琴家说：“你得帮助我们，戈培尔已经忘了我们……去找施佩尔，求他帮忙……我们都要给你下跪了。”

特施纳极不情愿，只要谈到逃避或者逃跑，会被认为是叛国，有可能带来耻辱或者入狱的后果。但最后他还是同意了。

在与施佩尔会面的时候，特施纳说起话来显得吞吞吐吐。“部长先生，”他说道，“我想和您谈一件非常微妙的事情。我希望您不会误解……但现今有些事情是难说出口的……”施佩尔目光敏锐地看着他，很快就让他不再拘束。特施纳受到了鼓励，便把乐团的困境吐露了出来。帝国部长专心致志地听着，然后告诉特施纳，冯·韦斯特曼不必忧心忡忡，因为他已经想到了一个万全的计划，不仅能让音乐家们逃脱人民冲锋队的魔爪，在最后时刻还会把整个乐团的105号人全部秘密疏散出城。

施佩尔现在已经完成了计划的第一部分。坐在贝多芬大厅舞台上的那105个人，身上穿的不是平常演出穿的燕尾服，而是黑色西装，但在台下的所有观众中，只有施佩尔知道个中原因。那些燕尾服连同乐团的名贵钢琴、竖琴、著名的瓦格纳大号以及乐谱，已经在3个星期前用一队卡车悄悄运出了城。这批珍贵货物大部分被秘密藏在库尔姆巴赫（Kulmbach）附近的普拉森堡（Plassenburg）里。这个地方位于柏林西南约386公里处，更为重要的是，这里就在美军推进的必经之路上。

施佩尔计划的第二部分——把人救出来——要复杂一些。尽管空袭强度很大，入侵的敌军近在咫尺，但宣传部从未打算减少爱乐乐团的演出场次。音乐会的安排是每周演出3～4次，在空袭的间隔当中一直要持续到4月底，那时演出季将正式结束。在那个时限之前疏散音乐家们是无法办到的，毫无疑问戈培尔将会指控音乐家们擅离职守。施佩尔决心把乐团疏散到西方，他绝对不能让这些人落到苏联人的手里。但他的方案完全取决于西方盟军的挺进速度，他指望英美盟军能够先于苏联红军到达柏林。

施佩尔并不打算等到西方盟军入城再实施自己的计划。只要他们近到离柏林只有一夜车程的距离，他就会下达疏散的命令。计划的核心在于在恰当的时候隐秘地发出离开信号。音乐家们必须在黄昏后全部撤离，这就意味着逃跑行动必须在音乐会一结束时就开始。为了避免惹出不必要的事端，行动的命令只能拖到最后一刻才发出。施佩尔苦思冥想出一个通知音乐家们的绝妙方法：在最后一分钟，乐队指挥将宣布更换节目，让乐团的音乐家们演奏施佩尔挑选的一个特定曲目，这就是撤离的暗号。等到演出一散场，爱乐乐团的成员们将立即登上一队在贝多芬大厅外的夜色中恭候多时的公共汽车。

施佩尔要求用作暗号的乐谱由冯·韦斯特曼保管着。当乐谱由施佩尔的文化事务专家送来的时候，冯·韦斯特曼无法压抑住自己的惊讶。他询问施佩尔的助手："你肯定熟悉最后几幕的音乐，那些旋律描绘的画面是众神的陨落、瓦尔哈拉的覆灭和世界末日。你确信这就是部长命令演奏的吗？"

完全没错，施佩尔要求柏林爱乐乐团在最后一场音乐会上演出的终章，正是瓦格纳《诸神的黄昏》（*Die Götterdämmerung*）[1]中的插曲。

冯·韦斯特曼并不知道，这首看上去有些不合时宜的插曲也许正是反映施佩尔内心世界的一条隐晦线索。此时，他正在实施着自

---

1 威廉·理查德·瓦格纳（Wilhelm Richard Wagner，1813年5月22日—1883年2月13日），德国作曲家。《诸神的黄昏》是他的一部歌剧，歌剧名的意思就是"世界末日"。

己最雄心勃勃，也是最后的一个工程——刺杀希特勒。这位帝国部长坚信，要拯救自己的祖国，只有这唯一一种方法。一连几个星期，力求完美的阿尔贝特·施佩尔一直都在寻找着行刺的合适机会。

苏联的大军正在东线各地集结，但他们仍没有做好对柏林发动最后一击的准备，预想中的战役仍遥遥无期。苏联红军的指挥官们对行动的屡屡延误感到万分恼火。奥得河是一道令人畏惧的障碍，今年春季冰雪融化得又格外晚，奥得河仍有部分河面覆盖着冰层。河对岸就是德军的防御工事——地堡、雷区、反坦克壕和掩体内的炮兵阵地，现在德军每天都变得更强大，这个事实令苏联红军将领们担忧不已。

最急于发动进攻的人，当属45岁的瓦西里·伊万诺维奇·崔可夫上将，他是近卫第8集团军的司令员。他曾经领导第62集团军在斯大林格勒的残垣断壁中浴血奋战并最终取得了胜利，这项功勋让他在苏联名声大振。崔可夫认为，柏林战役之所以迟迟都没有打响，很大程度是西方盟军拖了后腿。1944年12月，德军在阿登高原发动了突然进攻，此后英国人和美国人要求斯大林尽快让苏联红军在东线发起大规模强攻，以缓解西线的压力。斯大林同意了，于是苏军在波兰的攻势提前发动。崔可夫后来说，他认为“如果不是因为苏军拉得过长、铺得过广的交通线已经不堪重负，我们在2月份就可以发起针对柏林的突击”。但苏军杀出波兰后，推进的速度太快，结果当各个集团军抵达奥得河畔时已成强弩之末。前线部队发现自己已经把补给品和交通系统彻底抛在后面了。正如崔可夫所言，苏军的攻势停顿下来，是因为“我们需要足够的弹药、燃料和浮舟来强渡横在柏林前方的奥得河、各条水道和运河”。由于需要重新编组部队和进行准备，德国人得到了几乎两个月的时间来组织他们的防御。崔可夫对这一切感到十分煎熬。每多耽误一天，敌人的防御兵力就会增强一分，他手下征战了半个欧洲的近卫军官兵们就会在战役开始后遭受更大的伤亡。

米哈伊尔·叶菲莫维奇·卡图科夫上将是近卫坦克第1集团军的司令员。他的内心是矛盾的。一方面，他和崔可夫一样，期盼着这次进攻早日发起。但另一方面，他也对战役的延迟发动心存感激。他的坦克兵们太累了，需要休息，手下的维修人员也急需一个整备装甲车辆的机会。在抵达奥得河之后，卡图科夫告诉自己的副司令员格特曼（Andrei Lavrentievich Getman）中将[1]："这些坦克理论上的行驶距离，按直线算大概是570公里。"但他随后话锋一转，"不过，安德烈·拉夫连季耶维奇，实际距离比地图上的要远得多。很多坦克的里程表显示出来的读数竟然是2000多公里！我们的士兵身上可没有里程表，所以谁也不知道人被磨损成什么样子了。"

格特曼十分同意卡图科夫的说法。他毫不怀疑德军会被粉碎，柏林将被攻占，不过他也对有休整的机会感到高兴。"将军同志，"他对卡图科夫说，"战争有一条基本理论，那就是赢得胜利不是靠攻城略地，而是靠歼灭敌人的有生力量。拿破仑是一位了不起的领袖，但在1812年冬天，连他也忘记了这一点，结果在莫斯科遭遇了惨败。"

在整个前线，其他集团军司令部里的情况也完全相同。尽管每个人对进攻延误都感到不耐烦，但同时也在充分利用这个喘息的时

---

1 此处原文有误，将格特曼的职务写成了军长，其实早在1944年8月他就成了卡图科夫的副手。

机整军备战。没有人对眼前这场危机重重的战役抱有任何幻想。朱可夫元帅、罗科索夫斯基元帅和科涅夫元帅，都已经收到了令人胆寒的敌情报告。情报部门估计，当面的防线里部署有100多万德军，还有多达300万的平民可能帮助军队为保卫柏林而战。如果这些报告是真实的话，那么苏联红军就可能在人数上以1∶3处于劣势。

进攻将在什么时候发动？到目前为止，元帅们都还不知道。按照已经制订好的计划，朱可夫指挥的庞大方面军将直接攻击柏林城，但也有可能发生变化。西线的英美盟军正在等候着艾森豪威尔下达“出发”的命令；同样，苏军指挥官也在盼着自己的最高统帅下达同样的作战号令。最令这些元帅们担心的是英美盟军从莱茵河出发后向前推进的速度，现在他们每天都更靠近易北河，也更靠近柏林。如果莫斯科再不下达总攻令，英国人和美国人就可能先于苏联红军进入该城。可到目前为止，约瑟夫·斯大林还没有下达“出发”的命令。他仿佛是在独自等待。

第 4 部

决策

Part Four

The Decision

1

一支庞大的运送军需品的卡车队，在这座法国城市狭窄、尘土飞扬的大街上隆隆行驶。长途跋涉的车队没有尽头，轰鸣着疾驶而过，奔向东北方的莱茵河和西部前线。任何人都不许停车，因为到处都有严厉的宪兵在指挥交通。司机们也找不到停车的理由：眼前的城市，和沿途无数座冷冷清清、建有教堂的法国城市没什么不同，这只不过是高速运转的“红球快运”的又一处公路检查站而已。他们并不知道，此时此刻，兰斯（Reims）已经成为整个欧洲最重要的城市。

几个世纪以来，这个法国东北部的战略中心被战火多次肆虐。坐落在市中心那座高大宏伟的哥特式大教堂历经无数次炮击，又一再被修复。历任法国君主，从公元496年的克洛维一世到1774年的路易十六，都是在这里或其中的圣殿之内加冕为王的。在这场战争中，这座城市和它的纪念碑逃过一劫实属幸运。而现在，在这座拥有两个壮观尖塔的大教堂的荫庇之下，安置着另一个伟大领袖的指挥部，他的名字叫德怀特·D. 艾森豪威尔。

盟军最高统帅部隐没在一条偏僻的街道上，离火车站不算太远。那是一座现代的三层楼房。这座建筑物当时是现代技术学院的所在地，以前则是一所男子技校，它的样子像一个盒子，房子环绕四周，中间是个院子，这座红砖建筑原先的设计要容纳1500多名学生，教职员工们称它为“红砖小校舍”。不过，对于盟军最高统帅部的需求而言，校舍显得太小了。进入1944年后，统帅部的人数几乎翻了一番，现在有将近1200名军官和大约4000名士兵。结果，这所学校只能供最高统帅、参谋部军官以及他们的各自部门使用，其余人得在兰斯城内的其他地方工作。艾森豪威尔把二层的一间教室用作办公室，他工作起来几乎就没有停的时候。这间不大的教室很简朴，有两扇临街的窗户，窗前挂着遮光的窗帘，锃亮的橡木地板上有几把安乐椅，房间里就这么点东西了。艾森豪威尔的办公桌摆在房间尽头的一侧，那里是一处稍微高一点的讲台，原先是教师讲课的地方。桌子上摆放着一套蓝色的皮制办公用品、一套内部通话设备和镶在皮制镜框里的妻儿的照片，还有两部黑色的电话机——一部是日常使用的，另一部是特殊的保密电话，在给华盛顿和伦敦打电话的时候能“自动跳频防止窃听”。桌上还有几个烟灰缸，最高统帅是个老烟枪，一天能“干掉”60多支雪茄[1]。桌子后面竖立着将军的司令旗，对面的角落里有一面星条旗。

头天下午，艾森豪威尔匆匆飞往巴黎举行记者招待会。当天的头条新闻就是莱茵河畔的胜利，最高统帅宣布：敌军在西线的主要防线已经被粉碎了。尽管艾森豪威尔告诉记者，他并不想“忽视接下来的战斗，因为德国人会尽其所能战斗到底”，但在他的眼中，德国已被“击败了”。招待会的焦点无疑是柏林问题。有记者问，

---

1 1948年，在脉搏突然升高以后，医生要他戒烟，从那以后艾森豪威尔再也没有抽过烟。——原注

谁将先抵达德国首都，“是苏联人还是我们？”艾森豪威尔不置可否地回答，他认为“单是按照英里里程来看，也应该是他们先到”；但他马上补充道，他“不想做任何预测”，尽管苏联人“通向柏林的路程要短一些”，但“德军主力部队”却挡在他们的面前。

艾森豪威尔在拉斐尔酒店过夜，然后在黎明后不久离开巴黎飞回兰斯。清晨 7 点 45 分，他已经在办公室里与他的参谋长沃尔特·比德尔·史密斯中将谈话了。史密斯将军的那只蓝色皮质搭扣文件夹里有 20 多份电报，在等待着艾森豪威尔批复。这叠昨天夜里收到的电文只有最高统帅才能拆阅，电报上面标着绝密标签——“仅限艾森豪威尔阅读”。这其中有蒙哥马利发来的电报，请求批准他直扑易北河和柏林；但最重要的一份则是艾森豪威尔的上级、美国陆军参谋长乔治·马歇尔发来的。巧合的是，盟军最高统帅部在头天晚上的两个小时之内先后收到了马歇尔和蒙哥马利的电报——这两封电报将对艾森豪威尔产生重大影响。在这个星期三，3 月 28 日，它们将起到催化剂的作用，让最高统帅的战略最终具体化。他将遵照这个战略一直到战争结束。

几个月以前，英美联合参谋长委员会用一句话表明了艾森豪威尔作为最高统帅的使命：“你将进入欧洲大陆，与盟国的其他国家一起，实施以德国的心脏和德国的武装力量为目标的宏大军事行动。”

他已经用卓越的表现贯彻了这项指示。凭着人格魅力、行政能力和外交手腕，他不仅成功地把十多个国家的军队紧密结合成了人类历史上最强大的军事力量，还将多国联军彼此间的敌意降到了最低——没有几个人能像他这样把事情做得如此完美。然而，55 岁的艾森豪威尔并不符合传统的欧洲军事领导人的概念。他与英国将领不同，他接受的训练使他并不把政治目标看作军事战略的组成部分。尽管在妥协和安抚的策略方面艾森豪威尔是一位高明的外交家，但他并不了解国际关系方面的政策。对此，他并没有感到有何不妥，甚至还有些骄傲。因为按照美国的军事传统，他受到的教育是永远也不要篡夺平民的最高地位。简言之，他的目标就是打仗并赢得胜利；至于政治，那是政治家们的事情，不需要他来插手。

目前，战争已经进入了一个关键性的转折点，但艾森豪威尔的目标仍一如既往是纯军事性的。有关战后德国问题，他从来没有收到过相关的政策指示，也不认为这个问题是自己的责任。“我的职责，”他后来说道，“就是尽可能地消灭德军，迅速以胜利者的姿态了结这场战争。”

艾森豪威尔有充分的理由为这项工作的进展感到高兴。在 21 天的时间里，他的各个集团军已经迅速渡过了莱茵河，深入德国腹地的程度远远早于日程表。然而让军人们上了报纸头条的进军，被自由世界热切关注的进军，现在却催促最高统帅在一系列复杂的命令上做出抉择。英美盟军出乎预料的进攻速度，使得几个月以前制订的一些战略行动被取消，艾森豪威尔不得不一再修改他的计划，以适应新形势的需要。这就意味着，要改变和重新定位某些集团军以及指挥官的角色——首当其冲的就是蒙哥马利元帅麾下的兵强马壮的第 21 集团军群。

蒙哥马利的最新电报在吹响行动的号角，这位 58 岁的陆军元帅并不是在咨询应该怎么打仗，而是要求得到率先冲锋的权利。蒙哥马利比大多数指挥官都更早地意识到军事局势会对政治版图产生巨大的影响，他感到让盟军攻占柏林是目前的第一要务，更坚定地认为，这项至高无上的光荣应该属于第21集团军群。蒙哥马利的电报既显示出他难以驾驭，又清晰地表明他与最高统帅在见解上仍有着重大分歧。史密斯中将和盟军最高统帅部的其他人后来回忆说，对陆军元帅发来的电报，艾森豪威尔的反应“就像一匹被马鞍下的刺扎中的马一般”。

蒙哥马利和艾森豪威尔在军事哲学方面的关键区别，牵涉到究竟是应该孤军挺进，还是采取在宽大正面上齐头并进的战略。一连几个月，蒙哥马利和他的上级——英帝国军队总参谋长陆军元帅艾伦·布鲁克爵士——都在鼓吹闪电般地单刀直入插进德国的心脏。在收复巴黎之后，当时仍处于崩溃中的德军正在逃离法国，蒙哥马利首次向艾森豪威尔提出了他的计划。“我们现在到了这样一个阶段，”他写道，“发动强有力的挺进直捣柏林，我们很有可能在那里结束对德国的战争。”

蒙哥马利在9段行文简洁的文字中，清楚阐述了他的方案。他分析说，英美盟军缺乏补给和维修能力，无法在两个方向并肩朝德国实施强有力的挺进。在他看来，只能在一个方向上集中力量大举猛攻。当然，这个方向肯定是由他自己负责。为了达成战役目标，他的部队需要“一切必备的给养……而且是无条件的”，其他的军事行动，只能在余留物资的支持下进行。蒙哥马利提醒说“如果我们试图用妥协的解决办法并分散给养，这个挺进就不会有力，战争势必将旷日持久”，时间“极为重要……应立即做出决定”。

这个计划既富有想象力又很大胆，而且从蒙哥马利的观点来看，时间上很精准，它同样也标志着这位陆军元帅在对待战役的惯常态度上出现了奇怪逆转。弗雷德里克·摩根中将现在是艾森豪威尔的副参谋长，他后来这样描述了当时的情况："直截了当地说，蒙哥马利一向以谨小慎微、深思熟虑而闻名，但他现在却产生了一个极其大胆的想法——以牺牲美军的集团军群为代价，给予他一切优先权。如此一来，他就能够在最短的时间内击溃敌人直捣柏林，迅速结束这场战争。"

显然，这个计划含有赌上一把的意味：两个庞大的集团军群共有 40 多个师，把它们投入单一方向的大规模进攻，从东北方向冲入德国，固然可能带来迅速而又决定性的胜利——但也可能造成彻底的、或许是不可挽回的灾难。在最高统帅看来，风险要远远大于任何成功的机会，他在一封给蒙哥马利的电报中就是这么委婉地说的。"虽然我同意你提出的关于向柏林进行强有力挺进的构想，"艾森豪威尔说道，"但现在还不是时候。"他认为现在的首要任务是打开勒阿弗尔（Le Havre）和安特卫普这两个港口，"这是向德国腹地发动强攻，深入挺进所必需的基础"。此外，艾森豪威尔还说，"我们目前的物资给养，无论怎样重新分配，都无法支持挺进柏林"。最高统帅的战略是：在宽大正面上进入德国，渡过莱茵河，攻占鲁尔河谷工业区，然后再向首都大举猛攻。

这番电报往来发生在 1944 年 9 月的第一周。一周之后，在给 3 个集团军群指挥官——蒙哥马利、布莱德雷和德弗斯的电报中，艾森豪威尔进一步详细阐述了他的计划："柏林显然是我们的首要目标，敌人为了固守柏林，有可能集中绝大部分兵力。因此，我认为应该集中全部兵力和物资迅速向柏林挺进，这是毫无疑问的。然而，鉴于我们的战略应和苏联人协调一致，我们也得考虑其他目标。"

在艾森豪威尔看来，其他目标有很大的差异：德国的北方港口（“占领该地区，可以作为我们挺进柏林的侧翼保护”）；汉诺威、不伦瑞克（Braunschweig）、莱比锡和德累斯顿这些重要的工业和行政中心（“德国人很可能把这些地区当作掩护柏林的外围地带而布置重兵把守”）；最后，还将攻占德国南方的纽伦堡—慕尼黑地区（“以切断敌军从意大利和巴尔干半岛撤退的后路”）。最高统帅提醒说，这样一来，“我们必须为下述一种或者多种可能性预做准备：

一、命令北部和中路的两个集团军群所属部队沿鲁尔—汉诺威—柏林的轴线挺进，或沿法兰克福—莱比锡—柏林的轴线挺进，或两线并进，直捣柏林。

二、假如苏联人比我们先到柏林，北部的集团军群应立即占领汉诺威地区和汉堡周边的各个港口。中路的集团军群……视苏联红军的进展状况，占领莱比锡—德累斯顿地区之一部或全部。

三、在任何情况下，南部的集团军群都要夺取奥格斯堡（Augsburg）—慕尼黑地区。纽伦堡—雷根斯堡（Regensburg）地区，将依当时情况，由中路或南部的集团军群夺取。”

艾森豪威尔用下列文字对他的战略做了总结：“简而言之，我的设想是美英联合部队在通过关键地区和占领两翼的部队支援下，在协调一致的作战行动下，经由最直接的途径，直捣柏林。”不过，他又补充说，所有这一切都还需要等待，因为“目前还不能决定发动这些进攻的时间以及动用的兵力”。

无论这个广阔前线的战略对错与否，既然艾森豪威尔是最高统帅，蒙哥马利就必须得听从他的命令。但他对自己的方案被驳回感到十分失望。在英国人民看来，他是自威灵顿公爵[1]以来最深孚众望的军人；而在麾下的部队看来，蒙哥马利是他所处时代的一个传奇人物。很多英国人认为，他是欧洲战区最有经验的陆军将领（他自己也是这样想的）。但现如今，他自认为可以在3个月内赢得战争[2]胜利的绝妙计划竟然被上级驳回了，这让蒙哥马利感到无比的委屈。1944年秋天的这场战略争端，令这两个指挥官之间出现了一道裂痕，这道裂痕以后再也没有完全愈合。

在此后的7个月时间里，艾森豪威尔从未偏离宽大正面协调进攻模式的理念；而有关战争到底应该通过何种方式、在什么地方、由谁来赢得胜利，蒙哥马利仍在喋喋不休地发表着自己的高见。他的参谋长弗朗西斯·德甘冈少将后来写道，“蒙哥马利……感到，为了说服对方接受他的观点，他可以对别人施加一切影响，而且认为这是理所应当的：其实，只要目的正当，几乎可以不择手段”。

他所施加的影响确实是强大的。英帝国军队总参谋长布鲁克元帅认为，艾森豪威尔是一个举棋不定、优柔寡断的人。有一次他总结道，最高统帅是一个“极具个人魅力，但同时从战略角度来看才智又非常有限”的人。

艾森豪威尔完全清楚从英国陆军部和蒙哥马利的指挥部里传出的尖刻评论。但如果说对他的战略政策进行的政治诽谤运动造成了

---

1 第一代威灵顿公爵阿瑟·韦尔斯利（Arthur Wellesley，1st Duke of Wellington，1769—1852），英国陆军元帅，以在滑铁卢战役中联同布吕歇尔击败拿破仑而闻名，后来曾两次担任英国首相，自1827年起终身担任英国陆军总司令。

2 在此事发生后不久，蒙哥马利晋升陆军元帅，英国人以此表示对他和他的政策的信任，他的自尊心部分得到了恢复。对于这个曾在沙漠里扭转了英军的败局，并把隆美尔赶出北非的人来说，这个荣誉早就应该得到了。——原注

伤害的话，那么艾森豪威尔却并没有把这种伤害表露出来，而且他也从来没有反击过。即使在布鲁克和蒙哥马利主张任命一位“地面部队总指挥”的时候——这是夹在艾森豪威尔和他的集团军群之间的陆军元帅——最高统帅也没有表现出愤怒。最后，在“咬紧牙关坐了”几个月之后——这是奥马尔·布莱德雷将军的话——艾森豪威尔终于发飙了。当德军在阿登高原发动攻势之后，问题到了一个爆炸性的沸点。

由于敌军的大举猛攻撕开了英美盟军的防线，所以艾森豪威尔不得不让位于突出部北部前线的所有部队都归蒙哥马利指挥。这些部队包括布莱德雷将军的第 12 集团军群三分之二的兵力——也就是美军第 1 集团军和第 9 集团军。

击退德军的反攻后，蒙哥马利举行了一次不同寻常的新闻发布会。在发布会上他暗示，他几乎是单枪匹马地把美军从灾难的深渊中拯救了出来。这位陆军元帅宣告，他干净利落地把前线理顺，把敌人“拦住……赶走……并一举消灭”，“这场战斗打得很有意思，我认为它也许是我所打过的……最棘手的战斗之一”。蒙哥马利说，他“把英国集团军群可动用的力量全部用上了……这样，你们就可以看到英军正在受到沉重打击的美军左右两翼作战，这可以说是一幅盟军并肩作战的动人画面”。

蒙哥马利确实是从北边和东边发动了主要的反攻，而且表现出了极其高超的指挥艺术，但用艾森豪威尔的话来说，这位陆军元帅在新闻发布会上“不幸地在媒体面前制造出了这样一种神话，他是作为美军的大救星而降临的”。蒙哥马利只字未提布莱德雷、巴顿和其他美军指挥官为战役胜利做出的贡献，也没有提到当有一名英军士兵在战斗的同时就有 30 ~ 40 名美军士兵在战斗。最重要的是，他没有指出每有一名英军阵亡的同时就有 40 ~ 60 名美军阵亡[1]。

德国的宣传者们迅速令事情变得更糟。敌人的无线电台对发布会上的情况做了夸大和歪曲的报道，而且直接对准美军战线进行广播。许多美国人正是通过这番报道，第一次得知这一事件的消息。

紧接着，在这次新闻发布会和它所造成的轩然大波之后，有关任命一位地面部队总指挥的老争议再次被激化了，这一次得到了英国新闻界的摇旗呐喊。布莱德雷大发雷霆，他宣告如果蒙哥马利被任命为地面部队总指挥的话，他就辞去集团军群指挥官之职。“在发生了这件事情之后，”他告诉艾森豪威尔，“如果让蒙哥马利来负责的话……你就让我解甲归田吧……这样的事情我是绝对不会接受的。”巴顿则告诉布莱德雷：“我将和你一起辞职。”

在英美阵营中从未出现过这样的裂痕。“提拔蒙哥马利”的游说活动愈演愈烈——在某些美国人看来这些活动似乎直接源自蒙哥马利的指挥部——局势已经糟糕到让最高统帅忍无可忍了。他决定要一劳永逸地结束这场争论：他要在英美联合参谋长委员会上将整件事情摊牌，从而将蒙哥马利解职。

此时，蒙哥马利的参谋长德甘冈少将获悉了即将到来的危机，

---

1 这些数字是 1945 年 1 月 18 日温斯顿·丘吉尔在下议院发表演说时给出的，因为对友好关系的损害而感到惊恐万分。他宣布，在阿登高原“美军几乎参加了所有战斗”，蒙受的损失“相当于（美国南北战争中的）葛底斯堡战役中双方伤亡的总数”。然后，在只能被解释为对蒙哥马利和他的支持者们的直接斥责中，他警告英国人，不要“鼓励那些搬弄是非者们的喊叫”。“我根本就不应该举行什么记者招待会，”蒙哥马利在 1963 年告诉本书作者，“美国人当时似乎是过于敏感了，他们的许多将领对我非常反感，结果不管我说什么，总归都是要错的。”——原注

于是急忙着手拯救英美的团结。他飞到盟军最高统帅部，与最高统帅会晤。“他给我看了一封即将发给华盛顿的电报，”德甘冈后来描述道，“我读电报的时候大为震惊。”在比德尔·史密斯将军的帮助下，他说服艾森豪威尔电报晚发 24 个小时。艾森豪威尔极不情愿地同意了。

在返回位于宗霍芬（Zonhoven）的蒙哥马利指挥部后，德甘冈直言不讳地把残酷的事实扔在了陆军元帅面前。“我告诉蒙哥马利，我已经看了艾森豪威尔的电报，”德甘冈说道，“而那份电报的实际意思就是‘我和蒙哥马利，留我无他，留他无我’。”蒙哥马利被电报中严厉的语气惊呆了。德甘冈从来也没有见过他“这么孤独和泄气”。他看着自己的参谋长，小声说道：“弗雷迪，你认为我该怎么办呢？”

德甘冈已经起草了一份电报。用这份电报作为底稿，蒙哥马利给艾森豪威尔发去了一份完全具有军人风度的急件，清楚地表明他无意抗命。“无论你做何决定，”他说道，“都可以百分之百地信赖我。”这份急件的签名是：“你非常忠实的属下，蒙哥马利。”[1]

事情就这样结束了——无论如何，暂时是结束了。但现在，在位于兰斯的统帅部里，在做出决定的这一天，也就是 1945 年 3 月 28 日，艾森豪威尔再次听到了一个老调子在耳边清晰地回响：并不是再次鼓动任命地面部队总指挥，而是那个更老的根本性问题——单刀直入还是宽大正面推进。蒙哥马利并没有与艾森豪威尔商议，用他自己的话来说，“给野战部队指挥官们下达命令，向着东方前进”，并希望现在能孤军向易北河和柏林迅猛推进，显然是想在荣

1　艾森豪威尔后来说明：“蒙哥马利认为，任命一位地面部队总指挥是一个原则问题。他甚至提出，如果我批准的话，他可以在布莱德雷的手下供职。”——原注

誉的光芒中进入德国首都。

实际上，蒙哥马利在鲁尔区北部进行的突击是遵照既定战略实施的——那正是英美联合参谋长委员会 1 月份在马耳他会议上批准的艾森豪威尔的计划。蒙哥马利现在的提议，纯粹是那场攻势的逻辑扩展——此举将让他抵达柏林。如果说他行事匆忙，他的急切也在情理之中。就像温斯顿·丘吉尔和布鲁克元帅一样，蒙哥马利也认为留给盟军的时间所剩无几了，除非英美部队能在苏联人的前面赶到柏林，否则这场战争在政治上就是失败的。

但在另一方面，最高统帅却并没有从华盛顿的上级那里，获得能够反映出英国人这种紧迫感的政治指示。尽管艾森豪威尔是盟军总司令，却仍然接受美国战争部的命令，在未从华盛顿获得对政策重新界定的情况下，他的目标一成不变：打败德国，摧毁德国的武装力量。而且在当时的他看来，自从 1 月份向英美联合参谋长委员会提交了计划以来，能够最迅速地达成最终军事目标的方法已经有了根本改变。

原先，按照艾森豪威尔的计划，位于中路的布莱德雷将军的第 12 集团军群所起的作用有限，仅仅是为蒙哥马利在北部的主攻作补充。但谁又能料到，自 3 月初以来布莱德雷的部队竟取得了如此引人注目的成功呢？好运气和杰出的领导才能带来令人眼花缭乱的结果，甚至在蒙哥马利发动大规模的莱茵河攻势之前，美军第 1 集团军就已经夺取了雷马根桥，并迅速渡河。在更南边的地方，巴顿的第 3 集团军几乎在未受阻碍的情况下就悄悄地渡过了莱茵河。从那时起，布莱德雷的部队便横冲直撞，夺取了一个又一个的胜利。他们的伟大成就点燃了美国公众的想象。而布莱德雷现在则寻求能在最后一役中起到更大的作用，在这一点上，布莱德雷和麾下的将领们与蒙哥马利并无不同：他们也想获得结束战争的声誉和荣耀——况且，如果有机会的话，他们也想获得攻占柏林的声誉和荣耀。

艾森豪威尔曾许诺，如有合适的机会，他将向东方发动大规模强攻，但他并没有具体指定由哪个集团军群，或者哪几个集团军群进行最后的突击。现在，在做出至关重要的决定以前，艾森豪威尔必须得综合考虑各种因素，所有这些因素都影响了其最后一役的方案。

在这些因素当中，首先就是苏联人朝奥得河出乎意料的推进速度。在最高统帅制订强渡莱茵河以及蒙哥马利对鲁尔区北部的进攻计划时，苏联人看上去还要经过几个月的时间才能把柏林纳入其大军的打击范围以内。但现在，苏联红军离这座城市还不到 60 公里——而英美部队却仍在 300 多公里之外。苏联人将在何时发动攻势？他们打算在什么地方、用什么方式展开进攻——是由位于中央正对着柏林的朱可夫的方面军，还是 3 个方面军同时开始进攻？他们对当面德军兵力的判断有多少？苏联红军将用多少时间突破敌人的防线？还有，在渡过奥得河之后，苏联人彻底拿下柏林又需要多久？最高统帅无法回答这些问题，而这些问题恰恰对他的计划制订极为重要。

简单的真相就是，艾森豪威尔对苏军的作战意图一无所知。因为在战场上，位居东西两线的英美盟军和苏联红军的军官们并没有日常的作战协调，甚至盟军最高统帅部与在莫斯科的英美军事联络使团之间也没有直接的无线电联系。在这两条战线之间的一切信息，都是通过正常的外交渠道传送的。但现在局势发展得实在太快了，这样耗时极长的办法已经彻底不能满足沟通的需要了。尽管艾森豪威尔知道苏联红军的大体兵力，却不知道他们的作战命令是什么。除了从各种情报来源搜集到的、准确性都值得怀疑[1]的零星资料外，盟军最高统帅部有关苏联红军动向的情报的主要来源，竟是英国广播公司每天晚上播放的苏联公报。

然而，有一个事实是清楚的：苏联红军几乎已经兵临柏林城下了。在苏联人如此接近的情况下，最高统帅是否还应该试图得到这座城市呢?

这个问题有许多层面。苏联人已经在奥得河边待了两个多月，除了一些局部的推进和侦察行动以外，他们似乎彻底止步不前了。盟军推测，红军的进攻已经超过了补给线和交通系统所能支持的极限，所以他们必须停下来重整，在春天解冻以前发动新的攻势都不太可能了。与此同时，西线盟军的各个集团军正在以惊人的速度推进，越来越深入德国腹地，在某些地方他们平均每天推进超过 56 公里。无论苏联人的计划是什么，最高统帅都无意叫停，他们并不愿意在争夺柏林的问题上与苏联人竞争；那样的话，最终不仅令失败者难堪——倘若在向前猛冲的军队之间有意外冲突的话——还会给双方带来灾难。

苏联人卷入的鲁莽冲突，以前曾经发生过一次，根据协议当时

---

1 例如，在 3 月 11 日，盟军最高统帅部的情报部门报告说，朱可夫的“先头部队”已经到达塞洛，塞洛在奥得河西岸，离柏林只有 45 公里。当本书作者于 1963 年采访莫斯科的苏联国防部官员时，了解到朱可夫实际上是在 4 月 17 日才到达处于德军奥得河防御体系中央的塞洛。——原注

苏联人是德国人的盟友。1939 年，希特勒不宣而战闪击波兰。没过多久，波兰的抵抗就崩溃了，整个国家随即被德国和苏联瓜分。但向东推进的德国国防军与全速西行的苏联红军却迎头撞在了一起：由于没有事先安排好明确的分界线，导致双方发生了一场小规模战斗，给双方都带来了相当大的伤亡。这样类似的冲突如今重演的概率陡然增加，只不过东进的主角由德军变成了英美盟军。而一旦西方部队真的和苏联红军擦枪走火，那么冲突的规模无疑会比 1939 年那次大得多，这样的场面令很多人感到不寒而栗。历史上有很多小矛盾最终引爆战争的例子，而东西双方的碰撞显然比不少小矛盾要大得多。为了避免悲剧变成现实，必须以最快速度与苏联人在行动上进行协调。

除此以外，艾森豪威尔还面临着一个棘手的战术问题——这个问题就如同雷暴云一样悬在最高统帅的头顶。在其办公室旁边的大地图室里有一幅精心绘制的情报图，其文字说明是“传闻中的国家堡垒”。它展现出了一幅山区地域，位于慕尼黑以南，横跨巴伐利亚、奥地利西部和意大利北部的山区，覆盖面积几乎达到 5 万平方公里。其核心是贝希特斯加登，附近的上萨尔茨山——四周是 2100 ~ 2700 米高的山峰，每座山峰上都密布着隐藏的高射炮阵地——就是希特勒在山顶的藏身处，“鹰巢”。

地图上标有很多红色记号，每个记号其实都代表着某个军事目标：表示它是某种防御设施。有食品、弹药、汽油，还有化学弹药的临时存放处；无线电台和发电站；部队集结点、营房和指挥部；“之”字形防御工事，其中既有坚固的机枪巢，也有巨大的混凝土地堡；甚至还有防弹的地下工厂。每天都有更多的符号被加在地图上，尽管它们都标明“未经证实”，但对盟军最高统帅部来说，这个令人生畏的山区防御体系是这场欧洲战争所剩下的最大威胁。这片地区有时被称为阿尔卑斯要塞（Alpenfestung）或者“国家堡垒”，按照情报部门的说法，希特勒会带领着残余的纳粹分子，利用这些陡峭的要塞进行最后的瓦格纳式[1]的抵抗。这个险峻的堡垒堪称固若金汤，那些狂热的保卫者们甚至可以在这里再打上两年。还有情报显示，那些被戈培尔称为“狼人”、受过特殊作战训练的突击队员也可能藏匿在高山之上，他们或许会突然从棱堡里冲出，打占领军一个措手不及，引发极大的混乱——这种隐患比山上无数的防御工事更让人感到胆寒。

这个阿尔卑斯要塞是不是真的存在？在华盛顿，军方更倾向于肯定的回答。1944 年 9 月，美国战略情报局在对德国南方进行的一项总体研究中预言，在战败前夕，纳粹大概会把某些政府部门疏散到巴伐利亚。从那以后，情报报告和评估就蜂拥而来，有的来自战场，有的来自中立国家，甚至还有来自德国内部的消息提供者。这些评估大多言辞谨慎，有一些却十分荒诞。

1945 年 2 月 12 日，战争部公布了一份很一本正经的情报文件，其中写道：“有关纳粹可能在巴伐利亚州阿尔卑斯山区进行最后抵抗的许多报告并没有引起足够重视……在同像希特勒这样想要诸神的黄昏的人打交道时，纳粹神话是十分重要的。即将成为指挥部的贝希特斯加登本身或许有着重要意义，巴巴罗萨的坟墓就在那里，

1　瓦格纳式的抵抗（Wagnerian stand）。施佩尔为柏林爱乐乐团选的曲目是瓦格纳的《诸神的黄昏》，意思就是众神的死亡，世界末日。所以“瓦格纳式的抵抗”，也就是“会带来世界末日的抵抗”，当然这是种夸张，说明抵抗之可怕。参见原书第 175 页。

在德国神话中巴巴罗萨死而复生了。"[1]这份备忘录敦促野战部队指挥官——"传达到军级"——要警惕其中的危险。

2月16日，在瑞士的盟军特工人员给华盛顿发去了一份怪诞的报告，这份报告是从驻柏林的中立国使馆武官那里获得的："毫无疑问纳粹正准备在山中的堡垒里进行殊死战斗……抵抗枢纽由地下铁路相连……有多达数月的弹药产量都已经被储备了起来，全德国的毒气也被藏在了那里。当真正的战斗开始时，凡是参加过这些秘密设施建设的人都要被处决——包括那些碰巧还滞留在后方的平民。"

尽管英美情报部门都发布了意在给这些骇人报告泼冷水的谨慎声明，但在此后的27天里，"国家堡垒"的幽灵却在增长。到3月21日，这个威胁开始影响战术思维了：布莱德雷的第12集团军群指挥部发布了一份题为《战略的重新定位》的备忘录，声明盟军的目标已经发生了改变，使"我们在诺曼底海滩登陆时带来的计划都过时了"，其中最重要的改变就是：柏林的重要性已经大不如前了，"那个大都会地区不再占据主要地位"；这份报告还说"……一切迹象表明，敌人的政治和军事领导部门正在向下巴伐利亚的'堡垒'转移"。

布莱德雷提出，为了消除这个威胁，他的集团军群不应该在北

---

1 无论是谁准备的这份情报文件，都把巴巴罗萨的安葬地搞错了。神圣罗马帝国皇帝巴巴罗萨（红胡子，Barbarossa）——腓特烈一世（约1123—1190）的绰号——并没有埋葬在贝希特斯加登。按照神话中的说法，"他从来也没有死去，只是陷入沉睡"，地点是在图林根州的山里。他坐在一张"石头桌子旁，和他的6位骑士一起等待时机成熟，到那时他将把德意志从奴役中拯救出来，给她以世界上最显要的位置……他的胡子已经穿过石板长了出来，但在他复临之前，他的胡子必须围着桌子绕上3周"。——原注

方推进，而是应该向德国中部发起猛攻，将整个德国拦腰斩断。这样一来既能“避免德军撤退”到南方“进入要塞之中”，还可以把剩余的敌人驱赶到“北方，将他们团团围困在波罗的海和北海的海岸边并最终歼灭”。备忘录中还提议，此后第12集团军群将转变进攻矛头，挥师南下，以便消灭阿尔卑斯要塞里的残余抵抗。

更令人担忧的分析，是3月25日由帕奇中将的第7集团军情报主任做出的，当时第7集团军正在西线的南翼作战。这项分析报告预测到堡垒里或许会有“一支由党卫军和山地部队组成的精锐部队，兵力介于20万~30万”；报告说，自1945年2月1日以来，数量庞大的补给品正以“每周3~5列长度惊人的列车”运抵要塞地区……据报告，已经观察到多列火车上载有一种新式火炮；甚至还提到当地有一个地下的飞机制造工厂，“能够批量生产……‘梅塞施密特’战斗机”。

这样的报告每天都如同潮水般地涌入盟军最高统帅部。无论这些证据被如何翻来覆去地研究分析，描绘出来的画面却都一样：尽管阿尔卑斯要塞可能是一场骗局，但其存在的可能性却不能视而不见。3月11日，盟军最高统帅部对要塞进行了情报评估，其担忧之情显而易见：“从理论上讲……这座要塞同时受到自然地利和人类迄今所有的发明中最有效的秘密武器的保卫。在这座要塞之内……那些到目前为止掌控德国的力量将幸存下来，并安排其复活……德国防御政策的主要趋势，似乎是针对阿尔卑斯山地区进行保护……有证据表明，数量庞大的党卫军和特别挑选出来的部队正在有序地撤入奥地利……有理由认为，纳粹政权某些最重要的部门和人物已经在要塞地区落下脚来……据说戈林、希姆莱、希特勒……都正在撤往各自的山区堡垒里……”

盟军最高统帅部情报主任、英军少将肯尼思·威廉·多布森·斯特朗（Kenneth William Dobson Strong）对参谋长评论道：“也许堡垒并不在那里，但我们得采取行动，阻止它出现在那里。”比德尔·史密斯表示同意。在他看来“完全有理由相信，纳粹打算在悬崖峭壁之中进行最后的顽抗”。

当盟军最高统帅部的参谋人员以及美军野战部队指挥官们深思熟虑的见解，在艾森豪威尔办公室里堆积如山之时，最重要的电文也如期而至。它来自盟军最高统帅的上级马歇尔将军，艾森豪威尔对他的敬重几乎高于所有人[1]。

“从当前的作战报告来看，”马歇尔在电报说，“西线德军的防御体系可能崩溃了，这可以让你腾出数量可观的师迅速向东转移到一条宽广的战线上……让美军快速推进，比如说向纽伦堡—林茨（Linz）一线或卡尔斯鲁厄—慕尼黑一线挺进。对此你怎么看？这一切动作的最终目的则是……快速行动可以防止任何有组织抵抗区域的形成，而南部山区就被认为是一个可能的抵抗区域。”

“伴随着德国抵抗瓦解而来的一个问题，就是与苏联红军会师。对于为了避免不幸事件发生而做的控制和协调……你有什么想法？一种可能就是达成一条分界线，我们现在的安排……似乎是不恰当的……应该毫不犹豫地开始采取措施，为交流和联络做准备……”

马歇尔措辞严谨的电报最终使最高统帅的计划明朗化了。艾森

1　马歇尔的高级参谋官约翰·赫尔中将，1945 年时任美国陆军参谋部参谋长助理兼作战处处长，他说：“艾森豪威尔是马歇尔的得意门生，两人之间有一种父子般的关系，尽管艾森豪威尔对我这么说可能反感。”——原注

豪威尔斟酌了所有问题，与他的参谋们进行了商讨，还花了几个星期的时间与他的老朋友、西点军校的同学布莱德雷上将交流了形势。最重要的是，艾森豪威尔清晰地把握了上级的观点，并形成了自己的战略，做出了最终决定。

在这个寒冷的3月份的下午，他起草了三份电报。

第一封是史无前例的，因为它要发往的目的地是遥远的莫斯科。封面的电文是致盟军军事代表团。艾森豪威尔的电报说，盟军最高统帅部的军事行动现在已经到了这样一个阶段，“为了尽快取得胜利，我应该知道苏联人的计划，这是非常重要的”。因而，他想要代表团“给斯大林元帅转达我个人的一条信息”，并且尽一切可能“帮忙获得一个充分的回答”。

最高统帅以前从未与苏联领导人有过直接交流，但现在事情紧急。他已经得到了授权，可以在军事问题的协调上面与苏联人直接打交道，因而艾森豪威尔认为，没有特殊理由要事先与英美联合参谋长委员会，以及美国或英国政府进行商讨。实际上甚至连他的副手，英国空军上将阿瑟·威廉·特德（Arthur William Tedder）爵士对此也一无所知。不过，给他们的副本都已经准备好了。

15点刚过，最高统帅便批准了要发给斯大林的电报草稿。16点，在被译成电码之后，艾森豪威尔“致斯大林元帅的个人电报”便发出了。在这封电报里，将军询问大元帅他的计划是什么，同时又把他自己的计划透露给了对方。“我下一步的行动，”他说道，“是为了包围并歼灭守卫鲁尔区的敌军……我估计该阶段的行动……将在4月底结束，或许会更早一些，我接下来的任务将是与您的军队携手合作，把剩余的敌军分割开来……进行会师的最佳轴线，应该是在爱尔福特（Erfurt）—莱比锡—德累斯顿。我认为……德国政府的主要部门正转移到上述地区。我提议，我部的主要行动将沿着这条轴线进行。除此之外，将尽可能快地安排部队在另一个方向上推进，以便与您的军队在雷根斯堡—林茨地区会师，从而避免德军撤入国土南部的堡垒区继续进行顽抗。”

“在确定支持我的计划之前，最重要的就是，无论是在行动方向上还是在时间安排上……这些计划都应该与您的计划相协调。您能否……告诉我您的打算……我所概述的这些建议在多大的程度上……与您可能采取的行动相一致。如果我们要迅速消灭德军，我认为协调彼此的行动极其重要……应该完善我们正在推进中的军队之间的联络……”

接下来，他又起草了给马歇尔和蒙哥马利的电报。19 点这两封电报在 5 分钟之内先后发出。艾森豪威尔告诉美国陆军参谋长，他已经就“有关我们应该在什么地方会师……的问题”，与斯大林进行了交流。他接着指出，“我与您的看法几乎一致，然而我仍然认为莱比锡—德累斯顿地区最为重要”，因为该地区是“到达当前红军阵地的最短路线”，而且它将“覆盖德国仅剩的工业区……据报告，德国最高统帅部和各部门正在向该地区转移”。

至于马歇尔对“国家堡垒”的担心，艾森豪威尔汇报说，他也意识到了“先发制人的重要性，以避免敌人可能形成有组织的抵抗区域”，同时“只要情况允许，就应该朝林茨和慕尼黑发起大举猛攻”。艾森豪威尔又补充说，有关与苏联人的协调问题，他并不认为“我们要把自己束缚在一条分界线上”，而是应该接近他们，并提议“当两军相遇的时候，双方都应该在对方的要求下撤回到自己的占领区”。

当天艾森豪威尔发出的第三封电报是给蒙哥马利的，包含了令人失望的消息。“一旦你与布莱德雷会合……（在鲁尔区以东）……美军第9集团军就将重新归布莱德雷指挥，”最高统帅说，“布莱德雷将负责肃清残敌……鲁尔区，并尽快向爱尔福特—莱比锡—德累斯顿一线进行快速推进，与苏联人会师……”蒙哥马利将朝易北河进军，那时或许“可以让美军第9集团军再次归你指挥，以渡过阻碍在前面的那条河流”。艾森豪威尔在读了电报草稿之后，又用铅笔加上了最后一句：“如你所言，形势看起来不错。”

最高统帅已经对自己的计划进行了完善：原先的打算是穿越德国北部进行大规模强攻，现在他决定直接穿越德国中部发起突击。美军第9集团军又回归布莱德雷的麾下，现在布莱德雷将发挥主要作用，他将发起最后一击，他的部队将进至德累斯顿地区，该城位于柏林南部大约160公里的地方。

虽然艾森豪威尔接受了马歇尔的部分建议，但他的行动步骤与布莱德雷的第12集团军群在《战略的重新定位》备忘录中的建议相类似。不过，在艾森豪威尔涉及其战役计划的3封电报中，却有一个重大疏漏，那就是最高统帅曾经称之为“显然是首要目标”的地方，电报里没有提到柏林。

受到炮火重创的勃兰登堡门在薄暮中赫然耸现。不远处的大楼里，约瑟夫·戈培尔博士透过书房那扇部分被木板封住的窗户，凝视着这座不朽的历史作品。希特勒的这位身材矮小的纳粹宣传部部长几乎是轻蔑地背对着来访者们——至少在那位正在说话的人看来就是如此，此人是柏林卫戍司令赫尔穆特·雷曼中将。将军正在试图获得一个在他看来是当务之急的决议：在战役前夕，事关全城人民的命运。

这是雷曼与他的参谋长汉斯·雷菲尔上校在一个月内第四次找戈培尔汇报了。除了希特勒之外，47岁的戈培尔现在是柏林城里的头号人物，他不仅是帝国的国民教育和宣传部部长，同时还是柏林的纳粹党大区领袖（Gauleiter）[1]。作为负责柏林防御的帝国专员，他有责任在城市平民、人民冲锋队组建和训练，以及要塞的建设等方面采取一切措施。当时，由于军事和民事部门之间的权限划分得很模糊，这就给军事和民政领导人带来了麻烦，而戈培尔的指手画脚更是在火上浇油。尽管自己对军事或者市政事务一窍不通，但戈培尔却非常清晰地表明，他才是保卫柏林的唯一责任人。结果，雷曼发现自己陷入了进退无门的境地，他到底应该听谁的命令——是希特勒的大本营，还是戈培尔？他搞不明白，而且似乎也没有人急于理顺指挥层级的关系。雷曼绝望了。

在前几次汇报中，雷曼都提出了疏散平民的问题。一开始，戈培尔说“不值得为这类事情劳神”；然后他又告知将军确实有类似的方案，是“党卫队和警察部门的高层领导”搞出来的。雷曼的参谋长雷菲尔立即着手核实，确实找到了这项计划，他告诉雷曼“计划只是一张1比30万的地图，负责的官员是位警察局长，在地图上用红墨水清楚地标出了从柏林向西和向南的疏散路线”。他汇报说，“地图上没有卫生防疫站点，没有食品供应点，没有提供给病弱者的运输工具。”他又补充说：“就我所能看到的而言，这项计划

1 Gauleiter在德文中的意思是纳粹党大区领袖，相当于纳粹党省党部头目。在通常情况下，纳粹党大区领袖都与当地政府最高行政官员对等，甚至是凌驾于他们之上。

要求被疏散者只携带随身行李，沿着道路走上 20 ~ 30 公里路到火车站，从那里被运送到图林根、萨克森–安哈尔特（Sachsen-Anhalt）和梅克伦堡（Mecklenburg）。仿佛戈培尔只要按一下按钮这一切就会变为现实，而至于用于计划的铁路运力从何而来，计划也是含糊其词。”

雷曼试图与希特勒讨论这个问题。他以前只见过元首两次：一次是在就任柏林卫戍司令的时候，另一次是几天以后他应邀参加的晚间形势汇报会上。那次会议主要是在讨论奥得河前线的防御和战况，雷曼并没有获得机会说明柏林城内的情况。但在会议进行过程中一个短暂的平静时刻，他对希特勒提出了建议，请求元首立即下令把 10 岁以下的孩子全部从首都疏散出去。雷曼话音刚落，会场上顿时变得一片寂静。希特勒转过身来冷冰冰地问他：“你的话是什么意思？你究竟是什么意思？”然后，他缓缓地蹦出一句话，每个字都读出了重音：“那个年龄段的孩子，没有人留在柏林！”无人敢顶撞他。希特勒迅速转移了话题。

这个打击并没有让柏林卫戍司令退缩，雷曼现在又用同一个难题向戈培尔发起诘问。“帝国部长先生，”他说道，“一旦柏林城陷入重围之中，我们将如何养活全体市民呢？我们怎样让他们填饱肚子？食物从哪里来？按照市长的统计数字，城里目前有 11 万名 10 岁以下的儿童和他们的母亲在一起，我们如何为婴儿们提供牛奶？”

雷曼停了下来，等待答复。戈培尔继续一动不动地盯着窗外，猛然间他怒气冲冲地喊道：“我们怎么给他们饭吃？我们把周边农村的牲畜弄进城来——就这么给他们饭吃！至于孩子们，我们有 3 个月的罐装牛奶供应量。”

罐装牛奶对雷曼和雷菲尔来说是新闻；这个有关牲畜的提议则完全是不切实际的疯子行为，因为在战斗中，牛群会比人类更容易受到伤害——人起码会躲，但牛可不会。退一万步讲，就算真的把牲畜引进城了，戈培尔又拿什么养活它们呢？难不成在城里放牧？雷曼提高了音量，苦口婆心地说："毫无疑问，我们必须立即考虑一个疏散计划，不能再拖下去了。每延迟疏散一天都会成倍地增加日后的困难，现在我们至少必须把妇孺转移出去——要赶在太晚之前。"

戈培尔默不作声，沉默延续了很长时间。窗外的天色正在变暗。突然间他伸出手来，猛地抓住窗边的绳子，然后用力一拉，遮蔽灯光的窗帘随即"嘎啦"一声关上了。戈培尔的脚天生畸形，他转过身来跛行到桌前开了灯，看了看放在吸墨垫上的手表，然后转向雷曼。"我亲爱的将军，"他温和地说道，"如果疏散是必要的话，那么我将会是那个做决定的人。"然后他的嗓门又大了起来，"但我不想现在就下这道命令，这会让柏林陷于恐慌！还有的是时间！有的是时间！"他让他们立刻走人，"再见，先生们。"

雷曼和雷菲尔离开大楼的时候在台阶上停留了一下。雷曼将军注视着这座城市。尽管警报器还没有响，但远处的探照灯光已经开始触摸夜空了。雷曼慢慢地拉上手套，对雷菲尔说道："我们面临着一个无法完成的任务，它的成功概率为零。我只能希望某些奇迹会发生，以此来改变我们的命运。如果没有奇迹降临，那战争最好在柏林被围困前就结束。"他看着自己的参谋长。"否则的话，"他有些悲观地补充道，"柏林人只能靠上帝拯救了。"

又过了一会儿，在位于霍亨索伦路的指挥部里，雷曼接到了陆军总司令部打来的电话。雷曼现在得知，自己领导的柏林卫戍区将直接隶属于维斯瓦集团军群。这样一来，除了最高统帅希特勒和柏林的纳粹党大区领袖戈培尔之外，他又增加了一名上级：维斯瓦集团军群的指挥官戈特哈德·海因里希大将。在听到海因里希的名字时，雷曼首次感到了一丝希望。他指示雷菲尔，一有机会就向维斯瓦集团军群的参谋部介绍卫戍区的基本情况。唯一让他担心的事情，是不清楚海因里希准备在奥得河畔阻击苏联红军的同时，如何庇护柏林。雷曼很了解海因里希，他能够想象得出，这个“狠毒的小矮个”得知这个消息时会做何反应。

“荒谬！”海因里希气冲冲地说道，“荒谬透顶！”

维斯瓦集团军群的新任参谋长是埃伯哈德·金策尔中将，首席参谋是汉斯-格奥尔格·艾斯曼上校，此时两人面面相觑，一句话也不说——因为实在是没啥可说的，“荒谬”已经属于轻描淡写了。海因里希和他手下的指挥部已是大敌当前，困难重重，但在这个节骨眼上，高层竟然把柏林卫戍区也一股脑地扔给了指挥部指挥，这不是在帮倒忙吗？在两位军官看来，已经全负荷运转的集团军群指挥部根本分不出精力来完成这项荒谬的提议；他们也无法理解，海因里希到底应该怎么样指挥和监督雷曼的城防行动。单就两个单位的地理距离而言，这项计划就属于彻头彻尾的空谈：维斯瓦集团军群指挥部离柏林市有80多公里远。显然，无论是谁提出的这项建议，都似乎对海因里希面对的棘手问题知之甚少。

那天黄昏，陆军总司令部作战处的军官们小心翼翼地把有关柏林防御的提议交给了金策尔。这个行动是试探性建议，主要是想探探海因里希对统一领导柏林卫戍区的口风。而海因里希这会儿正在他的办公室里来回踱步，他的老式裹腿上还沾着从前线带下来的泥土。他向自己的部下清楚地表明了立场——这个计划也就仅仅是个建议罢了，他会将其原封不动地退回去。维斯瓦集团军群的首要任务是在奥得河畔阻击苏联人。“除非强迫我，”海因里希坚决地说道，“否则我不打算接受守护柏林的责任。”

这并不是说海因里希对城内居民的困境无动于衷，事实上近300万柏林人民的命运经常出现在海因里希的脑海里，他十分害怕柏林城最终沦为惨烈的战场。海因里希比任何人都清楚，手无寸铁的平民一旦陷入地狱般的巷战和铺天盖地的炮火之中会是何等悲惨的景象。他知道，苏联人是不会大发慈悲的，在激烈的战斗中，他们根本不会把军人和平民区分开来。而要防止这样的悲剧发生，维斯瓦集团军群则成了最后的指望——这个兵团是柏林城和苏联人之间隔着的仅有屏障。在这个关键的时刻，海因里希没有办法为平民分心，而野战军在奥得河前线的奋战更是对老百姓最好的保护。他已经把全部精力都扑在了自己的部队上，士兵们才是他的真正责任所在。这位脾气暴躁、好斗的“狠毒小矮个”对希特勒和陆军总参谋长古德里安感到非常愤怒，因为在他看来，这道命令根本没有把他手下士兵的生命当回事。

他转向金策尔，怒吼道：“给我接古德里安。”

履职一周以来，海因里希一直待在前线，他不知疲倦地从一个指挥部到另一个指挥部，与师长们一起制定战略，视察隐蔽在防空洞和掩体里的一线部队。他很快就发现，自己之前的怀疑是有充分根据的：他的部队只不过是一个名义上的集团军群而已。他惊骇地发现，大部分单位是用抽调出来的小部队，以及一度威名显赫却遭到重创的师的残部充实起来的。在他的部队当中，海因里希甚至发现了由非德国公民组成的部队，其中有“北欧”师和“尼德兰”师，它们是由亲纳粹的挪威和荷兰志愿者组成的；还有一支由苏联战俘组成的部队，其领导人是曾经的基辅保卫者、著名军人安德烈·安德烈耶维奇·弗拉索夫（Andrei Andrejewitsch Vlasov）中将，他于1942年被俘，被德国情报人员策反之后组织了一支支持德国反对斯大林的“俄罗斯解放军”。弗拉索夫的部队令海因里希感到担忧，在他看来，只要有最微小的机会他们就会开小差。[1]海因里希的一些装甲部队状态还算良好，在很大程度这成为他的唯一依靠。但整个局面仍然让人感到绝望：情报部门的报告显示，苏联红军的兵力可能有300万之众；在北部防区的冯·曼陀菲尔的第3装甲集团军和南部防区的布塞的第9集团军之间，海因里希总共只有大约48.2万人，而且几乎没有预备队。

除了极其缺乏经历过战斗考验的部队之外，海因里希的另一个不利因素就是装备和补给品严重缺乏。他需要坦克、自行火炮、通信设备、火炮、油料和弹药，甚至还有步枪。补给品太少，首席参谋艾斯曼上校发现，一些补充兵员抵达前线时携带的不是步枪，而是反坦克榴弹发射器，这种武器只有一枚弹头，打完就没用了。

“这简直是发疯！”艾斯曼告诉海因里希，“这些人发射完一轮之后，接下来该如何作战呢？陆军总司令部期望他们做什么，像使用警棍一样耍弄这些没有弹药的武器吗？这将会是一场可怕的

1　在奥得河前线驻扎的只是弗拉索夫麾下的俄罗斯解放军第1师，并与进攻的苏军部队爆发过战斗，这个师并没有坚持到柏林战役开始，早在1945年2月11日就已经前往捷克斯洛伐克与主力会合了，理论上海因里希与他们并没有太多的交集。

大屠杀。”

海因里希同意他的看法。“陆军总司令部指望这些人听天由命，我可不会这样。”海因里希运用其权限之内的一切手段，试图整顿装备和补给品短缺的局面，即使某些用品几乎全部消失了。

他最缺乏的就是火炮。苏联红军已经开始在奥得河及其沼泽通道上架桥，在一些地段，这条洪水泛滥的河的宽度超过 3 公里。配属给海因里希指挥的海军特种部队沿河布上了水雷，以便炸毁浮舟；但苏联人立即采取对策，立起了防雷网。从空中轰炸桥梁更是在痴人说梦，德国空军的军官直言不讳地告诉海因里希，他们手头既没有飞机，也没有燃料来完成这项任务，他们充其量只能派出单架次的飞机出击，对敌方的阵地进行一些侦察。只有一种武器能够阻止苏联人狂热的建桥行动，那就是大炮，但海因里希手头的火炮又非常稀少。

为了弥补火炮数量不足，他命令把高射炮充作野战炮。海因里希分析说，尽管这意味着要削弱对抗苏联红军空中打击的保护力量，但这些高射炮用于野战却能发挥更大的作用。这个举措确实对形势起到了一定程度的缓解作用。单是从斯德丁地区，冯·曼陀菲尔的第 3 装甲集团军就得到了 600 余门高射炮。每门高射炮都被设置在固定位置上，因为它们的体积和重量都太大了，难以靠汽车进行机动，但它们却有效填补了防线的空隙。不过，这些对敌人颇具威胁的武器只被允许在绝对必要的时刻开火：面对弹药极度匮乏的窘境，海因里希下令要节约使用每一发宝贵的炮弹，以便在苏联红军发起真正的猛攻时不至于弹尽粮绝。他对参谋们解释道：“虽然我们没有足够的火炮和炮弹来阻止苏联人建桥，但起码能拖延他们的速度。”

艾斯曼上校对形势的看法要更加悲观一些，他后来回忆说："可以把整个集团军群比作一只被毒蛇盯上的小白兔，兔子一动不动，全神贯注地看着那条近在咫尺的蛇，但却无能为力，只能等待着对手发起闪电般的攻击……海因里希将军并不愿承认这个残酷的事实——维斯瓦集团军群单凭自己的力量，根本不可能采取更有意义的措施。"

然而，在上任后仅仅一周的时间内，海因里希却奋力克服了几十个似乎无法逾越的困难。他拿出了莫斯科战役时指挥部队的"绝招"，对部队既哄骗又激励，一边向官兵们大声咆哮，一边夸奖他们，努力提升下属的士气。这种士气既为海因里希赢得了迟滞苏军进攻的时间，又有助于挽救士兵们自己的性命。无论私下里的个人感觉如何，在他麾下的官兵们看来，他都是那个吓不倒、打不碎的传奇人物海因里希，而且他仍然坚持与上级"疯狂和拙劣的判断"进行斗争——这符合他的性格。

海因里希现在仍然怒火中烧，他的暴脾气完全指向了希特勒和陆军总参谋长古德里安。从海因里希接掌希姆莱兵权的那天起，苏联人就包围了屈斯特林城。3 月 23 日，布塞将军的第 9 集团军发起了两次进攻，努力要突破重围与坚守屈斯特林的孤军会合。海因里希同意布塞的战术，认为这些行动是赶在苏联人巩固阵地以前解救这座孤城的唯一指望。但苏联人太强大了，这两次进攻最终碰了个头破血流，以灾难性的失败而告终。

海因里希把结局向古德里安做了汇报。古德里安不客气地告诫他："必须再发动一次进攻。"希特勒想要这次进攻，古德里安也想要。"这完全是疯了，"海因里希生硬地回答说，"我认为目前唯一能做的事情就是命令在屈斯特林的装甲部队突围。”

古德里安对这个唐突的建议大发雷霆，对海因里希怒吼道：“这场进攻必须发动！没有第二个选择！”3月27日，布塞再次把他的部队投入冲向屈斯特林的解围战中。德军的进攻非常凶猛，布塞麾下的一些装甲部队的确冲进了城里；但紧接着，苏联人就用炮火粉碎了德国人的全部攻势。在参谋部里，海因里希毫不掩饰地说道：“这次进攻是一场彻头彻尾的屠杀，第9集团军的损失之大令人难以置信，而且这样的伤亡毫无意义可言。”

直到第二天，海因里希的怒火仍未消退。当他在办公室里踱着步子等待着接通古德里安的电话时，一遍又一遍地咕哝着一个词：“惨败！”只要与古德里安的电话一接通，他就打算控诉他的上级亲手屠杀了8000名德军官兵——在对屈斯特林的进攻中，一个师的兵力几乎被彻底葬送了。至于说完这番话后迎接自己的是什么，海因里希已经根本无所畏惧了。

电话响了，金策尔接起了电话。“是措森。”他告诉海因里希。

听筒里传来了陆军总参谋长的副手汉斯·克雷布斯步兵上将悦耳的声音，但这并不是海因里希所期待的。“我要同古德里安通话！”他有些不耐烦地说道。克雷布斯压低声音，在电话中又说了几句，海因里希握着听筒脸色瞬间就阴沉了下来。身边的参谋们对长官情绪的突变感到不知所措。“是什么时候？”海因里希问道。他再次聆听着，然后突兀地说了句“谢谢”，并放下了电话。海因里希转向金策尔和艾斯曼，小声说道：“古德里安不再是陆军总参谋长了，希特勒在今天下午把他撤职了。”参谋被这一爆炸性新闻惊得目瞪口呆。海因里希平静了一下情绪，继续对下属们说道：“克雷布斯说，古德里安病了，不过他确实不知道发生了什么事情。”海因里希的盛怒已经完全烟消云散，他只是又做了一番评论。“这可不像古德里安，”他若有所思，“他甚至都没和我道别。”

海因里希的参谋们得以把整个故事凑起来的时候，已经是深夜时分了。古德里安被解职发生在总理府有史以来最疯狂的场面之后。希特勒的午间会议开始时非常安静，背后暗含的敌意和不满却一触即发。古德里安已经给元首写了一份备忘录，解释了攻击屈斯特林失败的原因。希特勒不但对古德里安采用的语气不满，还对古德里安为第 9 集团军和布塞将军所做的辩护十分生气。元首已经决定让布塞充当行动失败的替罪羔羊，命令他参加会议，向与会者做全面的汇报。

像往常一样，希特勒的高级军事顾问们都出席了会议。除了古德里安和布塞之外，还有希特勒的参谋长凯特尔、负责作战指挥的约德尔、元首的首席副官布格多夫，以及一些其他高级军官和各自的副官。希特勒花了几分钟时间听取了对当前形势的常规情况介绍，然后要布塞做汇报。一开始，布塞简要地介绍了进攻是如何发动的，部队是怎么使用的。希特勒很快就显得很恼怒，突然打断了他的话。“进攻为什么失败？”他叫喊道，随后自问自答起来，“因为你的无能！因为玩忽职守！”

他破口大骂布塞、古德里安和整个陆军总司令部，他们全都“无能”。他大叫大嚷地说，进攻是在“没有足够炮火支援”的情况下贸然发动的。然后他转向古德里安质问：“如你声称的那样，布塞的弹药不够用，你为什么不多配发给他一些！”

静寂了片刻之后，古德里安开始轻声地说：“我已经向您解释过了……”

希特勒挥舞着胳膊，打断了他的话。“解释！借口！你给我的就是这些！”他喊道，“哟！那么你告诉我，是谁让我们在屈斯特林失望的，是部队还是布塞？”

古德里安突然发怒了。“胡扯！”他气急败坏地说道，“这是胡说八道！”他几乎是脱口而出。狂怒的古德里安脸色通红，言辞激烈。“不应该由布塞负责！”他咆哮道，“我已经和您从头到尾地解释过了！他是在服从命令！布塞打光了所有分配给他的炮弹！所有的炮弹！”古德里安已经愤怒到了极点，他费劲地斟酌着语句，“要是说怪浴血奋战的前线部队，那请您看看伤亡人数吧！看看士兵们的损失吧！部队已经尽职尽责！超乎寻常的伤亡数字足以证明这一点！”

希特勒也冲着他叫嚷，“他们失败了！”他大发雷霆，“他们可耻地失败了！”

古德里安涨红着脸，扯着嗓门咆哮道：“我必须请您……我必须请您，不要再指责布塞或者他的部队了！”

两人已经丧失了理智，正常的讨论早就被抛到了一边，但谁也停不下来。古德里安和希特勒就这样面对面进行着怒不可遏的可怕交流，将领和副官们都被眼前的一幕吓呆了。希特勒严厉斥责总参谋部，骂他们全都是“懦夫”、“傻子”和“笨蛋”，他怒气冲冲地吼着，说他们老是“误导”、“误报”和“哄骗”自己。古德里安听到“误报”和“误导”两个词后，便借题发挥对希特勒反唇相讥了一番。格伦将军是否在他的情报评估中“误报”了苏联人的兵力？“没有！”古德里安咆哮道。“格伦是个傻瓜！”希特勒愤怒地叫骂了起来。那么波罗的海沿岸和库尔兰仍然被包围的 18 个师呢？古德里厉声喊道："关于这些部队是谁误导了你？"他质问元首，"你到底打算什么时候撤出库尔兰集团军？"

这次冲突的声音这么大，这么激烈，以至于事后谁也记不清争吵的先后顺序。[1] 甚至连这场争论的无辜导火线布塞，后来也不能详细地告诉海因里希到底发生了什么事情。"我们几乎瘫掉了，"他说道，"我们对正在发生的一切目瞪口呆。"

约德尔是第一个突然采取行动的人。他一把抓住叫嚷中的古德里安的胳膊。"请你！"他恳求道，"请你冷静。"他随后把古德里安拉到了一边，凯特尔和布格多夫则拉开了希特勒。精疲力竭的希特勒猛地倒在了椅子上。古德里安惊骇万分的副官弗赖塔格·冯·洛林霍芬少校确信，如果再不把自己的长官带出房间的话，他就会被逮捕。于是冯·洛林霍芬赶紧跑到外面，给在措森的副参谋长克雷布斯去了电话，将吵架的事情向他做了汇报。冯·洛林霍芬恳求克雷布斯与古德里安通话，让他托词说前线有新的紧急情况，必须与他交谈，直到将军冷静下来。费了好大的劲，古德里安才被劝说着离开了房间。克雷布斯原本就是一位精于操纵信息以适应形势的艺术大师，他没有费多少气力就让古德里安无暇分神达 15 分钟以上——而到此时，陆军总参谋长已控制住了自己的情绪。

---

1 有关这次争吵有许多说法，有于尔根·托瓦尔德（Juergen Thorwald）在《那年冬天的溃逃》一书中的详细描述，也有格哈德·博尔特在《帝国总理府的最后日子》中的两行字的叙述。博尔特是古德里安的副官之一，他对这件事情的叙述可谓轻描淡写，只是说希特勒劝陆军总参谋长"去一处温泉疗养地休养一下"，而古德里安则"接受了这个暗示"。他把这次会议的日期说成是 3 月 20 日，也就是灾难性的屈斯特林进攻战发生 7 天以前。古德里安在其回忆录《一个士兵的回忆》一书中，把日期和时间精确地说成是 3 月 28 日下午 2 点。我的再现描述主要根据古德里安的回忆录，并根据对海因里希、布塞和他们各自的参谋的采访加以补充。——原注

在这段间歇期里，元首也平静了下来。当古德里安回到会议室的时候，希特勒正在主持会议，仿佛刚才的一切都没有发生过一样。看见古德里安又进来了，元首当即命令除了他和凯特尔之外，所有人都出去。人群刚走，希特勒就冰冷地开了腔：“古德里安大将，您的健康状况决定您需要立即休养6个星期。”

古德里安面无表情地说道：“我马上就走。”

但希特勒的话还没有说完。“请等到会议结束后再走。”他命令道。

又过了几个小时，冗长的会议才散会。这时，希特勒又开始关心起古德里安来了。“请您尽早恢复健康，”他说道，“6个星期以后形势将发展到十分关键的时刻，到那时我会更需要您。您打算去哪里休养呢？”

凯特尔也想知道他要去哪里。古德里安则对两人突如其来的“善意”起了疑心，决定谨慎为妙，没有把自己以后的计划告诉他们。他告退后就迅速离开了帝国总理府。

古德里安就这样走了。他是装甲战术的缔造者，也是帮助希特勒创造了最辉煌胜利的名将中硕果仅存的一位，如今以这种方式离开了战争舞台。与他一起消失的，是德国最高统帅部仅剩的最后一点正确的判断力。

第二天，3月29日，星期四。到早晨6点的时候，海因里希就已经痛感古德里安离去带来的恶劣影响了。他收到一份电报，告知他希特勒已任命克雷布斯为陆军总参谋长。巧舌如簧的克雷布斯是希特勒的狂热信徒，人们普遍都非常厌恶他。在维斯瓦集团军群参谋部，古德里安被解职的事情刚刚不胫而走，他继任陆军总参谋长的命令就接踵而至了，气氛变得令人沮丧。首席参谋艾斯曼上校总结了众人的态度："这个脸上一直挂着微笑的人，让我莫名想到一头幼鹿……我们能够指望到的东西一清二楚。克雷布斯只需喋喋不休说出几句充满自信的话，形势就再次'一片光明'了，希特勒能从他那得到比古德里安多得多的支持。"

对于这项任命，海因里希未做评论。古德里安为布塞所做的激烈辩护拯救了这位指挥官，否则对屈斯特林还会有更多的自杀式进攻。就这一点而言，海因里希倒是对这个常常和他持不同意见的人心存感激。他会想念古德里安的，因为他了解从前的克雷布斯，并不指望能从他那里得到什么支持。当他见到希特勒，讨论奥得河前线问题的时候，不会再得到直言不讳的古德里安的支持了。他要在4月6日星期五去见元首，参加一个正式会议。

3月29日上午9点刚过，汽车在维斯瓦集团军群指挥部主楼前停了下来，宽肩膀、身高1.8米的柏林卫戍司令部参谋长跳下了车，精力充沛的汉斯·"特迪"·雷菲尔上校正满腔热情地期待着与海因里希的参谋长金策尔中将见面。他对此次商谈的顺利进行抱有很大期望，在海因里希的指挥之下，柏林卫戍区将会出现最好的局面。高大健壮、39岁的雷菲尔用力抱着用来汇报的地图和图表进了大楼。他后来在日记中写道，他相信尽管柏林卫戍部队规模不大，但海因里希也"会由于兵力的增加而感到高兴"。

一见到金策尔，他的信心就动摇了。参谋长的问候很克制，甚至谈不上友好。雷菲尔本来希望，他的老同学艾斯曼上校也会在场——几个星期以前他们曾一起讨论过柏林的形势——但金策尔却单独接待了他。这位维斯瓦集团军群的参谋长似乎很困扰，他的态度近乎不耐烦。金策尔示意雷菲尔打开地图和图表，后者迅速开始做情况介绍。他解释说，由于雷曼没有一个明确的上级负责人，结果给柏林的城防工作造成了几乎难以应对的局面。“当我们问陆军总司令部，我们是不是归他们领导时，”他详述道，“我们被告知‘陆军总司令部只负责东线，你们归国防军最高统帅部指挥。’于是我们又去国防军最高统帅部，他们却问‘为什么来找我们？柏林的前方面对的是东线——你们归陆军总司令部管’。”

在雷菲尔讲话的时候，金策尔研究着地图和柏林兵力的部署。突然，金策尔抬起头来看着雷菲尔，轻声告诉他头天晚上海因里希的决定，那就是不接受保卫城市的责任。雷菲尔后来写道，金策尔此后简短地提到了希特勒、戈培尔和其他官僚，“就我个人而言，”他说道，“那些在柏林的疯子们可以自作自受。”

在驱车返回柏林的时候，雷菲尔高涨的热情一落千丈，他首次意识到做“一个被抛弃的孤儿”是什么感觉。他热爱柏林，曾在首都军事学院学习，结了婚并养育了一双儿女。眼下在他看来，自己正在越来越孤独地工作着，竭尽全力保卫这座曾记载着他最幸福岁月的美丽城市。在整个军队指挥系统中，没有一个人打算做出雷菲尔认为的那个最庄严的决定：负起保卫和保全柏林的责任。

临行前，前任陆军总参谋长已经同自己的属下们道了别，并向他的继任者克雷布斯简要地交接了工作。最后，他把自己办公桌上剩下的几个物件装入了一个小箱子中。一切妥当后，海因茨·古德里安大将安静地离开了措森的陆军总司令部。他对自己之后的去处一直守口如瓶。不过，古德里安打算先同妻子一起去慕尼黑附近的埃本豪森疗养院，在那里接受心脏病的治疗；随后他计划前往德国仅存的和平地区，巴伐利亚南部。那个地区满是军队医院和疗养院，退役或者被解职的将军，以及被疏散到当地的政府部门及其官员。将军谨慎选择了自己的最终目的地，他决定在巴伐利亚境内阿尔卑斯山脉一片祥和的环境中待到战争结束。作为陆军总司令部的前任总参谋长，古德里安清楚地知道，那里不会发生什么大事的。

2

3 月 30 日是耶稣受难日，复活节周末的开始。在佐治亚州的沃姆斯普林斯（Warm Springs）[1]，罗斯福总统前往“小白宫”[2]度假。像以往一样，人群站在火车站附近的炽热骄阳下等候着，欢迎总统的到来。罗斯福一出现，一种惊讶的窃窃私语便在旁观者当中迅速蔓延。他是被一名特勤人员从火车上抱下来的，几乎一动不动，身子松垂着，没有轻松活泼地挥手致意，也没有与人群分享心情愉快的玩笑。在许多人看来，罗斯福似乎陷入了昏迷，只是模模糊糊地意识到正在发生的事情。人们既震惊又焦虑，沉默地注视着总统的豪华轿车缓缓开走。

在莫斯科，天气反常地暖和。约翰·拉塞尔·迪恩（John Russell Deane）少将站在马霍夫（Mokhovaya）大街的美国大使馆二楼房间里，凝视着红场对面克里姆林宫绿色的拜占庭风格的穹顶和尖塔。美国军事代表团团长迪恩和他的英国同行欧内斯特·罗素·阿彻（Ernest Russell Archer）海军少将，正等待着各自国家驻苏大使的回复，以便确认与斯大林将要进行的会晤是否已经安排妥

1 沃姆斯普林斯是佐治亚州西部的温泉疗养胜地。

2 沃姆斯普林斯南部的一栋木制小型白色别墅，自从罗斯福于 1924 年患上脊髓灰质炎后，他就成了这里的常客，后来这栋别墅就被人戏称为罗斯福的“小白宫”。

当。美国大使是威廉·埃夫里尔·哈里曼，英国大使则是阿奇博尔德·克拉克·克尔（Archibald Clark Kerr）爵士。在这次会晤中，他们将把“SCAF 252”当面递交给斯大林，这是前天刚从艾森豪威尔将军那里收到的一封电报的代号。这封急电甚至连病中的美国总统都还没来得及看到。

在伦敦，温斯顿·丘吉尔嘴巴上正叼着一根标志性的雪茄，朝着唐宁街 10 号外面的围观群众挥手致意。他正准备乘车前往契克斯别墅，那是位于白金汉郡艾尔斯伯里镇东南方奇尔顿山脚下，占地 700 英亩的英国首相别邸。尽管表面上兴高采烈，但实际上他的内心既担忧又愤怒。他的文件夹中有一份盟军最高统帅发给斯大林的电报副本。在密切合作了近 3 年之后，首相第一次被艾森豪威尔的行为激怒了。

英国人对艾森豪威尔电报的反应，在 24 个多小时的时间里变得越来越强烈。一开始英国人只是感到困惑，然后是震惊，最后是愤怒。同在华盛顿的英美联合参谋长委员会一样，伦敦也是间接地获知这个消息的——通过“以供参阅”送来的副本。甚至连英国籍的盟军最高副统帅空军上将阿瑟·特德爵士，事先也不知道这封电报的存在，伦敦从他那里没有听到任何消息。丘吉尔对此完全措手不及。首相想起了蒙哥马利于 3 月 27 日发来的电报，他在电报中宣布将直驱易北河，“希望再从那里取道高速公路前往柏林”。首相匆匆写了一张措辞焦虑的条子给他的参谋长黑斯廷斯·伊斯梅爵士。他写道，艾森豪威尔给斯大林的电报，“似乎与提到了易北河的蒙哥马利不一致，请解释”。可眼下伊斯梅无法解释。

这时，蒙哥马利又给了他的上级另一份“惊喜”。他向布鲁克元帅报告说，强大的美军第 9 集团军即将脱离他的指挥，回归布莱德雷将军的第 12 集团军群，而第 12 集团军群将向德国中部的莱比锡和德累斯顿挺进。“我认为我们将要犯下一个无法挽回的错误。”蒙哥马利说道。

英国人已经怒气冲天了。首先，这样的消息应该由艾森豪威尔来汇报，而不是蒙哥马利。但更糟糕的是，在伦敦看来，这位最高统帅似乎管得太多了。在英国人眼里，他绕开国家领导人直接同斯大林打交道的做法就是一种严重的越权。不仅如此，这位盟军最高统帅还连声招呼都不打就把早就定好的作战计划给改了。蒙哥马利的第 21 集团军群是特地为进攻德国北部平原而组建的，但艾森豪威尔却突然指定布莱德雷的部队穿过帝国腹地，承担战争最后阶段的大规模强攻任务。布鲁克愤懑地总结了英国人的看法：“首先，艾森豪威尔没有权力向斯大林直接写信，他要通信应该经过英美联合参谋长委员会；其次，他的电报内容简直莫名其妙；最后，电报的言外之意，似乎都偏离和改变了以前所达成的一致意见。”

3 月 29 日下午，被激怒的布鲁克没有同丘吉尔商量，便向华盛顿提出了强烈抗议。围绕着“SCAF 252”这封电报，一场激烈而又尖锐的争论已经拉开了序幕。

差不多同一时间，莫斯科的迪恩少将已经开始了工作，为与斯大林的会晤做着最初的准备。他随后又给艾森豪威尔发了一封急电，索要一些有关后续作战计划的具体背景信息，“如果斯大林想要更详细地讨论你的计划，这些材料就会派上大用场”。在与苏联人打了几个月令人泄气的交道之后，迪恩完全了解大元帅真正需要的东西是什么。于是他把那些要求全都给艾森豪威尔讲清楚了：“1. 各集团军的当前编成；2. 有关部队调动的更多细节；3. 担任主攻和助攻任务的集团军或集团军群具体是哪一个……；4. 当前对敌军部署和意图的简要估计。”

盟军最高统帅部迅速照办了。当晚 8 点 15 分，这份情报就被发到了莫斯科。迪恩得到了英美盟军的最新编成情况，以及他们从北到南的战斗序列。这份情报太详尽了，甚至连美军第 9 集团军脱离蒙哥马利的指挥，重归布莱德雷麾下这件事都给包括进去了。

51 分钟以后，盟军最高统帅部得到了蒙哥马利的消息。他的苦恼可以理解：随着辛普森集团军的离去，其大规模强攻的力量将元气大伤，胜利攻占柏林的机会似乎就此丧失了。但他仍然希望能说服艾森豪威尔延缓一下指挥权的转让，并发去了一封异常委婉的电报。“我注意到，”他说道，“你打算改变一下指挥的安排。如果你感到这是必须的话，我祈求你等我抵达易北河之后再这样做，因为这样的做法对现在开始的大行动无益。”

华盛顿的官员们很快就发现，蒙哥马利的英国上级可没有那么委婉圆通。在五角大楼，布鲁克愤怒的抗议已经由英美联合参谋长委员会的英国代表、陆军元帅亨利·梅特兰·威尔逊（Henry Maitland Wilson）爵士，正式递交给了马歇尔将军。英国的照会谴责艾森豪威尔在与斯大林的通信中所采用的程序缺乏正当性，并指控盟军最高统帅擅自改变了计划。马歇尔既吃惊又关注，立即给艾森豪威尔发去了电报，其内容直截了当地转告了英国的抗议。他说，英国的抗议坚决主张既定的战略应该遵循——蒙哥马利向北方的强攻将会夺取德国港口，从而“将在很大程度上终止德国的潜艇战”，并将解放荷兰与丹麦，再次打开一条通往瑞典的交通线，从而可以使用“现在待在瑞典港口里那无所事事、近 200 万吨的瑞典和挪威的船只”。马歇尔援引英军总参谋长的话说，“强烈感到，应该坚持以攻占柏林为目标的穿越德国西北部开阔平原的……主攻……”

为了抵御艾森豪威尔的英国批评者们，也为了尽可能快地弥合英美间的嫌隙，马歇尔准备给双方都留下回旋余地并达成谅解。然而他自己对盟军最高统帅的行动所感到的困惑和烦恼，也在电报的最后一段中体现了出来：“在你的‘SCAF 252’电报发出之前，是否考虑过英国海军方面？”他总结道：“当务之急是你对此事的意见。”

有一个人比其他所有人都更能感到形势的急迫，而且，确实还有近在眼前的混乱。温斯顿·丘吉尔的焦虑几乎每个小时都在增加。这次的艾森豪威尔事件，出现在三大盟国间关系并不太好的时刻，这是一个关键性时期，丘吉尔感到非常孤独。他不知道罗斯福的病情如何，但在先前的一段时间里，他为与美国总统的通信感到困惑和不安。他后来写道：“在我发出的长长的电报里，我认为自己是在跟我所信赖的朋友和同事谈话……（但）现在我的话却很难完整传到他的耳朵里了……那些以他的名义发来的回电是各色人等联手起草的……罗斯福只能给予笼统的指导和批准……对所有人来说，这几周是代价高昂的。”

更令人担忧的，是西方和苏联之间的政治关系在显而易见地迅速恶化。自雅尔塔会议以来，丘吉尔对斯大林的战后目标就越来越怀疑。这位苏联人民委员会主席已经轻蔑地忽视了在会议上做出的承诺，现在几乎每天都有新的不祥趋势出现。东欧正在慢慢地被苏联吞掉；由于燃料和机械问题在苏联红军战线后方降落的英美轰炸机，与它们的机组成员一起被扣押；斯大林让美军轰炸机群使用空军基地和设施的许诺被突然取消了；德国西部的战俘营被解放后，盟军允许苏联代表自由出入那些战俘营，以便把他们的战俘遣返回国，但回过头来，苏联方面却拒绝了西方国家代表的类似请求，不允许他们进入位于东欧的战俘营，也不允许他们疏散或是帮助原先被德军关押在其内的英美战俘。更糟糕的是，斯大林还控诉道："在美军管理下的苏联战俘……不仅没有得到公正的待遇，反而遭受了迫害和毒打。"当驻意大利的德军试图通过秘密谈判向盟军投降时，苏联人的反应更是十分激烈。他们发出了一份侮辱性照会，指控西方盟军"让苏联在战争中冲在前面流血，自己却背信弃义地和凶恶的敌人打起了交道"[1]。

在这样的情况下，艾森豪威尔居然直接给斯大林发去了电报。丘吉尔认为，现在战争已经进入了最关键的时刻，军事目标的选择甚至有很大可能决定战后欧洲的格局，艾森豪威尔与苏联独裁者的通信就是对全球和政治战略的一种危险干涉——严格说来，全球和政治战略是罗斯福与英国首相所关注的领域。丘吉尔认为，柏林在政治上极其重要，但艾森豪威尔似乎并不想全力以赴夺取该城。

3 月 29 日午夜以前，丘吉尔用保密电话与艾森豪威尔通了话，要求对盟军最高统帅的计划做出说明。首相小心地避免提到那封给斯大林的电报，而是强调了柏林的政治重要性，主张应该允许蒙哥马利继续在北方发动攻势。丘吉尔感到，让盟军抢在苏联人之前攻占德国首都甚为关键，但艾森豪威尔的回答却让他忧心忡忡。这位

1 丘吉尔在 3 月 24 日把苏联人的这份照会给艾森豪威尔看了，他后来写道，盟军最高统帅认为，"这是对我们诚信的最不公正和最没有根据的指控"，他"似乎因为愤怒而激动不已"。——原注

盟军最高统帅在电话中直言不讳地说道:“从军事上而言,柏林已经不再是首要目标了。”时间正在流逝,现在已经是 3 月 30 日的凌晨了,丘吉尔开始动身前往 100 公里外的契克斯别墅,但他此时的心情却异常沉重。

德怀特·艾森豪威尔心中的怒火也越烧越旺。蒙哥马利在北方的大举猛攻被他拉住了缰绳,这本是一个军事问题,但伦敦方面却做出了如此强烈的反应,更令他感到吃惊的是,他发给斯大林的电报竟然引起了一场激烈风暴。他百思不得其解,为何这样的举动会引发巨大的争议。他坚信自己的行动在政治上是完全正确的,在军事上更是极其必要的。艾森豪威尔是急脾气,四面八方的质疑把他彻底激怒了,这位坐镇兰斯的最高统帅已经成为盟军指挥官中怒气值最高的一位。

3 月 30 日上午,他开始对来自华盛顿和伦敦发来的电报做出答复。他首先给头天晚上发来电报的马歇尔回复了一份简短的确认函,并答应在几个小时之内做更全面的汇报。他在确认函中简单解释了一下,称自己并没有改变计划,英国人的指责“毫无事实根据……我的这项计划比之现在威尔逊给您的那份敦促我分散兵力的电报,会更迅速和更肯定地得到北海沿岸的港口和其他一切”。

接下来,是对英国首相在夜间电话中的要求做出答复。他给丘吉尔发去了一些具体的细节,对下达给蒙哥马利的命令做出澄清。“只要苏联人同意”,似乎需要在布莱德雷的指挥下,向莱比锡和德累斯顿进行中央突破,因为这将把德国军队“大体上切成两半……并且消灭西线敌军残余的主力部队”。一旦获得成功,艾森豪威尔就打算“采取行动,清理北方港口”。盟军最高统帅写道,蒙哥马利将“负责这些任务，如果有必要的话，我就立即向他调拨增员兵力”。一旦“上述要求达到”的话，艾森豪威尔就计划派德弗斯上将和他的第6集团军群向东南进军，开赴阿尔卑斯山的堡垒区，“以防德国人在南方站稳脚跟，同时又可以与苏联人在多瑙河流域会师”。盟军最高统帅最后补充道，他当前的计划是“很灵活的，而且随时可以修改以适应事先没有预料到的形势”。不过，丘吉尔万分关心的柏林问题还是没有被艾森豪威尔提及。

在发给英国首相的电报中，艾森豪威尔尽量保持了克制，用语也很得当，并没有把他的愤怒表露出来；但在早些时候他答应发给马歇尔的一封详尽电报中，怒火则跃然纸上。艾森豪威尔告诉美国陆军参谋长，他“完全不明白关于‘程序’的这些抗议究竟是什么意思，我是奉命直接与苏方处理有关军事协调的问题”。至于他的战略，艾森豪威尔再次坚持，没有任何改变。他说道：“去年夏天，英国的总参谋长总是反对我打开（中央）……通道的决定，因为他们说这样做是徒劳无益的……将会把兵力从北面的进攻中分散走。我始终认为，北面的进攻……是包括孤立鲁尔区在内的作战阶段的主要进攻，但从最初起，可以追溯到D日以前，我的计划……一直就是把主攻和助攻结合起来……然后向东发动一次大规模突击。甚至略加思考一下……就会看出，主攻应该……指向莱比锡地区，因为那里集中着大部分残存的德国工业力量，而且人们认为德国政府的各个部门将转移到该地区。”

在谈到以前蒙哥马利和布鲁克对单一方向的大规模突进战略的激烈争论时，艾森豪威尔说道：“我只是遵循布鲁克元帅经常冲着我大喊的原则，决定把兵力集中在主要的突击方向上，我计划所做的一切，就是把美军第 9 集团军再次拨归布莱德雷指挥，以便实施中路进攻的这一阶段……这项计划清楚地表明，第 9 集团军将再次北上，以支援英国和加拿大军队肃清吕贝克以西的整条海岸线上的敌人。”然后，“我们的兵力可以向东南运动，以防止纳粹占领那个山区要塞”。

被艾森豪威尔称为“山区要塞”的“国家堡垒”，现在显然成为比柏林更受关注的主要军事目标了。“请允许我指出，”盟军最高统帅说道，“柏林的重要性已经日趋减弱。它对德国人的价值在很大程度上已经被摧毁，甚至连德国政府都准备转移到其他地区。当前重要的事情是，集中我们的兵力，发动一次全力以赴的大规模进攻。与分兵作战相比，这样将更快地攻占柏林、解放挪威，以及获得船只和瑞典的港口。”

等到艾森豪威尔起草最后一段的时候，他对英国人的愤怒几乎已经无法遏制。“首相和他的参谋长，”他说，“反对‘铁砧行动’（攻占法国南部）；反对我提出的应该先在莱茵河以西摧毁德军主力再大举渡河的建议；而且他们还坚称，从法兰克福向东北方推进的路线，只会使我们在崎岖地形上陷入进展缓慢的战斗。现在他们显然是要我在德军被彻底击败以前，就转而将成千上万的部队投入其他行动。我认为，我和我的顾问们在不断地研究这些事情，激励我们前进的只有一个目标：尽早赢得这场战争。”[1]

---

1 艾森豪威尔的这封长达 1 000 字的电报，并没有出现在官方历史书中，而在他本人写的《欧洲十字军》一书中，有关电报的文字也被删节和改写。比如，“总是冲着我大喊”，改成了“总是强调”，正文中引用的愤怒的最后一段，则是完全被删节了。具有讽刺意味的是，这封电报原先是由一个英国人起草的，他就是盟军最高统帅部作战部副主任约翰·怀特利少将，但到了电文内容离开统帅部的时候，却清楚地盖着艾森豪威尔的印章。——原注

那天黄昏，华盛顿的马歇尔将军和联合参谋长委员会收到了英帝国军队总参谋长对前一天抗议的进一步阐述。在很大程度上，第二封电报是把第一封电报的大部分内容又重复了一遍，而且更为冗长，但有两处新增的重要内容值得注意。在此期间，英国人从莫斯科的阿彻海军少将那里获悉了盟军最高统帅部发给迪恩的补充情报，英国人强烈要求别让苏联人得到这份情报。倘若讨论已经开始，伦敦方面希望讨论能够暂停，等联合参谋长委员会考量了形势后再说。

但此时英国人内部开始产生分歧了。有些人认为艾森豪威尔的电报并没有什么不妥，还有些人认为对电报内容没有批评到点子上。帝国军队总参谋长犯下了一个错误，还没让丘吉尔过目就把自己的抗议电文直接发到了华盛顿，但偏偏丘吉尔的意见与军事顾问们的又存在些许不同。在他看来，“艾森豪威尔新计划的最大失误就是把针对柏林的主攻轴线移到了莱比锡至德累斯顿的方向上”。在首相眼里，按照这个计划，英国军队“可能不得不在北方扮演一个几乎停滞不前的角色”，更糟糕的是，“英国人已经丧失了和美军一起进入柏林的所有机会”。

现在和以往一样，柏林在首相的考量中一如既往地重要，无出其右。在他看来，艾森豪威尔“认为柏林在军事和政治上的重要性已大不如前，这种设想很可能是错误的”。尽管德国政府的各个部门“已经大部分南迁，但不应该忽视这样一个事实，即柏林的陷落会在德国人的心目中产生决定性影响”。他为“忽略柏林的战略地位并把它留给苏联人去夺取”而可能导致的危险感到焦虑不安。他宣称：“只要德军还在死守柏林，并在废墟中顶住围攻，这一点并非难事，那么德国人就会认为他们有责任继续抵抗下去。而攻克柏林则可能令所有的德国人绝望。”

丘吉尔虽然原则上同意三军参谋长们的论点，但却认为他们将自身的“诸多不相干的小问题”扯了进来，未能突出要点。他指出，“艾森豪威尔在美军参谋长们中间的威望很高……美国人会觉得作为一个胜利的盟军最高统帅，他有权并且确实有必要向苏联人征询……关于东西方军队进行接触的最佳地点的意见”。丘吉尔担心，英国人的抗议可能只会“给美军的参谋长们……提供几点可资争辩的论据”，他估计他们会“机敏地做出有力反驳”。他们这样做了。

3月31日，星期六，美军参谋长们给了艾森豪威尔无条件支持。不过，他们也对英国人的两点意见表示同意：一是艾森豪威尔应该向英美联合参谋长委员会详尽阐述他的计划，二是暂不应该向迪恩提供具体细节。在美军参谋长们看来，“对德战争现在已发展到了应该由战地指挥官来便宜行事，以尽早摧毁德军或其抵抗力量的阶段……艾森豪威尔将军应该继续自由地与苏联红军的最高统帅进行联络”。在美国的军事领导人眼中，盟军的唯一目标并不包括政治上的考虑，他们的头等大事是要迅速而彻底地击败德国，取得最终的胜利。

不过，争议还远远没有结束。在兰斯，疲惫的艾森豪威尔仍然一再解释他的立场。日间，按照马歇尔的指示，艾森豪威尔给联合参谋长委员会发去了有关计划的一个大篇幅的详尽报告。接着，他又给莫斯科发了封电报，命令迪恩不要把盟军最高统帅部发来的具体细节交给斯大林。随后，他又给马歇尔去了一封令对方安心的电报：“你可以放心，将来我和莫斯科的军事代表团之间涉及政策的电报，将会向英美联合参谋长委员会和英国人重述。”最后，他着手处理蒙哥马利的恳求，那个恳求差不多48小时以前就发来了，但他还没有做出答复。

艾森豪威尔之所以最后才给蒙哥马利做出答复，一方面是因为上述几封发给上级的电文更加急迫，而另一方面也在于两人之间已经十分紧张的关系。如今，这样的糟糕关系让艾森豪威尔只愿意在绝对必要的时候才同这位陆军元帅进行联络。盟军最高统帅几年之后解释道：“蒙哥马利全然是我行我素，努力要让美国人——尤其是我——得不到赞誉，结果我们的联系基本上只是与战事有关，最终我连话都不再同他讲了。”[1]

盟军最高统帅和他的参谋长们——有趣的是，还包括盟军最高统帅部里的英军高级将领——都把蒙哥马利看成一个以自我为中心的惹是生非者，但他在战场上的表现却过分谨慎且行动缓慢。盟军最高统帅部作战部副主任、英军少将约翰·怀特利回忆道：“蒙哥马利想头戴缀有两个帽徽的帽子，骑着一匹白色战马耀武扬威地进入柏林。但很多人却在背后认为，如果要迅速办成某件事的话，就不要把那活交给蒙哥马利来干。”

盟军最高统帅部副参谋长、中将弗雷德里克·摩根爵士用另外一种方式评论道：“在当时，蒙哥马利是艾森豪威尔愿意选择的向柏林大举猛攻的最后一人——要是让蒙哥马利干的话，他在发起进攻前起码需要6个月的时间来准备，然后才愿意动手。”

布莱德雷不是这种人。“布莱德雷，”艾森豪威尔告诉他的副官，

1　摘自本书作者对蒙哥马利所做的一次长时间的详尽的录音采访中。——原注

“他雷厉风行，从不迟疑，更不会停下脚步来重新部署。他一看到机会就会如同狼一样扑过去。”

现在，人们对其给斯大林发电报的指责，令艾森豪威尔感到愤慨，他的烦躁之情毫不掩饰地发泄在了给老对头蒙哥马利的答复中。他在电文中写道：“把第 9 集团军拨归布莱德雷指挥的决定是不容更改的……正如我原来告诉过你的那样，从进展上来看，似乎过段时间后一个美军集团军将会再次抽调给你，来实施渡过易北河的军事行动。你应该注意到，我最近根本没有提到柏林。就我而言，那地方只不过是一个地理上的概念，而且我对它从未有过兴趣。我的目标是消灭敌军……”

就在艾森豪威尔向蒙哥马利表明其立场的时候，置身契克斯别墅的丘吉尔也在给盟军最高统帅起草一份历史性的请求。几乎在每个方面，它都是艾森豪威尔对蒙哥马利所说的话的对立面。临近晚上 7 点时，首相给盟军最高统帅发去了电报：“如果敌人的抵抗像你预料的那样减弱……我们为什么不渡过易北河，并尽可能远地向东进军？这里面包含着重要的政治意义，因为苏联红军……看起来肯定会进入维也纳并占领奥地利。柏林本应该在我们的掌握之中，如果我们故意把柏林拱手让人的话，那么这种无独有偶的事情就可能令他们变得趾高气扬，益发自信一切功劳都是他们的。”

“此外，我本人并不认为柏林已经失去了军事上的意义，当然就更没有丧失政治上的意义。柏林的陷落将重创第三帝国各地德军的抵抗士气；如果柏林仍在坚守，广大的德国民众会认为他们有责任继续战斗。有种看法认为如果攻占了德累斯顿，并在那里与苏联人会师会有更大的收获，对此我无法苟同……在我看来，只要柏林仍然飘扬着德国国旗，它就仍然不失为德国最具决定性的中心。”

“因而，我更倾向于坚持渡过莱茵河所依据的计划。也就是说，美军第 9 集团军应该与第 21 集团军群一起向易北河进军，进而向柏林挺进……”

在莫斯科，天已经黑了，美国和英国大使陪同迪恩及阿彻，与苏联人民委员会主席斯大林进行了会晤，并递交了艾森豪威尔的电报。会谈时间不长。迪恩后来向盟军最高统帅汇报说，“在德国中部的进攻方向”给斯大林留下了极为深刻的印象，斯大林称赞“艾森豪威尔的主攻方向非常好，它完成了将德军拦腰斩断这个最重要的目标”，他也感到德国人“大概会以捷克斯洛伐克西部和巴伐利亚作为最后的抵抗中心”。斯大林虽然赞同英美盟军的战略，但对于他自己的战略却没有明确表态。苏联人民委员会主席说，苏方的计划还没协调好，他还要找机会和手下的参谋们进行最终的商议。斯大林承诺，一旦最终结果出炉，他将在 24 小时内电告艾森豪威尔。

客人们仅告辞了几分钟后，斯大林就给朱可夫元帅和科涅夫元帅去了电话。他的命令言简意赅：在第二天，也就是复活节星期日，这两位方面军司令员要立即乘飞机赶到莫斯科，参加紧急会议。尽管斯大林并没有解释下达这条命令的理由，但他却断定西方盟国刚才的表白纯粹是一场欺骗。他完全确信艾森豪威尔打算和苏联红军赛跑，看谁先拿下柏林。

3

从前线到莫斯科的路程长达1600公里，飞行时间之久令人疲惫不堪。格奥尔基·朱可夫元帅疲倦地坐在土灰色的军官座车后座上，一路颠簸沿着鹅卵石路进入了广阔的红场。汽车快速驶过拥有诸多白底条纹图案洋葱尖顶的圣瓦西里大教堂，然后向左拐弯，通过西门进入克里姆林宫的宫墙之内。紧随其后的另一辆军用轿车里则端坐着另一位名将：伊万·科涅夫元帅。巨大的救世主钟楼拱卫着宫殿的大门，钟面上镀金的指针即将指向下午5点。

两辆军车穿过轻风席卷的内院，进入了林立的建筑物之中。那里有绘着壁画的宫殿、金色穹顶的大教堂和外立面为黄色的政府建筑，曾经是俄国沙皇和大公们的议政场所。车子继续朝克里姆林宫的大院中央驶去，在用白色墙砖建于17世纪的伊凡大钟楼附近，汽车开始减速，然后又驶过了一排古代的大炮，最终在一座沙灰色三层大楼外停住了。几分钟以后，两名穿着合身的暗褐色制服的苏联陆军元帅走入了电梯，他们将前往位于二层的斯大林办公室。元帅制服上的金制肩章显得格外沉重，一颗宽达2.5厘米的元帅金星正闪耀地缀在上面。在略显狭小的电梯间里，两名被副官和警卫军官环绕着的元帅亲切地聊着天。外行的观察者也许会以为他们是密友，事实上他们之间的竞争已经趋于白热化。

无论是朱可夫还是科涅夫，都已经达到了他们职业生涯的巅峰。他们都是坚韧务实的完美主义者，在整个军官团体当中，大家都认为在他们手下战斗既是一种荣誉，也是一种令人敬畏的责任。矮壮结实、相貌温和的朱可夫名气要更大一些，他是受到苏联老百姓和士兵崇拜的名将，被看作是全苏联最伟大的一名军人；然而在军官之中，有些人却把他看作是一头洪水猛兽。

朱可夫是名职业军人，其征战生涯的起点是作为一名列兵加入沙皇的帝国龙骑兵部队。1917 年俄国革命爆发后，他参加了革命，作为一名苏俄骑兵与白军反动派进行了艰苦卓绝的战斗。由于其作战勇猛，表现出色，在内战结束时已经擢升为一名光荣的红军军官。不过，朱可夫真正的崛起则是在 20 世纪 30 年代。当时，斯大林对苏军将领进行了野蛮的清洗，造成高级军官人才的紧缺，具备杰出指挥能力和想象力的朱可夫趁着这个机会才最终脱颖而出。

老兵都被残酷地清洗掉了，但他不仅幸存了下来，还在“老赤卫队员”们纷纷倒下之际如同火箭般升到了高位。有人认为这是因为朱可夫从未卷入“党争”，是一名“比较纯粹的军人”。到 1941 年时，他已经爬到了军职的顶端，成了苏联红军的总参谋长。

开始奋斗的朱可夫有一个著名的称呼：“士兵中的士兵”。他对战士们也很宽厚，因此在基层部队获得了极高的声望。他认为，打胜仗是头等大事，而战利品则是士兵们赢取胜利后应得的奖赏。但朱可夫对手下的军官们十分严厉，不称职的高级指挥官往往被不留情面地当场解职并受到惩处。朱可夫会让这些倒霉的军官从两种刑罚中选择一种：要么被送到惩戒营，要么被降成一名列兵，去往战况最激烈的前线作战以洗刷自己的罪名。

在 1944 年的波兰战役中，发生了这样一件事情。朱可夫在康斯坦丁·罗科索夫斯基元帅和第 65 集团军司令员帕维尔·伊万诺维奇·巴托夫（Pavel Ivanovich Batov）上将的陪同下，到前线地区监督部队的进攻行动。正用双筒望远镜观察战况的朱可夫突然朝巴托夫吼道："把这个军的军长和步兵第 44 师师长全部丢进惩戒营！"罗科索夫斯基和巴托夫都为两位将军求情。最终，罗科索夫斯基把那位军长保了下来，但师长在朱可夫的强烈要求下被降职后送上了火线，奉命领导一次自杀式冲锋，战斗打响后没多久他就被敌人打死了。朱可夫随即推荐这位阵亡的军官荣获苏联最高军事荣誉——"苏联英雄"称号（金星勋章）[1]。

战争期间，朱可夫总共 3 次荣获"苏联英雄"称号，他的主要竞争者科涅夫获得了 2 次。两位元帅荣誉满身，不过朱可夫在整个苏联声名远扬，但科涅夫实际上仍默默无闻——而这种默默无闻会令人愤愤不平。

科涅夫的个头较高，脾气粗暴，精力旺盛，蓝色的双眸内闪烁着精明的目光。四十八岁的他比朱可夫还小一岁，就某些方面而言，他的职业生涯与同时期的其他人相当。他也曾经为沙皇作战，后来又加入了革命阵营，继续在苏联军队里服役。不过也有一点

1　这段内容作者没有给予出处，也没有做任何说明，看起来与史实有些出入。根据苏方资料记载，当时步兵第 44 师师长是伊万·安德烈耶维奇·沃罗比约夫少将，他于 1944 年 7 月 8 日阵亡，而他的继任者是阿纳托利·阿尼西莫维奇·米罗年科上校，活到了战后。该师当时隶属于步兵第 111 军，军长是鲍里斯·亚历山德罗维奇·罗日杰斯特文斯基少将，而该军隶属于第 54 集团军。1944 年 8 月，这个师就调入步兵第 119 军（隶属于第 67 集团军），从未与第 65 集团军有任何瓜葛。

不同，而且在像朱可夫那样的人看来，那完全称得上是另一条不同的道路。科涅夫是作为一名政工干部加入苏联红军的，尽管他在 1926 年就转成了军事指挥员，受训成了一名正规的军官，但在其他军人看来，他的背景永远是有瑕疵的。普通军人的内心里总是厌恶政工人员，因为政工人员的权力实在太大了，如果没有同级政委会签的话，指挥官就不能下达命令。朱可夫虽然是一名忠诚的党员，但却从不认为政工干部们是真正的职业军人。在战前的岁月里，他与科涅夫曾在相同的战区里指挥过部队，被上级提拔的速度也都差不多，这让朱可夫大受刺激。这其实是斯大林有意为之。他在 20 世纪 30 年代把两人一手提拔上来，让他们成为军队年轻将领的骨干；但为了更好地控制两位能人，斯大林一直都在他们之间挑起争端，并精明地利用着朱可夫和科涅夫之间的强烈对立。

科涅夫尽管举止粗鲁，口无遮拦，但人们普遍认为他受教育程度比朱可夫更高，考虑问题也更加周全一些。科涅夫酷爱读书，他在司令部里建立了一个小图书馆，偶尔会成段引用屠格涅夫或是普希金的著作，这样的文学造诣往往令他的幕僚们大吃一惊。他麾下的部队官兵都知道，科涅夫在执行纪律上是不讲情面的；但与朱可夫不同的是，科涅夫更加体恤手下的军官，将怒火全部倾泻到了敌人的头上。在战场上，他有时会采取一些极其残忍的打法。当第涅伯河战役正如火如荼地进行时，科涅夫的部队将几个德国师包围了，他命令敌人立即投降，但被对面的德国人严词拒绝了，随后，他让挥舞着马刀的哥萨克轻骑兵们发起了冲锋。

“我们让那些哥萨克骑兵随意砍杀，”1944 年他对南斯拉夫驻莫斯科的军事代表团团长米洛万·吉拉斯（Milovan Djilas）[1] 说道，“他们甚至把那些举手投降的敌人的手都砍掉了。”至少在这一点上，朱可夫和科涅夫的意见完全相同：纳粹的暴行是不可饶恕的，对于德国人，不能有一点慈悲，施加在他们头上的暴行也没必要自责。

现在，当这两位元帅沿着二楼的走廊前往斯大林办公室时，他们都有理由确信，这次要讨论的事情就是攻克柏林。初步的计划是要求朱可夫位于中路的白俄罗斯第 1 方面军负责攻城，北方的罗科索夫斯基元帅的白俄罗斯第 2 方面军和南方的科涅夫的乌克兰第 1 方面军实施助攻。但朱可夫却决心凭一己之力拿下柏林城，他不需要外人的协助，尤其不要科涅夫的协助。然而，科涅夫自己也在心里打着小算盘。他认为，朱可夫的部队有可能受阻于地形，特别是位于奥得河西岸防御森严的塞洛高地。一旦出现这样的情况，就意味着自己出风头的机会来了，他甚至已经想好了一个粗略的行动方案。当然，这一切都取决于斯大林的最终决断。但这一次科涅夫却格外希望能压朱可夫一头，赢得一个等待已久的荣耀。科涅夫认为，如果机会真的降临，他就可以和他的竞争对手来一场目标柏林的宏大赛跑。

沿着铺着红地毯的走廊走了一半距离，护送的军官们便把朱可夫和科涅夫引进了一间会议室。会议室的天花板很高，却并不宽敞，

1　米洛万·吉拉斯（1911 年 6 月 4 日—1995 年 4 月 20 日，旧译密洛凡·德热拉斯），生于南斯拉夫王国（今黑山）的农民家庭，早年曾在贝尔格莱德大学攻读哲学和法律，后来追随铁托参加了南斯拉夫人民解放战争。先后担任过南共联盟中央执委、中央书记、国民议会议长、副总统。1953 年 10 月，他公开主张把南共联盟变成一个议会民主政党，实行多党制和西方式的民主。1954 年 1 月，南共联盟中央决定将其开除出中央委员会，解除其党内外的一切职务，之后又把他开除出南共联盟，并逮捕判刑，直到 1961 年 1 月才被提前释放。

一张长长的擦得锃亮的红木桌子再加上围在旁边的椅子，几乎把屋子都塞满了。两盏装有透明灯泡的沉重吊灯在桌子上方散发着强光，在角落的一隅有一张小桌子和皮椅子，旁边的墙上挂着列宁的大幅肖像画。窗户上挂着窗帘，房间里既没有旗帜也没有徽章，却挂着两幅镶嵌在黑色画框里的彩色石版画，这是俄国最著名的两位军事家的画像：一位是在叶卡捷琳娜二世时期战功卓著的亚历山大·苏沃洛夫元帅，另一位则是1812年消灭了拿破仑大军的米哈伊尔·库图佐夫元帅。在房间的尽头，一扇双开门通向斯大林的个人办公室。

两位元帅对这里的环境很熟悉。1941年当朱可夫还在担任总参谋长的时候，他就在楼下办公，而且此前斯大林也在这里多次接见过两人。但此次会议却并不是一个小型的私人会晤。在两位元帅进入房间后没过几分钟，又进来了7位在战时的苏联地位仅次于斯大林的重要人物，他们是苏联国防委员会的委员，而这个决策机构对苏联庞大的战争机器有着至高无上的控制权。

没有拘泥于级别高低，苏联领导人便鱼贯进入了房间：外交人民委员维亚切斯拉夫·米哈伊洛维奇·莫洛托夫，他也是该委员会的副主席；拉夫连季·帕夫洛维奇·贝利亚，体格粗壮的他戴着近视眼镜，身为秘密警察头子，他是苏联最为人所惧怕的人之一；格奥尔吉·马克西米利安诺维奇·马林科夫，他是个矮胖子，担任联共（布）中央委员会书记，负责军备采购管理；阿纳斯塔斯·伊凡诺维奇·米高扬，面部瘦削的他长着鹰钩鼻，负责生产与协调工作；尼古拉·亚历山德罗维奇·布尔加宁大将[1]，他相貌出众，留着山羊

1　此处原文写的是元帅，但布尔加宁晋升元帅军衔是1947年11月的事情了。

胡子，作为苏联副国防人民委员，是驻前线的大本营代表；拉扎尔·莫伊谢耶维奇·卡冈诺维奇，他举止古板，留着八字须，负责铁路交通运输工作，也是委员会里唯一的犹太人；还有尼古拉·阿列克谢耶维奇·沃兹涅先斯基，他是苏联国家计划委员会主席，也是经济管理方面的专家。军队方面的代表是总参谋长阿列克谢·因诺肯季耶维奇·安东诺夫大将和作战部部长谢尔盖·马特维耶维奇·什捷缅科上将。当苏联的高级领导人就座的时候，人民委员会主席办公室的门打开了，斯大林矮壮敦实的身影出现了。

他身着朴素的深黄色制服，没有佩戴肩章或者军衔标志，裤子上缝着一条不宽的红色边条，裤腿塞进了及膝高的黑色长筒靴里。在其军装上衣的左胸口，佩戴着唯一的一枚装饰品：代表“苏联英雄”身份的金星勋章。斯大林的嘴里咬着他那标志性的烟斗，品牌则是他最喜爱的英国“登喜路”牌。他没有在寒暄上浪费时间。科涅夫后来回忆道：“斯大林开始讲话的时候，我们彼此间甚至还来不及打声招呼。”[1]

斯大林先是问了朱可夫和科涅夫几个有关目前战况的问题，随后就突然切入了正题。他的嗓音不高，带有格鲁吉亚特有的抑扬顿挫的口音，说出的话声音虽轻却效果显著：“那些小小的盟国打算抢在苏联红军前头赶到柏林。”

1　苏联人的引语，就像在全书中所使用的其他苏联材料一样，凡是没有特别注明的，都是1963年4月在对莫斯科做的一次研究旅行过程中获得的。苏联政府允许本书作者，在曼彻斯特大学的约翰·埃里克森教授的帮助下，采访柏林战役的参与者——从元帅到列兵，唯一一位禁止本书作者采访的是朱可夫元帅。其他的元帅，科涅夫、索科洛夫斯基、罗科索夫斯基以及崔可夫，每个人都贡献出了平均3个小时的私下交谈时间。除此之外，作者还被给予了查阅军事档案的权利，并获准拷贝和摘录卷帙浩繁的苏联文献，包括作战地图、战后报告、专题著作、照片，以及迄今为止只在苏联政府圈子内传阅的军事历史书籍。——原注

他顿了顿，然后继续说道，他已经得到了有关英美盟军计划的情报，显然“他们的意图可不像是盟友们应该做的”。他并没有提到前一天晚上艾森豪威尔发来的电报，也没有说出其他的情报来源。他转向什捷缅科上将说道：“读报告。”

什捷缅科站起身来，告诉大家艾森豪威尔的部队计划包围并消灭敌人集结在鲁尔区的兵力，然后向莱比锡和德累斯顿进军，但这只是他们打算攻占柏林的“中途”。上将说，所有这一切“似乎像是在帮助苏联红军”，但众所周知，在苏联军队赶到柏林之前攻克柏林，是“艾森豪威尔的主要目的”。他拖长着声音说，此外，斯大林的最高统帅部已经得知，“有两个盟军空降师正在迅速做好准备，要在柏林空降”[1]。

按照科涅夫对这次会议的说法，他后来记得，什捷缅科所描述的盟军计划中还包括蒙哥马利，他将在鲁尔区北边“沿着柏林和英军集结地之间的最短路线”大举猛攻。科涅夫回忆道，什捷缅科在报告的结尾说，“根据目前已知的所有数据和情报，这个计划——先于苏联红军攻占柏林——在英美盟军指挥部里被视作完全可行的，他们为实现这个目标将倾尽全力”[2]。

---

1 当然，那两个空降师是要准备空投的。——原注

2 斯大林与他的元帅们召开的这次关键性会议，在苏联军方上层人所共知，尽管其内容从未在西方发表过。在苏联的军事史书和军事杂志当中，有若干种说法。一种说法是朱可夫对他的参谋们叙述的与会议相关的内容，由苏联历史学家尼古拉·基里洛维奇·波佩尔中将记载了下来。科涅夫元帅向本书作者说明了会议的背景，并提供了一些迄今为止无人知晓的细节。他于1965年在莫斯科出版的回忆录的第一部中，还描述了部分细节，他的说法和朱可夫的说法之间有一些不同。例如，朱可夫并没有提到蒙哥马利将向柏林进攻，科涅夫也没有提到拟议中英美联军空降师在柏林空降。什捷缅科将军宣读的报告的资料来源从未被披露，根据本书作者的判断，它是对艾森豪威尔头天晚上发来的电报的一种明显夸张的军事评价。这个评价的基础，部分是对艾森豪威尔的动机的怀疑，部分是一种编造，其意图是为斯大林本人的目的提供依据。——原注

什捷缅科读完报告之后，斯大林转向他的两位元帅。“那么，”他声音柔和地说道，“谁将攻占柏林？是我们还是盟军？”

科涅夫后来骄傲地回忆，他是第一个回答的人。“我们将攻占柏林，”他斩钉截铁地保证，“而且会在盟军之前占领它。”

斯大林看着他，脸上闪过一丝笑容。“那么，”他再次声音柔和地说道，带着生硬的幽默，“您是那个人吗？”

科涅夫记得，瞬息之间斯大林又恢复了冷酷和务实，尖锐地提出了问题：南边的科涅夫究竟打算如何按时拿下柏林？“难道你的兵力不需要进行大规模重新部署吗？”领袖再次发问。

科涅夫发现自己已经中了圈套，斯大林再次玩起了他的老花招，让手下相互争斗。但即便意识到了这一点，他仍然直言不讳地给出自己的答案。“斯大林同志，”他说道，“我会采取一切必要的措施，我们将及时重新部署，以便攻占柏林。”

这正是朱可夫所等待的时刻。“我可以发言吗？”他带着几分优越感轻声问道，而且并没有等待领袖给出答复就说了起来。“恕我冒昧，”他边向科涅夫点头边说，“白俄罗斯第1方面军不需要重新部署，他们现在已经做好了万全的准备。我们的目标就是柏林。我们离柏林最近，毫无疑问，柏林是属于我们的。”

斯大林默默地看着这两个人，一丝浅笑再次浮现在了他的脸上。“那好吧，”他温和地说道，“你们俩都待在莫斯科，和总参谋部一起准备你们的作战计划。我希望计划能在两天之内拿出来，那时你们就可以带着获得批准的计划直接返回前线了。”

两位元帅都被如此之短的策划时间震惊了，直到现在他们才明白过来，斯大林迫切希望针对柏林的总攻能提前几个星期发起——

原定日期是五月初。对科涅夫来说，目前的局面尤其糟糕。此时他已经想明白了，尽管他有一个初步的计划，并相信这个计划能让他先于朱可夫冲进柏林，但书面材料却没有带来。此次会议使他绝望地意识到，有一大堆的后勤问题亟待解决，各种各样的装备和补给物资现在都得以最快的速度运到前线。更麻烦的是，科涅夫的方面军目前兵力不足，经过上西里西亚的战斗以后，他的部队有很多仍然分布在南方，有些部队离柏林很远，他们必须立刻转移，但随之而来的繁重运输压力又是个大问题。

朱可夫在听斯大林讲话的时候，也同样忧心忡忡。尽管他手下的参谋们一直在争分夺秒地为进攻做着准备，但距离能发起一次大规模战役还有很长一段时间。他的各集团军已然就位，但前线所需的各类物资仍然有很大缺额。在之前战斗中折损严重的部队也亟待补充大量的兵员，他的一些师，按编制兵力应该有9000～12000人，但现在则减员到了3500人。朱可夫相信，对柏林的攻击行动将面临巨大的困难。他想为可能出现的任何情况都做好准备。他麾下的情报部门报告称："敌人已经在柏林城内和郊外地区做了精心的准备，要顽抗到底，每条街道、每个广场、交叉路口、房屋、运河和桥梁，都是其总体防御的构成部分……"现在，如果他要先于西线盟军拿下柏林，一切事情都得加快速度。他要多久才能发动进攻呢？这是斯大林想要得到答案的问题，而且要迅速回答。

在会议结束的时候，斯大林再次讲话，他的嗓音中不再有暖意。他对两位元帅强调说："我必须告诉你们，我们特别关注战役到底能在何时发起。"

这两位指挥官之间的竞争从来就没消停过，甚至已经表面化了，而斯大林则再次利用了这种“二士争功”的微妙局面。他朝周围的人略微点了点头，便转过身离开了房间。

现在，在启动了他的计划之后，这位苏联最高领导人还要面对一项重要的任务：对艾森豪威尔的电报做认真详细的答复。斯大林着手修改准备好的草稿。到晚上 8 点的时候，他的定稿随着电波被发向了西线。“您于 3 月 28 日发来的电报已收悉，”斯大林在给艾森豪威尔的电文中写道，“您的计划，即把德国军队拦腰斩断，（与）……苏联红军会师，这与苏联最高统帅部大本营的计划是不谋而合的。”斯大林完全同意，两军会师的地点应该是在莱比锡—德累斯顿地区，因为“苏联军队的主攻方向”将会“朝那个方向”进行。至于苏联红军进攻的日期，斯大林给予了特别注明，“大概是在 5 月的下半月”。

他的电文最重要的部分在第三段。斯大林在文中灌输了这样一个印象，即他对德国首都也没有兴趣。“柏林，”他声明，“已经失去了先前的重要战略意义。”事实上，斯大林说的是它已经变得无足轻重，因而“苏联最高统帅部大本营计划向柏林方向只投入第二梯队兵力”。

几乎整个下午，温斯顿·丘吉尔都在与英军的参谋长们商谈。他感到颜面尽失，他的尴尬来自艾森豪威尔的一封电报，那封电报在发送的时候被搞错了。在丘吉尔收到的电报中，有句话是“蒙哥马利将负责巡逻任务……”，于是丘吉尔尖锐地回电说，他认为英王陛下的军队正被“贬谪……到意想不到的限制范围内”。摸不着头脑的艾森豪威尔又回电说：“即使没有被伤害到，我也快郁闷死了……我从来也没有想过要这样做，我认为我以往的做法……应该会消除这样的念头。”原来艾森豪威尔从来也没有用过“巡逻任务”（on patrol tasks）这样的文字，他说的是“这些任务”（on these tasks），但不知怎么搞的，单词被发错了。丘吉尔因为这个事件而感到屈辱。虽然这是件小事，却是在乱上添乱。

在首相看来，美国人对柏林持续性的无动于衷绝非小事。他以其与生俱来的坚韧，立刻开始同时处理两个问题——盟军的关系和柏林。首相给患病的罗斯福发去了一封长长的电报，这是自从艾森豪威尔的“SCAF 252”电报产生的争议以来，他发给罗斯福总统的第一封电报。在电文中，首相首先详尽表达了他对艾森豪威尔的完全信任，然后“在处理完并肩作战的最忠实朋友和盟友之间的些许误解之后”，丘吉尔便反复强调占领德国首都的急迫性。“能够给德国军队带来最绝望心理打击的……莫过于柏林的陷落，”他争辩说，“它将会是战败的最强信号……如果（苏联）攻占柏林的话，那么在他们的头脑中会不会形成一种不正确的印象，以为他们对我们的共同胜利贡献最大？这岂不是使他们由此而产生一种情绪，未来会给我们增添严重而可怕的困难？因而我认为，从政治角度来看……假如柏林唾手可得的话，我们当然要毫不迟疑地抓到手……”

第二天，当丘吉尔收到斯大林给艾森豪威尔的电报副本时，他的关注进一步加深了。老谋深算的首相认为，电文的内容非常可疑。晚上 10 点 45 分，他给艾森豪威尔发去了电报。“我愈发感到抢先进入柏林的重要性，因为莫斯科在给你回电的第三段中说，‘柏林，已经失去了先前的重要战略意义’，这种语句反而突显了这座城市的极端重要性。应该从我强调过的政治角度来解读他的这句话。”丘吉尔又热切地补充说，他现在认为，“最重要的是，我们将来同苏联人握手的地方，应尽可能地偏向东方……”

尽管问题很多，但丘吉尔要赢取柏林的决心并没有发生丝毫动摇，他仍旧保持着乐观。他在给艾森豪威尔的电报中最后说道：“在斯大林开始主攻前，西线可能还会发生许多无法预料的事情。”他抱有极大的希望就是，盟军大举猛攻的势头和万丈豪情，会令部队冲进柏林的日子远远早于斯大林的预定日期。

在斯大林的大本营里，朱可夫元帅和科涅夫元帅正在通宵达旦地奋斗着。到 4 月 3 日，星期二，在 48 小时的最后期限之内，他们的计划都已经准备好了。他们再次见到了斯大林。

朱可夫首先进行陈述。他筹备这次进攻有几个月的时间了，对庞大的白俄罗斯第 1 方面军的预定军事行动了如指掌。他说，他的主攻将在黎明前的黑暗中发动，出发地则是位于屈斯特林以西奥得河桥头堡，这个超大型的桥头堡由北向南有 44 公里长。随后，他将在左右两翼友军的助攻下直扑柏林。

在朱可夫的计划中，后勤问题最为棘手。至少有 4 个诸兵种合成集团军和两个坦克集团军将被投入到主攻方向，还有两个集团军将被用来进行牵制性攻击，包括后方的第二梯队在内，他拥有 768 100 人的庞大兵力。朱可夫不会对当面德军的防御阵地心存任何侥幸，他希望在屈斯特林桥头堡的每公里正面部署 250 门大炮，大致是每隔 4 米就有一门大炮！他计划用令人震惊的约 11 000 门大炮齐射来拉开进攻的序幕，彻底砸烂德国人的防线——小口径的迫击炮还不计算在内。

现在他谈到了计划中最别出心裁的部分。朱可夫想出了一种非正统的另类策略来迷惑敌人。他的攻势将在夜间发动，进攻开始时会有 140 多盏大功率防空探照灯直接照射敌军阵地，炫目的强光会让德国人什么都看不见，从而令其士气低落。他预料他的计划能造成大屠杀。

科涅夫的计划同样也是大手笔，而且由于被他的勃勃雄心所驱使，也就显得更为复杂和困难。他后来回忆："对我们而言，柏林是一个如此令人热切期盼的头号目标，因而每一个人，从士兵到将军，都想亲眼看一下这座城市，都想用武力来征服它。这也是我的热切期盼……我满怀着这种欲望。"

不过，事实上就其最近的地点来看，科涅夫的部队离柏林还有 120 公里以上的路程。科涅夫指望用速度来帮助他渡过难关。他已经有意地把几个坦克集团军集结在右翼，一旦达成突破，他就可以转而朝西北进军，朝柏林突击，这样做或许能抢在朱可夫前面悄悄地入城。这个主意他思考了几个星期。现在，鉴于朱可夫的陈述，他对是否应该在时机尚未成熟就先泄露计划而犹豫了。于是，此刻他紧扣作战计划的细节讲了起来。按照科涅夫的设想，在低空飞行的歼击机中队喷发出来的浓重烟雾庇护下，地面部队将在拂晓时分渡过尼斯河发动进攻。他计划投入 5 个诸兵种合成集团军和两个坦克集团军——兵力达到 511 700 人。值得注意的是，他也像朱可夫一样，要求部署数量同样多到令人难以置信的密集炮兵——前线每公里要有 250 门大炮——而且他还打算从那些大炮中榨取更多的价值。"与我的友邻不同，"科涅夫回忆道，"我计划用炮火对敌人阵地进行饱和轰击，炮击时间为 2 小时 35 分钟。"

不过，科涅夫急需增援部队。朱可夫在奥得河沿线有 8 个集团军，而科涅夫在尼斯河沿线总共只有 5 个，要实现他的宏图伟业，还需要增加两个集团军。经过一番讨论之后，斯大林同意把第 28 和第 31 集团军调拨给他，因为“在波罗的海各国和东普鲁士的战线已经缩短了”。但斯大林指出，在这两个集团军抵达乌克兰第 1 方面军的战线之前，大量时间可能就已经过去了。鉴于运输力量短缺，科涅夫决定进行一场豪赌。他向斯大林保证，自己可以在增援部队尚未到达之时就开始进攻，然后等部队一到达就把他们投入战斗。

在听取了两人的进攻方案之后，斯大林都表示同意，但攻占柏林的责任还是被交给了朱可夫。占领柏林以后，他还要向易北河一线挺进。科涅夫将在朱可夫发起进攻的同一天也展开自己雄心勃勃的攻势，其作战目标是歼灭柏林南部外围地区的德军，然后挥师西进，与美国人实现会师。罗科索夫斯基元帅的白俄罗斯第 2 方面军是苏联在此次战役中展开的第三个重兵集团，他们的集结地从奥得河下游一直延伸到北部的沿海地区，这个方面军将不参加对柏林的攻击。罗科索夫斯基有 314 000 人，他的进攻发起日会稍晚一点，部队将大举穿越德国北部地区，与英国人会合。这 3 个苏联的方面军总计兵力为 1 593 800 人。

看起来，科涅夫已经彻底沦为了柏林进攻战役中的配角。但接下来，领袖的动作却让他为之一振。斯大林对着桌上的地图俯下身来，在朱可夫和科涅夫的方面军之间画出了一条分界线。这是一条奇特的边界，它从红军战线的东部开始，越过奥得河，一直到始建于 16 世纪的施普雷河畔吕本（Lübben），大约在柏林东南 105 公里处。在那里，斯大林突然停了下来。倘若他继续往前画，从而标出一个科涅夫不得越过的边界的话，那么乌克兰第 1 方面军就彻底

平　民

送奶工里夏德·波甘诺夫斯卡，拍摄于1945年。下图是他的马车和两匹马——莉萨和汉斯。“不过现在，波甘诺夫斯卡每天也开始留意那些能够帮助他‘不泄气’的迹象。”

除了特别注明之外，所有的照片均来自本书作者的私人收藏

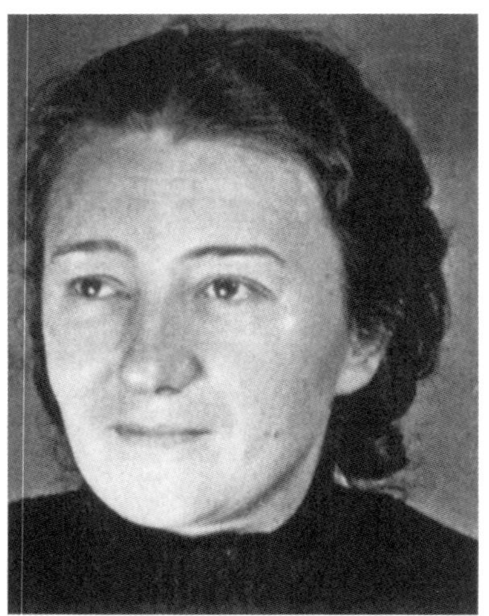

罗伯特·科尔布和英格博格·科尔布，拍摄于 1945 年

位于施潘道区的科尔布家。“战争，将会与我们擦肩而过。”罗伯特告诉英格博格。可战争并不会从他们身边走过，第一个迹象就是，一个部队野战厨房就在他们家的门前停了下来

左：阿图尔·莱克沙伊特博士，那座内部遭到损毁的梅兰希通教会教堂的福音派本堂牧师。“当炸弹在克罗依茨贝格区各处爆炸的时候，附近的乌尔班医院里心存怀疑的病人以及在毗邻的地下室里躲避的人们，都听见了梅兰希通教堂里的风琴奏出的那首古老圣歌：‘发自内心最深处的需要，我向你哭泣。’”右：卡尔·约翰·维贝格，这个比德国人还德国人的瑞典人，是一名盟军间谍

达勒姆宗教会所的修女院院长库内贡德斯。达勒姆宗教会所是圣心修女院开办的孤儿院和弃婴收养院

1945 年，埃尔娜·森格尔（中）和他的儿媳及孙辈们在一起。“诚心诚意地去相信，就意味着愚昧、盲目……但是……我们要待在柏林。要是每个人都像邻居们那样逃走的话，敌人就会得到他想要的东西。”

尤利亚妮·博赫尼克，拍摄于1945年。“我看到第一双苏联人的靴子时就自行了断。”一个朋友向她吐露道

皮娅·范赫芬，她在一个里面有东方地毯的华丽的避难所等待着结局

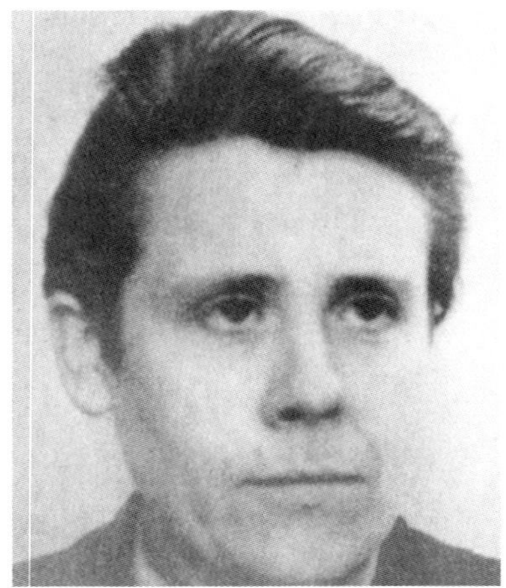

希尔德加德·拉杜施和埃尔泽·克洛普奇。希尔德加德是共产党员，上了纳粹的“通缉”名单，她热切期盼着苏联红军的到来

布鲁诺·扎日茨基（左二），与进入村子的苏联人在一起。他患有严重的胃溃疡，几乎不能吃饭，但他老是说红军到来的那天他的病就会痊愈，他很确信这一点

赫伯特·科斯奈伊

库尔特·科斯奈伊

赫尔穆特·科茨上尉，他同赫伯特·科斯奈伊一样，作为7月20日行刺希特勒密谋的同犯等候被处决

科茨与他的未婚妻尤塔·佐尔格在一起。尤塔同样被捕入狱，科茨在战争的最后日子里被释放，后来娶了尤塔

莱尔特街监狱

卢茨·黑克博士，动物园园长，他是赫尔曼·戈林的朋友。这是黑克博士 1945 年时拍摄的照片

瓦尔特·文特（与海因罗特博士在一起），文特负责饲养动物，当战斗在动物园内外进行时，他幸免于难

古斯塔夫·里德尔，狮子饲养员，他被迫杀死自己饲养的动物，但又发现有些狮子的“肉挺好吃”

卡塔琳娜·海因罗特博士与她的宠物猴子在一起，海因罗特博士后来当上了动物园园长

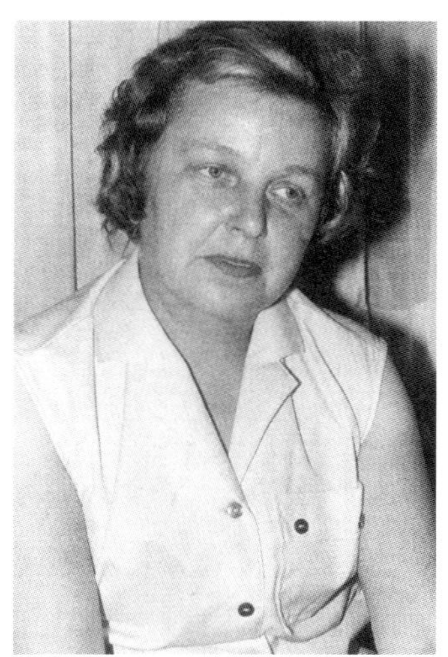

1965 年的克特·赖斯·霍伊泽尔曼

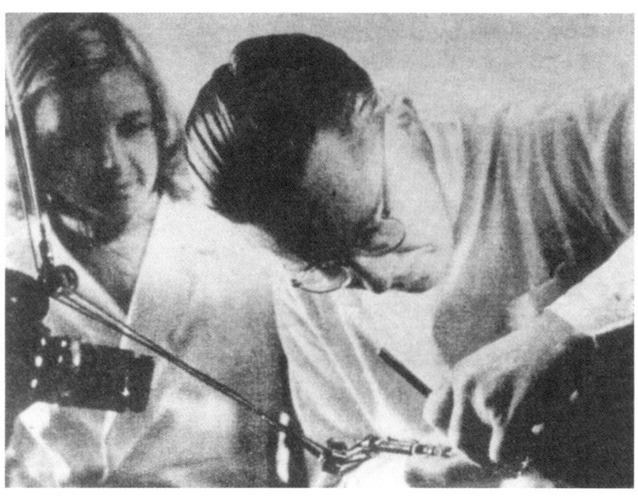

克特与胡戈·布拉施克教授为宣传部长约瑟夫·戈培尔做手术。她知道一个保守最为严格的秘密——希特勒的下落

德　军

维斯瓦集团军群指挥官，戈特哈德·海因里希大将

海因里希（左）与本书作者在一起

身着羊皮大衣的海因里希

海因里希的参谋长伊福-蒂洛·冯·特罗塔少将

马克斯-约瑟夫·彭泽尔中将，防御专家，他发现柏林的城防“完全徒劳”

林卫戍司令赫尔穆特·雷曼中将，他在测试一支意大利步枪

雷曼的参谋长汉斯·雷菲尔上校

约德尔太太，拍摄于 1945 年

1965 年的约德尔太太

阿尔弗雷德·约德尔大将与妻子在结婚日的合影，拍摄于 1945 年 3 月 7 日

海因茨·古德里安大将，1944 年出任陆军总参谋长。“我们所处的混乱局面是万分荒谬的”。这张照片拍摄于 1940 年 5 月，当时古德里安正指挥第 19 摩托化军的先头部队挺进英吉利海峡

古德里安的情报处长赖因哈德·格伦少将，战后任西德联邦情报局局长，这是他为人所知的唯一一张照片

瓦尔特·温克装甲兵上将，希特勒对他匆匆组建的第 12 集团军寄予了最后的希望。左图拍摄于 1945 年，右图拍摄于 1965 年

党卫军将领费利克斯·施泰纳党卫队副总指挥兼武装党卫军上将，“施泰纳集团军级支队”指挥官（照片拍摄于 1965 年）。他得到的命令是拯救柏林，解救元首

特奥多尔·冯·杜夫芬上校，上图拍摄于1945年，下图拍摄于1965年，下图为本书作者拍摄。冯·杜夫芬是第56装甲军军长卡尔·魏德林炮兵上将的参谋长，起初希特勒曾下令枪毙魏德林，后来又任命他为新的柏林卫戍司令。1945年5月2日，魏德林和冯·杜夫芬率柏林卫戍部队向崔可夫投降

这张苏联人拍摄的照片意在表现投降后的魏德林，估计是摆好姿势拍摄的，因为实际的投降仪式发生于滕佩尔霍夫区的一幢房子里，而不是在一座地堡里

第 9 集团军指挥官特奥多尔・布塞步兵上将，左图拍摄于 1945 年，右图拍摄于 1965 年

第 3 装甲集团军指挥官哈索-埃卡德・冯・曼陀菲尔装甲兵上将。“我们有一支幽灵组成的军队。”

第 56 装甲军的炮兵指挥官汉斯-奥斯卡・韦勒曼上校。他说到处都有士兵“像疯子一样狂奔”

第 12 集团军参谋长京特・赖希黑尔姆上校，分别拍摄于 1945 年与 1965 年。1965 年的照片为本书作者拍摄

第 9 集团军的沃尔夫·哈格曼中将

赫尔穆特·朗上尉（站在隆美尔的背后，照片拍摄于 1944 年），在战争结束前的几个小时里，他给海因里希送去了消息，让他当心

“梦想远去了……”

维利·费尔德海姆，作为一名希特勒青年团员参加了柏林的战斗。右上图拍摄于1945年，时年15岁。左上图是他在战俘营里待了两年被苏联人释放后拍的。下图是1965年的他，为本书作者拍摄

上：保卫柏林的“士兵”，年龄在 12 ～ 15 岁，这是他们被俘后的留影，照片是苏联人提供给本书作者的。下：人民冲锋队员，即国民军成员，他们中有些人已经 70 多岁了

勃兰登堡门前的一个罕见景象，巨大的伪装网罩像雨伞一样遮盖在城市的各个角落，用来对付为空袭做准备的侦察机

满地瓦砾的蒂尔加滕区，背景是国会大厦

盟　军

盟军高级指挥官的会晤。从左到右：索科洛夫斯基大将、罗伯特·墨菲、蒙哥马利元帅、朱可夫元帅、艾森豪威尔五星上将、法国的柯尼希中将

美军第 9 集团军指挥官威廉·辛普森中将正与蒙哥马利元帅交谈。在蒙哥马利的左后侧不是很显眼的位置上，站着奥马尔·布莱德雷上将，他是美军第 12 集团军群指挥官。蒙哥马利后面是陆军元帅艾伦·布鲁克爵士，他是英军总参谋长

小乔治·S. 巴顿中将，美军第 3 集团军指挥官

考特尼·霍奇斯中将，美军第 1 集团军指挥官

加拿大第1集团军指挥官亨利·格雷厄姆·克里勒上将，与蒙哥马利在一起

詹姆斯·莫里斯·加文（右），38岁的美军第82空降师师长，奉命做好在柏林空投的准备。他与英军第2集团军指挥官、中将迈尔斯·邓普西爵士一起讨论他的计划，拍摄这张照片时他仍是准将

雅各布·德弗斯上将，美军第 6 集团军群指挥官

雷蒙德·斯托林斯·麦克莱恩少将，美军第 19 军军长，他预计将“在渡过易北河 6 天之后”到达柏林

艾萨克·戴维斯·怀特少将，美军第 2 装甲师师长。“没有一个该死的步兵师能打败我杀奔易北河的人马。”

罗伯特·昌西·梅肯少将，号称“痞子马戏团”的美军第 83 步兵师的师长

保罗·艾尔弗雷德·迪斯尼上校，美军第 67 装甲团团长。“下一个目标是哪儿？”“柏林！”迪斯尼太太供图

亚历山大·罗素·博林少将，美军第 84 步兵师师长。“亚历克斯，一直往前冲，……不要让任何人挡住你的步伐”

悉尼·雷·海因兹准将，美军第2装甲师B战斗群指挥官，于1945年3月获法国荣誉军团勋章。

詹姆斯·弗朗西斯·霍林斯沃思少校，美军第 67 装甲团 2 营营长，师长艾萨克·怀特少将正在给他颁发银星奖章。他把 34 辆坦克排列成行，下达了一个在现代战争中很少听到的命令：“冲啊，骏马！”

三巨头在德黑兰

美国驻英国大使约翰·吉尔伯特·怀南特与温斯顿·丘吉尔在一起

弗雷德里克·埃奇沃思·摩根中将，“兰金行动C方案”的制定者。“……它不会起作用的，不过你必须想法子让它起作用！”

美国驻苏大使威廉·埃夫里尔·哈里曼，他经常提醒总统，斯大林怀有无限的领土野心

苏联驻英大使费奥多尔·塔拉索维奇·古谢夫。“一个难缠的讨价还价者，他的固执已是人所共知”

左图：乔治·弗罗斯特·凯南，怀南特大使的政治顾问。像哈里曼一样，他也一再提醒总统不要相信苏联的意图。右图：菲利普·爱德华·莫斯利教授，工作保障委员会的代理主席，于1943年12月奉命制定美国的战后欧洲政策。他主张必须制定“从西方能够自由而又直接地经过苏占区进入柏林”的条款

伊万·斯捷潘诺维奇·科涅夫元帅，乌克兰第 1 方面军司令员（左），拍摄于 1945 年

科涅夫与本书作者在一起。有关他在攻克柏林之役中所起的作用，两人进行了一次历时 4 个小时的讨论。科涅夫很少允许别人为他拍照，这是难得的一张

白俄罗斯第 2 方面军司令员康斯坦丁·康斯坦丁诺维奇·罗科索夫斯基元帅（右），1945 年与蒙哥马利在一起

1965年的瓦西里·伊万诺维奇·崔可夫元帅。1945年，时任上将的他率领近卫第8集团军进攻柏林

格奥尔基·朱可夫元帅，白俄罗斯第1方面军司令员，科涅夫的竞争对手，拍摄于1945年

瓦西里·索科洛夫斯基元帅与本书作者在一起。1945 年，在进攻柏林的前一天，他被任命为朱可夫的副司令员

康斯坦丁·雅科夫列维奇·萨姆索诺夫上尉（1965 年时为上校）。1945 年，他是步兵第 171 师 380 团 1 营营长，该师参与了攻占国会大厦的战斗

伊万·伊万诺维奇·尤舒克少将（1965 年是上将），苏联红军坦克第 11 军军长

1945 年 4 月，美军与苏联红军会师

一位美军宪兵与一位苏联红军女哨兵一起守卫易北河上的一座桥

美军士兵举着一面代用的旗帜，向苏联红军表明自己的身份，代用旗是用床单涂上水彩做成的。右边第二位是保罗·斯托布一等兵

上：美军用缴获来的八桨赛艇，划船渡过易北河与苏联红军会师。下：苏军在岸上向美军挥手致意

杜安·弗朗西斯中尉（右），无武装的“梅小姐号”“幼畜”J3型观察机的飞行员，站在被他击落的德军飞机旁

英国皇家空军准尉詹姆斯·“迪克西”·迪恩斯（左五，左手搭在腰间，佩戴英国皇家空军飞行员的飞行资格章），与第 357 战俘营的德军军官们在一起

左上：休·格林·休斯准将，英军第2集团军医务部长。“没有照片和文字叙述能清楚地表达出我所看到的修罗场一般的恐怖景象”；右上与下图：贝尔森集中营

柏林，1945 年 4 月

元首的班底

希特勒与他的私人飞机驾驶员鲍尔。在他们中间是腓特
烈大帝肖像，肖像挂在元首地堡里，希特勒把它送给鲍
尔作为离别礼物

希特勒与他的私人汽车司机埃里希·肯普卡

希特勒与埃娃·布劳恩，最后的快乐时光

帝国元帅赫尔曼·戈林

党卫队全国领袖海因里希·希姆莱

马丁·鲍曼

纳粹宣传部长约瑟夫·戈培尔

以上照片均来自英国帝国战争博物馆

戈培尔太太以及她和戈培尔生的6个孩子中的5个。图中的大男孩是她前一次婚姻中所生，他在战争中侥幸存活

从左到右：阿尔贝特·施佩尔，海军总司令卡尔·邓尼茨，约德尔大将，这是他们在被俘之后拍摄的照片

希特勒的帝国总理府餐厅，破碎的枝形吊灯掉落在地板上

变成废墟的总理府

希特勒地堡的入口处。左边就是希特勒和埃娃的尸体被浇上汽油焚烧的地方

城市的陷落

苏联红军在通往柏林的道路上战斗，上图为“喀秋莎”火箭炮正在城里发射火箭弹。下图为苏联士兵在一处俄文宣传标语牌后寻求掩护，标语牌上写着：“前进，斯大林格勒的战士们！胜利就在前面！”背景处是德国的胜利纪念柱

这一部分中的照片，除了另外注明出处的，均由苏联国防部供图

动物园防空塔，图为动物园里的防空双塔之一，这是柏林最后投降的堡垒。左上：战斗前的双塔；左下：战斗后的双塔。右上：瓦尔特·哈格多恩，他是德国空军的一名医生，代表堡垒守军向苏联红军投降。右下：格尔达·尼迪克，电传打字机操作员，她处理了希特勒最后的信息，“施泰纳在哪里？温克在哪里？”

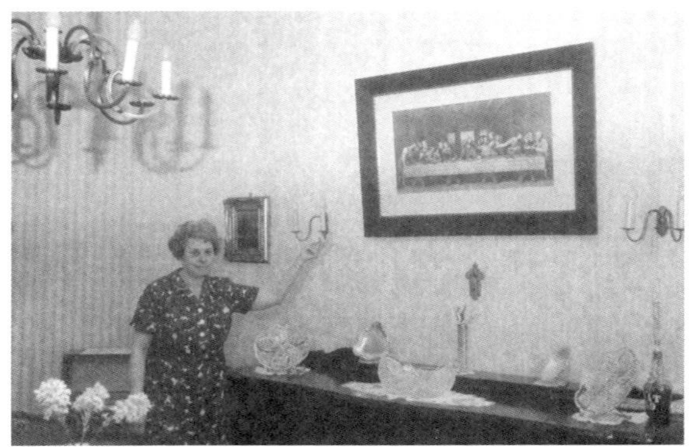

左上：5 月 1 日上午，克雷布斯将军在崔可夫的司令部外面。这张来自苏联国防部档案馆的独一无二的照片，在本书英文版中第一次面世。右上：20 年之后同一栋房子，本书作者经过崔可夫的指点之后发现的。这栋房子在滕佩尔霍夫区舒伦堡环路 2 号，屋主仍是同一个人，一位格贝尔斯太太。“房间里最醒目的是一幅达·芬奇的《最后的晚餐》的石版画。”崔可夫回忆道。这幅画还在那里，但签署投降书的那张桌子（见上图），现在却在附近的圣犹达天主教教堂图书馆里

苏联红军在德国国会大厦前欢呼胜利

和柏林无缘了；但现在，科涅夫却兴奋地从领袖的动作中看到了机会。尽管“斯大林一个字也没说”，他后来回忆道，“但鼓励战地指挥官展现出主观能动性的意图却心照不宣地呈现了出来”。领袖的无言之举为科涅夫的部队打开了进军柏林的绿灯——只要他能够做到的话。在科涅夫看来，仿佛斯大林已经读懂了他的心思，会议就是以他后来称为“由斯大林做出的……对竞争的秘密召唤”而结束的。

两位元帅的计划立即被转为了正式的命令。第二天上午，这两位相互竞争中的指挥官手握领袖的最终指令，风驰电掣般驱车赶往莫斯科机场，每个人都急于赶回自己的司令部。命令要求他们，进攻真正发起的时间要比斯大林通报给艾森豪威尔的日期提前整整 1 个月。为了防止泄密，书面命令上并没有标注具体日期，但斯大林已亲自给朱可夫和科涅夫下了指示，对柏林的进攻将在 4 月 16 日星期一打响。

就在朱可夫和科涅夫开始紧张地做准备，指挥 13 个集团军的百万大军挥师柏林之时，阿道夫·希特勒著名的“直觉闪现”又一次出现了。他认为，苏联红军在正对柏林的屈斯特林的集结，只不过是一次规模巨大的佯攻；苏联红军的主攻方向不是柏林，而是南方的布拉格。在希特勒的众多将领中，只有一位拥有同样天赋的“洞察力”，他就是费迪南德·舍尔纳大将，现在担任位于海因里希南翼的中央集团军群指挥官，他也“一眼看穿了苏联人的骗局”。“我的元首，”舍尔纳提醒，“据历史记载，要记住俾斯麦的话——‘谁拥有布拉格，谁就拥有欧洲’。”希特勒表示同意。残忍的舍尔纳是元首的心腹，也是德军将领中最缺乏才气的一位，现在却被火箭般地提拔成了陆军元帅。与此同时，希特勒在 4 月 5 日命令海因里希麾下 4 支经验丰富的装甲部队向南方调动，这些机动单位是海因里希用来遏制红军当面猛攻的本钱所在，现在调走无异于釜底抽薪。这项命令将造成灾难性的后果。

4

海因里希大将的汽车沿着柏林布满瓦砾的道路蜿蜒而行。他正赶往帝国总理府，去参加希特勒 9 天前下令召开的正式会议。海因里希和首席参谋艾斯曼上校一起坐在汽车后排，默默注视着车外被大火焚烧后变得黑漆漆的街道。两年的时间里，他只来过这座城市一次。现在，亲眼看见的一切令他不知所措，他实在无法将眼前如同地狱般的废墟和祖国的首都联系在一起。

通常，从他的指挥部到总理府需要大约 90 分钟车程，但现在他们在路上已经开了快三个小时了。堵塞的街道一再迫使司机绕行，甚至连以前的通衢大道很多也无法通行。倾斜的大楼摇摇欲坠，随时有可能倒塌，每一条街道都成了危机四伏之地。水从巨大的弹坑里滚滚涌出；漏出的煤气在破裂的总管道里闪着火光；而在城中的各处，一片片区域设置了警戒线，警示牌上写着“注意！地雷！”（Achtung！ Minen！），说明这个地方有还未爆炸的空投地雷。海因里希悲伤地对艾斯曼感叹：“这就是我们最终来到的地方——一片瓦砾的海洋。”

尽管威廉大街两侧的大楼也已经炸成了废墟，但除了一些墙壁破碎之外，帝国总理府本身似乎没有任何变化，甚至连大门外面那些制服笔挺的党卫军哨兵，看上去也和往日没有什么不同。当海因里希与身后的艾斯曼进入大楼的时候，他们"啪"的一声立正敬礼。尽管路上有所耽搁，但将军还是按时到了。希特勒召集的会议定于下午 3 点开始。在过去的几天里，海因里希想了很多，他打算尽可能坦率和准确地告诉希特勒及其身边的那些人，维斯瓦集团军群面临的真实形势。海因里希完全了解说真话的风险，但可能造成的后果好像并没有让他感到不安。而从另一方面来看，艾斯曼却显得心神不宁。"在我看来，"他后来说道，"海因里希仿佛计划对希特勒和他的顾问们发动一场火力全开的猛攻，而敢这样做的人大部分都丢了命。"

在大厅里，一名穿着紧身笔挺的白色短上衣、黑马裤和锃亮骑兵靴的党卫军军官，迎上了海因里希。他告知这位指挥官，会议将在元首地堡里举行。海因里希对这个神秘的地点早已有所耳闻：在总理府毗邻的大楼和后面的封闭花园下方，有一个设施齐备的巨大地下迷宫，但他以前从未去过那里。在向导的带领下，他和艾斯曼走进地下室，又走出来进入花园。尽管总理府的正面完好无损，但建筑物的后方却遭到了严重破坏。富丽堂皇的花园里以前有一组喷泉，现在那些花园早已灰飞烟灭，随之消失的还有希特勒的茶亭以及在茶亭一侧的植物温室。

这个地方在海因里希的眼中就如同一处战场，布满"巨大的弹坑、混凝土块、粉碎的雕像和被连根拔起的大树"，总理府被硝烟熏黑的墙上，"原先的窗户现在成了巨大的黑洞"。艾斯曼看着眼前的荒凉景象，不由得想起了 19 世纪德国民谣作家约翰·乌兰（Johann Ludwig Uhland）所写的《歌手的诅咒》中的诗句，"只有一根高高的圆柱讲述那逝去的荣耀，圆柱可能在一夜之间便轰然倒下”。相比之下，海因里希则比较缺乏想象力。“想想吧，”他对艾斯曼嘀咕道，“三年以前希特勒曾让欧洲臣服于他的掌控之下，从伏尔加河一直到大西洋都纳入了庞大帝国的版图，但现在他却待在地下的一个洞穴里。”

他们穿过花园，来到一个由两名哨兵把守的长方形地堡前。检查了来访者的证件后，哨兵略显吃力地推开了一扇沉重的钢制防护门，让两位军官进入地堡内部。海因里希永远记得当门在他们身后“咣当”一声关上的时刻，“我们如同迈步进入了一座令人难以置信的地狱”。在迂回曲折的混凝土楼梯底下，两名年轻的党卫军军官在灯光明亮的门厅里接待了迈步前来的海因里希和艾斯曼。党卫军军官先是不卑不亢地帮来访者脱下大衣，随后又彬彬有礼地对他们进行了搜查。艾斯曼的公文包受到了“特别关照”——1944 年 7 月 20 日，就是一个装着炸药的公文包差点把希特勒炸死。那次事件后，元首的精锐卫队就不允许任何人在没有接受搜查的情况下靠近希特勒。尽管两名党卫军军官致以歉意，但海因里希仍对搜身之辱感到愤怒。艾斯曼也愤怒地抱怨道，“自己为一个德国将军竟受到如此对待感到羞耻”。搜查结束以后，他们被带进了一条狭窄的长廊，走廊被分隔成两部分，一部分被改建成了一个舒适的休息室。半球形的灯从天花板上延伸出来，给米黄色的泥灰墙染上了一层淡黄的色调。地板上有一块东方风格的地毯，显然是从总理府的某个大房间里拿来的，因为在局促的地下室里，它的四周都朝里卷了边。尽管屋子看上去是蛮舒服的，但家具——比如说那块地毯——似乎彼此之间并不协调。椅子是各种各样的，有的朴实无华，有的却套着豪华名贵的椅套和椅垫。一张狭窄的橡木桌子靠在墙边，房间里挂着几张大幅风景画，那是德国建筑师和画家申克尔[1]的作品。在入口处的右边，一扇敞开的门通往这次会议所在的小会议室。有关元首地堡的大小和深度，海因里希只能猜测；不过就他所亲眼看到的而言，地堡似乎相对来说比较宽敞，有一些门通往走廊休息室的两侧及更深远处的房间。由于天花板不高，加上狭窄的铁门和密闭的空间，因此这里如同小客轮船舱内的走廊过道——不过，据海因里希估计，它们在地下至少有12米。

一瞬间，一位高个子、衣着得体的党卫军军官出现在了二人眼前，他就是希特勒的个人副官和贴身保镖奥托·京舍（Otto Günsche）二级突击队大队长（党卫军少校[2]）。他礼貌地询问了海因里希一行人在路途中遇到的情况，并请他们享用茶点。海因里希接受了一杯咖啡。很快，其他与会者开始抵达。接着进来的是希特勒的首席副官威廉·布格多夫上将，艾斯曼记得，他是“用一套有关胜利的言辞”来欢迎大家的。随后进来的是国防军最高统帅部长官威廉·凯特尔元帅，接下来是希姆莱和海军总司令卡尔·邓尼茨，以及人所共知的希特勒最亲密的心腹马丁·鲍曼（Martin Bormann）。艾斯曼后来回忆说：“他们全都对我们大声表示欢迎。看着他们，我由衷地为我的指挥官感到骄傲。他那为人所熟悉的挺

1 卡尔·申克尔（Karl Frederich Schinkel，1781—1841），德国建筑师、画家，以其在诸多相关艺术领域中的古典浪漫主义创作成为当时德国的美学鉴赏权威。

2 此处原文写的是上校，但武装党卫军军衔体系中的二级突击队大队长其实只相当于国防军的少校军衔，京舍的最终军衔就是二级突击队大队长。

拔姿态，既严肃又不失分寸，在这些愚蠢的朝臣之中只有他是一名地地道道的军人。”

艾斯曼注意到，当希姆莱穿过房间朝海因里希走来的时候，海因里希一下子绷紧了。将军小声抱怨道：“幸好那个人从未打算踏足我的指挥部。如果哪天他要登门拜访，马上就告诉我，我好走人。他真令我感到想吐。”确实，艾斯曼认为，当希姆莱拽着海因里希交谈的时候，他的脸色十分苍白。

此时，古德里安的继任者克雷布斯上将也走进了屋子，他一看见海因里希便走了过来。那天一早，海因里希就从克雷布斯那里获悉，他手头必不可少的装甲部队被调拨给了舍尔纳的集团军群。尽管他认为克雷布斯没能对此表示强烈抗议负有责任，但现在海因里希对新任陆军总参谋长的态度却算得上是热情友好了——他可能很感谢克雷布斯能在此时出现，把自己从与希姆莱的寒暄中拯救出来。

克雷布斯照例表现得既得体又热情。他信誓旦旦地保证道，毫无疑问，在此次会议上，一切都会好起来的。当海因里希提及自己的一些问题时，邓尼茨、凯特尔和鲍曼都加入进来，这三个人全都许诺，当海因里希向希特勒进言陈情之时，将会得到他们的鼎力支持。鲍曼转向艾斯曼问道：“你对目前集团军群所面临的形势有何看法？这一切都关系着柏林乃至整个德国未来的命运？”艾斯曼一时被惊得目瞪口呆。苏联人离首都只有 60 公里，而盟军正从西边全速横穿德国，这个问题似乎近乎疯狂。他直言不讳地答道：“形势很严峻，这也就是我们为什么会被召到这里开会的原因。”鲍曼轻拍了一下他的肩膀，宽慰道：“你不必如此担惊受怕，元首一定会同意给予你帮助的，你将会得到作战所需的一切兵力。”艾斯曼瞪着眼睛发愣，鲍曼所想的那些兵力将从哪里弄来呢？一时间，他感到很不舒服。看来在这个房间里，自己和上司海因里希是少数还清醒着的正常人。

越来越多的军官和参谋鱼贯进入了这条已经拥挤不堪的走廊。国防军指挥参谋部参谋长、超然而又沉着的阿尔弗雷德·约德尔大将与他的副手共同抵达；空军总参谋长卡尔·科勒（Karl Koller）航空兵上将，以及国防军最高统帅部负责补给和补充兵力的参谋长瓦尔特·布勒（Walter Buhle）步兵上将[1]一起走了进来。好像基本上每个人都跟着一名副官、一名勤务兵或一位副手，由此造成的喧闹和混乱令艾斯曼想到了一群嗡嗡响的蜜蜂。

在挤满了人的走廊里，海因里希默默地站着，面无表情地聆听着嘈杂的交谈声。这些谈话多半是闲聊，内容多是些无关紧要的琐事。地堡本身和其内的气氛让人感到窒息，甚至会产生一种不真实的虚幻感。海因里希不安地察觉到，希特勒和他的近臣们已经躲进了一个自己努力营造的梦幻世界之中。在这个世界里，灭顶之灾是不存在的，一个即将发生的奇迹就可以将逆境轻松化解。此时此刻，他们什么都不需要做，只需要等待着一个能创造奇迹的人出现便能逢凶化吉。

走廊里突如其来的动静打断了海因里希的沉思。布格多夫上将挥动着高举过头的双手，努力让大家伙儿安静下来。“诸位，诸位，”他大喊道，“元首驾到！”

1　此处原文是少将，但布勒早在 1944 年 4 月 1 日就晋升步兵上将了。

"古斯塔夫！古斯塔夫！"当机群靠近滕佩尔霍夫区的时候，广播里传来了密语警告。在地铁沿线各个车站的站长办公室里，扩音器传出很大的喊声："危险 15！"——又一次覆盖整座柏林城的饱和轰炸开始了。

泥土迸溅了出来，玻璃在空中乱飞，混凝土块砸碎在街道上，尘埃如同龙卷风似的从上百个地方旋转直上，把城市覆盖在深灰色的令人透不过气来的隔膜当中。男男女女争先恐后地跑着，跌跌撞撞、慌慌张张地奔向掩蔽所，尖叫声不绝于耳。露特·迪克尔曼在抵达安全的地方以前，抬起头看见了似海浪般接踵而至的轰炸机群，"就像生产流水线。"他这样惊叹道。而在克虏伯-德鲁肯米勒工厂里，法国籍劳工雅克·德洛奈正在检修一辆浑身弹痕、被严重打损的破烂坦克，他刚从坦克里取出了半条令人作呕的人的胳膊，还没来得及感到害怕，轰炸机就呼啸而至了。他赶忙把残肢扔掉，飞一般冲向附近的隐蔽所。在胜利大道，勃兰登堡-普鲁士统治者们的大理石雕像在基座上摇晃着、呻吟着。12 世纪的领袖人物、绰号"大熊"的阿尔贝特侯爵[1]雕像所高高举起的十字架，在同时代的杰出人物奥托·冯·班贝格主教的胸像上被碰了个稀巴烂。附近的斯卡格拉克广场上，警察们慌张地丢下仍在树上晃悠的自杀者的尸体，四散奔逃寻找掩蔽处。

一串燃烧弹穿透了莱尔特街监狱 B 监区的天花板，在二层燃起了十来个耀眼的镁光火堆。囚犯们被破例放出了牢房，在看守的

1 "大熊"阿尔贝特（Margrave Albert the Bear，约 1100—1170），即阿尔贝特一世（Albert I），勃兰登堡的第一位伯爵，阿斯卡尼亚王朝的创建者。12 世纪德意志向东欧扩张的主要领袖之一。

监督下着急忙慌地去灭火，他们拎着一桶桶沙子，在刺鼻的烟雾中跌跌撞撞地穿行。有两个人突然停了下来。第 244 号牢房的囚犯凝视着第 247 号牢房的囚犯，然后他们激动地相拥而泣——赫伯特·科斯奈伊和库尔特·科斯奈伊兄弟惊喜地发现，这些天他们都被关在同一层楼上。

在潘科区，韦尔特林格尔夫妇躲藏在默林家位于底层的两居室里，西格蒙德在厨房里抱着啜泣中的妻子玛格丽特。"如果一直这样的话，"他的嗓门比高射炮持续不断的开火声还大，"那连犹太人都可以公开去掩蔽所了。如今德国人全都被炸弹吓了个半死，哪还有劲头去告发我们。"

14 岁的鲁道夫·雷施克则有充裕的时间目睹一切。他惊讶地发现，轰炸机群在天空形成了一道亮闪闪的"银河"——他喜欢与低空扫射的战斗机玩危险的捉迷藏游戏，可现在这些飞机飞得太高了，没有玩头了。这时他的母亲歇斯底里地吼了起来，一把将他拽进了地下室，9 岁的妹妹克丽斯塔正在那里颤抖和哭泣。整个地下室仿佛都在摇动，灰泥从天花板和墙上掉了下来，接着灯光开始闪烁不定，没多久干脆彻底熄灭了。在一片黑暗中，雷施克太太和克丽斯塔开始大声祈祷，过了会儿鲁道夫也加入了向"我们的天父"祈祷的行列。炸弹的爆炸声越来越响，这会儿地下室好像一直在颤动。雷施克一家曾经历过多次空袭，但与这次比都不一样。雷施克太太把两个孩子揽在怀里，轻声啜泣起来。鲁道夫以前很少听到母亲哭，虽然他知道她经常忧心忡忡，尤其是担心在前线的丈夫。突然间他对那些飞机生起气来，因为它们把自己的妈妈吓坏了，而且鲁道夫自己也第一次感到害怕。他有点尴尬地发现，自己也在哭。

在母亲拉住他之前，鲁道夫冲出了地下室，一口气跑上楼梯，回到了位于底层的家里。他径直走进自己的房间，找出收集的玩偶，随后从其中选出那个表情动作最威严的人物，玩偶瓷质的脸庞特征明显。他又走进厨房，把母亲用的沉重的斩肉刀取了下来。鲁道夫无视空袭的威胁，跑到这幢公寓楼的院子里，把玩偶放在地上，挥刀将玩偶的头砍了下来。"好啦！"他边说边站起身退后，低下头，脸上还带泪痕，毫不愧疚地看着阿道夫·希特勒的断头。

希特勒步履蹒跚地进入了地堡的走廊——半弯着腰，左脚在地上拖着，左胳膊控制不住地抖动着。尽管他的身高约有 1.74 米，但由于现在他的头和身子朝左边歪，显得矮了不少。那双曾经被他的追随者们称为"魅惑"的眼睛，现在又辣又红，仿佛几天都没有睡过觉似的。他的脸庞浮肿，脸色是一种有污斑似的暗淡灰色。浅绿色的眼镜在他的右手上悬荡着，强烈的灯光让他很不舒服。片刻之间，他就面无表情地盯着将军们，他们的右手举起向前伸出，齐声喊道："希特勒万岁。"[1]

走廊里太拥挤了，结果希特勒费了点劲才从每个人身边走过，进入小会议室里。艾斯曼注意到，元首走过去后其他人就开始继续聊天，没有他预期中的那种含有尊敬意味的安静。至于海因里希，

---

1 与普遍接受的看法相反，希特勒健康的恶化，并不是由于他在 1944 年 7 月的炸弹刺杀行动中受到的伤害造成的，尽管那似乎标志着迅速衰弱的开始。二战结束以后，美国的反间谍情报部门讯问了几乎每个给希特勒看过病的医生。本书作者读了他们的所有报告，虽然没有一份报告指出希特勒麻痹状况的原因，但普遍的看法是，从根源上讲有部分是心因性的，还有部分是由他的生活方式造成的。希特勒几乎不睡觉，夜晚和白天对他来说没有多少区别。除此之外，有大量证据说明他是慢性中毒，他任意用药，而他最受宠的医生特奥多尔·莫雷尔教授又给他开了大剂量的针剂。那些针剂含有吗啡、砷和士的宁，这位医生还自己合成了含有各种人工兴奋剂的神秘的"特效药"。——原注

他被元首的模样惊呆了，他认为希特勒“就像一个只差一点就要咽气的绝症病人，如同一具行尸走肉”。

希特勒似乎很痛苦地拖着脚慢慢走到了桌子的上首位。艾斯曼吃惊地看着他“就像麻袋一样瘫进了扶手椅，一句话不说，保持着前倾的姿势，胳膊就在椅子边上撑着”。克雷布斯和鲍曼走到元首的身后，坐在靠墙的椅子上，克雷布斯就在那里向希特勒非正式地引见了海因里希和艾斯曼。希特勒无力地同他们两个人握了手，海因里希注意到自己“几乎感觉不到元首的手，因为没有感受到手被对方握住时的那种握力”。

由于屋子狭小，不是每个人都有座位，于是海因里希便站在元首的左边，艾斯曼站在右边，凯特尔、希姆莱和邓尼茨坐在桌子对面的椅子上。其余的人就待在外面的走廊上。令海因里希吃惊的是，他们仍然在闲聊，尽管嗓音现在已经压低了。克雷布斯在会议上首先发言。“为了让指挥官”——他看着海因里希——“能尽快地返回他的集团军群，”他说道，“我建议海因里希立即汇报。”希特勒点了点头表示赞同，戴上他的绿色眼镜，示意海因里希开始。

将军以其从容不迫、一丝不苟的方式直入主题。他瞟了一下桌子四周的人，又看了看希特勒，开口说道：“我的元首，我必须告诉您，敌人正在筹备的攻势，在兵力和威力上都极其强大。此刻，他们正在从施韦特（Schwedt）南部一直到法兰克福南部的广阔区域做着进攻的最后准备。”希特勒惯用的地图就摊开在桌子上，海因里希的手指沿着奥得河前线受威胁的地段缓缓地滑了过去，那是一条大致有 120 公里长的线。随后，他在可能会遭到最猛烈打击的城市上边略微停上一下——施韦特、弗里岑（Wriezen）地区、屈斯特林桥头堡周边，以及法兰克福南部。海因里希说道，他丝毫也不怀疑“主要的进攻”落在仍坚守这个中央地区的“布塞的第 9 集团军头上”，而且“苏联红军还将打击施韦特周围的冯·曼陀菲尔的第 3 装甲集团军南翼”。

海因里希仔细讲述了他如何安排兵力去加强布塞的第 9 集团军，以应对预期中的苏联人的猛攻，但由于要增援布塞，冯·曼陀菲尔就受到了削弱。第 3 装甲集团军的部分前线现在由二流部队坚守着：上了岁数的人民冲锋队、几支匈牙利人组成的部队，还有几个在安德烈·弗拉索夫将军领导下的由苏联投诚者组成的师——他们十分不可靠。然后，海因里希直截了当地指出：“第 9 集团军现在状况比以前还要好一些，而第 3 装甲集团军却没有能力投入到即将到来的血战中。冯·曼陀菲尔部队的潜力，至少在其战线的中段和北段是不高的，他们严重缺乏大炮，尽管把很多高炮推到了前线应急，但高射炮是无论如何都取代不了大炮的。更何况，就是高射炮都面临弹药匮乏的窘境。”

克雷布斯赶忙打断他的话。“第 3 装甲集团军，”他强调说，“很快就会拥有重炮的。”

海因里希不置可否地点了点头。他可不需要空头支票，只有当自己真正看到调拨来的大炮时才会相信克雷布斯的豪言壮语。随后，海因里希就自顾自地继续讲了下去，好像从没有被打断过一样。他向希特勒解释称，第 3 装甲集团军能有当前的安全形势，只有一个原因——洪水泛滥的奥得河。“我必须提醒您，”他说道，“只是在奥得河保持泛滥的情况下，第 3 装甲集团军的虚弱状态才不至于引发严重问题。”而一旦洪水退去，海因里希补充说，“苏联人很快就会在那儿发起猛攻。”

房间里面的人专注地听着海因里希的慷慨陈词，但他们也对此感到不安。如此直截了当的发言，在希特勒的会议上是极其罕见的，大多数军官都习惯了报喜不报忧。自从古德里安走人以后，还没有人像这样坦率地讲过话——而且显然，海因里希才刚刚开始。现在他转而谈到奥得河畔法兰克福的守军事宜。希特勒已经宣布那座城市是一个要塞，就像不幸的屈斯特林一样。海因里希希望能放弃法兰克福，他认为那里的部队正在希特勒狂热的“要塞”祭坛上被白白牺牲掉，他们能够被拯救出来，并在其他战场上得到更有效的使用。古德里安曾在有关屈斯特林的问题上持有相同看法，但最终，他对这座城市的“固执己见”却让自己惨遭解职厄运。现在海因里希很可能因为自己的这番发言步其后尘。然而，维斯瓦集团军群指挥官把法兰克福的部队视作自己的责任，无论有什么后果都义无反顾，他把这个尖锐的可能引火烧身的问题当众提了出来。

“在第 9 集团军防区，”他开始说道，“前线的最薄弱部分就是法兰克福周边，那里的守军兵力薄弱，而且弹药匮乏。我认为，我们应该放弃法兰克福的防御，把部队撤出来。”

希特勒突然抬起头来，说出了会议开始以来的第一句话。他用刺耳的声音点明了自己的态度：“我拒绝接受这项提议！”

在此之前，希特勒不仅保持沉默，而且坐在那里一动不动，就好像对眼前的一切完全不感兴趣。艾斯曼对此的印象是，他压根没在听，现在元首仿佛突然“清醒了过来，并开始表现出一种强烈的兴趣”。他开始询问守军的兵力、给养和弹药情况，而且出于某种无法理解的原因，甚至还询问了法兰克福炮兵部队的部署状态。海因里希一一作答，逐步进行了陈述，并从艾斯曼手里接过报告和数据，摆在希特勒面前的桌子上。希特勒一一翻看着递过来的文件，似乎留下了些许印象。海因里希意识到千载难逢的机会来了，于是用不大但断然的声音强调说："我的元首，我真的认为放弃法兰克福的防御将会是一个明智而正确的举措。"

令房间里大多数人吃惊的是，希特勒转向陆军总参谋长说道："克雷布斯，我认为将军关于法兰克福的意见是正确的。拟定出给该集团军群的必要命令来，今天就交给我。"

人们被惊呆了，沉默中，外面走廊里乱哄哄的声音似乎过大。艾斯曼感到自己突然对海因里希产生了新的尊敬。"海因里希本人似乎完全不为所动，"他记得，"不过他给我使了个眼色，我的理解是'嗯，我们赢了'。"然而，这个胜利却转瞬即逝了。

此时走廊里发生了一阵巨大的骚动，帝国元帅赫尔曼·戈林肥硕的身躯出现在会议室狭窄的门口。他推搡着挤了进去，热情地向在场的众人打招呼，用力摇着希特勒的手为自己的迟到表示歉意。他有些费力地挤到了邓尼茨的身边，当克雷布斯把海因里希的情况介绍转告他的时候，令人心神不宁的延误出现了。克雷布斯讲完之后，戈林站起身来，把两只手都放在地图桌上，朝希特勒俯下身子，似乎要对会议的议题品头论足一番。然而，他却笑容满面，兴致颇高地谈起了自己的见闻："我有一件事必须告诉你们，一次我视察第9伞兵师……"

他的话没能继续讲下去。希特勒突然在椅子上挺得笔直，然后又猛地站了起来，话语从他的嘴里滔滔不绝如同机枪发射一样倾泻而出。在场的人几乎都蒙了，根本听不懂他在说些什么。"在我们的眼前，”艾斯曼后来回忆，“他的怒火如火山喷发一般喷涌出来。”

他的狂怒跟戈林没有一点关系，那是对他的顾问和将军们进行的长篇抨击，因为他们十分抵触自己钟爱的要塞战术，根本不把自己的见解当回事。他吼道：“在整个战争期间，要塞曾一再实现它们的目的，这在波森（Posen，今波兰波兹南）、布雷斯劳（Breslau，今波兰弗罗茨瓦夫）和施奈德米尔（Schneidemühl，今波兰皮瓦）已经得到了证实。有多少苏联人被它们牵制住了？要攻陷它们是多么困难！每座要塞都打到了最后一个人！历史已经证明我是完全正确的，我要求要塞战至最后一人的命令是毋庸置疑的！”然后，他径直对着海因里希尖叫道，“这就是为什么法兰克福要保持其要塞地位的原因！”

这场长篇大论的指责突然结束了，就像开始的时候一样突然。不过，希特勒虽然累得瘫坐在那里，却再也平静不下来了。在艾斯曼眼中，他似乎完全丧失了自控力。“他浑身颤抖，”艾斯曼回忆说，“手里握着几支铅笔，上上下下疯狂地挥动着，在这个过程中铅笔‘咚咚’地敲打着椅子的扶手，给人的感觉是他已经神经错乱了。事情来得太突然，让人觉得不可思议，尤其让人们感到担忧的是，整个国家和民族的命运居然就掌握在这个健康严重受损的人手中。”

尽管希特勒大发雷霆，其对法兰克福的态度变化无常，但海因里希还是固执地拒绝放弃。他轻声而耐心地——就好像那场爆发并没有发生过一样——再次陈述自己所有的论点，强调了每条能够想到的要放弃法兰克福的理由。邓尼茨、希姆莱和戈林都站在他这一边，但那充其量只是象征性的支持。房间里三位职务最高的将军一直保持沉默。凯特尔和约德尔一句话都没说。海因里希之前就预料到了二人这样的表现，克雷布斯也没有提出任何意见。希特勒显然是彻底筋疲力尽了，只是在拒绝考虑每条理由的时候挥挥手，做出疲倦的手势。不过很快，他就再度恢复了活力，要求了解法兰克福守军指挥官恩斯特·弗里德里希·比勒尔（Ernst Friedrich Biehler）上校的资历。“他是一个非常可靠且富有经验的指挥官，”海因里希回答道，“他在战斗中多次证明了自己的能力。”

“他是格奈森瑙式的人物吗？”希特勒厉声诘问道。他指的是普鲁士元帅冯·格奈森瑙伯爵，他曾在1806年成功地击退了拿破仑对科尔贝格要塞的进攻。

海因里希保持着镇静，声音平和地回答说：“法兰克福之战将证明，他是不是格奈森瑙式的人物。”希特勒厉声说道：“好的，让比勒尔明天来见我，我亲自定夺，到时候我再决定法兰克福何去何从。”海因里希已经在法兰克福的第一仗中失败了，他认为第二仗也完全可能失败。比勒尔戴着厚厚的眼镜，是一个不起眼的人，他不会给希特勒留下多少印象的。

会议现在到了被海因里希视作紧要关头的时候。当他再次开口讲话的时候，对自己缺乏外交辞令方面的技巧深感遗憾，因为他只知道一种表达自己的方式。现在，他还是一如既往地说出了赤裸裸的真相。“我的元首，”他说道，“我并不认为奥得河前线的兵力能够挡住苏联人即将发起的猛烈进攻。”

希特勒仍然在颤抖着，一言不发。海因里希描述了组成其部队的各色人等——用德国可动员的兵力凑出来的——他们的作战能力完全不合格。战线上的大多数部队都没有受过训练，缺乏作战经验或者由于补充兵员缺乏作战经验导致实力削弱，因而不可信赖。同样的情况也出现在指挥官身上。“例如，”海因里希解释说，“第9伞兵师就让我很担心，该师的军官和士官以前几乎全都是行政官员，既没有受过训练，也不习惯指挥战斗部队。”

戈林突然被激怒了。“我的伞兵！”他大声吼道，“你在对我的伞兵指手画脚！他们是现存的最棒的伞兵！我不想听这种贬低人的话！我亲自为他们的作战能力打包票！”

“您的看法，帝国元帅阁下，”海因里希冷冰冰地说道，“多少有些偏见。我并没有针对您的部队说任何事情，但经验告诉我，没有受过训练的部队，尤其是没有经验的军官率领的部队，往往第一次遭到炮击的时候就会受到极大惊吓，结果从那以后就什么事情都干不好了。”

希特勒再次发言，他的声音现在镇定而且理性，宣称“必须尽最大努力来训练这些部队，在战斗开始以前肯定有时间这么做”。

海因里希向他保证，将会在剩下的时间里尽一切努力，不过他还补充说：“训练并不能给他们带来作战经验，而这正是其欠缺之处。”希特勒驳回了这条意见。“合适的指挥官将会传授作战经验，而且不管怎么说，苏联人也在用不够格的部队作战。”希特勒声称，斯大林的“实力快要消耗殆尽了，剩下的全都是能力极其有限的奴隶士兵”。海因里希发现，希特勒掌握的错误情报已经荒谬到令人难以置信的程度，他强烈提出反对意见。“我的元首，”他说道，“苏联军队既有能力且兵力雄厚。”

海因里希认为，把眼下绝望形势的真相说清楚的时候到了。“我必须清楚地告诉您，”他直言不讳地说道，“自从把手头的装甲部队移交给舍尔纳之后，我所有的部队——不论是好的还是坏的——都必须充作一线部队，没有预备队，一点也没有。他们能顶住苏联红军进攻开始前的猛烈炮击吗？他们能顶住敌人进攻开始后的猛烈冲击吗？在一段时间里，也许有可能。但是，面对我们预料中的那种攻击，我们的每个师每天都将损失一个营。这就是说，照这个速度发展下去，整条战线上我们每周将会损失几个师。我们没有本钱去进行这样可怕的消耗，我们没有可以替代他们的兵力。”他停顿一下，意识到所有与会者的目光都在注视着他，随后海因里希继续发言，“我的元首，实话实说，即使是最乐观的估计，我手头的部队也只能抵抗几天。”他朝房间四周看了看，“然后，”他说出了最终的可怕结局，“一切都不可挽回了。”

死一般的寂静。海因里希知道，他说的数据是不容置疑的。聚集在这里的人对这些伤亡统计数字也十分熟悉。但最大的不同之处在于，他们不愿谈到那些数字。

戈林首先打破了这令人不知所措的寂静。“我的元首，”他大声宣布，“我将立即派遣 10 万名空军人员支援您，他们会在几天内抵达奥得河前线。”

希姆莱严肃地瞥了一眼自己的主要竞争对手戈林，随后又瞥了希特勒一眼，似乎正在探究元首的反应。接下来他用尖锐的嗓音宣布：“我的元首，25 000 名党卫军战士将在奥得河前线捍卫他们的荣誉。”

邓尼茨不甘于人后，他已经给海因里希派去了一个海军步兵师，现在他宣称将提供更多的兵力。“我的元首，”他宣布，“12 000 名水兵将立即从军舰里撤出，火速赶赴奥得河！”

海因里希注视着他们。这些人自愿从他们的私人帝国里提供未经训练、缺乏装备、不合格的部队，在这场可怕的拍卖会中花费的是生命而非金钱。他们在相互出价，不是为了拯救德国，而是为了给希特勒留下深刻印象。突然间拍卖热成了传染病，大家七嘴八舌，每个人都努力地榨出手头的可用兵力，有个人还在询问预备军的兵力情况。于是希特勒喊道："布勒！布勒！"

在外面的走廊上，那群待命的将军和勤务兵从咖啡一直喝到了白兰地，呼喊声响了起来。"布勒！布勒！布勒在哪里？"又是一阵骚动，负责补给和补充部队的参谋长瓦尔特·布勒上将从人群当中挤了过去，进入会议室。海因里希看了看他，然后厌恶地转过脸去。布勒一直在喝酒，身上有股酒味。[1]

其他人似乎谁都没有注意或者在意这样不合时宜的味道——包括希特勒。元首向布勒提出了若干个问题，有关预备军、步枪、轻武器以及弹药的供应。布勒的回答口齿不清，海因里希认为他的话很愚蠢，但希特勒似乎很满意他的答复。按照他从布勒的答复中算出来的数字，另有13000人的部队能够从所谓的预备军中拼凑出来。

希特勒把布勒打发走，然后转向海因里希。"瞧，"他说道，"你拿到15万兵力了，这大概相当于12个师。你现在有预备队了。"人命拍卖到此结束了。希特勒显然认为这个集团军群的问题已经彻底解决。然而他所做的一切，充其量就是为第三帝国再买到12天的阳寿——也许是以无数人的鲜血和生命为代价买到的。

1 在本书作者对海因里希的一次采访中，海因里希说："布勒在他身前挥舞着一面白兰地酒的大旗。"——原注海因里希竭力让自己在这样荒唐的局面中保持冷静。“这些人，”他断然说道，“并没有接受过正规的作战训练，他们一直待在后方，要么在办公室里处理公文，要么是在军舰上服役，或者是在空军基地的地勤工作岗位上工作……他们从未在前线打过仗，甚至从未看到过苏联人。”戈林立即插嘴道：“我所提供的兵力，多半是战斗部队的飞行员，他们是最顶尖的精英。还有曾参加过卡西诺山防御战的英雄部队，这些部队的名望胜过所有其他的部队。”他满脸通红，口若悬河，激动万分地告诉海因里希，“这些人的意志、勇气和战斗经验一应俱全。”

邓尼茨也怒了。“我告诉你，”他厉声对海因里希指出，“战舰上的水兵完全同你的国防军部队一样棒。”一时间海因里希也发了火。“难道你不认为在海上作战和陆地作战大不相同吗？”他尖锐地问道，“我告诉你，所有这些人都将在前线被敌人屠杀！被屠杀！”

如果说海因里希的突然爆发让希特勒震惊的话，他却并没有表现出来。当别人发怒的时候，希特勒似乎变得冰一般冷静。“好了，”他决定打断手下们的争吵，“我们将把这些预备队放在前沿阵地后方大约 8 公里的二线上，前沿将承受苏联人的炮火准备带来的震撼。而在此时，预备队将逐渐习惯于战斗，如果苏联人突破的话，那么他们就可以投入战斗。而要把敌人赶回去的话，你要使用几个装甲师。”他盯着海因里希，好像在等待他对一件鸡毛蒜皮的琐事表示赞同似的。

海因里希并不认为这是一件小事。“您把我最有经验、战斗准备最充分的装甲部队都给抽走了，”他说道，“集团军群请求把他们调回来。”海因里希的每个单词的发言都很清晰，他说道，“我必须把他们要回来。”

在他身后的人都大为惊骇，希特勒的副官布格多夫气愤地在海因里希的耳边小声说着，“住口！”他命令海因里希，“你必须闭上你的嘴！”海因里希坚持己见。“我的元首，”他重复道，没有理会布格多夫，“那些装甲部队必须回到维斯瓦集团军群的作战序列中。”

希特勒挥了挥手做道歉状。“我非常抱歉，”他回答道，“但我不得不把这些精兵强将从你那里抽走，你南边的友军更需要你的装甲部队。苏联人的主攻目标显然不是柏林，在你战线南方的萨克森州，敌军集结了更为强大的兵力。”希特勒在地图上的奥得河苏联红军阵地上方挥着手。“你当面的这一切，”他用疲惫和不耐烦的声音宣告，“只不过是一种牵制性攻击，为的是要混淆视听。敌人的主攻方向不会是柏林，而是这里。”他动作浮夸地把一根手指放在布拉格上，“因而，”元首继续说道，“维斯瓦集团军群应该能够抵挡住那些次要攻势。”

海因里希难以置信地盯着希特勒[1]，然后又看着克雷布斯。对陆军总参谋长来说这一切看起来十分荒谬。克雷布斯大声说话了。“根据目前所掌握的情报，”他解释道，“元首对形势的估测是完全正确的。”

海因里希决定进行最后的努力。“我的元首，”他尽力解释道，

1　海因里希后来说：“希特勒的说法完全打垮了我，我几乎不能就此而争论，因为我并不知道在舍尔纳的集团军群正面是什么形势。我确实知道希特勒完全错了，我所能想到的就是，人怎么能欺骗自己到这种程度？我意识到他们全都生活在一个幻境里。”——原注

“为了对付敌军的攻势，我已经做完了可能做的一切准备工作。我并不把这 15 万人当作预备队。对于我们肯定会遭受的严重损失，我无能为力。把这一点完全说清楚是我的责任。我也有责任告诉您，我不能保证能击退敌人的进攻。”

希特勒突然活跃了起来，他挣扎着站起来，嘭嘭地敲着桌子。“信念！”他叫嚷道，“信念和对胜利的坚定信心将弥补所有的不足！每个指挥官都必须充满信心！你！”他用手指指着海因里希，“你自己首先必须拥有这样的信念，并把这样的信念灌输给你手下的每一名士兵！”

海因里希无所畏惧地盯着希特勒。“我的元首，”他说道，“我必须重复一遍——再说一遍是我的责任——单靠希望和信念是不可能赢得这场战役的。”

在他身后有一个声音在低声说道：“住口！别说了！”

但希特勒甚至听都不听海因里希说的话。“我明确地告诉你，大将，”他叫嚷道，“如果你认为这场战役必胜，那么你就会取得辉煌的胜利！如果你的部队被注入了同样的信念，那么你就将战无不胜，而且这样的胜利将是战争中最伟大的完胜！”

在令人不安的寂静之中，海因里希脸色发白。他彻底绝望了，收拾起文件递给艾斯曼。两位军官默默地离开了仍然悄无声息的房间。在外面的走廊休息室里，他们被告知地面上的空袭仍在持续。两个人都麻木地站在那里等待，处于恍恍惚惚之中，几乎意识不到身边的人还在喋喋不休地讲话。

几分钟以后，他们获准离开地堡。爬上楼梯，他们来到了外面的花园里，站在此处海因里希说出了离开会议室后的第一句话。“都是无用功，”他疲倦地感慨，“还不如把月亮带到地球容易呢。”他抬起头看着城市上空厚厚的烟幕，小声地自言自语：“全都是徒劳的！这一切毫无意义！”[1]

基姆湖的蓝色湖水就像一串移动的镜子，映照着雪线之下覆盖在山麓上的大片松树林。瓦尔特·温克（Walther Wenck）重重地拄着手杖，越过湖泊朝远处凝望，看着几公里以外贝希特斯加登周围蜿蜒起伏的山峦。那是一番非同寻常的美丽而和平的景象。

早开的花儿到处都是，雪盖已经开始从高高的山脉上消失，尽管现在只是 4 月 6 日，但连空气中也荡漾着春天的气息。所处环境的和平景象让古德里安前任副手的伤康复得很快，年仅 45 岁的他是德国国防军中最年轻的兵种上将。

这里是巴伐利亚州的阿尔卑斯山腹地，战争似乎远在 1 600 公里以外。除了由于在战斗中负伤而来休养的人，或者像温克那样因为意外事故来休养之外，整个地区几乎看不到一个军人。

尽管身体仍然很虚弱，但温克正逐渐康复。考虑到那场车祸的惨烈程度，他能活下来实属幸运。在 2 月 13 日的交通事故中，坐在车里的他头部受伤，全身多处骨折，在医院里住了近 6 周。由于肋骨多处粉碎性骨折，现在他从胸部到大腿仍然裹着外科束带。战争对他而言似乎结束了。毋庸置疑，战争的结局是可悲而清晰的。他认为，不出几个星期，第三帝国就会寿终正寝。

1　对希特勒会议的研究素材，主要来自海因里希的日记，辅以艾斯曼上校的长篇回忆录。海因里希严谨地记下了所发生的每一件事情，包括希特勒的原话。在海因里希和艾斯曼的叙述中有一些不同，但在 1963 年对海因里希进行为期 3 个月的一系列长期采访的过程中，这些差异都解决了。

尽管德国的未来可能会很凄凉，但温克仍然应该感谢上苍：他的妻子伊姆加德（Irmgard）以及他们15岁的龙凤胎孩子——儿子赫尔穆特和女儿西格丽德都平安无事，正和他一起住在巴伐利亚。温克痛苦地慢慢走回他们居住的如画般的小客栈。当他走进门厅时，伊姆加德给他捎来了一条消息，要温克立即给柏林挂一个电话。

接电话的是希特勒的副官布格多夫将军，布格多夫让温克次日就去柏林向希特勒报到。“元首，”布格多夫说道，“任命你为第12集团军指挥官。”温克既惊讶又感到困惑。“第12集团军？”他愣了愣，有些迟疑地问道，“这是哪个集团军？”

“你到了柏林就全清楚了。”布格多夫回答道。

温克没有死心。“我从来就没听说过第12集团军。”他追问道。“第12集团军，”布格多夫不耐烦地说道，好像把一切都解释清楚了，“现在正在组建。”然后挂了电话。

几个小时以后，温克再次穿上笔挺的将军制服，向忧虑的妻子告别。“不管你做什么，”他提醒她，“你都必须待在巴伐利亚，这里是最安全的地方。”然后，他在对任命一无所知的情况下动身前往柏林。在此后的21天里，这个实际上并不知名的将军的名字，将成为几乎每个柏林人心中希望的同义词。

参谋们已经习惯于看到海因里希偶尔发发火，但此前谁都没见过他如此大发雷霆，维斯瓦集团军群指挥官这会儿正在暴怒之中。他刚刚收到法兰克福“要塞”指挥官比勒尔的报告，这位年轻的上校拜见了希特勒。果然不出海因里希所料，戴着眼镜、脸庞瘦削的军官并不符合希特勒心目中北欧日耳曼民族英雄的标准形象。只说了几句无关痛痒的话，在此期间甚至都没有提到法兰克福这个地名，希特勒便握了握手将年轻的军官打发走了。比勒尔一离开地堡，希特勒便命令撤换法兰克福守军指挥官。“另外找人，”元首告诉克雷布斯，“比勒尔肯定不是格奈森瑙式的人物！”

布塞将军的第9集团军直接指挥法兰克福守军，他从克雷布斯那里听说法兰克福的指挥官马上就要换人了，便立即向海因里希做了报告。现在，当比勒尔站在海因里希的桌边时，这位怒火冲天的“狠毒的小矮个”正在给克雷布斯打电话。他的参谋们默默地注视着这一切，他们已经能够从海因里希用手指击打桌面的方式判断出他的火气到底有多大——这会儿他的右手正在咚咚地猛烈敲打着桌子。电话接通后，海因里希吼道：“克雷布斯，比勒尔上校现在就在我的办公室里，我要你认真听着，比勒尔要官复原职，继续担任法兰克福守军指挥官。这件事我已经告诉布格多夫了，现在我再告诉你一遍。我拒绝接受任何其他军官。你明白了吗？”他并没有等对方答话。“还有一件事，比勒尔的骑士‘铁十字’勋章到底在哪里？他等那枚勋章已经等了好几个月了，现在他就要得到它。你明白了吗？”海因里希还没完。“现在听好了，克雷布斯，”他说道，“如果比勒尔得不到他的‘铁十字’勋章，如果比勒尔无法官复原职，那这个集团军群指挥官我就不干了！你听清楚了吗？”海因里希仍然在狂怒地捶着桌子，继续施压，“我希望你今天就对此事做出确认！清楚了吗？”接着他砰的一声把电话挂断。克雷布斯在对方的暴怒前一声都没吭。

艾斯曼上校后来回忆，4月7日下午，“集团军群收到了两封从元首大本营发来的电传打字电报。第一封电报是确认比勒尔担任法兰克福守军指挥官，第二封电报是他被授予骑士‘铁十字’勋章”。

在达勒姆，希特勒的参谋长阿尔弗雷德·约德尔大将坐在办公室里等待温克将军的到来。第 12 集团军的新任指挥官刚刚告别希特勒，现在要由约德尔向温克简要地介绍西线的形势。摆在约德尔桌子上的，是西线德军总司令阿尔贝特·凯塞林（Albert Kesselring）空军元帅[1]提供的一沓报告，报告中描绘了一幅几乎每时每刻都会变得更加阴暗的可怕画面，到处都有英美盟军在突破。

理论上，第 12 集团军应该成为柏林的西部屏障，坚守约 200 公里长的易北河下游和穆尔德河下游，阻击英美盟军向柏林挺进。希特勒决定由温克率领一个由 10 个师组成的集团军，该集团军由装甲兵训练部队的军官、帝国劳工组织、军校学员、各种各样的小部队，以及在哈茨山被打垮的第 11 集团军残部构成。约德尔怀疑，即便这样的部队能够及时组建起来，是否有用还两说；假如有用的话，对战局的影响也不会大到哪里去。况且在易北河畔，这个集团军恐怕永远也不会被投入战斗——尽管他无意向温克透露这一点。在约德尔办公室的保险箱里，仍然存放着那份缴获的“日食计划”。这份文件详尽地描绘了一旦德国投降或者崩溃，英美盟军将采取的行动，还附有标注详尽的地图，地图上标明了战争结束时按照协议每个盟国将要占领的地区。约德尔仍然坚信，美国人和英国人将会在易北河停住脚步，那里大致就是战后英美盟军和苏联红军占领区之间的分界线。在他看来，艾森豪威尔的这个举动就是要把柏林留给东方攻过来的苏联人。

1 此处原文写的是陆军元帅，其实凯塞林一直是德国空军军官，他的最终军衔是空军元帅。

"诚然，"艾森豪威尔将军在给丘吉尔的最后一封电报的最后一段中指出，"如果前线存在着这样的机会，一旦出现'日食计划'中预想的状况（德国崩溃或者投降），那么我们就将在前线各处奋力挺进……柏林将会包括在我们的重要目标之内。"欧洲盟军最高统帅愿意做出的承诺就是这么多，它并没有让英国人感到满意。英国的参谋长们则在孜孜不倦地继续催讨着一个明确的决定，他们甚至给华盛顿拍发了电报，要求召开会议讨论艾森豪威尔的战略。斯大林的电报让他们十分警惕，英国的参谋长们认为，虽然大元帅口口声声说他计划于5月中旬发动攻势，却并没有表明他打算什么时候把"第二梯队"投入到柏林方向。这样一来，他们仍然认为还是尽早攻占柏林为妙。除此之外，他们还强调"在这个问题上，联合参谋长委员会应该给予艾森豪威尔相应的指导"。

马歇尔将军的回答坚定并果断地结束了这场争论。"先于苏联人攻占柏林，可能会在心理上和政治上为我们带来些许好处，"但他话锋一转，随后不容争辩地指出，"但这一切不应该凌驾于紧迫的军事考虑之上，而我们当前紧迫的军事考虑就是摧毁并瓦解德国武装力量。"

马歇尔并没有把通往柏林的大门完全堵上，因为"事实上，柏林就在主攻方向的突击中心"，然而没有时间让英美联合参谋长委员会长时间考虑这个问题了。马歇尔说，盟军现在深入德国的推进速度实在太快了，因而"由这个或者任何其他形式的委员会来审查作战行动的可能性"，只能抛之脑后了。马歇尔用对最高统帅的毫不含糊的支持结束了他的回复："只有艾森豪威尔才知道应该如何去打他的仗，并充分利用变化着的形势去赢取胜利。”

对不胜其烦的艾森豪威尔而言，他已经宣称愿意改变他的计划，不过那得是在接到命令的情况下。4 月 7 日，他给马歇尔发了电报，“如果我们真能以微小代价夺取柏林的话，我们当然应该这样做”。但由于苏联人事实上距离柏林非常近，因而他认为“在目前情况下，把柏林作为一个主要目标在军事上是站不住脚的”。艾森豪威尔说，他是第一个“承认战争是为了实现政治目标的人，如果联合参谋长委员会决定，盟军攻占柏林高于这一战区中的单纯军事考虑，那么我将欣然再次调整我的计划和想法，以便完成这一作战行动”。然而，他又强调了他的想法：“在我们实施总体计划的过程中，如果夺取柏林既可行又实际，那才应该这么做。目前我们总的计划，一是分割德军的兵力……二是我们的左翼要牢牢掌握吕贝克地区，三是决不允许德国人撤到南部山区，并在那里建立抵抗要塞。”

第二天，他给了蒙哥马利几乎同样的回复。蒙哥马利竭力维护丘吉尔和英军参谋长们的要求，他向艾森豪威尔再要 10 个额外的师，以便朝吕贝克和柏林进攻。艾森豪威尔表示拒绝。“至于柏林，”盟军最高统帅说，“我非常愿意承认它在政治和心理上具有的意义，但意义更为重大的是柏林的德军剩余兵力的位置。我打算把我的注意力集中在他们身上。当然，如果我能得到一个易于攻占柏林的机会，我会抓住的。”

此时此刻，丘吉尔决定尽早结束这场无休止的争论，避免盟国的关系进一步恶化。他告知罗斯福总统，他认为这个事情到此为止了。“为了表达我的诚意，”他给总统发电报说，“在这里我谨引上一句我了解不多的拉丁语谚语，Amantium irae amoris integratio est。”翻译过来的意思是：情人的争吵，恰是爱情的重生。

不过，虽然针对“SCAF 252”电报和英美盟军目标的争议在幕后进行，但英美盟军部队却一直是在按小时计算向德国纵深挺进。没有人告诉他们，柏林在军事上的重要性已经大为降低了。

5

一场赛跑正在进行着，在战争史上，从来也没有这么多的人以如此之快的速度进行推进。英美盟军攻势的速度具有传染性，在整条战线上，各集团军掀起了一场宏大的竞速赛，都想全力以赴进行最后的胜利冲刺，抵达易北河边，拿下桥头堡，尽早结束战争。与此同时，在西线北部和中部的每个师都决心首先抵达易北河。河对岸的柏林从来就是最后的目的地。

在英军战区，第 7 装甲师——著名的“沙漠之鼠”——自从离开莱茵河之后几乎就没有停下过脚步。一过莱茵河，第 7 装甲师师长刘易斯 · 欧文 · 莱恩（Lewis Owen Lyne）少将便强调：“全体官兵，你们的眼睛现在应该牢牢地盯住易北河。部队一开拔，我提议要日夜兼程，在我们到达那里之前不要停下来……接下来就杀个痛快吧。”现在，即便遇上了德国人的猛烈抵抗，“沙漠之鼠”仍以每天超过 30 公里的速度向前狂飙突进。

飞行中队的准尉副官查尔斯 · 亨内尔（Charles Hennell）连军士长认为：“让第 7 装甲师攻占德国首都，是对我们这支从北非沙漠就一直艰苦奋战至今的老牌劲旅最好的回报，是天经地义的。”自阿拉曼战役之后，亨内尔就一直和“沙漠之鼠”待在一起。埃里克 ·V.

科尔（Eric V. Cole）军士长甚至有更令人信服的理由到达柏林。他是一名参加过敦刻尔克大撤退的老兵，1940 年时被德国人赶到了海上，现在科尔正铁了心准备进行最后的清算。他时常吵着要装甲兵们把车辆设备保持在最佳的运行状态，打算把挡在第 7 装甲师坦克前面的德国人一直赶回柏林去。

英军第 6 空降师曾在 D 日引领他们的同胞进入诺曼底，现在他们下定决心要领先到最后一刻。休·麦克温尼（Hugh McWhinnie）中士从德国俘虏那里听说，英国人一越过易北河，敌人就会“打开大门，让他们长驱直入前往柏林”。对此他深表怀疑。因为第 6 空降师所走过的每一里路都遭遇了敌人的顽抗，前进的道路是一步一个脚印打出来的。第 5 伞兵旅第 13 伞兵营的威尔弗雷德·戴维森（Wilfred Davison）上尉确信，奔赴柏林的过程将是一场赛跑，不过他和该师的大多数人一样坚信“第 6 空降师将领跑这场比赛”。该师师部的约翰·L. 希勒（John L. Shearer）上尉却有些担心，因为他听到谣传说“柏林已经留给美国人了”。

美军的各空降师也听到了类似的谣传，但他们烦恼的是谣传里对伞兵只字未提。在詹姆斯·加文少将的第 82 空降师的集结区，空降兵已经训练很多天了，然而很明显眼下在柏林实施空降作战是不可能了。唯有在敌人突然崩溃令“日食行动”付诸实施的情况下才能进行空降突击，派空降兵去柏林执行必要的维持治安的任务，但这似乎希望渺茫。盟军最高统帅部已经指示刘易斯·布里尔顿中将的第 1 空降集团军，准备实施解放盟军战俘营的空投行动，行动代号“欢腾”。尽管他们很想把战俘解放出来，但让这些空降精英们仅仅参加一个解救行动，而不是作战任务，这样的前景使空降集团军的官兵再也欢腾不起来了。

类似的失意出现在了其他空降部队的身上，马克斯韦尔·泰勒少将麾下的第101空降师那群“呼啸山鹰”们再次充当步兵投入了战斗，这次是在鲁尔区。加文的第82空降师奉命派出第505伞兵团参加战斗。该师还接到了待命通知，在日后的行动中帮助蒙哥马利的第21集团军群渡过易北河。

505伞兵团1营C连外号叫“荷兰佬”的阿瑟·B.舒尔茨（Arthur B. Schultz）二等兵，也许最为出色地总结了空降兵们的感受。他爬上一辆开往鲁尔区的卡车，对他的好友乔·塔勒特二等兵说了一串怪话：“哇哦！我引导他们进入诺曼底，对吗？进入荷兰，对吗？看着我，伙计，我是一个出身名门的美国人，整个国家只有一个我。他们想物有所值，他们不想把我浪费在柏林，该死，不想！他们把我捏在手里！他们要把我从空中扔到东京去！”

不过，在空降部队垂头丧气之时，陆军地面部队却对未来充满了期望。

在中央战区，兵力雄厚的美国军队正在全力向前突击。随着辛普森庞大的第9集团军脱离蒙哥马利的第21集团军群，布莱德雷成了美国历史上第一个指挥4个野战集团军的将军。除了第9集团军之外，他的兵力还包括第1、第3和第15集团军，总共将近100万大军。

4月2日，在来到莱茵河东岸仅仅9天以后，他的部队便完成了对鲁尔区的包围。被装进这个10000平方公里口袋里的，是瓦尔特·莫德尔元帅统领的B集团军群，兵力至少有32.5万人。由于莫德尔的部队被包围，西线如同敞开了大门，布莱德雷大胆地往前快速推进，仅仅留下了第 9 和第 1 集团军的部分兵力来肃清口袋中仍负隅顽抗的德军。现在他的部队正奋勇向前，北方的英军和南方的德弗斯上将的美军第 6 集团军群则庇护着他的侧翼。在这种情况下，布莱德雷更是毫无顾虑地大举猛攻，穿过德国中部朝莱比锡和德累斯顿挺进。在美军从北到南的序列中，第 9 集团军距易北河最近，在指挥官们看来，似乎布莱德雷已经授权辛普森向前猛冲，照这个势头美军将夺取柏林。

包围鲁尔区的当天，艾森豪威尔对全军下达了命令。布莱德雷的集团军群的任务是“肃清……鲁尔区……朝卡塞尔—莱比锡一线推进……抓住任何机会夺取易北河上的一个桥头堡，做好在易北河彼岸作战的准备”。4 月 4 日，也就是第 9 集团军被交还给他的那一天，布莱德雷亲自给麾下的各集团军下达了新的战斗命令。在第 12 集团军群的“第 20 号指令”中，第 9 集团军得到的指示是：首先，以希尔德斯海姆（Hildesheim）地区作为集团军的中心——离易北河大约 110 公里，大体上在汉诺威南部向前一线平推；然后，“一旦接到命令”，第二阶段作战就将即刻展开。正是这段极其重要的话把第 9 集团军的角色讲清楚了，而且在集团军指挥官看来，其部队的目的地是没有丝毫疑问的。这段话写明：“第二阶段，一旦接到命令即向东进军……利用一切机会夺取易北河上的桥头堡，准备继续向柏林或者东北推进。”第一阶段，也就是向希尔德斯海姆的大举猛攻，似乎纯粹是一个指示方向的命令，没人认为会待在那里。但第二阶段却是第 9 集团军的每个师都一直等待着的发令旗，而最迫切的那个人当属集团军指挥官，绰号“大傻”的威廉·辛普森中将[1]。

“我的部下都被激励起来了，”辛普森后来回忆道，“我们是最先抵达莱茵河的人，现在我们要成为最先冲进柏林城的人。我们自始至终只考虑一件事情——尽快攻占柏林，穿过柏林，在柏林的另一侧与苏联人会师。”自集团军群下达指令起，辛普森就分秒必争，他预期用不了几天就可以到达希尔德斯海姆的阶段线。于是辛普森对他麾下的参谋们透露，他计划“把一个装甲师和一个步兵师，部署在马格德堡北边的易北河畔通往波茨坦的高速公路上，从那里我们将随时迫近柏林”。辛普森还打算，“如果我们占领了桥头堡，而他们又让我们放手大干一番的话”，他就让第 9 集团军的其余部队“以最快的速度”投入到冲向德国首都的战斗去。他兴奋地告诉他的参谋们：“该死，我做梦都想去柏林。你们所有人也一样。上至将军，下至军衔最低的二等兵，都想去柏林。”

艾萨克·怀特少将，是外号“地狱之轮”的第 2 装甲师的师长，意志坚定，瘦而结实，他甚至在麾下部队渡过莱茵河之前就计划攻占柏林了，比辛普森还要先行一步。怀特的作训科长布里亚德·波伦·约翰逊（Briard Poland Johnson）上校，在几个星期前就精心策划了向德国首都进军。他的计划非常齐全，到 3 月 25 日，详尽的命令和套地图用的塑料薄膜都已经准备好了。

第 2 装甲师的进攻计划在某种程度上与辛普森的构想差不多，

1 辛普森有充分理由认为，他已经被授予了许可权。在第 12 集团军群颁布的同一个命令中，美军第 1 和第 3 集团军得到的指示是，在第二个阶段夺取易北河上的桥头堡，并准备向东大举猛攻——在给巴顿的第 3 集团军的指示中，用的词是“向东或者东南”。但“向柏林”这句话，只出现在给第 9 集团军的命令中。——原注也是沿着易北河畔马格德堡的高速公路向前猛扑，拟议中每天的推进路线都标在地图的塑料膜上，每个阶段起了一个别具一格的代号。在从马格德堡出发的大约 100 公里的最后冲刺中，沿途各个阶段的名字分别是：“白银”“丝绸”“缎子”“雏菊”“紫罗兰”“水罐”，最后，在覆盖着柏林的蓝色卐字的上面，写着代号“终点”。第 2 装甲师推进过程中，大部分时间内只遇到了一些零星的抵抗，往往一天就能推进 56 公里。怀特坚信，按照这个速度，他最终将成为拿下德国首都的英雄人物。现在马格德堡就在 13 公里之外了。怀特十分乐观地预计，如果他的部下能够在马格德堡夺占一个桥头堡的话，那么他就能在两天之内杀入柏林城。

现在，在第 9 集团军 80 多公里宽的战线上，怀特的第 2 装甲师充当了突击矛头。这个师是西线盟军编制最大的单位之一，它的坦克、自行火炮、装甲车、推土机、卡车、吉普车和大炮，形成了一个超过 115 公里长的洪流。为了最大限度地发挥战斗力，全师分成了 3 支装甲部队——A 战斗群、B 战斗群和 R 战斗群，其中 R 战斗群是预备队。即便如此，由于全师是以纵队向前推进，大约每小时前进 3 公里，因而要经过一个给定点需要差不多 12 个小时。这支行动缓慢的装甲部队走在第 9 集团军的其他部队前面——只有一个引人注目的例外。

在它的右翼，一支车队顽强地与第 2 装甲师齐头并进一路冲杀，一步都没有落下。这支塞满了士兵的车队由五花八门的车辆组成，从空中俯瞰的话，它既不像充斥着坦克战车的装甲师，也不像普通的步兵师。事实上，如果不是在车队中点缀着一些美军卡车的话，这支队伍很容易被误认为是一支德军车队。罗伯特·梅肯少将独具特色的第 83 步兵师，号称“痞子马戏团”，这会儿正乘着他们从德国人手里缴来的各式车辆，竭尽全力朝易北河前进。每支投降的德军部队，每个被攻占或竖白旗的城镇，都要按份额给这个师捐出车辆。当然了，德国人通常是在枪口的威胁下才愿意捐出宝贵的机动车辆。每辆刚刚到手的车子都会被迅速刷上一层橄榄绿油漆，侧面匆匆涂抹上白色五角星，然后被投入第 83 步兵师的行列中。“痞子马戏团”的官兵甚至还设法解放了一架德国飞机，并花了大气力搞到了一个飞行员。结果这架飞机在整个前线造成了巨大恐慌，并蔓延开来。第 30 步兵师 120 团的威廉 · G. 普雷斯内尔二级军士长是从诺曼底的奥马哈海滩一路打过来的，他熟悉每架德国空军战斗机的黑色轮廓，所以当他看到一架明显属于德国人的战机朝他呼啸而至时，便大声叫嚷着“ME 109 飞机”，随后慌忙地寻求隐蔽。然而飞机并没有用机枪对地扫射，这把他搞糊涂了。于是他抬起头注视着那架古怪的战斗机逐渐远去，飞机上的橄榄绿刷得斑斑点点，机翼下方还歪歪扭扭地写着“第 83 步兵师”几个大字。

别说自己的同胞，就连德国人都被第 83 步兵师的交通工具彻底搞糊涂了。当这个师一窝蜂似的涌向易北河时，第 329 步兵团的黑利 · 尤斯蒂斯 · 科勒（Haley Eustis Kohler）少校听见一辆汽车不停地在后面摁着喇叭。“这辆梅赛德斯汽车从后面赶上了我们，”他回忆道，“然后开始加速，试图超越公路上的每个人。”约翰 · J. 德文尼上尉也注意到了这一幕，他记得“那辆车在我们的队列中进进出出，与我们同向而行”。当它从德文尼的车旁经过时，上尉目瞪口呆地发现那是一辆由专职司机驾驶的德军军官座车，里面全都是德国军官。一阵机枪扫射让那辆车停了下来，德国人就这样稀里糊涂地当了俘虏，他们还以为自己是在友军部队的车队中行驶呢。那辆梅赛德斯汽车车况极佳，也被匆匆刷上油漆，立即投入到宏大的追击战中。

梅肯将军下定决心，要让他的第 83 步兵师成为第一个跨过易北河、向柏林进军的步兵师。第 83 步兵师和第 2 装甲师之间的竞争现在已经趋于白热化。当这两个师的先头部队在 4 月 5 日同时到达威悉河的时候，梅肯说“有关谁应该先渡河的问题，吵得那是相当激烈”。双方最终达成了一种无奈的妥协：两个师挤在一起同时渡河。第 83 步兵师师部有传言说，怀特将军对“痞子马戏团”的所作所为勃然大怒，据说第 2 装甲师师长的原话是：“没有一个该死的步兵师能打败我杀奔易北河的人马。”

第 2 装甲师的竞争对手还有别人。号称“胜利之师”的第 5 装甲师的行军纵队和怀特所部的推进速度不相上下，他们也有攻占德国首都的小算盘。“当时唯一的难题就是，谁将首先抵达柏林。”第 5 装甲师参谋长爱德华·吉尔伯特·法兰德（Edward Gilbert Farrand）上校记得，“我们计划在唐格明德、桑道（Sandau）、阿尔讷堡（Arneburg）和韦尔本（Werben）渡过易北河。我们听说苏联人就要动手了，所以我们已经做了万全的准备，以应对一切可能发生的情况。”这个师一直在向前推进，法兰德记得没人能在晚上睡四五个小时——而且经常谁也不睡觉。由于部队连续行军，法兰德的半履带车现在成了师部。第 5 装甲师的进展很大程度上得益于德军的抵抗很微弱。法兰德回忆道：“行军实际上没啥事做，最多解决掉敌军的后卫部队。”不过，当一颗炮弹击穿了他的座驾时，法兰德承认，这些德国后卫部队也是能打死人的。

在步兵师当中，第 84、30 和 102 师都把目光盯住了柏林。在第 9 集团军的战线上，又累又脏的官兵一边行军一边吃饭，他们不惜一切代价希望能抵达柏林，高歌猛进的势头本身就令人感到兴奋。不过，尽管德军的防御没有总体上的规划协调，但有时还是会爆发激烈的战斗。

在一些地区，死硬分子在末日来临之际进行了殊死抵抗，第 84 “劈木人”步兵师 334 团 1 营营长罗兰 · L. 科尔布（Roland L. Kolb）中校注意到，最残酷的战斗来自分散隐蔽在树林中骚扰行军队列的党卫军战士。装甲纵队通常会绕过这些狂热的残兵，把他们留给步兵去清剿，而小城镇里经常会爆发激烈的遭遇战。在行军途中，科尔布在某处震惊地发现了一群 12 岁大的孩子，他们正在操纵火炮，他记得“那些孩子拒绝投降，决定战斗到生命的最后一刻”。

其他人也有类似的恐怖经历。在条顿堡林山（Teutoburger Wald）林木茂密的山岭附近，率领第 2 装甲师先头部队的第 67 装甲团 2 营营长詹姆斯 · 弗朗西斯 · 霍林斯沃思（James Francis Hollingsworth）少校，发现自己突然被德军坦克包围了，原来他的行军纵队误打误撞冲进了敌人的一个坦克训练场。霍林斯沃思是很幸运的，因为那些坦克都是老旧的教具，里面的发动机早就被拆掉了，根本动弹不了。不过，用于训练新兵的坦克炮还在，所以德国人迅速开始了疯狂的射击。克莱德 · W. 库利（Clyde W. Cooley）上士是在北非打过仗的老兵，他是霍林斯沃思坦克上的炮手，立即进入了战斗状态。他先旋转炮塔干掉了一辆 1350 米处的德军坦克，然后又把大炮转了过来，打掉了 70 米开外的另一辆坦克。“当大家都开火的时候，周围已经变成了可怕的炼狱！”霍林斯沃思回忆道。

战斗才刚刚结束，一辆满载士兵的德国军用卡车居然沿着道路高速向第 2 装甲师的纵队驶来。霍林斯沃思当即命令部下放卡车进入到射程之内，当这辆倒霉的军车距离他们只有 70 米的时候，他下令开火。卡车被 12.7 毫米口径的重机枪子弹打成了马蜂窝，熊熊燃烧起来，翻车时把车上一群穿制服的人甩到了道路上。大多数人在落地时就丢了命，但有几个重伤者还在苟延残喘，发出生不如死的可怕尖叫声。当霍林斯沃思过来检查那些或是支离破碎，或是被打成筛子的尸体时，他惊讶地发现这些士兵都是身着制服的德国妇女，大概相当于美国的陆军妇女队队员。

抵抗完全是无法预料的。许多地区一枪未放就打出了白旗。在某些城镇，市镇长官向美军举起了双手，而撤退中的德军部队却仍然在居民区中间穿行，常常与美国人的坦克和步兵只相隔一个街区。代特莫尔德（Detmold）地区的工厂是德国最大的军械厂之一，厂里派出的人遇见了惠勒·梅里亚姆中校的第 82 装甲侦察营的开道坦克，那辆坦克正在第 2 装甲师的前方进行侦察。那位德国军械厂的代表宣布，工厂负责人想投降。“当我们向前开进的时候，炮弹全都落在我们身边，”梅里亚姆回忆道，“工厂负责人、经理和工人都在工厂外面列好了队。负责人做了简短的投降讲话，然后还将一把漂亮的镀铬毛瑟手枪当成礼物送给了我。”再往前走几个街区，梅里亚姆又接受了一个完整的德国军需连的投降，外加大量的钞票。但几个小时之后，在梅里亚姆后面赶来的美军步兵却经历了一场长时间的苦战，为的是肃清同一座城市中的敌人。原来代特莫尔德正好坐落于党卫军的一个训练区中心。

类似的事件随处可见，不胜枚举。在一些小城市里，一块已投降区域的宁静，会突然被几个街区之外猛烈战斗的枪炮声打破。第83步兵师师长梅肯少将记得，他在这样一座城市的主干道上，“从我的指挥部前门走进来时很安全，但当我试图从后门离开时，却几乎得杀出一条血路来”。在一座城镇的郊区，第30步兵师的部队遇到了几个步枪上系着白手绢的德国士兵，但当那些德国兵试图向美军投降时，遭到了身后仍然在继续战斗的党卫军散兵的机枪扫射。

有些人想出了受降的新方法。第83步兵师的弗朗西斯·绍默上尉能说一口流利的德语，有几次他是用电话受降的——在一把0.45英寸口径的柯尔特手枪支持下。绍默用这把枪顶着一位刚刚抓获的市长的脑门，威胁他说：“要是知趣的话，就给下一个市镇的长官打电话，告诉他，如果他的地盘还想继续存在的话，最好现在就放弃抵抗，举手投降。告诉他，让所有人都在窗户外面挂上白床单，要不然就……”那位被吓坏了的市长“通常就会危言耸听地告诉他的邻居，他这里的美国人有数以百计的坦克和大炮，成千上万的部队。这个计策屡试不爽”。

攻势规模日益庞大的时候，公路上挤满了急于赶路的摩托化部队和坦克装甲纵队，它们从成千上万向西而去的德国俘虏旁边反向而行，向东推进，甚至都没有时间处置这些俘虏。胡子拉碴的德国国防军官兵们精疲力竭，在无人押送的情况下拖着沉重的脚步回头朝莱茵河走去，他们中的一些人仍然携带着武器。第113机械化骑兵群的随军牧师本·罗斯回忆说，有两个穿着制服的军官显得十分绝望，走过他所在的纵队旁边时“用了很长时间试图吸引人们的注意力，以便把他们的随身武器交出去”。但美军官兵们一门心思要多赶路，因而只是竖起拇指叫他们往西走。

德国的城镇一个接一个地在向前猛冲的盟军部队面前陷落了，此前没有几个人听说过那些城镇的名字，无论如何，没人能长时间待在那些城镇里，长到足以记住它们的名字。像明登（Minden）、比克堡（Bückeburg）、廷登（Tündern）和施塔特哈根（Stadthagen）这样的地方，只不过是通往易北河途中数不胜数的公路检查站中的几个而已。但第 30 步兵师却偶然碰到了一个熟悉的地名，这个地名太熟悉了，大多数人都记得，他们为这个地方真的存在而感到惊讶。这个小城叫哈默尔恩（Hameln），因花衣魔笛手的传说[1]而闻名。早些时候，第 2 装甲师曾绕过了几个党卫军把守的据点，现在据点内的党卫军在做自杀式顽抗。第 30 步兵师用猛烈的炮火进行了凶狠的还击。到 4 月 5 日，这座有着童话书中色彩艳丽的姜饼屋和鹅卵石街道的城镇，被烈火和爆炸摧残成了瓦砾。第 117 步兵团团长沃尔特·莫里斯·约翰逊（Walter Morris Johnson）上校说："这一次，我们用一种稍许不同的笛子把老鼠赶走了。"

到 4 月 8 日，第 84 步兵师进抵了于 15 世纪建城的汉诺威郊外。自渡过莱茵河之后的长途奔袭中，拥有 40 万人口的汉诺威是第 9 集团军下属各师攻陷的最大城市。第 84 步兵师师长亚历山大·罗素·博林（Alexander Russell Bolling）少将本来想要绕过这座城市，但上面却命令把它拿下。博林根本就不乐意这么做。一旦他的部队陷入麻烦

---

1 花衣魔笛手的故事是中世纪的一个民间传说。哈默尔恩是德国西北部下萨克森州的一个市镇，据说在 1284 年暴发了鼠疫，花衣魔笛手为该镇解除了鼠疫，可该镇并没有付出原先许诺的报酬，于是他便吹起笛子把镇里的孩子全部拐走。格林兄弟的《德国传说》里收录了相关的故事，名为《哈默尔恩的孩子》。英国诗人罗伯特·布朗宁（1812—1889）写有一首题为《哈默尔恩的花衣魔笛手》的诗歌，故事因诗歌而更加出名，所以第 30 步兵师的人"太熟悉"这个地名了。

的巷战，那么他就失掉了宝贵的时间——这会让他在冲向易北河的竞速赛跑中输得一干二净。战斗是激烈的，但两天不到，德国人的抵抗就只剩下一些孤立的小战斗了。博林为第 84 步兵师的英勇战斗而骄傲，同时又急于马上向前进军。此时盟军最高统帅和他的参谋长史密斯中将，以及第 9 集团军指挥官辛普森中将到汉诺威来视察，眼前的一切让高管们感到既惊讶又骄傲。当正式会谈结束时，博林记得："艾森豪威尔对我说，'亚历克斯，你接下来要去哪？'我回答道，'将军，我们要直通柏林，任何事情都不可能阻挡我们前进的脚步。'"

按照博林的说法，艾森豪威尔"把手放在我的胳膊上，面带微笑地祝福，'亚历克斯，一直往前冲，祝你有世界上所有的好运，不要让任何人挡住你的步伐'"。当艾森豪威尔离开汉诺威时，博林认为自己"已经从最高统帅那里得到了一个明确的口信——第 84 步兵师即将开上通往柏林的快车道"。

4 月 8 日，就在同一个星期天，暂时略微领先第 83 步兵师的第 2 装甲师，在希尔德斯海姆的第一阶段线上停了下来。现在该师必须等待进一步的命令，才可以发起第二阶段的进攻。怀特少将对暂停感到高兴，全师以这样的高速度推进，很多车辆已经亟待维修，怀特起码需要两天时间来做维修工作。他明白暂停也会让其他部队跟上来，但很多士兵在经历了过去几天疯狂的高速推进之后，都在纳闷为什么现在要停下来。士兵们由于此次暂停而不耐烦，以前这样的停止前进曾给了敌人重新组织和强化防御的机会。在离终点如此接近的情况下，谁也不想把自己的运气推开。乔治·佩特科夫（George Petcoff）二级军士长是参加过诺曼底登陆的老兵，他现在担心"柏林的战斗，因为我的霉运可能要来了"。随军牧师罗斯记得，有名坦克兵对未来极为迷信，他爬出坦克看着漆在坦克前面的“无畏的乔”这句话，煞费苦心地把“无畏的”（Fearless）这个单词给刮掉了。他宣布：“从现在起，它就是不折不扣的乔！”

如果说士兵们对耽搁感到不耐烦和担心的话，那么他们的指挥官们——包括怀特少将在第 19 军军部里的顶头上司——则更加忧心忡忡。军长雷蒙德·斯托林斯·麦克莱恩（Raymond Stallings McLain）少将希望，任何东西都不要干扰他的绝妙计划。他并不为补给担心：尽管部队推进速度如此之快，但强大的后勤车队都能保证将物资按时按量送到手。他的部队目前兵强马壮，整个第 19 军拥有超过 12 万的兵力，比美国南北战争中参加葛底斯堡战役的联邦军人数还多，他的手头还有 1 000 余辆装甲车辆。麦克莱恩后来直言，拥有这样的实力，他“绝不怀疑在渡过易北河 6 天之后”，第 19 军就会全部进入柏林。

麦克莱恩从辛普森的指挥部获悉，目前的停顿只是暂时的——耽搁的原因既有战术上的也有政治上的。实际上他的消息在这两方面都是正确的。前方就是苏联占领区的未来边界，而暂停前进又给了盟军最高统帅部考虑形势的时间。迄今为止不论是英美盟军还是苏联军队，都没有定下地理上的“进攻停止线”，这样一来，双方发生直接冲突的危险就依然存在。但在没有德国人集结抵抗的情况下，更高级的指挥部根本不想停止进攻。然而，有个重要问题必须得考虑到：一旦越过苏联占领区的边界，那么夺取的每一寸地盘，未来迟早都得奉还给苏联人。

冲得最远的部队，现在距离柏林只有 200 公里。在第 9 集团军的前线各地，士兵们在待命，并没有注意到最高统帅面临的那个微妙问题。他们的急切是有种种理由的。卡罗尔·斯图尔特一等兵期望着能对德国首都的美景先睹为快，因为他听说在欧洲的所有城市中，柏林是最漂亮的。

英国皇家空军准尉詹姆斯·“迪克西”·迪恩斯（James “Dixie” Deans）在桌前啪的一声立正，潇洒地向德国上校行了一个军礼，赫尔曼·奥斯特曼（Hermann Ostmann）则以同样的身姿利落地给予回礼。奥斯特曼上校是关押盟军战俘的第357战俘营的指挥官，这座战俘营位于汉诺威北边的法灵博斯特尔（Fallingbostel）附近。每当战俘迪恩斯与战俘营指挥官奥斯特曼会面，他们都要完成一系列军事礼仪，相互敬礼只不过是礼节之一。他们两人的行为一如既往地堪称典范。

在这两个人之间存在着一种勉强而又谨慎的尊重。迪恩斯认为，这位指挥官——参加过第一次世界大战的中年军官，因手臂痉挛无法在战斗部队服役——是一个公正的战俘营长官，从事着一份他并不喜欢的工作。就奥斯特曼而言，他知道被战俘们选来担任发言人的29岁的迪恩斯，是一个倔强、坚定的讨价还价者，他能够让奥斯特曼的日子不太好过，而且他的确经常做到这一点。上校一直就清楚，对第357战俘营的真正控制，掌握在身材修长的迪恩斯对战俘们的稳固管理和战俘们对他毫不动摇的忠诚之中。

领航员迪恩斯是一个传奇人物。他的飞机1940年的时候在柏林上空被德军击落，从那以后他就沦为了战俘。在每一处战俘营里，他都学到了一些新的技能。迪恩斯清楚地知道如何才能为自己和难友们争取最大程度的优待，他还学到了大量与战俘营指挥官打交道的办法。按照迪恩斯的说法，传统的做法基于“你只要无时无刻不再给讨厌的家伙找麻烦”。

现在，迪恩斯低头盯着衰老的上校，等待着被告知将自己传唤到指挥官办公室的原因。

“我这里有一道命令，”奥斯特曼说道，同时举起了一些表格，“恐怕我们必须把你和你的人转移出去。”

迪恩斯立即警惕起来，“转移到哪里，上校？”他问道。

“此地的东北方，”奥斯特曼说道。“具体的地点我也不知道，但我将在途中得到指示。”随后他又补充说，“当然你得明白，我们这样做是为了更好地保护你们。”他停下来无力地笑了笑，“你们的军队离这儿很近了。”

迪恩斯意识到这一点已经有几天的时间了。战俘营里进行“娱乐”活动时秘密造出了两台高性能的收音机，一台藏在一个老式的不断使用的留声机里面，另一台是用电池供电的小收音机，藏在主人的餐具里，能够把最新的新闻在第357战俘营里传播开。通过这些珍贵的信息源，迪恩斯知道艾森豪威尔的部队已经渡过了莱茵河，正在鲁尔区作战。战俘们仍不清楚英美盟军的推进范围，但如果德国人要转移战俘营，那么盟军肯定就在附近了。

“如何进行转移呢，上校？”迪恩斯问道。他知道德国人始终只用一种方式转移战俘——步行。

“他们将列队行军。”奥斯特曼说道。随后，他以一种彬彬有礼的姿态给迪恩斯提供特殊优惠，“你如果喜欢的话，可以和我一起乘车。”迪恩斯同样彬彬有礼地谢绝了。

“病号怎么办呢？”他问道，“战俘营的很多人已经动不了了。”

“他们将被留在后面，我们会给予他们所能做的一切帮助，你的一些人也可以和他们待在一起。”

现在迪恩斯想要知道战俘将在什么时候动身。有时候奥斯特曼怀疑，身陷囹圄的迪恩斯可能对战争形势的了解并不亚于自己，但有件事情他确信迪恩斯不可能知道。根据上级传来的消息，英军正大体上朝着法灵博斯特尔的方向推进，现在离这儿只有80~100公里；而根据所有的报告，美国人已经在南边80公里处的汉诺威了。

“马上动身吧，”他对迪恩斯说，“这是我的命令。”

离开指挥官办公室的时候，迪恩斯知道要为众人的行军做好准备，但他对此感到无能为力。食品短缺，几乎所有的战俘都由于营养不良而骨瘦如柴，长时间的艰苦旅程基本上肯定会让他们中的许多人失去生命。但是当他返回营房，向整个战俘营传递转移的口信时，他向自己庄严地起誓：“迪克西”·迪恩斯打算尽其所能，无论是刻意放慢转移速度，还是搞一搞小小的骚乱或是静坐示威，总之使用一切手段，一定要把第357战俘营里的1.2万人全都带到盟军战线去。

到目前为止，身为新组建的第12集团军指挥官的瓦尔特·温克装甲兵上将，还不知道其指挥部的具体位置。据说指挥部是在哈茨山脉以北的地区，距离柏林100~130公里远，不过温克的车已经开了几个小时了，还是没有找到目标。道路上黑压压的全是朝两个方向行走的难民和车辆，有些难民无目的地朝东走，避开进军的美国人；还有的人由于害怕苏联人，正匆匆朝西边走。载着士兵的车队似乎同样漫无目的。温克的司机多恩在缓慢开动汽车的时候不停地按着喇叭。他们由西向南走，车越是朝前开，情况就越是混乱。温克变得愈加担心和不安，他不知道，当最终抵达指挥部的时候会发现什么。

温克在去指挥部的过程中绕了个大圈子，他决定先去莱比锡西南的魏玛城（Weimar），然后再朝位于巴特布兰肯堡（Bad Blankenburg）附近某处的指挥部开。虽然这样的话他要多绕几乎 160 公里的路，但温克这样绕行却是有理由的。魏玛的一家银行里有他一生的积蓄，大约一万帝国马克，他打算把这笔存款统统取出来。但当他的汽车接近魏玛城时，道路上却奇怪地变得空无一人，远处传来了“噼噼啪啪”的枪声。又朝前走了几公里之后，他的车被拦了下来。国防军的宪兵警告将军，巴顿率领的美军第 3 集团军的坦克已经出现在城郊了。温克被惊得目瞪口呆，一种被欺骗的感觉油然而生。他觉得自己上了当，眼前的形势比自己在希特勒的统帅部里获悉的要糟得多。他对盟军推进的高速感到难以置信——德国有这么多的地方已经沦陷了。更令他无法释怀的是，他的一万马克八成也是打水漂了。[1]

在当地的国防军指挥部里，军官们告诉温克整个哈茨区域都有沦陷的危险，部队正在仓皇撤退，各地区都遭到了包抄。显然，他的指挥部已经从这个地区溜之大吉了。温克又回过头来朝德绍（Dessau）奔去，据说他的一些部队正在当地集结。在德绍北边大约 13 公里的罗斯劳（Rosslau）附近，他发现集团军指挥部就在一所以前的国防军工兵学校里。在那里温克还发现了有关第 12 集团

1 战后，锲而不舍的温克试图要回他的钱，不过当时魏玛是在苏联占领区，归乌布利希的东德政府管理。奇特的是，这家银行继续给温克寄出每月的结算单，一直到 1947 年 7 月 4 日。他一再确认结算单收悉，并要求把钱转到他在西德的银行里，一直到 1954 年 10 月 23 日前，魏玛那边都没有什么举动。在 1954 年 10 月 23 日，魏玛银行告知温克，他们必须把这个事情提交给内务部魏玛地区分部。“我们已经注销了您这个非常老的账户，”银行在信中说道，“同时勾销了累积而成的利息……”——原注

军的真相。

第 12 集团军的前线沿着易北河及其支流穆尔德河延伸，大约有 200 公里长——大致是从北边的易北河畔维滕贝尔格，往南到莱比锡东面的穆尔德河畔。在其北翼，与英国人对阵的是西北战线德军总司令恩斯特·布施（Ernst Busch）元帅的部队。在南边，是西线德军总司令阿尔贝特·凯塞林空军元帅遭到重创的部队。温克几乎没有关于上述部队的兵力情报。这两者之间的防区属于温克，而他的第 12 集团军仅仅存在于纸面上，除了坚守易北河沿岸零星阵地外，他只剩下少量被打垮的师的残余力量。他发现其他的单位甚至还没有运作起来，还有为数不少的影子部队尚待组建，他的大部分炮兵部队没有机动能力，就布置在诸如马格德堡、维滕贝尔格这样的城镇周边的固定阵地上，或是驻扎在易北河沿岸的桥梁和渡口旁。温克的第 12 集团军目前有一些突击炮，一群装甲车，大约 40 辆小吉普车式的大众运兵车，充其量只有 10 余辆坦克。

尽管据说那些散兵游勇和残余部队加在一起，会让他得到约 10 万人的兵力，但这离原先许诺给他的 10 个作战师差得可有点远。那些余部的原单位有着能给人留下深刻印象的名字——克劳塞维茨[1]、波茨坦、沙恩霍斯特[2]、乌尔里希·冯·胡滕[3]、弗里德里希·路德维希·雅

1 卡尔·戈特弗里德·冯·克劳塞维茨（Carl Gottfried von Clausewitz，1780—1831），普鲁士将军，军事理论家和军事历史学家。

2 格哈德·达维德·冯·沙恩霍斯特（Gerhard David von Scharnhorst，1755—1813），普鲁士中将，曾参加反拿破仑战争，与奥古斯特·冯·格奈森瑙一起进行军事改革，组建正在形成中的普鲁士总参谋部。

3 乌尔里希·冯·胡滕（Ulrich von Hutten，1488—1523），中世纪早期德意志五个大公国之一法兰克尼亚公国的骑士和人文主义学者，以爱国者、讽刺诗文和路德事业的拥护者著称。

恩[1]、特奥多尔·克尔纳[2]——充其量只剩下五个半师，大约5.5万人。

除了那些已经进驻固定阵地或者投入战斗的部队之外，新组建的第12集团军的主要兵力，是一群渴望参战的军事院校学员和军官候补生。无论是温克，还是他的参谋长京特·赖希黑尔姆（Günther Reichhelm）上校，对当前战斗的最终结局都没有丝毫怀疑，但温克却拒绝屈服于幻灭。尚算年轻的他渴望参战，温克看到了许多年长的将领可能疏忽的东西：第12集团军在兵力上的欠缺，可以由年轻军官和军校学员的顽强与献身来弥补。

温克认为，他发现了一种使用稚嫩却充满热情的部队的方式，那就是把他们用作机动突击部队，按照需要从一个地区冲向另外一个地区——至少要等到其他部队重组完毕和就位。温克相信，采用这种方式，其麾下精力充沛的年轻人就可以为德国赢得宝贵的时间。他就任集团军指挥官后的首次行动，就是命令他最具战斗力和装备最好的部队进入中央位置，准备用在易北河或穆尔德河地区。温克看着地图，在可能进行战斗的地区画了圈——比特费尔德（Bitterfeld）、德绍、贝尔齐希（Belzig）、维滕贝尔格。他觉得还有另一个地方，美国人肯定想从那里渡过易北河。坐落在三条河流交汇处的马格德堡在三十年战争[3]期间几乎被完全毁灭，现在全城又

1 弗里德里希·路德维希·雅恩（Friedrich Ludwig Jahn，1778—1852），体育家，号称德国体操之父。

2 卡尔·特奥多尔·克尔纳（Carl Theodor Körner，1791—1813），德国爱国诗人。曾参加反抗拿破仑的解放战争。他在吕措的义勇兵团中战死，成为一个家喻户晓的英雄。

3 三十年战争，指的是1618至1648年间由神圣罗马帝国的内战演变而成的全欧洲参与的一次大规模国际战争，这场战争是欧洲各国争夺利益、树立霸权以及宗教纠纷戏剧化的产物，战争以波希米亚人民反抗奥地利哈布斯堡家族统治为肇始，最后以哈布斯堡家族战败并签订《威斯特法利亚和约》而告结束。

重获新生。孤岛式的城堡和建于11世纪的大教堂所构成的巨大要塞，就像一个灯塔一样，矗立在美军行进的道路上。在该地区的周围，尤其是马格德堡南部，温克派出了沙恩霍斯特师、波茨坦师和冯·胡滕师等装备最好的部队，尽可能地阻挡美军的攻击。

他的防御计划非常细致，每个细节都考虑到了，他的战术被手下的军官牢记在心。现在，在温克东北方190公里的维斯瓦集团军群指挥部，戈特哈德·海因里希也为战斗做好了准备。

防线的后面，海因里希又设立了第二道防线。海因里希告诉手下的指挥官，在苏联人进行炮火准备之前，他就会命令第一道防线上的所有部队立即撤至第二道防线。让苏联人一拳“打在空口袋上”，这是海因里希在莫斯科战役时期用的老花招。苏联人的炮击一停止，部队就要重新回到第一道防线上占领阵地，阻击敌军的进攻。这个计策曾经在多次战役中屡试不爽，现在海因里希指望着它能再次发挥奇效。不过同以往一样，其窍门在于准确地把握住对手进攻的具体时间。

苏联红军已经进行过几次佯攻了。在柏林以北的冯·曼陀菲尔的第3装甲集团军防区，指挥着战斗力较弱的第46装甲军的马丁·加赖斯（Martin Gareis）步兵上将确信，进攻将于4月8日开始。在加赖斯的防区当面，大批车辆在向前调动，炮兵部队在不断集结，这些似乎都表明攻击即将打响，而且被俘虏的苏联士兵甚至还扬言这天就是进攻日。海因里希对这些报告嗤之以鼻。他自己的情报加上他相信直觉的老习惯，都告诉他这个日子太早了。结果他是对的，在整个奥得河前线，4月8日风平浪静。

然而海因里希的警觉现在是不会停顿的。每天他都会乘坐一架小型侦察机飞越战线，观察苏联红军部队和他们炮兵的部署情况；每天晚上，他都会悉心研究最新获得的情报汇总和对俘虏的讯问笔录，孜孜不倦地寻找可以准确推断出对手进攻时间的线索。

在这个紧张而又关键的时期，帝国元帅赫尔曼·戈林却把海因里希召到他的庄园吃午饭。尽管离开指挥部只有几个小时，海因里希还是觉得极度厌烦和厌恶，但他却无法拒绝这位权力人物的邀请。帝国元帅的巨大庄园名叫卡琳，距离维斯瓦集团军群在比肯海恩的指挥部只有几公里路。庄园面积大得惊人，戈林甚至还有自己的私人动物园。当海因里希和他的副官冯·比拉上尉临近庄园时，他们都被戈林拥有的公园式不动产震惊了，湖泊、花园、景观露台以及林荫车道构成了一幕幕风景。从大门到庄园主楼间的道路两侧，矗立着多名身着整洁合身制服的德国空军伞兵，他们是戈林的贴身卫队。

主楼就像戈林其人一样，既厚实又奢华，接待大厅让海因里希想到了“一座巨大的教堂，非常宽敞，令人们的目光不由自主移动到顶部的横梁上”。戈林穿着华丽的白色猎装，冰冷地朝海因里希打招呼。他的态度是个不祥之兆，说明要出问题。这场午宴注定是场彻头彻尾的灾难。

帝国元帅和大将都强烈厌恶对方。海因里希一直认为戈林对斯大林格勒的惨败负有不可推卸的责任：帝国元帅信口开河了一番，宣称德国空军能通过空运解决城内部队的供给问题，但他的手下却并没能给被包围在斯大林格勒的冯·保卢斯的第6集团军提供所需的全部物资。即便没有此事，海因里希终究还是会由于戈林的傲慢和自负对其感到厌恶。另一方面，戈林认为海因里希是个不听话的刺头，他认为眼前这位将军在没有对斯摩棱斯克实施“焦土政策”的情况下就撤走了军队是不能饶恕的。而在过去的几天里，他对海因里希的反感急剧上升。在元首召开的会议上，海因里希对第9伞兵师的评论深深地激起了他的怨恨。会议结束后的第二天，戈林曾给维斯瓦集团军群指挥部打了一个电话，并和艾斯曼上校通了话。“简直令我难以置信，”帝国元帅愤怒地吼道，“海因里希竟会那样评论我手下的伞兵。那是一种无耻的人身攻击！我手里还有第2伞兵师，但你可以告诉你的长官，他连一个士兵和一支步枪都别想从我这拿到，永远不可能！我要把他们送给舍尔纳。那才是一位真实的军人！一个真正的军人！”

现在，就在午餐会上，戈林的“大炮”已经直接对准海因里希轰了起来。他以尖锐的抨击开场，批评他最近经过维斯瓦集团军群防区时看到的部队。戈林坐在一把御座似的椅子上，挥舞着一个银制的广口啤酒杯，指责海因里希指挥下的部队军纪松弛。“我坐车去视察了你所有的集团军，”他说道，“在各处防区，我发现士兵们无所事事，闲得发慌！我看到一些人在散兵坑里打牌！我发现，劳工组织的工人甚至连干活用的铁锹都没有。在一些地方，我发现部队没有野战厨房！在其他地方，你的人几乎没有为修建防御工事做任何事情。我发现到处都有你的士兵在磨洋工，什么都不做。”戈林咽下一大口啤酒，威胁道，“我将把这一切上报元首。”

海因里希看出来发生争执毫无意义，他想做的只是走人。他按捺住脾气，总算是把饭吃完了。不过，在戈林把两位客人送到门口时，海因里希却停下了脚步，慢慢地四下打量着这座华丽的庭院，以及给人留下深刻印象的带有角楼和厢房的大宅邸。“我只能希望，”

他说道，“我那些游手好闲的士兵能把您这处美丽的地方从即将来临的战斗中拯救出来。”戈林冷冰冰地盯着他看了片刻，然后脚后跟一转回去了。

在返程的路上，海因里希认为戈林拥有卡琳庄园的时间已经不多了。他正在就苏联人的进攻时间得出结论，所依据的是情报汇总、空中侦察、奥得河洪水的回落状况，以及迄今为止还没有欺骗过自己的直觉。海因里希认为，苏联人的进攻将在一个星期之内开始，大致是 4 月 15 日或者 16 日。

格奥尔吉·朱可夫元帅把桌子上的盖布一把掀开，下方露出了巨大的柏林立体地势图。与其说这是地图，不如说是个模型，微型的政府大楼、桥梁和火车站，与主要的街道、运河和机场一起，被精确地复制了出来。预判的防御阵地、防空塔和地堡都被清晰地标在地图上，而每个绿色的小标签上都带有数字，像小旗一样插在主要的目标上。帝国国会大厦的标号是 105，帝国总理府的标号是 106，107 和 108 是内务部大楼与外交部大楼。

元帅转向手下的军官们。“看看 105 号目标，”他问道，“谁将第一个把胜利的旗帜插上国会大厦？是崔可夫和他的近卫第 8 集团军？或是卡图科夫和他的坦克手们？还是尼古拉·叶拉斯托维奇·别尔扎林和他的突击第 5 集团军？抑或是谢苗·伊里奇·波格丹诺夫和他的近卫坦克第 2 集团军？会是谁呢？”

朱可夫是在故意挑逗他的手下们。每个军官都如同被红布吸引的公牛一般，发疯似的想要第一个抵达柏林，尤其想要首先攻占国会大厦。近卫坦克第 1 集团军军事委员会委员（相当于政委）尼古拉·基里洛维奇·波佩尔（Nikolai Kirillovich Popel）中将后来还记得当时的场面，卡图科夫大概在想象中已经到了那里，突然喃喃自语道："想想吧，如果我能到达107号和108号目标的话，我就可能把希姆莱和里宾特洛甫一齐逮住！"

基本情况介绍会进行了一整天。在前线各地，进攻的准备工作已经接近尾声了。大炮和弹药被安置在森林里，坦克正在开赴指定地点，这样当炮击开始的时候，坦克上的火炮也可以参与到火力准备当中去，给炮兵部队提供补充。大量补给物资、造桥材料、橡皮舟和木筏已经被提前储存进了攻击出发阵地，道路上挤满了部队，一个又一个作战师已经进入集结区域之中。这次恢宏的突击对兵力的需求异常巨大，苏联人甚至还破天荒地首次动用了飞机往前线空运增援部队。在战线各处的红军官兵眼中，进攻已经迫在眉睫，但方面军司令部以外的所有人都还不知道进攻的具体日期。

谢尔盖·伊万诺维奇·戈尔博夫上尉是苏联红军的战地记者，他开着车在白俄罗斯第1方面军的战线上观察着热火朝天的准备工作。戈尔博夫向所有为他提供消息的人打听，努力想查明进攻日期，却未获成功。他从未目睹过如此规模的进攻准备，他确信德国人也肯定在密切注视着每一项行动，但很久之后他评论道："至于德国人看到了什么，大家都一副满不在乎的模样。"

有一项准备工作令戈尔博夫大惑不解。一连数日各式各样的防空探照灯陆续被送达前线，操作这些探照灯的全是女兵。此外，这些探照灯被布置在前线后方，而且小心地隐蔽在伪装网下面。戈尔博夫以前从未见过这么多的探照灯，他很疑惑，它们与即将开始的进攻有什么联系呢？

在位于滕佩尔霍夫区的柏林邮电大厦里，帝国邮政部长卡尔·威廉·奥内佐格（Karl Wilhelm Ohnesorge）俯身观察着桌子上色彩鲜艳的整版邮票。对这些首版邮票，奥内佐格显得非常得意，邮票设计者的工作很出色，元首对此一定会感到满意的。他满心喜悦，兴致很高，随后俯下身子，更加仔细地检查着两张邮票。一张邮票上是一个笔挺壮实的党卫军士兵，肩膀上扛着一支施迈瑟冲锋枪；另一张邮票描绘的是一个穿着制服的纳粹党领导人，右手高举着一个火炬。奥内佐格认为，这些特种纪念邮票的发行恰逢其会，它们将在 4 月 20 日希特勒生日那天出售。

一个特殊的日子，在埃里希·拜尔（Erich Bayer）的心目中占据着最重要的位置。这位在维尔默斯多夫区工作的会计师，几个星期以来一直担心，4 月 10 日星期二，也就是明天他应该做什么。到那时就应该付款了，否则的话，各种各样的麻烦和烦琐费时的手续就会接踵而至。拜尔有那笔钱，那不是他的问题，但问题是那件事情现在重要吗？那支攻占了柏林的军队——美国人或苏联人——会不会坚持要付款？如果美国人和苏联人都没有攻占这座城市，又会发生什么事情呢？拜尔从各方面考虑了这个问题，然后去银行取出了 1400 马克。他进入附近的办事处，按照要求支付了他在 1945 年的所得税首期款。

事情发生得这么迅速，结果每一个人都措手不及。在西线的第 9 集团军指挥部里，辛普森将军立即给他的两个军长下达了命令，一位是第 19 军的雷蒙德·麦克莱恩少将，另一位是第 13 军的小阿尔万·卡洛姆·吉勒姆（Alvan Cullom Gillem Jr.）少将。辛普森说，正式命令即将下达，内容只有一个单词，“出发”。第二阶段进攻开始了，命令要求各师都要向易北河，以及易北河的彼岸发起攻击。

在第 2 装甲师师部，怀特少将接到命令后，立即把第 67 装甲团团长保罗·艾尔弗雷德·迪斯尼（Paul Alfred Disney）上校叫来，该团是第 2 装甲师的先遣团。迪斯尼记得，到了师部后“我连招呼都来不及打，怀特就对我下令‘向东发起攻击’”。一瞬间迪斯尼吃了一惊，部队停下来还不到 24 个小时呢。他仍然困惑不解，便问道：“下一个目标是哪儿？”怀特的回答只有一个词：“柏林！”

6

第 2 装甲师编成五路纵队，迅速向易北河和柏林推进，在经过灯火通明的德军指挥部时，也未放慢步伐。他们呼啸而过的城镇里，上了岁数的人民冲锋队员手里握着步枪，无助地站在街道上，一个个被惊得呆若木鸡。他们在行进中超越了同向行进的德军摩托化纵队。枪声响起，但双方都没有停下脚步，搭乘坦克的美国大兵向骑摩托车的德国兵胡乱射击。当敌军试图掘壕固守的时候，一些美军指挥官像使用骑兵一样使用他们的装甲部队。詹姆斯·霍林斯沃思少校就曾在这种情形下把 34 辆坦克一字排开，下达了一个在现代战争中已经很少能听到的命令：“冲啊，骏马！”炮火轰鸣，霍林斯沃思的坦克全速扑向了敌人的阵地，德国人毫无悬念地溃散了。坦克四处冲破敌人的阵地，越过敌控区。到 4 月 11 日星期三傍晚，在这空前的装甲突击中，这些谢尔曼坦克不到 24 小时就前进了 92 公里——按公路里程算有 117 公里。晚上 8 点过后不久，保罗·迪斯尼上校给师部发去了一份言简意赅的电文：“我军已到易北河。”

一小队装甲车在更早的时候就已经进抵马格德堡城郊。当天下午，惠勒·梅里亚姆中校的装甲侦察车队以每小时 88 公里的时速闯入了易北河西岸附近的城郊地带。车队在那里停了下来，并非是由于德军的防御工事，而是被往来的平民和购物者挡住了。为了清空街道，美军的这支分队用机枪朝半空中猛烈开火，试图用枪声吓走这些拦在路上的老百姓，结果却造成了更大的混乱。女人们被当场吓晕了过去；购物者不是被吓得挤作一团，就是猛地趴在地上；附近的德国士兵仓皇四窜，疯狂射击。梅里亚姆的分队缺乏控制这个地区的实力，最终设法摆脱了混乱局面，赶到了原本的目标——机场。当他们驱车沿着机场边缘行驶时，跑道上还有飞机在起降，美军向视线内的一切东西倾泻火力，包括一个正准备起飞的战斗机中队。随后守军开始回击。侦察车队遭到重火力压制，在损失了一辆装甲车后脱离战斗。但他们的出现警醒了马格德堡的守军。现在，当美军部队接二连三地抵达这座易北河畔的城市周围时，遭遇的抵抗日益顽强。梅里亚姆的侦察队在撤回以后，汇报了一个极其重要的情报：城市北边高速公路桥仍未受到破坏。这座能让第 2 装甲师直趋柏林的大桥立即成为该师的主要目标。但从美军遭遇的火力来看，显然这座桥不是可以在行进中夺取的——马格德堡守军决意一战。与此同时，在北边和南边还有别的桥梁，如果能在敌人炸毁它们之前抢占到任何一座，第 2 装甲师就可以继续前进了。

在南边 11 公里处的舍讷贝克（Schönebeck），有另一座横跨易北河的桥，那是第 67 装甲团 2 营营长霍林斯沃思少校的目标。在星期三的整个下午，霍林斯沃思的坦克穿城越镇一路畅通无阻地飞奔，直到抵达了一个叫奥斯特维克（Osterwieck）的地方。在那里，有一个团的人民冲锋队迫使美军停了下来。霍林斯沃思感到困惑，许多上了岁数的德国人准备投降，有些人甚至从散兵坑里举起扎着手绢的步枪，然而战斗的激烈程度却没有减弱。一名在战斗之初被俘的德国兵解释说，镇子里的 11 名党卫军正在强迫人民冲锋队作战。霍林斯沃思勃然大怒，旋即采取行动。

他叫来自己的吉普车，除了司机之外，还另外带上了一名中士和一名无线电话务员。少校围着这个地区打转，最后沿着一条牛走的路进入了镇子。他的装扮独特，两把柯尔特手枪用皮带扣在胯骨两侧，颇有西部牛仔风格；另外还携带了一支汤普森冲锋枪。霍林斯沃思是个神枪手，曾击毙 150 多个德国人。他抓住一个路过的平民，强令他说出那些党卫军的驻扎点，被吓坏的路人立即指着附近一幢被高高的栅栏环绕的大房子与谷仓。看到栅栏上的门后，霍林斯沃思和部下从车上跳下，一段助跑后用肩膀猛撞，把门从铰链中拽开。当他们闯进院子时，一个党卫军士兵端着冲锋枪朝他们冲来，霍林斯沃思用手里的汤普森冲锋枪把那人打成了筛子。另外三个美国人开始朝窗户里扔手榴弹。少校敏锐地发现还有一个党卫军士兵在谷仓干草棚敞开的门口，便抢先拔出自己的 0.45 英寸口径手枪打倒了他。在房子里面，他们发现了 6 个被手榴弹炸死的党卫军士兵，其余的 3 个党卫军士兵投降了。霍林斯沃思又匆匆赶回他的纵队，耽搁了宝贵的 45 分钟。

3 个小时以后，霍林斯沃思的坦克到达了可以俯瞰舍讷贝克和巴特萨尔茨埃尔门（Bad Salzelmen）镇的高地。远处在暮光中波光粼粼的就是易北河，这段河面差不多有 150 米宽。霍林斯沃思从望远镜中看到那座公路桥仍然完好，德军装甲车辆正通过这座桥撤向东岸。霍林斯沃思开始为在敌军装甲车环绕下、如何抢在桥被炸毁之前夺下它而伤脑筋。

当他在观察情况时，一个计划成形了。他叫来手下的两个连长，詹姆斯·W. 斯塔尔（James W. Starr）上尉和杰克·A. 奈特（Jack A. Knight）上尉，简单明了地说明了自己的主意。“敌人是在这条从北到南进入巴特萨尔茨埃尔门的公路上运动，”他说道，“接着在十字路口向东转入舍讷贝克，然后过桥。我们的唯一希望，就是冲进巴特萨尔茨埃尔门，夺取这个十字路口。当我们到达路口时，斯塔尔的连将脱离大部队并把路堵住，阻挡从南边来的德国人。我将混入折向东边进入舍讷贝克的德军后卫部队之中，跟着他们过河。奈特，你从后面跟上来。我们得夺下那座桥，上帝保佑，我们一定可以夺下它。”

霍林斯沃思知道，只有在他们的行动足够迅速的情况下，这个计划才能成功。天色已晚，如果走运的话，德国坦克不会发现当他们过桥的时候身后跟着其他人。

几分钟后，霍林斯沃思的坦克纵队便上路了。他们关紧舱盖，冲进了巴特萨尔茨埃尔门，在德国人意识到发生什么事情之前，斯塔尔的坦克已经从南边把公路给堵住了，切断了德军装甲纵队。德军纵队中的先导坦克已经转了弯，朝桥头驶去，他们显然听到了身后的炮声，于是开始加速。这时霍林斯沃思的坦克部队填补了德军纵队中的空白，以同样的速度紧随其后。

不过，他们很快就被发现了。布置在附近铁路调车场里的平板车上的火炮，朝美军纵队的后卫部队开起火来。当霍林斯沃思手下的谢尔曼坦克进入舍讷贝克的时候，一辆德军“豹”式坦克把炮塔转了过来，对着先头的美军坦克瞄准。霍林斯沃思的炮手库利上士抢先开火，炮弹命中了“豹”式坦克，那辆坦克蓦地转向一边，撞到一堵墙上猛烈地燃烧起来。道路上几乎没有足够的空间让霍林斯沃思自己的坦克通过，但他的坦克慢慢挪动，总算挤了过去。后面的纵队依葫芦画瓢，一辆接一辆跟了过来。美军坦克朝着每辆德军车辆的尾部开火，撞开燃烧着的德国装甲车辆，穿过镇子前进。霍林斯沃思记得，等到他们到达镇中心时，“每个人都在朝着别人开火，那是最该死的混乱局面。德国人从窗户上探出身子来，不是用‘铁拳’反坦克榴弹发射器朝我们射击，就是被打死后吊在那里晃悠着”。

霍林斯沃思的坦克并没有被击中，他现在离桥只有三四个街区了，但这最后一段路却是最糟糕的。当剩下的坦克奋力前进时，四面八方都是敌军火力。尽管已是晚上 11 点，但燃烧的楼房还是让四周亮如白昼。

前面就是大桥了，美军坦克纵队朝前冲去。霍林斯沃思之前在高地上没能看见，桥头入口处有几堵迷宫般的石墙从道路两侧不规则地伸出，迫使车辆减速后得左扭右拐，才能到达桥梁中跨。霍林斯沃思跳下坦克，试图通过坦克后部的联络电话引导坦克前进和射击。此时一颗反坦克炮弹在霍林斯沃思前方 15 米处爆炸了，鹅卵石碎片四溅，少校突然发现自己满脸是血。

他一只手握着柯尔特手枪，另一只手握着坦克联络电话，坚持向大桥跑去。他的坦克与一辆吉普车撞在了一起，霍林斯沃思召来步兵带领他们绕过路障向桥头前进。一路上与沿途的德国守军交火，一颗子弹打中了他的左膝，但他继续带领步兵向前推进。最后，蹒跚的霍林斯沃思因满脸鲜血几乎半瞎而停了下来。德军射来的弹雨让霍林斯沃思不得不下令后撤——哪怕他一度离桥不到 12 米。当他的指挥官迪斯尼上校赶到现场时，发现少校“已经伤得走不动了，血流了一地，我命令他回到后方去”。霍林斯沃思只差几分钟没能攻下大桥。他认为如果自己夺桥成功的话，手下的部队就能在11个小时之内到达柏林。

4月12日拂晓，当步兵和工兵再次试图夺取舍讷贝克大桥时，德军在他们面前把桥炸飞了。

在第9集团军前线的上空，杜安·弗朗西斯中尉驾驶着无武装的“梅小姐号”“幼畜”J3型观察机，做了个大回环。在弗朗西斯身后是炮兵空中观察员威廉·S.马丁中尉，两人从强渡莱茵河战役起就一路为第5装甲师保驾护航，承担了前线侦察的重任。在空中锁定德军据点的位置后，他们会马上用无线电将相关情况通报给赶来的美军坦克纵队。不过，他们也不甘心对战斗袖手旁观。弗朗西斯和马丁曾不止一次低空掠过敌军的头顶，然后拔出他们的0.45英寸口径的柯尔特手枪向敌军队列射击。

在东方，云开雾散，飞行员能够看见远处隐隐约约有高大的烟囱。“柏林！”弗朗西斯喊道，同时用手指着前方，“那是施潘道区的工厂。”在第5装甲师不断推进的时候，弗朗西斯每天都从天空中仔细寻找着不同的城市路标。这名年轻的飞行员希望，当“梅小姐”引导坦克纵队进入柏林时，自己能够立即认出主要的公路和建筑物，并把这一切在第一时间告诉地面上迅猛推进的坦克手们。他希望在“那些小子”接近柏林时，自己能给他们提供全程观光游的待遇。

弗朗西斯正准备返航飞回先遣部队附近的一块牧场时，发现了一个骑挎斗摩托的人从第5装甲师的坦克纵队旁边的一条道路上窜了出来。当他前推操纵杆以便俯冲察看这辆摩托车时，稍微朝右边瞥了一眼，一下子惊呆了。一架德军的 Fi 156“鹳”式炮兵观测机在树丛上方不过几百英尺高的地方嗡嗡地飞行着，几乎难以分辨出来。当“梅小姐”靠近时，那架飞机机身和两翼上“十”字标志的白边在“鹳”的灰黑色机身上显得格外醒目。就像弗朗西斯驾驶的“幼畜”一样，那架飞机也是帆布蒙皮的上单翼飞机，但比“梅小姐”要大；据弗朗西斯所知，它的航速比“梅小姐”快 48 公里。不过，美国飞机此时却在高度上占有优势，在弗朗西斯喊着“让咱们逮住它”时，他听见马丁也在同样敦促他。

马丁用无线电报告说，他们发现了一架德国飞机，并且平静地宣布“我们就要接战了”。在地面上，第 5 装甲师的坦克手们被马丁的呼叫惊到了，纷纷探头望向天空，围观这场即将发生的狗斗。

当弗朗西斯向下俯冲的时候，马丁一把推开了飞机的侧门，两人在“幼畜”围绕着德国飞机盘旋时用他们的 0.45 英寸手枪猛烈开火射击。弗朗西斯希望这能迫使德国飞机飞到正在等候的坦克纵队上空，那么地面上的机枪手们就能用猛烈的射击轻而易举地把它揍下来。但敌机飞行员显然被这突如其来的猛击弄糊涂了，并没有按照美国人的预想方向飞行，“鹳”猛烈侧滑开始盘旋。弗朗西斯和马丁就在它的上方，如同西部驿站马车上的凶悍警卫一样，从他们的飞机里探出身子飞快地扣动扳机，把自动手枪里的子弹一股脑全都打了出去。令弗朗西斯惊讶的是，哪怕是在自己和马丁重新装弹时，德国人也没有还手，“鹳”的飞行员也没有趁机拉开距离，而是继续盘旋。后来，弗朗西斯只能猜测，德国飞行员仍然在努力搞清楚究竟发生了什么事情。

现在，这两个美国人降到离敌机不到 4 米的高度上，子弹一发接着一发射向德国飞机的风挡玻璃。两架飞机靠得很近，弗朗西斯甚至清晰地观察到了德国人的表情，“他们死死地盯着我们，眼珠瞪得像鸡蛋一样大”。突然之间，德国飞机失速进入尾旋。马丁一直用无线电快速讲解着战斗，此时立即喊道：“我们打中它了！哈哈，他跑不掉啦！”他的吐字由于过分激动而含糊不清，结果坐在半履车里的第 71 自行火炮营营长伊斯雷尔・B. 沃什伯恩（Israel B. Washburn）中校以为，马丁喊的是“我们被它打着了”！

“鹳”无助地盘旋着下降，它的右翼一下子就撞上了地面，随即咔嚓一声折断了，飞机横滚着栽在了一块草地的中央。弗朗西斯在旁边的空地上把“梅小姐”降落下来，然后迅速朝那架被击落的敌机跑去。德国飞行员和炮兵观察员已经从飞机里爬了出来，但炮兵观察员脚上挨了一枪，跌倒在地上。飞行员手脚倒是很灵活，一头钻到了甜菜堆的后面，但在马丁鸣枪示警之后，他又从甜菜后面爬了出来，双手高高举起。马丁拿着枪看住飞行员，弗朗西斯检查观察员的伤势，当他脱掉德国人的靴子时，一颗 0.45 英寸口径的子弹头掉了下来。他给只受了点皮肉伤的伤员包扎时，那个德国人不住地用德语说：“谢谢！谢谢！太感谢您了！”

当天晚些时候，弗朗西斯和马丁愉快地在他们的战利品旁边摆着姿势。他们进行的也许是二战期间欧洲战区的最后一次狗斗，而且在这场战争中，毫无疑问他们是唯一用手枪击落德国飞机的空勤人员。对弗朗西斯来说，“那真的是十分欢快的一天”，恐怕只有从空中引导第 5 装甲师进入柏林才会比这天的经历更让人感到热血沸腾了。弗朗西斯坚信，只需再等上一两天，冲向德国首都命令就会下达了。[1]

罗伯特·E. 尼科迪默斯（Robert E. Nicodemus）中尉率领第 5 装甲师的一个坦克排于中午时分接近了唐格明德，那里的气氛静得令人害怕。这个坦克排的目标是这座景色如画的小城里的桥梁，它大约在马格德堡东北 64 公里处。现在舍讷贝克的桥已经被炸毁了，至少对第 9 集团军来说，唐格明德的桥梁就成了本次战争中横亘在自己面前的最重要的桥。

尼科迪默斯的坦克在唐格明德城内的主干道上行驶着，进入了城中广场，这儿就像城里的其他街道一样空荡荡的。当坦克在广场上停下的时候，城里的防空警报拉响了。尼科迪默斯后来说道："一切都瞬间变了样，激烈的战斗随即爆发了。"

德国人用类似"巴祖卡"的反坦克火箭筒，从几分钟前似乎还空无一人的窗户、门口和屋顶对着美军开火。美国人立刻用更猛烈的火力还击。查尔斯·豪斯霍尔德中士一度站在坦克的炮塔上，用汤普森冲锋枪猛烈扫射，但他的坦克被敌人打中了，他不得不跳车。伦纳德·海梅克中士的坦克就在豪斯霍尔德的坦克后面，也在激战中被命中起火。海梅克跳车逃生，但他的车组成员却被敌军火力压制在已经熊熊燃烧起来的坦克里。海梅克蜷曲着身子，用汤普森冲锋枪慢慢打了一圈短点射，掩护他的人逃出生天。

战斗进行到白热化的时候，一个美国兵突然跳上了尼科迪默斯的坦克，在一片嘈杂声中高声喊叫着，自报身份是逃脱的战俘。他

---

1 弗朗西斯非同寻常的战绩，在第二次世界大战中是无与伦比的，然而却从来也没有得到美国国防部的承认。他被推荐荣获优异飞行十字勋章，却从未得到过。奇怪的是，马丁虽然并不是飞行员，却由于在这场战斗中的表现获得了航空奖章（Air Medal）。——原注

说城内大约有 500 名战俘，分别被关在两个院子里。尼科迪默斯发现自己处于两难境地，他本来想请求炮兵支援，却又无法用大炮抹平一个满是美国战俘的小城。他决定尝试突入最近的那所院子，让战俘脱离火线。

在那名战俘的带领下，尼科迪默斯穿过大楼、后院，跃过篱笆来到了河边的一所院子。院子里的美国战俘一看到这位军官，便猛地扑向德国看守。这场小规模战斗很快就结束了，看守被缴了枪，尼科迪默斯带领着战俘们走了出来。当这群人走近最后一条被敌人占据的街道并看见街道那头涂着白色五角星的美军坦克时，一个美国兵转向尼科迪默斯，兴奋地述说着自己的喜悦之情：“今天我是自由人了，他们再也没法杀死我了。”他毫无顾忌地走到了街道中央，这时一个德国狙击手一枪打爆了他的脑袋。

当尼科迪默斯解救战俘的时候，激烈的逐屋争夺战已经蔓延到了整座城市。最后，部队几乎就要看见那座朝思暮想的大桥了。就在这时，德国守军派出代表与美军先遣部队见了面，宣称他们想投降。但谈判正在进行时，猛烈的爆炸声响起了，随后，巨大的尘土云翻涌而上，横飞的瓦砾如同冰雹般倾泻在城里。德国工兵就在美军准备达成目标的前一刻把桥给炸飞了！“胜利之师”是离德国首都最近的美军部队，但现在，那屈指可数的 85 公里车程却因为刚才的一声巨响成了永远无法逾越的障碍。通往柏林的大门就在他们面前关上了。

焦虑开始在整个第 9 集团军内部蔓延。直到 4 月 12 日下午 3 点左右，从各方面来看都有理由充满信心。第 5 装甲师在仅仅 13 天的时间里，就向前推进了惊人的 320 公里；第 2 装甲师推进了同样的距离，只多用了一天时间。总之，自从离开莱茵河以来，辛普森的集团军已经全速前进了 363 公里，第 9 集团军的各个师正在全线向易北河冲锋。

但迄今为止，还没有夺得任何桥梁，也没能在河东岸建立起任何桥头堡。许多人本来希望能够重演著名的夺取莱茵河雷马根大桥的一幕，在 3 月初，夺取雷马根大桥在一夜之间就改变了英美盟军的战略。但如今却没有这么走运。现在第 2 装甲师师部下定决心，必须强渡过河。部队将对易北河的东岸发动两栖作战，以便夺取一个桥头堡，然后在河上架设浮桥。

第 2 装甲师 B 战斗群指挥官悉尼 · 雷 · 海因兹（Sidney Rae Hinds）准将，在他的指挥部里制订了计划。作战行动将在马格德堡南部、舍讷贝克以北展开，从一个叫韦斯特许森（Westerhüsen）的小镇发动。从最乐观的角度来看，该计划也是场豪赌。在架桥完成以前，敌人的炮火随时有可能把浮桥炸掉。如果更加倒霉一些，这片区域或许根本就架不了浮桥。但海因兹必须快速行动起来。因为自己等待的时间越长，对面敌人的防御力量就会越集中；每多耽误一个小时，先于苏联人冲入柏林的机会就减少一分。总而言之，这个险值得冒，也必须冒！

4 月 12 日晚上 8 点，两个装甲步兵营乘坐被称为“DUKW”的水陆两用运输车，趁着夜色，悄悄地摸到了易北河东岸，整个渡河过程中没有遇到任何抵抗。午夜时这两个营成功渡河，拂晓，第三个营也与他们会合了。东岸的美军部队迅速部署，围绕架桥地点构筑了牢固的半圆形防御阵地。怀特少将兴高采烈地给第 9 集团军指挥官辛普森中将打了电话：“我们到河对岸了！”

德国人几乎与辛普森同时获悉了渡河的消息。马格德堡的守军中有名军官是参加过诺曼底战役的老兵，他立即向第 12 集团军指挥官温克上将做了汇报。

马格德堡的那名军官是炮兵专家，他很早前就明白不可轻视敌人。1944 年 6 月 6 日那天清晨，他从炮兵前进观察所向外张望，看到了盟军庞大的登陆舰队。然后，他就像现在一样，立即向他的上级做了汇报。“这是入侵，”他当时说道，“海上足有上万条船。”他那如同呓语般的消息并未被采信，反而被追问：“这些船朝哪儿开？”他的回答简单直白：“就朝我这儿。”

维尔纳·普卢斯卡特（Werner Pluskat）少校，当初曾经在奥马哈海滩的中心区域指挥过德军的炮火，现在又准备在易北河上奋力抵抗。他的部下沿河部署，在马格德堡南北方向展开，他们将尽可能久地阻挡美国人。不过普卢斯卡特有足够的见识，因而对战争的结局没有丝毫幻想。

然而，温克上将所依赖的那些年轻的军校生却毫无悲观想法。他们精力充沛，正斗志昂扬地期待着即将到来的激烈战斗。现在波茨坦师、沙恩霍斯特师和冯·胡滕师的机动部队正扑向美军阵地，准备把易北河东岸的美军桥头堡拔除。

在易北河西岸，美军工兵正疯狂赶工。匆匆架设的探照灯直射天空，让光线从云层上反射回来。就在这种人造的月光中，第一批浮舟缚牢后被推进了河中，这些漂浮的构件一个又一个地在指定位置上被拴紧。

第 67 装甲团团长保罗·迪斯尼上校站在一旁，十分焦急地注视着架桥行动。突然间炮弹呼啸而来，在浮舟四周爆炸，激起冲天水柱。这场炮击模式和平时都不一样：炮弹不是齐射落地，而是一发接一发地从四面八方飞来，显然是从数个相距甚远的炮兵阵地发射的。迪斯尼确信它们受到了隐藏在附近的炮兵观察员的指挥引导，于是当即命令部下去搜索那些能俯瞰河面的破败建筑物。然而搜索一无所获，精确而致命的炮火仍在继续。

被击伤的浮舟沉入了水中。击中河面的炮弹碎片四溅，一再迫使架桥者隐蔽。伤员被拽到河岸上的安全地带，而替代者立即补上了他们的空位。整夜未停的炮击彻底摧毁了美军工兵不屈不挠的努力，海因兹准将最害怕的事情还是变成了现实。他满脸阴霾，随即命令一支步兵部队向南寻找其他渡河地点。

第二天上午，浮桥的其余部分也被德军炮火彻底摧毁了。当最后的炮弹尖啸着飞来时，那座被重创的扭曲浮桥彻底撑不住了，翻沉到了河里。桥的一端距离河东岸只有 70 米远！海因兹面色呆滞，满脸倦容，命令放弃这个渡口。当人们带伤集合时，一个消息传来：东岸的步兵已经在下游找到了一个合适的架桥地点。

到 4 月 13 日，星期五下午，“DUKW”水陆两用汽车将一根重型钢缆牵引过河，送到最新的渡口。这根钢缆是种临时措施，安在合适的位置，就能在河面上拖曳搭载着车辆、坦克和大炮的趸船来回运输。尽管这个方法效率极慢，但在架桥材料调来前别无他法。

海因兹目前最关注的是河东岸那三个营的命运。这些部队背水而战，被部署在埃尔本瑙（Elbenau）和格吕讷瓦尔德（Grünewalde）两村间的半圆形地域里。这个小型滩头阵地没有装甲部队和伴随炮兵，只能得到西岸的几个炮兵连掩护，如果三个营遭到猛攻的话，形势就可能变得十分危险。现在，海因兹准将命令迪斯尼上校搭乘一部水陆两用车来到易北河对岸，统一指挥这三个营的步兵。

迪斯尼首先找到的是由约翰·W. 芬尼尔（John W. Finnell）中校指挥的第41装甲步兵团1营，营部设在一小片树林里面。芬尼尔忧心忡忡，他当面的德军兵力正在增强。"如果我们不能让坦克尽快渡河，"他说道，"那就会有大麻烦了。"

在用无线电向海因兹简单汇报了情况之后，迪斯尼便出发去寻找下一个营。当他从河边向前移动时，炮弹开始在四周不断落下。迪斯尼卧倒在一条沟渠里，但炮弹的炸点变得更近了，他只好爬向另一条沟渠。这一次他走了背运，躲过了两次如雨般飞溅的弹片后，第三次飞来的弹片将他的左上臂多处击穿，一块较大的弹片把他右大腿的上部撕掉了。迪斯尼身负重伤倒在了血泊之中，几乎失去了知觉。

就这样，霍林斯沃思和迪斯尼，这两位在率领美军冲向柏林的过程中表现最突出的人，在36小时内先后负伤退出行动。

4月12日下午1点15分，就在美军第5装甲师的先头坦克开进唐格明德的时候，富兰克林·德拉诺·罗斯福总统在沃姆斯普林斯市他的书桌旁去世了。

一名画家正在为他画肖像。总统突然把颤抖的左手放在头边，说自己头疼，只过了一小会儿他就去世了。他的书桌上放着一份《亚特兰大宪法报》，报纸的头条新闻是："第9集团军——离柏林只剩下92公里"。

24小时之后，总统逝世的消息在前线部队中慢慢传开了。第84步兵师的奥尔斯·拉斐特·彼得斯（Alcee Lafayette Peters）少校是从一个德国人那里听到这个消息的。在瓦伦霍尔茨（Wahrenholz）附近的一个铁路平交道口，一位上了岁数的平交道看守员前来向他表示同情，因为“这个消息太可怕了”。彼得斯既感到震惊又难以置信，但还没容他仔细思索这个消息可能带来的影响，他的队伍就已经再次开拔，朝易北河畔挺进了。接下来的战斗才是他要考虑的头等大事。第 333 步兵团 1 营营长诺曼·卡恩斯中校在穿过不伦瑞克北边一座被空袭炸毁的油田时，得知了总统的死讯，他感到遗憾，不过他的心思同样也放在接下来的任务上。“那不过是一个危机而已。”他后来说道，“我的下一个目标是维廷根（Wittingen），我正忙着考虑如何拿下那个地方。罗斯福，他无论是死是活都不可能来帮我打仗。”随军牧师本·罗斯给他的妻子安妮写信说：“我们都感到悲伤……但我们已目睹了太多的死亡，大多数人都清楚，甚至连罗斯福也并非必不可少……我对我们听说并谈论这个消息时的平静感到吃惊。”

约瑟夫·戈培尔一听到这个消息，便不能自已地给穴居在地堡里的希特勒打电话。“我的元首，我向您表示祝贺！罗斯福！这个恶棍他死了！”他欢欣鼓舞，“星相预示过，我们将在 4 月的后半月迎来伟大的转折，现在一切都应验了！今天是星期五，4 月 13 日。这就是转折点！”

早些时候，戈培尔曾经把两个占星术的预言告诉帝国财政部部长什未林·冯·克罗西克伯爵，其中的一个预言涉及的是 1933 年 1 月 30 日，也就是希特勒上台的那一天；另一个预言的日期是 1918 年 11 月 9 日，说的则是魏玛共和国的未来。克罗西克在他的日记里写道：“一切都应验了。两个星相都预言，战争将在 1939 年开始，一直到 1941 年以前都是连续的胜利，随后则是一系列的转折——在 1945 年最开始的几个月里，尤其是在 4 月的前半个月，我们将遇上最严重的挫败。不过，在 4 月的后半个月局势将会彻底逆转，德国将取得压倒性的胜利。然后是僵局，这样的局势将延续到 8 月，并在同一个月里获得和平。在以后的 3 年里，德国将会进入一个较为困难的时期，但从 1948 年开始，它将重新崛起。”

戈培尔还一直在读托马斯·卡莱尔[1]的《普鲁士腓特烈大帝的历史》，书中的内容进一步鼓舞了他坚持下去的斗志。卡莱尔著作中的一个章节是在叙述七年战争[2]，当时普鲁士以一己之力独自对抗法国、奥地利和俄国组成的强大军事联盟。在这场战争的第六年，普鲁士已经陷入了绝境。腓特烈告诉他的臣子们，如果到 2 月 15 日他的处境还没有改变的话，他就自我了断。然而，在 1762 年 1 月 5 日，俄国女皇伊丽莎白死了，俄国宣布退出战争。“属于勃兰登堡家族的奇迹，”卡莱尔感慨道，“就这样发生了。”这场战争的整个形势彻底逆转了。现在，在第二次世界大战的第六个年头，罗斯福死了，仿佛历史即将重演一般。

这位宣传部部长兴奋得手舞足蹈起来。在宣传部里，他给每个人都上了香槟酒。

“渡河！渡河！动起来！”绰号“大号铅弹”的第 83 步兵师 329 团团长埃德温·布莱基·克拉比尔（Edwin Blake Crabill）上校在河岸上昂首阔步地走来走去，把士兵推进冲锋舟，并且在各处用他的皮靴给动作慢的人来上一脚。

---

1 卡莱尔（Thomas Carlyle，1795—1881），苏格兰散文作家和历史学家。

2 七年战争指的是 1756 至 1763 年间法、俄、奥等国与英、普之间的战争。

“一定要抓住这个千载难逢的机会！”他朝着另外一船人大声吼道，“你们已经踏上了通向柏林的快车道！”当其他士兵开始乘坐水陆两用车渡河时，克拉比尔就告诫他们：“别等命令！别在原地干等着别人来通知下一步的行动！你们要不择手段地往前冲！如果你们现在就采取果断行动，那就可以不费一枪一弹地收获成功！”

克拉比尔没有说错。巴尔比镇位于马格德堡东南 24 公里处，就在第 83 步兵师的主要竞争对手——第 2 装甲师的南面，该师正想方设法利用他们的钢缆渡河。而在巴尔比，第 83 步兵师的官兵正在成群结队地克服水障碍，没有遭遇任何抵抗。他们进入小镇时发现桥已经被彻底炸断了，克拉比尔并没有等着第 83 步兵师师长下命令，而是决定立即渡河。冲锋舟被匆匆送来。几个小时之内，整整一个营就被运到了河对岸，而现在另一个营已经在渡河途中了。与此同时，驳船正把大炮运送过去，工兵则在架设一座双车道浮桥，争取在天黑前完工。甚至连克拉比尔自己都被他的命令所激起的疯狂场面感染。他从一群人冲到另一群人那里，大声嘶吼着，敦促他们加快速度；与此同时，他还不断对其他军官炫耀说：“这回本宁堡的人肯定会大吃一惊！”

一群德国观众沉默地注视着眼前热火朝天的渡河场面，他们就站在镇公所钟楼下面的一个阳台上。几个小时以来，当第 329 步兵团 2 营营长格兰维尔·阿塔韦·夏普（Granville Attaway Sharpe）中校，指挥部队肃清镇子里的微弱抵抗时，他就发觉这些人一直在那观看，不由得恼火起来。“我的人正在挨枪子儿，而那些德国人却兴致高昂地注视着战斗和渡河行动。”他回忆道。现在夏普已经忍无可忍了。他跑向一辆坦克，对炮手命令：“向着大钟开一炮，比如说瞄着 5 点钟的位置。”坦克手欣然从命，干净利落地击中钟面上的数字 5。阳台上的围观者在巨响中被驱散了。

无论如何，这场演出结束了。第 83 步兵师过了河，第一座牢固的桥头堡已经在易北河东岸建立起来了。

到 13 日傍晚，工兵们已经完成了任务。他们最后还在桥的入口处立起了一块牌子，牌子上龙飞凤舞地写着：杜鲁门桥，柏林的门户，第 83 步兵师立。这短短几个字，既向刚刚就职的新总统表示了祝福和敬意，也展现了这支部队意图冲向德国首都的高昂士气，还顺带为自己打了个广告。

消息迅速被通报给辛普森将军，又传到了布莱德雷将军那里。布莱德雷立即给艾森豪威尔打了电话。一夜之间，第 83 步兵师的桥头堡成了吸引所有目光的焦点。盟军最高统帅仔细地听取了相关战斗的汇报，在结束的时候他向布莱德雷提出了一个问题。后来布莱德雷又把这次谈话重演了一遍。按照他的说法，艾森豪威尔问道：“布莱德雷，从易北河突破并攻占柏林，你认为我们将会付出什么样的代价？”

布莱德雷考虑同一个问题有好几天了。像艾森豪威尔一样，他现在也没有把柏林看作一个重要的军事目标，当然如果是唾手可得的话，他还是支持夺取该城的。不过，就像他的长官一样，布莱德雷内心感到十分不安。如果越过易北河继续往前突向柏林的话，盟军部队将过分深入未来的苏联占领区，由此带来的麻烦难以预料。就算手下部队和从东边赶来的苏军相安无事，但可能以巨大伤亡拿下的地区又要重新交还给苏联人，他觉得那未免太不值得。布莱德雷并不认为在前往柏林的路上会有大的伤亡，但强攻柏林很可能要付出高昂的代价。

现在他回答最高统帅说："我估计我们将会遭受 10 万人的伤亡。"他停顿了一下，然后又补充说，"仅仅为了声望而攻击这个目标所需的代价太过高昂。就算我们不顾伤亡拿下了柏林，最终还是要撤走，将这座城市让苏联接管。"[1]

交谈就此结束。盟军最高统帅并没有透露他的打算，但布莱德雷已经清楚无误地表明了他自己的意见：美军士兵的生命比这虚无缥缈的声望和拿不到手的土地要珍贵太多。

在第 19 军军部，麦克莱恩少将站在地图前研究着形势。在他眼中，易北河东岸的敌军防线就像面包的硬皮，仅此而已。一旦他手下各师渡过河并突破防线，他们进入柏林的康庄大道就畅通无阻了。麦克莱恩的作训处长乔治・比德韦尔・斯隆上校认为，对于他们渡过莱茵河后一路所遭遇到的那种抵抗——通常是来自小块地域的拼死抵抗，美军虽应予以打击，但完全可以让部队快速绕开他们。他相信在进攻再次发起的两天后，美军装甲部队的前锋就可以进入柏林。

麦克莱恩迅速做出若干决定。"痞子马戏团"取得了惊人的成

1 不论他向艾森豪威尔提出这个估计的时间，还是他得出这个数字的方式，布莱德雷的估计都造成了大量混乱。这件事首先是由布莱德雷本人在他的回忆录《一个士兵的故事》中披露出来的，书里并没有说明具体日期。这样一来，就像布莱德雷对本书作者所说，他对由此而产生的摇摆不定负有部分责任。一种已经披露见报的说法是，早在 1945 年 1 月，布莱德雷就在盟军最高统帅部对艾森豪威尔说，攻占柏林的伤亡数字将达到 10 万。布莱德雷本人说："我们夺取了易北河的桥头堡后，我立即在电话里把这个估计数字告诉给艾森豪威尔。当然我并不认为在从那里挺进柏林的过程中将伤亡 10 万人，但我却确信，德国人将会为保卫他们的首都而死战。我认为，正是在柏林，我们将蒙受最大的损失。"——原注

就，短短几小时内就渡河建立了桥头堡，并在易北河上架起了一座浮桥，改变了整个易北河战场的形势。第 83 步兵师的官兵不仅在易北河东岸建立了稳固的滩头阵地，还进一步向前推进。麦克莱恩坚信，第 83 步兵师的桥头堡是稳固的。第 2 装甲师微不足道的钢缆渡河行动是否能幸免于炮击，他并不敢打包票，不过第 2 装甲师已经有三个营到了河对岸，而且他们建立了防御，已经安排第 2 装甲师的部分兵力从第 83 步兵师的“杜鲁门桥”过河。因而麦克莱恩认为，没必要让现在正进入阵地的第 30 步兵师进攻马格德堡，拿下那座高速公路桥。照部队现在的运动速度，第 83 步兵师的桥头堡能够迅速扩大，与第 2 装甲师钢缆渡口对面那三个被隔绝的营连成一片。一旦桥头堡拥有了纵深，就可以让部队继续推进。麦克莱恩决定，彻底绕过马格德堡。正如第 83 步兵师所期盼的那样，“杜鲁门桥”将成为通往柏林的胜利门户。

4 月 14 日，星期六，拂晓。在第 2 装甲师的钢缆渡口，海因兹准将等着把三条浮舟捆扎在一起。它们将组成一条平甲板渡船，在架桥期间，钢缆将拉着它来往于河中。炮弹仍不停地落在桥头堡的两岸，河东岸的部队已然卷入激烈战斗。他们可以抵挡对面的步兵一段时间的反扑，但海因兹担心德军装甲部队会随后投入战斗，东岸的美军仍然没有获得伴随火炮或者装甲部队支援。

首个被运上浮舟渡船的是一台推土机。河东岸亟待修整，路面也要填平，然后坦克和重装备才能爬上河岸。在海因兹焦急的目光注视下，一辆水陆两用车牵引平甲板渡船，帮助钢缆更快地移动，从而让渡船加快速度。钢缆已经坏掉两根，被河水冲得没了影，海因兹手里只剩下最后一根钢缆了。而他最后的超大型趸船已经被拿去造渡船了。

这个缓慢复杂的行动拉开了序幕。在大家的注视下，渡船慢慢地驶到易北河中央。接下来，当它一步步靠近东岸，离胜利渡河越来越近的时候，令人难以置信的事情发生了：一枚炮弹尖啸着砸了下来，以仅仅百万分之一的概率打断了钢缆。当钢缆、渡船和推土机被卷入河里时，海因兹惊得整个人都僵直了。他痛苦地哀叹：“这下完蛋了！”

这次令人目瞪口呆的命中似乎是彻底失败的开始信号，现在又有消息传来，东岸的部队已经和德军装甲部队遭遇。

在易北河东岸，透过一缕缕晨霾和硝烟，第 41 装甲步兵团 3 营营长阿瑟·J. 安德森（Arthur J. Anderson）中校正注视着德军的装甲车辆凶猛的进攻：手下步兵的防线在这些钢铁猛兽的轮番打击下已经摇摇欲坠。视线里的七八辆装甲车中包括两辆坦克。安德森看到那群装甲车辆在他的反坦克火箭筒射程之外，正有条不紊地朝美军的散兵坑轰击，甚至就在他的眼皮子底下，营部最右翼的一个连的防御被彻底击溃了。丧失斗志的士兵们从散兵坑里爬了出来，如同惊弓之鸟朝树林里的安全地区狂奔。现在德国人正扑向安德森的另外两个连，轰击一个又一个散兵坑。安德森如同一头狂怒的公牛，不停地用无线电召唤易北河西岸的炮兵连进行火力支援。但敌军的推进太快了，当第 2 装甲师的支援炮火呼啸而来时，安德森明白已经太迟了。

桥头堡的更远处，I 连连长比尔·帕金斯（Bill Parkins）中尉突然听见连里的机枪咆哮了起来，随后是德军 MP40 冲锋枪猛烈的还击声。一个排传令兵气喘吁吁地狂奔而来，向他报告称，三辆德军坦克和步兵正向防线开来，“沿路的抵抗都被荡平了”。帕金斯命令部队待在阵地里继续射击，然后冲出连部想亲自查明战况。他后来报告说：“我看见大约 100 米外有三辆‘豹’式坦克从东边轰鸣着开了过来，每辆坦克后面都伴随着一个排的德国步兵。他们把抓获的俘虏顶在进攻队列的最前方充当肉盾，试图让正在猛烈开火的美军投鼠忌器，而自己则穿过俘虏向前射击。”帕金斯的一些士兵用“巴祖卡”火箭筒抗击涂着铁十字、几十吨重的装甲猛兽，但射程太远了，那些击中坦克的火箭弹被无情地弹开了。他的士兵正在一个接一个地倒下。帕金斯命令余部赶快后撤，以免全军覆没。

德军车辆很快从桥头堡的北、东、南三面涌了出来。威尔弗雷德·克雷默（Wilfred Kramer）上士负责指挥一个步兵排，他发现 200 米开外的地方有辆德军坦克，敌人的步兵正在它的四周呈扇形散开，伴随坦克前进。克雷默命令他的手下耐心等待，当德国人距离他们只有 30 多米的时候，他大喊着开火。“我们做得不错，坚持住了，”他后来解释说，“不过那辆该死的坦克立即进行了猛烈还击，第一发炮弹落在离我们的机枪大约 10 米远的地方。然后德国佬直接冲到我们的防线上，他能够清楚地看见我们每个散兵坑的位置，就在如此近的距离内直接射击。”克雷默坚守到勇气耗尽，然后他也命令部下撤退以暂避锋芒。

格吕讷瓦尔德周围的战斗非常激烈。防御此地的是临时配属第 2 装甲师指挥的第 30 步兵师 119 团 3 营，营长卡尔顿·E. 斯图尔特（Carlton E. Stewart）中校接到了手下的一个连呼叫炮火支援的电话，电话那头怒吼着“向我开炮！向我开炮！别担心，我们都藏在地下室里，狠狠地揍那群德国人！”每个人都想呼叫空中支援，以便摧毁德军坦克，但在从黎明到中午的整个战斗过程中，只有几架飞机露面。在向易北河全速推进的过程中，战斗机的简易机场被远远地抛在了后面，新机场也来不及修建，结果飞机不得不在机翼下挂载额外的副油箱，才能保持与地面进军同步，但这就意味着它们难以携带轰炸地面目标的炸弹。

中午时分，海因兹彻底绝望了，他准备下令东岸的所有步兵都撤回到易北河西岸。最初以为伤亡会很大，但接连几天都有士兵三三两两地回来。东岸的伤亡人数最终统计为 304 人，有一个营损失了 7 名军官，还有 146 名士兵阵亡、负伤或者失踪。这场战斗终结了第 2 装甲师在易北河上架桥或者建立桥头堡的最后希望，现在第 2 装甲师师长怀特少将除了使用第 83 步兵师在巴尔比的桥之外别无选择。德国人以闪电般的速度成功阻止了第 2 装甲师的强劲攻势。

拔除美军桥头堡的进攻是如此突然，而且战斗又是如此惨烈，以至于美军指挥官们根本不知道是哪支德军部队攻击了他们。事实上，他们根本不是什么完整的单位。正如温克将军所预见的那样，这群初生牛犊不怕虎的军校生和军官候补生立了大功。他们拥有狂热的战斗热情，又渴望获得荣誉，于是便把他们自己和手里有限的装备发挥到了极致，从而赢得了温克所需要的宝贵时间。在把美军第 2 装甲师赶回去的过程中，这些机动突击部队做出的贡献之大，是过去 30 个月的战斗中任何一支德军部队都无法比拟的。倘若第 2 装甲师能够在易北河上夺取一座桥或者一个桥头堡，那么它就可能不等命令下达直接冲向柏林了。

最高统帅进攻德国的方案取得了耀眼的成功，英美盟军的推进速度甚至让他自己也惊讶不已。蒙哥马利的第 21 集团军群正在北线稳步前进：加拿大第1集团军封闭了阿纳姆，开始清理荷兰东北部这个大型包围圈里的残敌。英军第2集团军横渡莱纳河，攻占了策勒（Celle）镇，直抵不来梅的郊外。在德国中部，鲁尔区包围圈遭到极大压缩。而最重要的是，辛普森的第9集团军与美军第1和第3集团军一起，几乎把德国切成了两半。第1集团军正向莱比锡进军，巴顿的第3集团军正在接近捷克斯洛伐克边界。

这样的高速推进导致盟军补给线被拉伸到了极限。莱茵河上只有一座铁路桥仍能通行，布莱德雷部队的陆上补给实质上完全依赖于卡车车队运输。作战部队仍然补给充足，但盟军最高统帅部的参谋们却由于总体形势而烦恼不安。为了供应那些分布地域广大的集团军，部队运输机司令部的几百架飞机奉命昼夜不停地运送补给物资。仅在4月5日当天，C-47运输机组成的空中车队就向前线运送了超过3 500吨的弹药和补给，以及近75万加仑燃油。

此外，随着盟军越来越深入德国，他们还得为成千上万名不断增加的非战斗人员提供所需物资：要喂养数十万德军战俘，还必须给来自众多国家的强征劳工以及盟军战俘提供住处、食品和医疗服务。医院、救护车队和医药用品现在送了上来，大量医疗资源不得不转用于这些意料之外的需求。

近来，第三帝国隐藏的最大恐怖开始残忍地展现在人们的面前。在这个星期高歌猛进的疯狂进军中，前线官兵们解放了多座希特勒的集中营。当他们看到成千上万状况凄惨的囚犯和几百万的死尸时，任何正常人的心理防线都彻底崩溃了，这种震撼随之带来了对残暴敌人的刻骨仇恨。

当几十座集中营和监狱落入他们手中的时候，哪怕是久经沙场，已经对死亡和杀戮司空见惯的老兵，都无法相信眼前看到的一切。20年后，人们在回忆集中营内部场景时仍然感到既厌恶又愤怒：那些如同活骷髅一般的人跌跌撞撞地朝解放者们蹒跚走来，除了求生的坚定意志，纳粹政权已经把他们剥夺得一无所有；集中营内部和周边地区遍布大量的坟墓、地沟和窖井；成排的焚尸炉里全是烧焦了的人的骨头，这是大屠杀的可怕铁证。布痕瓦尔德集中营的一位看守解释说，囚犯们之所以被处死，并不是因为他们犯了什么错或是反抗了纳粹政权，而仅仅“因为他们是犹太人”。

部队发现了毒气室，它们布置得就像淋浴室，只不过从喷嘴里喷出来的并不是水，而是致命的毒气。在布痕瓦尔德集中营指挥官的家里，士兵们发现了令人毛骨悚然的可怕“艺术品”—— 一些用人皮制作的灯罩；指挥官的妻子伊尔莎·科赫有一些用囚犯的皮肤制作的书皮和手套；有两个干缩的头颅被制成了标本，摆在小木架子上。一些仓库里面全是鞋子、衣服、假肢、假牙和眼镜，它们被冷静而又有条理地分门别类，编上号码。假牙上的黄金被弄了下来，上缴给了帝国的财政部。

有多少人被灭绝了呢？震惊中的官兵对此难以估计，但从前线各处送来的报告清晰地表明数字巨大。至于谁是受害者，那就太显而易见了。按照第三帝国的定义，他们是“非雅利安人”，是“玷污文化的劣等人”，是来自十来个国家、拥有十来种信仰的人，但主要是犹太人。在他们当中有波兰人、法国人、捷克斯洛伐克人、荷兰人、挪威人、苏联人、德国人，在这有史以来最残忍、最臭名昭著的大屠杀中，他们被以各种各样惨绝人寰的方式处死。有些人在实验室里被当成小白鼠使用；无数的人被枪毙、毒死、吊死或者用毒气成群毒杀；其他人则纯粹是被活活饿死。

4 月 12 日，美军第 3 集团军占领了位于奥尔德鲁夫（Ohrdruf）的集中营。乔治·巴顿将军是美军中最坚韧的军官之一，他从集中营的死囚区里走过，离开时满脸泪水，甚至不由自主地想要呕吐。附近一个村子里的德国人声称对集中营里面的情况一无所知，第二天，巴顿命令让他们亲眼看看，并用枪强迫那些退缩不前的人前来。次日上午，那个村的村长和妻子上吊自杀了。

英军前进路线上的发现同样可怕。有人提醒英军第 2 集团军医务部长休·格林·休斯准将，在一个叫贝尔森的地方有座集中营，他一直担心那个集中营里有可能暴发传染病。到达那里以后，休斯发现斑疹伤寒和伤寒病在他的担忧中根本不值一提。“没有照片和文字叙述能清楚地表达出我所看到的修罗场一般的恐怖景象，”多年以后他回忆道，“集中营里仍然还有 56000 多人幸存。他们住在 45 个棚屋里，在只够容纳 100 人食宿的地方，却住着 600 多人，甚至上千人！棚屋里挤满了形容枯槁、身患疾病的囚犯。他们饥肠辘辘，患有胃肠炎、斑疹伤寒、伤寒病、肺结核。到处都有人死去，有的人就死在活人睡觉的地方。在院子里，在没有填埋的万人坑里，在壕沟里，在排水沟里，在围绕着集中营的铁丝网以及棚屋边，有大约超过 10000 具尸体。我做医生 30 年了，从未见过这样可怕的情形。”

为了拯救那些还活着的人，整个前线的部队不得不尽快给予他们医疗帮助。在某些情况下，军事需要不得不退居次席。“我认为，”休斯后来说道，“谁也没有意识到我们将会面对什么，没有意识到在医疗服务上将要提出的要求。”集中营急需医生、护士、病床和成千吨的药品以及医疗设备。单是休斯准将就要求配备一所拥有14000个床位的医院——即使他知道，不管采取什么措施，在形势得到控制之前，每天起码将有500名囚犯死去。

艾森豪威尔将军亲自视察了哥达（Gotha）市附近的一座集中营。他面色灰白，牙关紧闭，把集中营的角角落落都走了一圈。“一直到那个时刻以前，”他后来回忆道，“我都只是笼统地了解它，或者是通过第二手的消息来源了解它……在任何其他时候，我都没有体验过同样的震惊感。”

集中营对官兵产生的心理影响是无法评估的。在位于第9集团军战区马格德堡附近的一个村镇里，第30步兵师的军医朱利叶斯·罗克（Julius Rock）少校前来检查该师拦截下来的一列货运列车。发现货车车厢里装的都是集中营的囚犯后，罗克吓坏了，立即让车厢里的人下车。在当地镇长的强烈抗议声中，罗克把那些囚犯安顿到了当地德国人家中，不过这是在他的营长采取行动之后。营长给那位怨声载道的镇长下达了一个干净利落的命令。“如果你拒绝的话，”他简单地说道，“我就从你这儿来抓人质，把他们全毙了。”

一种要获胜并且迅速获胜的冷酷决心，正在取代那些亲眼见过集中营悲剧的人身上的一切情感，盟军最高统帅也不例外。在从哥达市返回盟军最高统帅部之后，他给华盛顿和伦敦发去电报，敦促立即派新闻界人士和议员前来，让他们亲自感受一下这些恐怖的集中营，从而使得证据能够“以这样一种方式摆在美国和英国公众面前，让冷嘲热讽的怀疑无立锥之地”。

不过，在艾森豪威尔集中力量赢得最后的胜利以前，他首先得巩固自己分布广泛的部队的战果。14日夜间，艾森豪威尔从位于兰斯的办公室给华盛顿发去了电报，讲述了他未来的作战计划。

艾森豪威尔说，成功地完成了在德国中部的挺进之后，他面临着两项任务："进一步分割敌人的剩余兵力，并攻占敌人当作最后抵抗堡垒的地区。"艾森豪威尔认为，德国人能赖以做困兽犹斗的地方，将是挪威和巴伐利亚的"国家堡垒"。在北边，他计划投入蒙哥马利的部队，渡过易北河直取汉堡，然后向吕贝克和基尔推进；在战区南部，他计划派德弗斯上将的第6集团军群朝萨尔茨堡地区进军。"如果战事拖到了冬天，"艾森豪威尔陈述道，"在'国家堡垒'中展开的军事行动将会变得极其困难……甚至在我们与苏联人会师以后，'国家堡垒'中的敌人仍可能继续抵抗下去……我们必须尽快采取行动，抢在德国人将人力物力转移到当地并彻底巩固其防御以前拿下这片区域。"

至于德国首都，艾森豪威尔则认为，"突击柏林最为可取，无论从哪个角度来看，柏林的陷落都将极大地打击敌人的士气，并提高我方军民的斗志"。不过，盟军最高统帅补充道，那项作战行动"就时间而言，必然只有较低的优先权，除非我们可以通过异常迅速的行动扫清侧翼的威胁"。

简而言之，艾森豪威尔的计划就是：1. 在易北河的中部流域控制一条牢固的战线；2. 向吕贝克和丹麦展开接下来的军事行动；3. 开始实施有力的突击，与苏联军队在多瑙河流域会师，并摧毁德国人的"国家堡垒"。"因为向柏林的推进要视上述三项计划的实施结果而定，"艾森豪威尔解释说，"所以我没有把向柏林突击列入我的日程之内。"

在易北河，14 日整晚，“痞子马戏团”和第 2 装甲师都在位于巴尔比的第 83 步兵师的桥上过河。尽管在第一座桥的旁边又架起了一座新桥，但渡河行动还是不够快。而怀特少将的装甲纵队计划一旦在岸边完成集结，就开始向柏林推进。第 83 步兵师中谣传克拉比尔上校已经提出，要把一辆刚刚没收的大型红色公共汽车借给第 2 装甲师，那辆车一口气能装下 50 名士兵，是从巴尔比弄来的。第 83 步兵师确实有理由耀武扬威，它派出的侦察巡逻队已经到了采尔布斯特（Zerbst）的北边，离柏林不到 77 公里了。

4 月 15 日，星期天一大早，第 9 集团军指挥官辛普森将军就接到了布莱德雷的电话。后者要求辛普森立即动身飞往位于威斯巴登（Wiesbaden）的第 12 集团军群指挥部。“我有要事相告，”布莱德雷解释道，“但在电话里我不方便说。”

布莱德雷在机场等候他的集团军指挥官。“我们握了手，”辛普森回忆道，“他开门见山地把新消息告诉了我。布拉德说道：‘你得在易北河畔停手，不能再向柏林推进一步。很抱歉，辛普，不过情况就是如此残酷。’”

“谁告诉你的消息？可靠吗？”辛普森有些不敢相信听到的一切，慌忙询问道。

“从艾森豪威尔那里。”布莱德雷说道。

辛普森目瞪口呆，结果“从那以后，布拉德说的话我根本没听进去几句。我只知道我的心都碎了，我茫然地走到电话机旁，迟迟拿不起话筒。我将如何对手下的参谋们，我能征善战的军长们解释这一切？我如何能对我的战士们开口讲出这样的话？”

回到自己的指挥部后，辛普森木讷地向他的军长们照本宣科一番，传达了这个让所有人都垂头丧气的停止令。他随后立即赶往易北河。海因兹准将在第 2 装甲师师部里与辛普森不期而遇，他觉得集团军的老大看上去忧心忡忡。“我想，”海因兹回忆道，“也许老家伙不太欣赏我们渡河的方式。他问我，我的部队情况如何。”海因兹乐观地回答道：“我想现在我们一切顺利，将军。我们曾经有过两次出色的撤退，既不躁动也不恐慌，我们在巴尔比的渡河情况现在进展得十分顺利。”

“好的，”辛普森说道，“你要是愿意的话，可以留一些人在东岸，但他们不能再往前走了。”他看着海因兹。“悉德，”他叹了一口气说道，“我们的征途就到此为止了，停手吧。”海因兹根本不敢相信这一切是真的。他的第一反应是无法服从这项毫无道理可言的命令。“不，长官，”他立即说道，“这项决定是完全错误的，我们的终点在柏林，我的部队一定要冲进城去！”辛普森竭力压制着自己的情绪，随之而来的是一阵短暂不安的沉默。最终，辛普森没精打采地说道：“柏林不属于我们了，对我们来说战争就在这里结束了。”

在巴尔莱本和马格德堡之间，第 30 步兵师的部队仍然在朝易北河进军，但消息很快传开了，人们聚在一起，挥着手愤怒而激动地谈论着。第 120 团 2 营 D 连的亚历山大·科罗列维奇一等兵并没有加入讨论，他不知道究竟是悲伤还是高兴，就这样坐下来，哭了。

海因里希识别出了各种不祥之兆。在前线的某个地段，苏联人进行了一次简短的炮火准备；在另外一个地段，他们则发起了一次小规模进攻。这些是佯攻，或是火力侦察。苏联炮兵在利用试射为火炮进行校准。海因里希很清楚这些小动作都是敌人大规模进攻的前奏，和苏联人打了那么久的交道了，他早就摸透了对手的套路。现在他主要在犹豫，到底应该在何时命令自己的部下后撤到第二道防线。

当他正在思索这些问题的时候，帝国军备和战时生产部部长阿尔贝特·施佩尔来了。这天海因里希不想会客，尤其是像施佩尔这样焦虑和显得烦恼的人。海因里希在办公室单独会见了施佩尔。施佩尔解释说他来访是想得到将军的支持，请海因里希务必不要执行希特勒的“焦土命令”，去摧毁德国的工厂、电站、桥梁等设施。施佩尔问道：“为什么失败了就要摧毁德国的一切呢？德国人民必须活下去。”

海因里希听他说完后告诉施佩尔，他同意希特勒的命令是“恶毒的”，他将在自己的权限之内尽力帮忙。“不过，”海因里希提醒说，“眼下我所能做的，就是尽可能地打好这一仗。”

施佩尔突然从自己的口袋里掏出了一把手枪。“阻止希特勒的唯一办法，”他突兀地说道，“只能靠这样东西了。”

海因里希看着枪，眉毛抬了起来。

“嗯，”他冷冰冰地说道，“我必须告诉你，我不是会参与谋杀行为的那种人。”

施佩尔在办公室踱来踱去，似乎没有听见海因里希的话。“让希特勒明白必须放弃了，显然是不可能的，”他说道，“在 1944 年 10 月，今年的 1 月和 3 月，我已经试过三次了。最后一次希特勒对我的回答是这样：‘如果一个士兵对我说这样的话，我早就把他当成一个胆小鬼毙掉了。’然后他又说，‘在这个形势严重危急的时刻，领导人决不能胆怯。如果他们要是临阵脱逃或是三心二意的话，同样是死路一条。’不可能说服希特勒明白这一切。他不承认已经输了个精光。是的，不可能。”

施佩尔把手枪放回口袋里，平静地说：“无论如何，杀死他是不可能的。”他并没有告诉海因里希，几个月以来他一直想要暗杀希特勒和他的小朝廷。他甚至想到了一个计划，把毒气投进元首地堡的通风系统，但后来这项计划被证明是不可能的：在进气口的周围已经建立了一个 3.7 米高的烟囱式围栏。现在施佩尔说道：“我曾经一度认为，只要杀掉希特勒能拯救德国人民，那么我会义无反顾地迈出这一步，但当我真的要实施刺杀行动时，我却发现自己下不了手。”他看着海因里希。“希特勒一直给予我绝对的信任，”然后他又补充说，“无论如何，这都是一种上不得台面的行为。”

海因里希并不喜欢谈话的论调，他还为施佩尔的态度和前后矛盾担心，一旦有人把刚才这番话捅出去，那么指挥部里的每个人都会被当作叛徒处决。海因里希机敏地把交谈扯回从“焦土政策”中把德国保护下来的宏大命题。“我所能做的一切，”这位维斯瓦集团军群指挥官重申，“就是尽可能好地尽到我作为一个军人的责任，其他的就交给上帝吧。我向你保证，我不会让柏林成为第二个被炸成焦土的斯大林格勒。”

当初在斯大林格勒爆发的战斗是逐街逐屋的争夺战，海因里希并不想让战火烧进城市。他无意让自己的部队在苏联人的压迫下退守柏林，在那里打一场类似的毁灭性巷战。至于希特勒要破坏重要设施的命令，已被海因里希在他的集团军群控制区内私下取消了。他告诉施佩尔，他马上就要见柏林卫戍司令雷曼将军。海因里希说，他邀请雷曼就是要讨论这些事情，并亲自说明为什么不可能把柏林卫戍部队转隶到维斯瓦集团军群。

几分钟以后雷曼很快就到了，陪同他进来的是海因里希的首席参谋艾斯曼上校。施佩尔则旁听了整个军事会议。

艾斯曼后来在笔记中提道，海因里希告诉雷曼：“不要指望维斯瓦集团军群提供支援。”雷曼的样子看上去如同没有抓住最后一根救命稻草的溺水者。“那么，”他垂头丧气地感叹，“我不知道怎样才能保卫柏林。”海因里希表达出这样的希望，即他的部队可以绕过柏林。“当然，”他补充说，“可能会有命令要求我派部队进入柏林，不过你不应该依赖它。”

雷曼告诉海因里希，他已经接到了希特勒的命令，要他炸毁桥梁和城里的一些建筑。海因里希愤怒地回答道：“破坏桥梁或者柏林城内的任何东西，只会使城市陷入彻底瘫痪，更加不利于作战。如果真的有命令让我指挥柏林的城防作战，我将绝对禁止这样的破坏。”

施佩尔这时也表明了自己同样的立场，他乞求雷曼不要执行这些命令。他说，这样的话城市的大部分地区就会陷入断水断电的绝境。根据艾斯曼的回忆，施佩尔的原话是：“如果你炸毁这些供应线路的话，城市将至少瘫痪一年，它将导致数百万人染病和陷入饥饿。防止这个灾难发生是你的职责！你不能执行这项可怕的命令！”

艾斯曼记得，空气中充满了不安。“雷曼心中进行了激烈的思想斗争，”艾斯曼说，“最后他用嘶哑的嗓音回答说，他已经以一种光荣的方式尽到了他作为一名军官的责任，他的儿子在前线阵亡了，他失去了家庭和财产，他除了属于军人的荣誉已经一无所有。他让我们想想那位没有炸掉雷马根桥的军官的遭遇：就像一名罪犯那样被无情处决了。雷曼认为如果不执行下达给他的命令的话，自己也会丢掉性命的。”

海因里希和施佩尔都试图劝阻他，但没能让他改变主意。最后雷曼离开了，不久后施佩尔也开车走了。海因里希独自一人，专注思索着自己脑海中最重要的事：确定苏联人发动进攻的精确时间。

最新的一批敌情通报被送到了指挥部，它们似乎指出苏联人的进攻已经迫在眉睫。陆军总司令部东线外军处处长赖因哈德·格伦少将，甚至把审讯战俘的最新口供也写进了情报里。一份报告说的是，苏军步兵第 49 师的一名被俘士兵“确定主攻将在 5 ~ 10 天内开始”，俘虏供述“苏联士兵议论纷纷，都认为苏联不会让美国和英国宣扬征服了柏林”。第二份报告也类似，甚至包括了更多对局势的猜测。那天早些时候在屈斯特林被俘的一名苏军第 79 军的俘虏供称，进攻的主要目的就是“抢在美军之前赶到柏林”。按照这名士兵的说法：“上级已估计到可能将与美国人产生摩擦，他们将用大炮‘误’炸美国人，让他们领教一下苏联炮兵的强大威力。”

同一天，即 4 月 15 日星期日，埃夫里尔·哈里曼大使在莫斯科拜会了斯大林，讨论在远东作战的情况。会晤之前，美国军事代表团的迪恩少将曾让哈里曼注意收听德国的电台广播。德国人的报道言之凿凿，确信苏联人将随时进攻柏林。与斯大林的会谈结束时，哈里曼“漫不经心”地提到了这个敏感话题，他问道，苏联红军是不是真的要恢复对柏林的攻势？按照那天晚上迪恩少将给华盛顿发的电报里的说法，斯大林回答：“确实在准备一场攻势，但不知道能否成功，而且正如已经告诉艾森豪威尔的那样，这一攻击指向德累斯顿而不是柏林。”

在那天下午剩余的全部时间里，海因里希都在仔细研读情报，通过电话与他的参谋们和军官们交谈。晚上 8 点过后，他做出了一个判断。当时他已经分析了来自战场上的所有报告，评估了老对手行动的每个微妙之处。他倒背着手，在办公室里来回踱步，低着头全神贯注，又猛地停下脚步。在一位正专心注视着他的副官看来，“就好像他突然闻到了特殊的味道”。他转向参谋们，“我的结论是，”他轻声说道，“进攻将在明天凌晨时分发动。”他召来自己的参谋长，给第 9 集团军指挥官布塞上将下达了一个只有一行字的命令：“后撤，占据第二道防线上的阵地。”此时是晚上 8 点 45 分，在正好 7 个小时 15 分钟以后的 4 月 16 日，星期一，这位“狠毒的小矮个”将带领手下的军队，投入第三帝国最后一场战役中去。

第 5 部

战役

Part Five

The Battle

1

在白俄罗斯第1方面军的战线上，幽深漆黑的森林里万籁俱寂。在松树和伪装网的下面，炮兵阵列一英里又一英里连绵不绝，并按照不同的口径向后方延伸。迫击炮排在最前方，后面是炮管高高扬起的坦克，接下来是自行火炮，再后面是各种轻重型火炮，最后方则是400门“喀秋莎”火箭炮——一种能够同时发射16枚火箭弹的多管火箭发射器。奥得河西岸的屈斯特林桥头堡里密布着探照灯。在前线的每一个角落里，格奥尔吉·朱可夫元帅的部下都在等待着进攻发起的时刻——凌晨4点。现在离这个时间只差几分钟了。

谢尔盖·戈尔博夫上尉喉咙很干，想喝口水。在他眼中，随着时间的流逝，周围变得死一样寂静。现在，他正与奥得河东岸、屈斯特林以北的部队待在一起，此处泛滥的河面几乎有450米宽。他后来回忆道，他的周围到处是“成群的突击队，成排的坦克，多个工兵排带着浮桥构件和橡皮艇，河岸上挤满了士兵和装备，却又能保持寂静”。戈尔博夫能够感觉到，“士兵们激动得几近颤抖，就像狩猎前的马匹一样”。他不断地对自己说，“无论如何我今天都得活下来，我可有很多东西要写”。他一再告诫自己“绝不能倒在胜利的前一刻”。

战线中央，河西岸的桥头堡里挤满了部队。这个极其关键的立足点——现在宽 48 公里，纵深 16 公里——是苏联人在 3 月底从布塞上将那里夺来的，现在成了朱可夫向柏林大举猛攻的跳板。战力一流的近卫第 8 集团军将士会从此地发起突击，一旦他们夺取正前方稍微偏西的关键性的塞洛高地——这座高地被誉为“柏林之锁”——坦克部队就会随后跟进。21 岁的近卫军中尉弗拉基米尔·罗扎诺夫（Vladimir Rozanov）是一个炮兵侦察小组的指挥员，他静静地伫立在奥得河西岸，身旁是准备操作探照灯的苏军女战士。罗扎诺夫确信，那些探照灯打出的强光将射得德国人神经错乱。他迫不及待地想让姑娘们把探照灯打开。

就一点而言，罗扎诺夫对即将到来的进攻非同寻常地关切，他的父亲就在南边科涅夫元帅的部队里。这位年轻军官很生父亲的气：老人家有两年时间没有给家里写信了。然而，他又满怀希望，父子俩也许能在柏林的街头相见——再乐观一点，或许能在战役结束后一起回到家乡。尽管罗扎诺夫厌烦这场战争，但他又为能够出现在这场最后的伟大进攻中感到高兴。只是等待几乎令人无法忍受。

在桥头堡的更远处，炮班班长尼古拉·斯维晓夫（Nikolai Svishchev）中士站在他的炮组旁边。他是一位已经参加过多次凶猛炮击的老炮兵，见多识广，知道接下来会发生什么。他提醒他的战士们，火炮一发射就要“扯着嗓子喊，使压力得到均衡，因为‘隆隆’的炮声是很可怕的”。现在，斯维晓夫手里拿着大炮的拉火绳，在等待着开炮的信号。

在屈斯特林的南边，法兰克福周边的桥头堡里，步兵团的尼古拉·诺维科夫中士，正在读附近的坦克上涂写的标语。一则标语写着“从莫斯科到柏林”，另一则标语写着“距离法西斯野兽的兽穴还差 50 公里”。诺维科夫处于一种难以抑制的狂热躁动之中，他的热情是被团里的政工人员的演讲激起来的。那番颇具鼓动性的慷慨陈词一下子就打动了诺维科夫，他立即写了一份申请书，要加入全联盟共产党（布尔什维克）。[1]

在一个挖进山中能俯瞰屈斯特林桥头堡的地堡里，朱可夫元帅稳稳地站着，向无尽的黑暗里眺望。和他并肩站在一起的是斯大林格勒的保卫者崔可夫上将，也就是整个方面军的先头部队近卫第 8 集团军的司令员。从斯大林格勒那时起，崔可夫就一直患有烦人的湿疹，皮疹对他的手造成了很大影响。为了保护手，他习惯于戴着一副黑色的皮手套。现在，他有些焦急地等待着最后的进攻时刻，神经兮兮地拿着两只手套互相摩擦。“瓦西里·伊万诺维奇，”朱可夫突然发问，“你所有的营全都到位了吗？”崔可夫迅速给予了肯定的回答。“元帅同志，”他报告称，“在过去的两天里，您所有的命令我都执行了。”

朱可夫瞅了瞅腕表。他在地堡的观察口旁停了下来，把军帽向后轻推了一下，两个手肘搭在水泥横栏上，仔细调整着手里的望远镜。崔可夫则把军大衣的领子翻了起来，把头上皮帽的帽边盖在耳朵上，希望以此来隔阻些许炮击带来的巨大噪声。他站在朱可夫身旁，用自己的望远镜观察。参谋们或是围在他们的四周，或是离开

---

1 许多士兵在奥得河畔申请加入联共（布），这并非总是出于政治上的原因。与美军或者英军不同，苏联红军并没有身份识别牌——或曰“狗牌”——的注册系统；在作战中阵亡或者负伤的苏联红军家属，很少会得到正式通知。但如果一名联共（布）党员伤亡，党的有关部门就会告知他的家属或者亲属。——原注

地堡，来到外面的山上观察。现在每个人都默默地朝着黑暗处凝望。朱可夫又看看表，再用望远镜观察。时间正在一分一秒地过去，随后朱可夫轻声说道："现在，同志们，就是现在！"凌晨4点到了。

三发红色信号弹突然蹿上了黑漆漆的夜空，明亮的光芒长时间没有熄灭，令奥得河沐浴在一片耀眼而又略显诡异的猩红色之中。然后，在屈斯特林桥头堡，朱可夫精心准备、排得密密麻麻的探照灯突然打开了。140架巨大的防空探照灯发出的可怕亮光足以让人失明，坦克、卡车和其他车辆也是大灯全开，无数的光柱毫不留情地朝前集中照射着德军阵地，那炫目的灯光让战地记者帕维尔·伊万诺维奇·特罗扬诺夫斯基（Pavel Ivanovich Troyanovskiy）中校联想到"1000个太阳加在一起"。近卫坦克第1集团军司令员米哈伊尔·卡图科夫上将感到非常意外。"这么多探照灯究竟是哪儿来的？"他问军事委员会委员波佩尔中将。"天晓得，"波佩尔回答道，"不过，他们恐怕是把整个莫斯科防空区的探照灯都给卸下来了。"当探照灯照亮屈斯特林前方区域的时候，万籁俱寂。随后三发绿色信号弹冲上天空，朱可夫的超级炮群发出了骇人的巨响。

随着震耳欲聋、地动山摇般的轰鸣，前方烈焰喷发。在东线，这次炮击堪称史无前例，2000多门各种口径的火炮向德军阵地疯狂喷射出暴风般的烈焰。屈斯特林桥头堡以西的德国乡村，被笼罩在探照灯的无情强光之中，然后在一堵似乎由爆炸的炮弹组成的滚滚向前的"高墙"面前消失得无影无踪。一个个村子顷刻间化为齑粉，泥土、水泥墙面、钢筋、树的枝干在空中飞舞，远处的森林已经变成了一片火海。在屈斯特林的北边和南边，成千上万枚炮弹爆炸的闪光把黑夜变成了白昼。当成吨的炮弹猛烈砸向目标时，致命的点点亮光如同鞭炮飞速闪烁。暴风雨般的爆炸如此强烈，甚至连大气层都被搅乱了。许多年后，幸存的德国人还经常生动地描述起那股奇怪的热风。它说来就来，尖啸着穿过森林，小树都被吹弯了腰，差点儿就在巨大的压力前折断了，泥土和瓦砾则被轻松地卷向天空。战线两侧的人们永远也不会忘记那种雷鸣般的可怕巨响，炮群制造出巨大的冲击波，不论是部队还是装备，都由于震撼而不由自主地晃动起来。

风暴般的声音使所有人都神志不清。在斯维晓夫中士的炮组中，炮手们扯着嗓子吼叫，但大炮的冲击波实在太过强烈，结果鲜血从他们的耳朵里流淌了出来。最可怕的声音来自“喀秋莎”火箭炮，部队称它是“斯大林管风琴”。火箭弹从发射轨上嗖嗖地猛冲出来，喷出一团团火焰，在夜色中呼啸而去，身后留下了长长的白色烟雾。“喀秋莎”火箭炮发出的可怕噪声，让戈尔博夫上尉想到大块的钢铁缓缓挤压在一起发出的刺耳尖叫。尽管这样的噪声很可怕，但戈尔博夫还是感到炮击令人兴奋。在他的周围，“部队在歇斯底里地欢呼，仿佛战士们正在和德国人进行着你死我活的白刃战，到处都有士兵用手中的武器开火，即使他们根本看不见目标”。当他注视着火炮喷出的炮口焰时，想起了祖母曾说过的有关世界末日的可怕场景：“那时大地将燃烧，坏人将被烈焰吞噬。”

在炮击带来的激荡之中，朱可夫的部队开始行动了。崔可夫的精锐近卫第8集团军率先出动，出发阵地是奥得河西岸的屈斯特林桥头堡。当他们如潮水般涌向前方时，徐进弹幕始终覆盖住他们前方的地域，掩护部队向前冲击。在屈斯特林的北边和南边，进攻部队要强渡奥得河。工兵正在泛滥的河水里摆放浮舟，把木桥的预制件快速组合在一起。他们的四周是一浪接着一浪涌来的突击队，战士们已经没有时间等待桥梁架好，他们跳进了起伏颠簸的冲锋舟中，开始以这种方式强渡奥得河。

官兵之中，有很多人是从列宁格勒、斯摩棱斯克和莫斯科一路打过来的，他们已经跨越了半个欧洲大陆，现在来到了奥得河畔。有些官兵曾目睹自己的故乡被德国大炮夷为平地，他们的庄稼被敌人烧了个精光，他们的亲人惨遭德国军人的屠戮，由此，当下的进攻便具有了特殊含义。他们是为了这个复仇的时刻而活下来的。德国人没有给他们的家乡留下任何东西，他们已无家可归，也无处可去，只能前进。现在他们正向前猛扑。同样劲头十足的还有成千上万刚刚被解放的战俘：苏联红军急需补充兵员，所以这些刚刚被解放的俘虏——衣衫褴褛、骨瘦如柴，许多人身上仍然表现出受到残暴虐待的后遗症——被编入部队、分发武器。现在，他们也在向前冲击，向那些施暴者进行可怕的冷血复仇。

苏联军人就像疯狂的原始人一样，欢呼着、号叫着、奔跑着，处于狂热状态之中的他们甚至等不及船只到来或者浮桥架设完毕。戈尔博夫惊讶地看到全副武装的士兵们跳下水，开始在河里游泳，还有的士兵抓着空油桶、厚木板、木块甚至是树干——抓着任何能够浮起来的东西，在水里漂流。这是一幅奇异的画面，令戈尔博夫想到“一支庞大的蚂蚁军团，利用树叶和树枝漂流过河。奥得河上满是船只，木筏上满是补给品，原木做成的浮舟搭载着大炮，水中到处都是上下起伏的人头，或漂流或游泳”。在一处地点，戈尔博夫惊讶地看见了自己的朋友，那是团里的医生，“一个名叫尼古拉耶夫的大个子，他从河岸上跑下来，身后拽着一条小得可笑的船”。

戈尔博夫知道，尼古拉耶夫“应该待在战线后方的野战医院里，可是他却坐在这条小船上，拼命地向河对岸划去”。在戈尔博夫看来，世界上没有任何力量能够阻止此次猛攻。

炮击戛然而止，留下一种令人眩晕的可怕寂静。连续的猛烈炮击整整持续了35分钟，在朱可夫的指挥地堡里，参谋们突然意识到电话铃一直在响，谁也说不出究竟响了多长时间——所有人都在某种程度上失聪了。军官们开始接听电话，崔可夫手下的指挥官们正在汇报首次情况。“计划正在稳步进行。”崔可夫告诉朱可夫。几分钟后，他还获得了更好的消息。“第一批目标已被占领了！”他骄傲地宣告。自从进攻发起以来，朱可夫一直都很紧张，现在突然放松下来。波佩尔中将回忆说，朱可夫“紧紧握住了崔可夫的手，连声说‘好极了！好极了！确实很棒！’”虽然兴奋，经验丰富的朱可夫却不会低估他的对手。只有攻占屈斯特林附近极其重要的塞洛高地，这位身材粗壮的元帅才会感觉好一些，他觉得那样的话成功才有保证；不过，那也不应该用太长的时间。抛开其他的不说，苏联轰炸机群开始猛烈轰炸前方区域。根据安排，有6500多架飞机对他和科涅夫的进攻提供空地支援，但朱可夫认为单是炮兵的猛轰，就足以摧垮敌人的士气。

柏林北部的舍讷瓦尔德森林，倒背着双手的戈特哈德·海因里希大将在前进指挥部作战室的地板上来回踱步。他周围的电话发出刺耳的铃声，参谋们则在认真收听报告，仔细地把信息标注到摊在房间中央大桌子上的作战地图上。海因里希时不时停下脚步看看地图，或者读一下艾斯曼上校递给他的报告。对于苏联人的攻击方式，他并不意外，虽然他的大多数军官都被这场规模空前的“火炮大合唱”吓唬住了。第 9 集团军的布塞将军将它描述为“糟透了”，而艾斯曼上校则依据最初的前线报告，认为“我们的第一道防线在对手毁灭性的炮火中已经灰飞烟灭”。

15 日晚，在夜色掩护下，维斯瓦集团军群的主力部队已遵从海因里希的急令，撤回到第二道防线。其中也发生了一些插曲。有些军官对放弃第一道防线上的阵地满腔怨气，在他们看来这似乎就是在撤退；有几位指挥官曾对海因里希发出过抱怨。“用你肩膀上的脑袋好好想一想，”海因里希冷冰冰地质问一名提出抗议的将军，“你那漂亮的第一道防御工事或者你的部下将在苏联人的可怕炮击中灰飞烟灭。如果你身处一家钢铁厂里，你不会蠢到把自己的头伸到铁锤的下面吧，会吗？你会及时把脑袋缩回来，我们现在做的就是这件事。”

完成海因里希这一困难的策略，用了那天晚上大部分的时间。从所有的报告来看，在部队撤走的地区，这项调动已被证明是极其成功的。现在，官兵们正在第二道防线上静候推进中的苏联人。在前线的一处区域，海因里希拥有一个明显的地形优势：屈斯特林西边的塞洛高地是一座被沙土覆盖的马蹄形山丘，它的海拔从 30 米到 60 米不等，俯瞰着一片布满溪流、遍布烂泥、被称为奥得河湿地的山谷。苏联人从奥得河向西推进时，必须穿越这片山谷。而沿着这座月牙形的山丘，海因里希的大炮已经锁定了对方进犯的路线。

就是这座关键性的高地，是海因里希唯一有可能削弱朱可夫攻击的地方，而且海因里希知道，朱可夫肯定会在制订计划时重点考虑这一问题。苏联人需要迅速夺取这座高地，让海因里希的大炮来不及轰击苏联红军在奥得河上架设的桥梁，来不及威胁正在穿越低洼湿地的部队。朱可夫希望规模宏大的炮击能摧毁大部分抵抗，从而使得攻占高地变得更容易一些。但由于德军预先从前沿撤退，所以海因里希的部队和大炮绝大部分完好无损地保存了下来，并且正处于精心布置的阵地上。防御计划实施顺利，只有一件事情十分糟糕：海因里希严重缺乏兵力和武器装备。德国空军早已从天空中消失了，地面部队在人员、枪炮、坦克、弹药或者燃料上都没有后备，因而海因里希只能迟滞朱可夫的攻势，最终他的敌人一定会取得突破的。

在整条战线上，海因里希的两个集团军只有不到 700 辆可用的坦克和自行火炮[1]，这些坦克和自行火炮又分散在第 9 集团军和第 3 装甲集团军的各支部队里。建制最完整的师，也就是第 25 装甲师，拥有 79 辆坦克和自行火炮，而最少的单位只有两辆。海因里希只有 744 门火炮，外加 600 门推到前线用来平射的高射炮。手头弹药和燃料补给也是极度匮乏，除了各炮携行的炮弹之外，第 9 集团军的储备将在开战两天半后耗尽。与之相对照的是，朱可夫却手握 20 000 余门各种口径的火炮[2]。

海因里希无法长时间拖住苏联人，也无法进行反击，因为他已经把仅有的那些坦克装甲车辆和炮兵分散配属给部队，以便让每支部队不至于垮得太快。他只能做自己一直认为有可能做到的事情：

---

1 这里的自行火炮只是一个笼统的概念，德军根据不同的作用一般要细分为突击炮、坦克歼击车和自行火炮，分属不同的兵种，本书在叙述时未作细分。

2 1945 年 6 月，朱可夫告诉艾森豪威尔和新闻界，他用各种口径的 22 000 门火炮开始了攻击。他最初的计划要求有 11 000 门野战炮，但在攻击开始的时候是否已经获得了那么多炮，不得而知。苏联人给出的数字各种各样，从 2 万到 4 万门火炮不等，不过大多数军事专家认为，朱可夫起码有 7 000 到 8 000 门野战炮，并且还有同样数字的口径小一些的炮。——原注他能够赢得一点时间。海因里希看着地图，以及标明苏联红军前进方向的红色箭头，这时他愤懑地想到了被抽调给舍尔纳元帅的中央集团军群的装甲部队，居然是为了阻挡希特勒和舍尔纳臆想中的苏联人将朝布拉格发动的进攻。如果这些部队还在他手里的话，海因里希总共就会拥有 7 个装甲师。“要是我有他们的话，”他郁闷地告诉艾斯曼，“苏联人就笑不出来了。”

尽管情况很糟糕，但真正的危机仍然还在后面。朱可夫的进攻仅仅只是个开始，还有北方的罗科索夫斯基的部队需要考虑到。他们将在什么时候攻击冯·曼陀菲尔的第 3 装甲集团军？南边的科涅夫又将在什么时候动手？

海因里希并没有等太长时间，他很快就获悉了科涅夫的意图。苏联人的第二场攻势在布塞的集团军防区的南部边缘开始了，并且打进了费迪南德·舍尔纳元帅的防区。清晨 6 点，科涅夫的乌克兰第 1 方面军发动了进攻，开始强渡尼斯河。

苏联红军的战斗机群排着密集的 V 字形编队，倾斜着机身从阵阵闪亮的粉色高射炮火和连绵不绝的红色、黄色和白色曳光弹之间穿过，朝尼斯河冲去。机身背后喷出了浓密的白色烟幕，大马力的航空发动机则发出刺耳的尖啸声。没过多久，战鹰们就飞到了山谷上方，它们的飞行高度距离灰色的尼斯河面不到 15 米。这些战斗机在防空火网当中来回穿梭，铺下的烟幕如同松软的厚毯子，不仅遮蔽了河面，也遮蔽了东西两岸。河岸高地上的观察所里，伊万·科涅夫元帅注视着这一幕，感到非常满意。尼克拉·帕夫洛维奇·普霍夫（Nikolay Pavlovich Pukhov）中将的第 13 集团军即将展开突击。科涅夫转向普霍夫，说道：“我们的邻居使用了探照灯，因为他们需要更多的光明。我告诉你，尼古拉·帕夫洛维奇，我们要把黑暗留住。”

尽管科涅夫所部的进攻正面大约宽80公里，可他却命令在几乎4倍于此的长度上释放烟幕，以迷惑德军。科涅夫通过架设在三脚架上的炮队镜观察烟幕的持续效果。根据测算，眼下风速只有每秒钟0.5米——每小时不超过1.8公里。他满意地宣布，烟幕的“厚度和浓度正合适，布设的高度也相当精确”。随后，当飞机继续释放烟幕的时候，科涅夫集结完毕的炮兵部队发出了野兽般的可怕咆哮，向着敌军猛烈开火。

他的炮击和朱可夫的炮击一样无情，不过科涅夫在使用手头的超级炮队上更有选择性。在进攻打响前，科涅夫的炮兵指挥官们都知道，手下的炮兵观察员会因为烟幕的干扰而看不清目标，所以他们就在地形图上精确地标出了每个已知阵地和敌军抵抗枢纽的位置，然后又校正了火炮的瞄准具。除了轰击这些预先就标注出来的目标之外，乌克兰第1方面军的炮兵还有计划地从尼斯河开始，利用火镰刀般的徐进弹幕，为展开攻击的突击部队和坦克在敌人阵地中有条不紊地炸出一条又一条数百米宽的路来。随着炮击的进行，森林也化为一片火海。就像朱可夫的当面地段一样，火海从尼斯河畔一直延伸到前面几公里的地方。

科涅夫做事绝不靠碰运气，而是考虑周全、滴水不漏。这样做不仅仅是为了先于朱可夫到达柏林，更是为了抢在西方盟军之前冲入德国的首都。他们进展神速，现在距离柏林只有60多公里了。科涅夫想到了两件事情，其中一件可能发生，也可能两件一起发生：德国人或许会同西方盟国单独媾和，艾森豪威尔也可能命令他的部队先于苏联红军夺取柏林。科涅夫后来说："我们并不想怀疑自己的盟友，担心他们会与德国人达成任何单独的和平协议。然而，种种迹象却证明了这种可能性，相关的谣言也遍布战线的每一个角落……作为一名苏联军人，我必须对此进行考虑和准备……这一切使得柏林战役发起得特别急迫。我们得考虑这样的可能性……纳粹头领们宁可把柏林拱手交给西方，也不愿交给我们。德国人会对他们敞开进城的道路，但对我们，他们将殊死抵抗，战至最后一人。"[1]

在制订计划时，科涅夫已经"冷静地考虑到了这一前景"。为了赶在朱可夫元帅和西方盟军之前抵达柏林，科涅夫知道他必须在攻击发起后的数小时内制服当面的敌人。与朱可夫不同的是，科涅夫有一个巨大劣势：他的方面军在尼斯河西岸并没有被步兵占据的桥头堡，手下的部队得强渡那条令人生畏的天然障碍。

尼斯河是一条冰冷湍急的河流，在一些河段河面宽达 140 米，尽管东岸很平坦，但河的西岸却遍布陡峭的斜坡。德国人已经充分利用了这些有利地形，修建了一系列加固的钢筋混凝土地堡，俯瞰着河面和东岸的通道。如果进攻部队要避免被这些地堡里的火力压

1　科涅夫是在重复斯大林本人的怀疑。在 4 月初，斯大林曾经给罗斯福发去电报，称听说盟国已经在伯尔尼同德国人达成了一份协议，根据这份协议"他们将敞开英美盟军前线的大门，让他们向东推进。而作为交换，英国人和美国人则许诺，他们将放宽给德国人的停战条件。在西线德国人事实上已经停战了……（与此同时）……他们将同苏联战斗到底，而英美盟国却……"罗斯福回答说，他对这一断言感到吃惊，这一说法称"我已经在没有首先获得您完全同意的情况下，就与敌人达成了协议……坦率地说，因为对我和我所信任的下属行为的卑鄙且失实的陈述，我不能不对那些向您告密的人感到愤愤不平，不管他们是谁"。斯大林和他的元帅们还是不信，甚至在今天，苏联国防部的最新历史著作——《苏联的伟大卫国战争，1941—1945》仍然说："为了避免让苏联红军夺取柏林……希特勒之流……准备把首都拱手交给美国人或者英国人。我们的盟友们也期望能夺取……（它）……尽管已经有了协定……要把柏林划入苏联军队的作战区域……"当然，事实上，盟国和德国从来没有签过这样的协议。——原注

制，科涅夫就得迅速消灭当面之敌。他的计划要求一旦在西岸拿下立足点，就马上把坦克军和机械化军投入战斗。不过，这对行动速度提出了极高的要求，要快！要快！河上的架桥任务必须在掩护烟幕消散之前完成，如果炮击没能把敌人打垮，工兵们就得在猛烈的炮火之下架桥了。主要的渡河行动将在布赫霍尔茨（Buchholz）和特里贝尔（Triebel）地区实施，此外还有一些其他的补充渡口。科涅夫坚信，自己唯一的取胜之道就是尽可能迅速地消灭当面之敌。他发布命令，要求下属各部在150余处渡河点进行规模巨大的强渡，试图在短时间内将尽可能多的兵力投送到河对岸。在每个渡口，苏军工兵都立下了军令状，保证能在1～3个小时内架设完浮桥。

早晨6点55分，科涅夫计划的第二阶段开始了。部署在东岸的炮兵全线开火，为渡河部队提供持续的火力掩护；首轮突击部队冲出森林，乘坐各种各样的船只横渡尼斯河；紧随其后的是第二拨突击部队；再往后则是第三拨次。在布赫霍尔茨—特里贝尔地区，普霍夫的第13集团军下辖的突击队拖拽着沉重的浮桥部件，蜂拥着在波浪滔滔的河中强渡。领头的是近卫步兵第6师，师长是格奥尔吉·瓦西列维奇·伊万诺夫（Georgi Vasilevich Ivanov）少将，他是一名44岁的哥萨克硬汉。伊万诺夫用上了所有能在水里漂浮的东西，除了浮舟之外，他还使用了航空燃料箱和收缴来的德国大化肥箱。他命人把这些空箱子密封后焊接在一起，再搬至指定位置，以支撑正在铺设中的浮桥。河水里有上百名工兵，预先制作好的木桥被以最快速度从东岸推入水中，工兵立即蜂拥而上用螺栓将它们紧扣在一起。几十个人早已把生死置之度外，无所畏惧地站在冰冷湍急的尼斯河里，河水已经漫到了他们的脖子。这些战士将沉重的桥楼梁高举过头，与此同时，其他人则把木质的支撑物打进了河床。工兵特别小队用船将沉重的钢缆拉过了尼斯河，船上装有手动绞车，到西岸后他们竖起了渡船用的桩子，然后把钢缆卷绕上去，拖着木筏上的大炮和坦克战车渡河。在部分河段，工兵们没有使用木筏或渡船就把大炮拖过了河：他们是纯粹用钢缆把大炮从河床上拽过河的。这些行动在稳固地向前推进，哪怕沿河各处基本上都有敌军火力。为了掩护部队渡河，伊万诺夫将炮兵连拉到河岸边进行直瞄射击，炮弹直接从进攻部队的头上飞过，尖啸着命中了河西岸的德军防御堡垒。他又用至少 200 挺机枪打出的密集火网来支援这些炮兵连，“只是为了让敌人抬不起头来”。

在早晨 7 点 15 分，科涅夫得到了好消息：突击队已经在西岸拿下了第一座桥头堡。一个小时以后，他获悉乘渡船过河的坦克和自行火炮投入了战斗，并已经同敌人交上火了。到 8 点 35 分，持续了 2 小时 35 分钟的炮火准备结束，科涅夫充分确认自己的部队在尼斯河西岸已经站稳了脚跟。到目前为止，他们在预定的 150 处渡河点中的 133 处成功渡河。普霍夫的第 13 集团军一部与帕维尔·谢苗诺维奇·雷巴尔科（Pavel Semenovich Rybalko）上将麾下的近卫坦克第 3 集团军协同前进，已经在位于特里贝尔的主攻地段中央达成突破。据各方报告，他们当面的敌人似乎已经被击溃了。德米特里·丹尼洛维奇·列柳申科（Dmitry Danilovich Lelyushenko）上将率领的近卫坦克第 4 集团军的机械化部队此时穿过了同一地区。南边的近卫第 5 集团军也完成了渡河。在科涅夫眼中，他的坦克即将直插德军的纵深。

一旦渡河成功，科涅夫就打算让他的部队向施普伦贝格（Spremberg）和科特布斯（Cottbus）发起冲击，越过科特布斯之后部队要沿公路网朝吕本推进。该地区对科涅夫来说至关重要，因为它是斯大林划定的分界线的终点，而这条线将朱可夫的白俄罗斯第1方面军和他的乌克兰第1方面军分隔开了。如果科涅夫能够尽快到达这里，他打算请求斯大林立即允许他挥师北上直取柏林，对此他充满信心。科涅夫已经给帕维尔·雷巴尔科下达了书面命令，“把你的坦克集团军拨出一个坦克军，从南边突向柏林，由近卫第3集团军的一个步兵师提供支援”。在科涅夫看来，也许他可以抢在朱可夫之前进入柏林。正全神贯注于攻击进展的他却并没有意识到，自己能够活下来是多么走运。就在攻击开始数分钟后，一发狙击手射来的子弹打在他的炮队镜三脚架上，干净利落地钻了个洞，离科涅夫的头只差几寸[1]。

在离柏林东部边缘不到56公里的地方，枪炮声如同远处风暴发出的沉闷雷鸣。靠近奥得河的小村镇则受到了奇异的冲击波的影响。在马尔斯多夫警察局里，书纷纷从书架上跌落下来，电话诡异地响个不停。很多地方灯光暗淡，忽明忽暗。在达尔维茨-霍珀加滕（Dahlwitz-Hoppegarten），防空警报器突然尖叫个不停，谁也关不掉它，画框从墙上猛地砸了下来，窗子和镜子都被震碎了。在明谢贝格（Müncheberg），一座十字架从教堂的尖塔上震掉了，遍地都是凄厉的犬吠声。

低沉的啸声在柏林东部各区被火烧得漆黑的建筑物废墟的框架间反复回响，松树焚烧后散发出的香味在克珀尼克区边缘随风飘散。而在韦森塞区和利希滕贝格区的边缘地带，突如其来的风令窗帘一

1　直到20年以后，科涅夫读到普霍夫将军的回忆录时，才知道有这事。——原注

个劲儿地抽动拍打着。在埃尔克讷（Erkner），防空洞里的一些居民从恐惧之中惊醒了，唤醒他们的不是喧闹声，而是大地令人毛骨悚然的剧烈震动。

许多柏林人都知道那个声音意味着什么。韦尔特林格尔夫妇正躲藏在位于潘科区默林家的公寓里，西格蒙德在第一次世界大战时期当过炮兵，他立即就辨别出远处传来的巨响是敌人的大规模炮击，于是急忙叫醒了妻子玛格丽特，告诉她这个情况。起码有一个柏林人声称，他确实目睹了朱可夫的徐进弹幕。凌晨 4 点后不久，16 岁的霍斯特·勒姆林（Horst Römling）蹿上了韦森塞区西部边缘的一座 7 层楼高塔，用望远镜向东边眺望。很快霍斯特就心惊胆战地告诉邻居们，他看见了“苏联大炮猛烈射击时的闪光和强光”，但没什么人相信他的话。大人们都认为，这不过是一个异想天开的小孩在编故事罢了。但现实恐怕比勒姆林描述的还要恐怖一万倍。

炮声并没有传到市中心的几个区，尽管在街头巷尾都有柏林人宣称自己听到了异响。大多数人认为，那不值得惊讶，只不过是自己人的高射炮在射击而已，或者是被引爆的航空炸弹发出的声音。在当晚持续了 2 小时 25 分钟的空袭中，有一些投下的炸弹并没有当场爆炸。这些声响也有可能是被炸坏的楼房突然坍塌发出的。

有一小群平民在第一时间就知晓了苏联人的行动，他们是舍讷贝格区温特费尔德大街邮电大楼里的接线员。在苏联炮兵开始齐射后的几分钟之内，交换机的长途电话和中继线里就挤满了打进来的电话。奥得河和尼斯河附近地区紧张万分的纳粹官员急忙给他们在柏林的上级领导打电话；消防队长在询问自己的手下是否要出动，赶往森林扑灭熊熊燃烧的大火，或者把他们的救火设备从那些危险的地区转移出来；警察局局长在给他们的上级打电话；每个人都试图联系上自己的亲戚。多年以后接线员们回忆说，那些接通电话的人几乎都以三个字作为谈话的开场白："开始了！"伊丽莎白·米尔布兰德（Elisabeth Milbrand）是总机主管，更是一名虔诚的天主教徒，她取出一串念珠，默默地念经祈祷。

截至 4 月 16 日上午 8 点，大部分柏林人都已经从收音机里听到"苏联人在奥得河前线持续发动猛攻"的消息。新闻措辞谨慎，不过普通的柏林人已经不需要进一步的详尽报道了。通过口口相传或城外的亲戚告知，人们知道末日终于降临了。奇怪的是，这个时候街上的普通老百姓知道的事情要比希特勒多，因为领袖这会儿仍然在元首地堡里呼呼大睡。他是在凌晨 3 点之前就寝的，他的首席参谋布格多夫上将对周围的人下了严格的指示，不能叫醒元首。

这天上午，地堡这个奇异的地下世界上演了几乎称得上欢快的一幕：在狭窄的接待室、走廊休息室和小会议室里，一瓶瓶艳丽的郁金香随处可见。早些时候，总理府的一名园丁从被炸得坑坑洼洼的花园中幸存下来的几个花坛里剪下了这些花。在布格多夫看来，这似乎是个好主意，因为埃娃·布劳恩喜欢郁金香。帝国的未婚第一夫人是头天晚上到达柏林进入地堡的。她随身带来了慕尼黑的老朋友赠给元首的一些礼物，其中一件礼物是巴尔杜尔·冯·席拉赫[1]男爵夫人寄来的一本书——伏尔泰写的小说《老实人》。这位男爵

1 巴尔杜尔·贝内迪克特·冯·席拉赫（Baldur Benedikt von Schirach，1907—1974），纳粹政客。1925 年加入国社党，1933 年被任命为帝国青年领袖，指导纳粹党的全国青年组织，包括希特勒青年团在内。法国战役期间，他志愿以士兵身份在大德意志步兵团服役，后晋升少尉，1940 年 8 月起担任纳粹党维也纳大区领袖。

夫人是帝国青年组织前领导人的妻子。这本小说中的主人公命运多舛，遭受了一切不幸，但却没有失去对生活的希望。他说："乐观主义是一种让人在事情糟糕的时候却仍认为一切安好的躁狂症。"男爵夫人认为，这本书在当下这个时刻是最恰当的选择。

一开始朱可夫并不相信这个消息。他站在屈斯特林的指挥部里，身边是他的参谋们，他满脸狐疑地盯着崔可夫，由于愤怒显得有些气急败坏。"你的报告是什么意思——你是在告诉我，你的部队被敌人压制住了？"他朝着近卫第8集团军司令员叫嚷道，而且这一次并没有友好地使用将军的教名。崔可夫以前见过朱可夫发怒，因此显得心平气和。"元帅同志，"他解释道，"不管我们是不是暂时被压制住，攻势必然会取得成功。不过目前抵抗变得强硬起来，我们被挡住了。"

崔可夫称，当部队和配属的坦克部队向前推进时，遭到了来自塞洛高地猛烈炮火的猝然一击。他们正在穿越的地区地形复杂，严重妨碍了坦克和机械化部队的运动。在奥得河湿地的沼泽和灌溉渠当中，自行火炮和坦克正在无助地嘶吼着，履带搅动着湿泥却难以前进半步。陷入泥沼之中的坦克变成了敌人大炮的活靶子，一辆接着一辆被击中，然后迅速烧成了火球。崔可夫说，到目前为止，他的近卫第8集团军只前进了1300多米。按照波佩尔将军的说法，朱可夫用"一连串极其强有力的言辞"发泄出了他的狂怒。

这场所谓无法抵御的攻势究竟被什么拖住了脚步？原因有很多，这是波佩尔将军与朱可夫的高级军官们交换意见的时候很快发现的。米哈伊尔·阿列克谢耶维奇·沙林（Mikhail Alekseevich Shalin）中将是近卫坦克第1集团军的参谋长，他告诉波佩尔，他确信“在进攻开始以前，德军已经撤离了第一道防线，部署到以塞洛高地为核心的第二道防线上，因而我们的炮弹大半都没能打着敌人，白白地落到了旷野里”。瓦西里·伊万诺维奇·库兹涅佐夫（Vasili Ivanovich Kuznetsov）上将是突击第3集团军的司令员，他尖锐批评了白俄罗斯第1方面军的计划。他告诉波佩尔：“我们是在照本宣科，而现在德国人早已熟悉了我们的战法，他们把部队后撤了足足有8公里。我们的大炮摧毁了眼前的一切，就是没能伤着敌人的一根汗毛。”近卫坦克第1集团军副司令员安德烈·格特曼中将曾是卡图科夫手下最出色的坦克专家和军长，他既挑剔又生气，批评了朱可夫煞费苦心的探照灯战法：“它们没能闪瞎敌人的双眼，倒是为德国炮手们照亮了我们的坦克和步兵。”

朱可夫从来也没有指望进攻会一帆风顺，也做好了承受严重伤亡的准备，但他坚信德国人是不可能阻止红军向前推进的。他后来回忆道，他本来希望“能迅速瓦解敌人的防御”，但却大大地低估了对方的实力，“前线第一梯队的打击效果被证明是不足的”。他毫不怀疑，单是靠军队的数量他就能够战胜敌人，但他又担心会存在“进攻速度可能被减缓的危险”。朱可夫决定改变战术，立即厉声下达了一系列命令。他要求轰炸机群再次出动，集中攻击敌人的炮兵阵地，与此同时炮兵也要用凶狠密集的炮弹彻底覆盖这座高地。随后朱可夫又采取了另一个更强有力的步骤：在原定计划中，他的坦克集团军将在塞洛高地被步兵夺取之后再投入战斗，但现在朱可夫决定立即让他们参战。卡图科夫上将是近卫坦克第1集团军司令员，他碰巧就在地堡里，于是直接接受了命令。朱可夫的目标是不容怀疑的：不惜一切代价，必须尽快攻占高地。朱可夫要用大军的重击让敌人屈服，如果有必要的话，就如同推土机开路般一路强推到柏林。然后，在参谋们的伴随下，这位身材粗壮的元帅离开了指挥部，他对耽搁时间的愤怒仍然显而易见。朱可夫不希望被一些瞄得很准的敌军大炮拖住进攻步伐，他更不希望在攻入柏林的速度上被科涅夫超过。在离开地堡时，军官们尊敬地站在两边让他通过，他突然转向卡图科夫，急促地说："那么！行动吧！"

正午刚过，特奥多尔·布塞上将的第 9 集团军指挥部就收到了元首的"当日命令"。命令上注明的日期是 4 月 15 日，但显然希特勒的参谋们是在确信苏联人的猛攻开始之后才发出的。指挥官们得到命令，要立即把文件散发下去，一直到连一级单位，但绝不得在公开的报纸上发表。

命令上写道：

"德国东线的士兵们，与不共戴天的仇敌、犹太-布尔什维克集团的最后决战时刻到了！来自东方的成群结队的野蛮大军已经发起了进攻。他试图摧毁德国并灭绝我们的人民。你们这些身处东线的士兵已经知晓了谁在威胁着……德国妇女、姑娘和儿童的命运。老人和孩子将被屠戮，妇女和姑娘将沦落为军妓，剩下的人会被送到西伯利亚。

"我们早已预料到了这场进攻，自一月份以来已经做了充分准备，构筑了坚固的防线。敌人要面对数量庞大的炮兵部队，我军步兵的损失已经被无数新部队填补，警戒部队、新组建的部队以及人民冲锋队正在加强前线防御。这一次，布尔什维克将经历亚洲的古老命运——它必须而且必将在德意志帝国的首都面前倒下。

"此时此刻，凡是未尽己任的人都是我们人民的叛徒。任何一个离开阵地的团或者师，都是最可耻的部队，他们一定会羞于面对在我们的城市里承受着空袭恐怖的妇女和儿童。要格外留意那一小撮犯叛国罪的军官和士兵，他们苟且偷生，为了拿到苏联人的报酬而与我们作战。这群人也许还穿着德军制服。无论是谁命令你们撤退，除非你们十分了解他，否则都要立即逮捕他，如果有必要的话就当场枪决，不管他是什么军衔。如果在未来的几天和几个星期里，东线的每个士兵都能尽责，那么来自亚洲的最后一击就将被挫败。我们在西线的敌人也是一样，尽管出现了种种情况，但他们的纵深突破将最终被挫败。

“柏林将仍然属于德国，维也纳[1]将再次回归德国，而欧洲永远也不会是苏联人的。

“你们要庄严宣誓，保卫祖国！这并非一个空洞的祖国概念，而是你们的家园、你们的妻子、你们的孩子，还有我们的未来。

“在这段时间里，你们是全体德国人民的最大希望，东线的勇士们，人民只是希望，由于你们的忠诚、你们的狂热、你们的武器，以及你们的领导，布尔什维克的冲击将淹没在它们自己的血液里。当命运已经把有史以来最大的战犯[2]从地球上带走的时候，这场战争的转折点将被确定下来。”

布塞并不需要一个“当日命令”来告诉他阻挡苏联人的必要性。几个月前他就直言不讳地告诉希特勒，如果苏联人突破奥得河防线的话，柏林和德国的剩余地区是铁定守不住的。但当他读到“当日命令”中有关一条坚固防线的空谈时感到很愤怒，文中毫无根据地吹嘘敌人遭遇到“数量庞大的炮兵部队”和“无数新部队”。勇敢

1 维也纳于 4 月 13 日被苏联红军攻占。——原注
2 希特勒明显指的是罗斯福总统。——原注

无畏的话是打退不了敌人的进攻的，希特勒的“当日命令”在极大程度上是一番梦呓。然而有一点却在这些浮夸的文字中暴露无遗：希特勒想要全体德国士兵战斗到死——不论是对付西线还是东线的敌人。

布塞怀有一个秘密的希望，但他对这个秘密守口如瓶，除了海因里希和某些最亲密的指挥官，从未对其他人吐露过。他想在奥得河上坚守足够长的时间，一直等到美国人从西边赶过来。他是这样对海因里希说的：“如果我们能固守到美国人来到这里，那么在我们的人民、我们的国家和历史面前，我们就完成了自己的使命。”海因里希的反应是尖刻的。“难道你对‘日食行动’一无所知吗？”他问道。布塞表示闻所未闻。海因里希直白地告诉他，那张缴获的地图上标明了盟国的分界线，甚至还圈出了规划中的占领区。“连美国人会不会过易北河，”海因里希说道，“我都表示怀疑。”尽管如此，布塞有一段时间还是坚持自己的想法。现在他终于对此不抱希望了，因为即使艾森豪威尔的部队立马渡过易北河并朝柏林进军，一切也都来得太迟了。除此以外，希特勒显然铁了心与推进中的美国人争夺每一公里的土地，在他眼里，民主国家和共产主义者都是一丘之貉。布塞认为，德国已经陷入了绝境，自己指挥的第 9 集团军也将步入深渊。然而，只要希特勒想把仗继续打下去，拒不投降，那么布塞也只能尽力挡住苏联人。这样的绝望抵抗现在已经开始了，并将持续到最后的时刻。

第 9 集团军在苏联人的进攻中首当其冲，已经竭尽全力，此时布塞的部队仍然在几乎所有的地方坚守着阵地。在奥得河畔法兰克福，他们实际上已经把苏联人赶了回去。塞洛高地的炮兵和部队虽然遭到了对手无情的轰炸和炮击，却仍然顽强地坚持着，并且把敌人压制住了。不过，尽管布塞的部下几乎在各处都挡住了苏军，但付出的代价也是可怕的。在一些地区，军官们报告说，敌我双方在兵力上的对比至少达到了 10∶1。“他们成群结队地朝我们涌来，一浪接着一浪，根本不顾伤亡。”一位师长在电话里述说着令人心颤的战斗经历，“我们把敌人放到很近的距离才开火，我们的机枪劈头盖脸地扫向了敌人，一直到机枪的枪管热得发红。我的部下一直战斗到打光弹药，然后他们要么被消灭了，要么完全被打垮。我不知道还能撑多久”。几乎每份报告都一样。电话发狂似地打来，要求增援：要大炮、坦克，尤其需要弹药和汽油，还有一项是不可取代的——部队。布塞为数甚少的预备队，不是已经投入战斗，就是正在开赴指定地点途中，他们大多被匆匆投入关键性的塞洛高地争夺战中去了。

坚守第 9 集团军防线中段的是第 56 装甲军，这是一个声名显赫的番号，不过也就仅仅挂个装甲部队的名头而已。第 56 装甲军曾多次被打垮，又多次重组，现在它再次经过重建。这个军剩余的原班人马几乎全是关键性的参谋人员。不过，这个军无疑还有一个宝贵的人——经验丰富屡立战功的军长赫尔穆特·奥托·魏德林（Helmuth Otto Ludwig Weidling）炮兵上将，他是一位言语粗俗的军官，他的朋友称他为“扣球手卡尔”。

布塞把极其重要的塞洛高地上的各支部队置于魏德林的指挥之下，此刻魏德林手里有 3 个师：戈林那支桀骜不驯、极不可靠的第 9 伞兵师，遭到重创的第 20 装甲掷弹兵师，以及兵力不足的明谢贝格装甲师。友邻的第 101 军守卫着魏德林的左翼，党卫军第 11 军位于他的右翼。而第56装甲军自身正承受着苏联人对柏林发起的主要突击。尽管魏德林就任军长才几天，指挥的是缺乏战斗力和经验的部队，而且是在不熟悉的地形上作战，但迄今为止，这位54岁[1]的老兵却让敌人的所有进攻都铩羽而归。

不过，他急需的增援兵力截至4月16日上午仍然没有到达。这只不过是魏德林所面临危机的一个开端而已，在这个星期结束之前，他还会触到更大的霉头——不过这一次会比战场上的问题更加严重。在“扣球手卡尔”眼中，布塞让自己领导塞洛高地的守军无异于判了自己死刑。他无处可逃，苏联人的攻势迟早会把自己和手下们杀得片甲不留；而如果自己选择放弃阵地，那么就会被希特勒当成叛徒处死。命运之神对这位老兵的戏弄才刚开了个头。在第三帝国生命的最后几天中，魏德林还会以柏林保卫者的身份载入史册。

在西方前线，第12集团军指挥官瓦尔特·温克上将既高兴又困惑。他那些年轻且缺乏经验的部队把敌人赶了回去，荡平了敌人在马格德堡南边的桥头堡，这远远超出了温克期盼的成果。然而在巴尔比的那个桥头堡，却又是另外一回事了。为了摧毁美军在巴尔比的浮桥，温克的部下绞尽脑汁动用了一切可能的手段：德军一开始是把水雷从上游释放出去，试图让其顺流而下撞上敌人的浮桥，后来更是动用了蛙人部队；德国空军在该地区所剩无几的飞机也全力出击，对美国人的桥梁进行了猛烈轰炸。但所有方法都没能获得成功。现在桥头堡已经完好地建立起来，在两天时间里，美国步兵和机械化部队一直在接连不断地过河。令温克十分不解的

1　此处原文写的是60岁，魏德林出生于1891年，1945年时应该是54岁。

是，尽管美国人正在易北河东岸加强并巩固他们的阵地，却看上去并没有挥戈柏林的意思。温克想不通敌人这种不可思议的停顿究竟是为何。

美国人在 4 月 12 日到 15 日之间进行的猛烈攻击，让温克有理由坚信：一场血腥的防御战迫在眉睫。但现在美国人却又表现出一副要罢手的意思。“坦率地说，我无法相信眼前这一切，”温克告诉他的参谋长赖希黑尔姆上校，“可能是敌人的补给消耗完了，需要停顿下来重新组织进攻。”无论什么原因，温克都为这个喘息时间感到高兴。他的部队分散在各地，很多仍然处于组建之中，他需要争分夺秒，尽快把他的部队整顿好，并用他能获得的所有坦克装甲车辆加强手头的部队。虽然已经获得了一些坦克和自行火炮，不过温克对获得更多的装甲单位的补充不抱什么希望，对于将他的师补充完整的许诺也不抱什么幻想。温克怀疑现在德国已经兵力枯竭无兵可调了。不过，温克对自身的实力很有自知之明：柏林西部稀疏地分布在易北河沿线的第 12 集团军，是无法长时间顶住各类猛攻的。“只要美国人发动大规模猛攻，他们将轻松洞穿我军的阵地，”他告诉赖希黑尔姆，“在那之后，要用什么来挡住他们呢？没有了。在这里和柏林之间是一片空白。”

对卡尔·维贝格来说，这个消息就像一次打击。他难以置信地盯着他的上司、美国战略情报局柏林站长亨宁斯·耶森–施密特。“此话当真？”维贝格问道，“你非常肯定吗？”

耶森–施密特点了点头。“这是我刚刚收到的消息，”他说道，“我没有理由怀疑它。”两个人彼此沉默地注视着对方。在过去的几个月时间里，他们都被“艾森豪威尔的部队即将攻占柏林”这个信念支撑着，但这条让耶森–施密特穿过城市来到维贝格公寓的消息，却使他们的希望彻底破灭了。一名来自瑞典的间谍网络联络员刚刚抵达，带来了伦敦方面极其重要的消息，警告他们不要再期待英美盟军了。

在漫长的几个月时间里，维贝格都提心吊胆地隐藏着自己的双重身份，在柏林生活和战斗。他几乎考虑到了所有的可能性，就是没有料到会发生这样的事情，甚至到现在他都无法完全相信刚才听到的话。计划的改变并不会影响他们的工作，至少暂时如此：他们还要继续发出情报，而扮演"店主"角色的维贝格仍将按照命令给间谍们分发补给品，但他不知道何时以及是否还会接到命令。据维贝格所知，这座城市里很少有（如果有的话）训练有素的专家和从事破坏活动的特工使用由他提供的装备。耶森–施密特等了好几个星期，才有一个人上门——一名无线电技术员，他把仍藏在维贝格家地下室一堆煤下面的无线电台组装了起来。维贝格的心沉了下去，他不知道接下来还有谁会来，装备到底能否派上用场。物资隐藏处很危险，很有可能被德国人抓住。更糟糕的是，即将攻进城的苏联人也可能会发现这个地方。维贝格希望伦敦方面已经向东方盟友做了通报，在柏林有这么一个间谍小组，否则的话，难以解释清楚储存这么多军用物资的理由。

还有一个私人原因让维贝格焦虑万分。在鳏居多年之后，不久前他遇见了一个名叫英格·米勒（Inge Müller）的年轻女人，他们相爱了，并约定在战争结束后就结婚。现在维贝格很怀疑打进城的苏联人威胁到爱人的安全。在他眼中，柏林很快将成为一口沸腾的吃人大锅，而这个小小的情报小组注定也要被卷进这口大锅里。他试图克服自己的恐惧情绪，但这只是无用功，前所未有的低落情绪已经把他打倒了。此时此刻，他感到自己的小组就是一群弃儿。

暴怒中的近卫坦克第1集团军司令员米哈伊尔·卡图科夫上将狠狠地摔掉了野战电话，猛地回过身来，用力踹着司令部的大门。他刚刚接到攻打塞洛高地的坦克第65旅[1]的上级军官报告，红军部队没有取得进展。“我们紧跟在步兵身后，”坦克第11军军长伊万·伊凡诺维奇·尤舒克（Ivan Ivanovich Yushchuk）少将告诉卡图科夫，“但我们寸步难行，我们的坦克被困住了！”

卡图科夫努力抑制住自己的情绪。他舒了口气，从门边转过身来对着他的参谋们，双手叉腰困惑地摇着头。“那些德国鬼子！”他说道，“在整个战争中我从未见过这样的抵抗。”随后卡图科夫宣布，他要亲自搞清楚“究竟是什么原因让我们耽搁下来”。无论什么原因他都必须在清晨拿下高地，只有这样方面军的突破才能顺利进行。

在南边，科涅夫元帅的部队则要顺风顺水得多。他们已经在尼斯河西岸的德军防线上打开了29公里宽的口子，苏军部队正不断地涌过河去，有20条架桥坦克架设的桥梁（有的能够负载60吨重量）、21个渡口和部队渡河点，以及17座轻便突击桥投入使用。由于强击机已经炸出了一条道路，因而在战斗打响后的8小时之内，科涅夫的坦克群在突破敌军防御后推进了约20公里。现在科涅夫距吕本只有30多公里远了，而这座城市就是斯大林为他和朱可夫的部队划定的边界终点，科涅夫的坦克群将从那里转向西北，朝那条经由措

1　此处原文写的是近卫坦克第65旅，但该旅在柏林战役期间隶属近卫坦克第2集团军近卫坦克第9军序列，在塞洛高地参战的是近卫坦克第1集团军坦克第11军下属的坦克第65旅。

森进入柏林的主要公路挺进。在地图上，这条路线被标明为第 96 号帝国公路——格尔德·冯·伦德施泰特元帅把这条公路称为“通往永恒之路”。

纳粹当局似乎并不打算直面柏林正陷入绝境这一事实，尽管苏联红军现在距离柏林已不到 50 公里，却没有发出任何警报，也没有发布官方通告。柏林人都很清楚苏联人发动猛攻了，沉闷轰鸣的炮声是首要线索，通过难民、电话和口口相传，消息已经如同流感一样传播开来。不过这样的消息仍然是片面而矛盾的，由于没有真实的信息，毫无根据的猜测和谣传更是漫天飞舞。有人说，苏联人距柏林已经不到 16 公里，还有的人听说他们已经打到了城市东郊。没有人准确地知道形势如何，但大多数柏林人都认为这座城市活不了多久了，它死前的剧痛已经开始了。

然而，令人惊讶的是人们仍在各忙各的。他们神经紧张，要在外表上保持正常的样子越来越难，但每个人都试图做到这一点。

在每一站，送奶工里夏德·波甘诺夫斯卡都被各种问题包围着，他的主顾们似乎都希望他能知道得比其他人更多。素来乐观的波甘诺夫斯卡却提供不了任何答案，他就像接受其服务的那些人一样害怕。在克罗伊茨纳赫大街，阿道夫·希特勒的肖像仍然挂在那位纳粹邮政官员家的卧室里，但这似乎已经不能使波甘诺夫斯卡安下心来。

他高兴地见到自己的忘年交——13 岁的多多·马夸特，这位乐观的小女孩正在弗里德瑙分区的一个街道角落里耐心地等候送牛奶的马车。她经常搭上波甘诺夫斯卡的车，和他一起走上几个街区。她的出现让这位上了年纪的送奶工感到宽慰，仿佛乌云中闪出的阳光。现在，多多坐在他的狗波尔迪旁边，兴奋地叽叽喳喳说个不停，但波甘诺夫斯卡却觉得今天上午根本没心情听她说话了。一些刚刚写上去的标语出现在该地区塌了一半的墙上，他毫无热情地审视着。一条标语宣告“柏林仍将属于德国”，其他的标语写的是“胜利或奴役”，“维也纳将再次回归德国”，以及“跟着希特勒就是在迈向胜利”。在多多通常下车的地方，波甘诺夫斯卡把女孩轻轻地抱下了马车。她微笑着说：“明天见，送奶工先生。”波甘诺夫斯卡回答道：“明天见，可爱的多多。”爬回车上的时候，一股悲凉涌上了里夏德·波甘诺夫斯卡的心头：谁知道还能剩下几个明天。

本堂牧师阿图尔·莱克沙伊特正在教堂废墟附近的墓地主持葬礼，他并不认为未来的苦难会比当下的苦难更糟糕。自从宏伟的梅兰希通教堂毁于空袭后，那似乎就是一种永恒了。在过去的几个星期里，有那么多人死于空袭，连他的教区执事都不再为死者登记了。莱克沙伊特站在一个大坟墓的边上，里面是死于夜间空袭的40名遇难者的尸体。当他在葬礼上致辞的时候，只有几个人在场，致辞结束后他们大都稀稀拉拉地离去了，仅剩一个年轻姑娘留在后面。她告诉莱克沙伊特，她的哥哥就躺在坟墓中。随后她泪流满面地说道：“他是党卫队的人，而不是教会里的人。”她犹豫了一下。“您能为他祈祷吗？”她问道。莱克沙伊特点了点头。他告诉姑娘，尽管他与纳粹党和党卫队有重大分歧，但在死亡方面他“不能让任何人听不到上帝的言语”。他低下头说道：“主啊，不要在我面前藏起您的脸庞……我的日子过得就像一个影子……在您面前我的生活什么也不像……我的时间在您的手中……”旁边的一堵墙上，有人在夜间涂写了一句话：“德国必胜。”

修女院院长库内贡德斯渴望这一切都能快点结束。达勒姆宗教会所是维尔默斯多夫区的圣心修女院开办的修女院兼产科医院，就其宗教的隔绝性而言，它几乎就是一座孤岛。但即便如此，这位身材矮胖、精力充沛的修女院院长还是有搞到外部消息的渠道的。达勒姆新闻俱乐部就在外交部部长约阿希姆·冯·里宾特洛甫的别墅里，而这座富丽堂皇的建筑就在修女院对面，但这家俱乐部在前一天晚上关闭了。她从前来道别的报界朋友们那里得知，一切都临近结束了，攻城战将在几天之内打响。坚定的修女院院长希望，战斗不会持续太久。几天以前，一架盟军飞机就在她的果园里坠毁爆炸，修女院的房顶也在前些日子被炸飞，这让她感到危险已然来到了眼前。这场愚蠢而又可怕的战争早该结束了！与此同时，她又有近200人需要照料：107个新生儿（其中91个是私生子）、32位母亲，以及60名正式修女和庶务修女。

仿佛是担心修女们无事可做，院长给她们压上了更多更繁重的工作。在看门人的帮助下，一些修女在大楼的侧墙，以及覆盖着整个二层的新油毡纸房顶上（第三层连同房顶一起消失了），用油漆画出了巨大的白色圆圈，圆圈里又画上明亮的红十字。修女院院长是位现实主义者，她已经吩咐实习护士把餐厅和娱乐室改建成了急救站，而护士餐厅已经变成了日夜闪耀着烛光的小教堂。地下室现在被分隔成一个个保育室，以及一些用于分娩的小房间，院长甚至还确保要把这个地方的所有窗子都从外面铺上水泥，砌上砖，堆上沙袋。她一如既往地对可能发生的事情做好了准备。但有一件事情，她完全不知道该怎么准备：她与她们的告解神父兼导师——伯恩哈德·哈皮希神父——有同样的忧虑，即女性可能会遭到占领军的骚扰。哈皮希神父已经做了安排，定于 4 月 23 日向修女们讲解这件事情。现在，根据她的新闻界朋友带来的消息，库内贡德斯希望她们不会等太长的时间。在她看来苏联人似乎随时都会到来。

当人们等待消息的时候，他们用冷嘲的幽默掩盖自己的焦虑。一种新的问候语风靡全城，完全不认识的人彼此相互握手，敦促对方"要活下去"。许多柏林人在嘲弄地模仿戈培尔 10 天前的那次乐观的广播。宣传部部长当时强调德国的命运将会经历一次大转折。他说道："元首洞悉了这个伟大转折到来的精确时间。命运把他送到我们身边，于是在这个内外交困压力巨大的危急关头，我们将成为这场奇迹的见证者。"现在这些话语到处被市民们重复着，不过人们是以一种嘲弄的态度来模仿这位大员"风格迷人"的讲话。还有一种说法也传遍了柏林。"我们根本无所畏惧，"人们彼此打气，但接下来的话让这种打气变得更像一种一本正经地胡说八道，"'格罗法斯'将拯救我们。""格罗法斯"（Gröfaz）是柏林人给希特勒起的外号，它是德语"有史以来最伟大的将军"（Grösster Feldherr aller Zeiten）一语的缩写。

甚至在城市几乎面临苏联军队炮火轰击的时刻，柏林绝大多数的工厂企业仍然在坚持生产。施潘道区的工厂生产出来的炮弹和子弹被迅速地发往前线。施塔特的西门子工厂在生产电气设备。数量巨大的滚珠轴承和机床，正在马林费尔德、韦森塞和埃尔克讷的工厂里被制造出来。位于泰格尔区（Tegel）的莱茵金属-博尔西希（Rheinmetall-Borsig）工厂在大量生产炮管和炮架。坦克、卡车和突击炮从位于鲁勒本的阿尔克特工厂装配线上隆隆驶出。在滕佩尔霍夫区的克虏伯–德鲁肯米勒工厂，坦克一修好就立即被送到军队里去。情况太紧迫了，管理部门甚至要求外国劳工志愿做应急驾驶员。来自法国的强征劳工雅克·德洛奈断然拒绝了这样的命令。“你很聪明，”那天下午返回工厂的坦克驾驶员告诉德洛奈，“你知道我们把这些坦克开到什么地方去了吗？直接开赴交战的前线！”

不仅是工厂，服务业和公共事业单位也在继续履行职能。在位于波茨坦的主天文台，气象报告员照常上班，例行公事地指出：当天中午的气温是 18 摄氏度，到傍晚时预计将降到 4 摄氏度左右；天气晴朗，偶尔有零星的白云，有温和的西南风，到傍晚时又将转成东南风。预计 17 日将有变化——多云，有时有雷阵雨。

晴空之下，柏林的街道上挤满了人。家庭主妇们出于对未来的担忧，纷纷到能够买到东西的地方去购买非配给商品，每家商店前似乎都排起了长队。在克珀尼克区，罗伯特和汉娜·舒尔茨为了买面包已经排了 3 个小时的队。天知道什么时候能轮到他们多买点东西呢？和无数柏林市民一样，舒尔茨夫妇也试图通过某种方式来排解烦恼。当天他们不顾交通系统已经变化无常，倒了 6 次公共汽车和有轨电车来到位于夏洛滕堡区的目的地——一家电影院。这是他们一周之内的第三次冒险了。在各个区他们看了好几部电影，一部是《马克西米利安一样的人》，一部是《弹竖琴的天使》，一部是《大节目》。《大节目》是部马戏电影，罗伯特认为它是本周最好看的电影。

法国战俘雷蒙·勒加蒂热看到本德勒街的预备军司令部一片混乱，没人会关心这样一个无足轻重的小人物是否出现，警卫们更是早已自顾不暇，于是当天下午他便淡定地溜了出去。勒加蒂热费尽口舌，搞到一张波茨坦广场附近电影院的票，这张票本来是留给德国士兵的。现在，当戈培尔的宣传部特别发行的电影上映时，他在黑暗之中放松下来。那是一部彩色史诗片，片名叫《科尔贝格要塞》，讲的是在拿破仑战争期间，冯·格奈森瑙伯爵英勇保卫这座波美拉尼亚城市的英雄事迹。在观影过程中，勒加蒂热既为电影着迷，又为身边军人的举动着迷。这些士兵被故事吸引了，他们欢呼、鼓掌、彼此喊叫着，为这个德国军事历史上的传奇人物的奇迹故事欣喜若狂。勒加蒂热想到，要不了多长时间，这些士兵中的一些人就有机会在真刀真枪的战场上成为“英雄”了。

暗号毫无征兆地出现。乐团经理格哈特·冯·韦斯特曼博士的办公室就位于柏林爱乐乐团那片包含音乐厅和练习厅的建筑群里，他在自己的办公室里收到了帝国部长阿尔贝特·施佩尔的消息：当晚乐团将举行最后一场音乐会。

冯·韦斯特曼早就知道消息会这样传来——突然之间，而且距离音乐会开始只有几个小时。施佩尔的指示是，想离开的音乐家们，都要在演出结束后马上撤退。他们的疏散目的地定于柏林西南约380公里处的库尔姆巴赫–拜罗伊特地区，早先施佩尔已经把爱乐乐团最名贵的乐器送到了那里。按照帝国部长的说法，美国人“可能会在几个小时后”就占领拜罗伊特地区。

只有一件麻烦事，那就是很多人拒绝了施佩尔的好意。这位帝国部长本打算把整个乐团都秘密送走，但如此一来计划就落空了。一开始，由于害怕计划走漏风声被戈培尔知道，冯·韦斯特曼只试探了乐团里一些绝对可靠的成员。令他惊讶的是，大多数人并不愿离开。一些人是因为家庭的羁绊，一些人则是被与城市有关的些许因素束缚住了手脚，剩下一些人干脆就是感情用事。总而言之，逃亡计划在表决的时候被否掉了。大家要那位年轻的小提琴名家、乐队首席小提琴手格哈德·特施纳把表决结果告诉施佩尔。帝国部长则大度地表示理解众人的苦衷，但离开柏林的大门还是对他们敞开着的：施佩尔自己的汽车和司机将在最后一晚等候着，把那些想走的人送走。特施纳夫妇和两个孩子，以及乐师格奥尔格·迪布尔茨的女儿是一定要走的，但要走的人屈指可数。即使是冯·韦斯特曼，考虑到表决结果，他也选择了留下。这位经理觉得自己有责任与乐团的大多数人共渡难关。

但对于乐团中的犹豫不决者，必须要严肃地告知他们：今晚是最后的机会。或许那些了解内情的人会在最后改变自己的主意，选择逃离这座即将被厄运吞噬的城市。在距演出拉开帷幕不到三小时的时候，冯·韦斯特曼修订了节目。剩下的这点时间，已经无法安排一次彩排来让所有人对即将到来的撤离做好心理准备了，那些对疏散计划一无所知的人肯定会对这一变动大吃一惊。不过，无论是否知情，施佩尔挑选的作为最后一场音乐会寓意的曲目，对在场的每一个人而言都具有一种阴郁而动人的意义。冯·韦斯特曼现在命令摆在音乐家谱架上的乐谱是《诸神的黄昏》——瓦格纳描述众神之死达到高潮的悲剧性音乐。

到目前为止，所有的柏林人都识破了所谓“柏林要塞”的可笑骗局。甚至连最没有见识的人也看得出，这座城市抵御进攻的准备有多么差：主干道和公路仍然是自由通行的；部署在街头巷尾的火炮和装甲车辆少得可怜；除了上了年纪的人民冲锋队员之外，城里压根就看不到正规军的影子。这些人民冲锋队员有的穿着五花八门的制服，更多的人只是在外套的袖子上缝了个表明作战身份的袖章而已。

固然，路障和简陋的防御障碍物到处都有。在小巷、院子、政府大楼周边以及公园里，堆积着大量用于构筑防御工事的材料，偶尔还有成卷的铁丝网、一堆堆的钢铁反坦克障碍物，以及填满了石头的旧卡车和废弃的有轨电车。当城市遭到进攻的时候，要用它们来堵塞通衢大道。但像这样的路障能挡住汹涌而来的苏联人吗？“苏联红军起码得用 2 小时 15 分钟才能突破，”一个在城内流行的玩笑如是说，“先狂笑 2 个小时，再用 15 分钟粉碎路障。”防御工事——战壕、反坦克壕沟、路障和炮兵阵地——只有在郊区才能见到，而且柏林人也能清楚地看到，甚至连这些东西也远未完工。

当天有个人开车出了城，发现防御的准备工作“完全徒劳、可笑”！他是一位构筑防御工事的专家，马克斯-约瑟夫·彭泽尔（Max-Josef Pemsel）中将原先是在 D 日守卫诺曼底的第 7 集团军参谋长，由于他的部队没能抵挡住进攻，从那以后彭泽尔就和其他人一起被希特勒打入了冷宫。他被调去指挥在芬兰作战的默默无闻的第 6 山地师后，便听天由命待在这支“毫无生气的部队”里了。

然而在 4 月 2 日，彭泽尔惊讶地接到了约德尔大将的指示，要他飞往柏林。糟糕的天气迫使他的飞机耽误了好几天，直到 4 月 12 日才赶到首都。约德尔因为他迟到而责备了他。“你要知道，彭泽尔，”约德尔说道，“本来是要你扛起柏林卫戍司令的重任的，但你来得太迟了。”彭泽尔后来说，当他听到这些话的时候，“我心中的一块大石头总算落了地”。

现在，彭泽尔不是要接管柏林防务，而是在前往意大利前线的途中：约德尔已经任命他为驻意大利的利古里亚集团军参谋长，而集团军指挥官是意大利陆军元帅鲁道夫·格拉齐亚尼。彭泽尔发现，形势几乎如同梦幻一般。他怀疑格拉齐亚尼的部队可能早就不复存在了，但约德尔却向他详细介绍了与之相关的职责，仿佛仗打到现在被证明是极其成功的，而且注定还要再打上几年似的。“你的工作，”他告诫彭泽尔，“将会很困难，要完成它不仅需要大量的军事知识，外交技巧也是必不可少的。”尽管约德尔的观点无疑是在痴人说梦，但彭泽尔却为要去意大利而感到高兴：途中他将经过巴伐利亚，这将是他两年里首次见到自己的妻儿老小；说不准等他磨蹭到意大利的时候，战争已经打完了。

当彭泽尔离开柏林时，他感到老天爷对自己如此眷顾，显然这座城市铁定是要失守的。当车辆经过一个由树干、尖铁和圆锥形水泥块组成的反坦克障碍物时，他怀疑地摇了摇头。再往前行，汽车从那些正在慢慢挖掘战壕的年龄较大的人民冲锋队员身边快速驶过。彭泽尔后来描述道，城市被疾驰的汽车甩到身后时，“我感谢上帝，因为他让这杯苦酒与我擦肩而过了”。

在位于霍亨索伦路的司令部里，卫戍司令雷曼中将站在墙边，困惑地看着挂在墙上的一张大幅柏林地图，上面标明了防线的情况。他后来说：“万能的主啊，我究竟该做些什么。”在过去的3天里，雷曼几乎没有合眼，此刻已是腰酸背痛。从上午到现在，他接了无数个电话，参加了数个会议，视察了环形防线上的几个地段，还下达了一系列命令——他私下认为，这些措施恐怕不能抢在苏联人抵达城区之前完成了。

清晨，戈培尔这位柏林的地方长官和保卫者（后面这个头衔是他自己给自己加的），召开了每周例行的“战时会议”。在雷曼看来，这些会议完全就是在胡闹。下午，他向参谋长雷菲尔上校描述了最近的一次会议。“他对我又打起了官腔。他说：‘倘若柏林之战现在就爆发的话，你将会有各种坦克和不同口径的野战炮、数千挺轻重机枪、几百门迫击炮可供支配，除此之外还有大量配套的弹药。’”雷曼顿了顿，他告诉雷菲尔，“按照戈培尔的说法，仿佛只要柏林被敌人包围了，我们反而可以得到想要的一切了。”

然后戈培尔突然话锋一转。“一旦柏林之战开始，你打算把你的司令部设在何处？”他问道。戈培尔自己计划去动物园防空塔，他提议雷曼也把司令部搬过去。雷曼几乎立即察觉出这位地方长官的心思是什么：戈培尔是想把雷曼和柏林的防御完全置于他的控制之下。于是他尽可能圆滑地回避了这个提议。“我倒是觉得要避免去那里，”他说道，“否则的话，一次突如其来的打击就可能把军政领导人一窝端了。”戈培尔搁置了这个话题，不过雷曼注意到，这位地方长官的脸色立马就不好看了。戈培尔明白雷曼是在找托词：那座庞大的动物园防空塔哪怕挨上十几枚巨型炸弹也会安然无恙的，谈何一次打击就足以全灭呢。

雷曼知道，宣传部部长肯定对自己刚才的不顺从行为耿耿于怀；但眼下，雷曼已经被城防战的准备工作搞得精疲力竭——这近乎是一项不可能完成的任务。在每天的工作中，他最不想近距离接触的人就是戈培尔。他既不相信这位高官的表态，也不相信他开的各种空头支票。仅仅在几天前，雷曼和戈培尔再次讨论到城防战的补给状况，后者夸下海口，称柏林的防御将会得到“至少 100 辆坦克”的鼎力支援。雷曼要求把许诺的补给物资列出书面清单来。当他最终拿到清单时，结果那100辆坦克成了“25辆已经完工，75辆仍在制造”。但无论纸面上标的是几辆，雷曼知道他什么都得不到。奥得河前线对所有的重要武器都享有绝对优先权。

在雷曼眼中，只有一位内阁成员真正明白柏林的前景如何，那就是帝国部长阿尔贝特·施佩尔，而且甚至连他都有偏见。在地方长官召开的战时会议散会后，雷曼又接到命令立即到施佩尔那里去。希特勒的战时生产部长的办公室，就位于巴黎广场的前法国大使馆里，素来温文尔雅的施佩尔正大发雷霆。他指着地图上那条穿过市中心的干道，要求雷曼解释一下“打算在东西轴心大道上干什么”。雷曼吃惊地望着他。“我正在勃兰登堡门和胜利纪念柱之间弄一个简易机场，”他有些不解地回答道，“怎么了？”

“怎么了？！”施佩尔爆发了，“怎么了？！你正在砍倒我宝贵的路灯柱——这就是我为什么发火！你不能这么做！”

雷曼本来以为施佩尔知道所有的计划。在布雷斯劳战役和柯尼斯堡战役中，苏联人在战役开始后就迅速夺取了位于两座城市郊外的机场，让整个城防战极其被动。为了避免类似的情况在柏林重演，所以他决定在政府所在地区的中心建造一个简易机场，该机场沿着东西轴心大道，穿过蒂尔加滕。“由于这个原因，”雷曼后来说，“在与空军协商并达成一致后，我们选择了在勃兰登堡门和胜利纪念柱之间建造简易机场。为了保证临时跑道的宽度，必须得把那些装饰华丽的铜质路灯柱移走，而且道路两侧纵深30米（大约100英尺）的树木也得砍掉。当我向希特勒提出这项计划的时候，他说挪走那些路灯柱无所谓，但得把树留下。我竭力说服他改变主意，但希特勒就是不允许我把树砍掉。我解释说如果不弄掉这些树，那这座简易机场就只能起降小型机。即便如此他仍旧没有松口。我不知道他究竟在想些什么，不过时至今日砍掉几棵树几乎不会破坏这座城市的美丽。”而现在施佩尔跳出来保卫他心爱的路灯柱了。

雷曼对施佩尔解释了目前的形势，最后指出元首已经允许了这项行动。但这位执拗的帝国部长仍不为所动，“你不能拆卸那些路灯柱，”他强调，“我不允许。”随后施佩尔又补充说，“你似乎没有意识到，柏林城的重建是我负责的。”

这句超现实主义的宣言让雷曼目瞪口呆，他仍试图说服部长先生改变主意，但这只不过是在做无用功罢了。“在城区内修建一个机场是有大用处的。”他争辩道。可帝国部长对此充耳不闻。雷曼记得，“当谈话结束时，已经不耐烦的施佩尔表达出要把整件事情交到元首那里去的意思。与此同时，他的路灯柱保住了，简易机场的修建工作就这样告吹了——即使苏联人正在一步步地向柏林城逼近”。

会晤结束之前，施佩尔又提出了柏林桥梁的事情。就像此前在海因里希的指挥部里那样，他再次与雷曼吵了起来，坚持认为炸毁桥梁并不能阻碍苏联人的进攻，水、电和煤气的管线要通过许多桥梁，“把这些生命线切断将会使大部分城区陷入瘫痪，令我的重建任务雪上加霜”。雷曼清楚，施佩尔对希特勒的影响是巨大的：他已经从总理府得到了一道直接的命令，几座预定要炸掉的桥从已经下发的破坏清单中除名了。现在施佩尔又坚持保留所有的桥梁。雷曼则变得像施佩尔一样固执：除非希特勒明确收回成命，否则他就将按原计划炸毁剩余的桥梁。从内心感情上讲，他也赞同施佩尔的这个观点，但他同样无意为了保住那些桥而让自己的生命和事业受到威胁。

离开施佩尔的办公室之后，雷曼迅速视察了柏林郊外的一处防御地段。每次视察防线都让雷曼进一步确信，柏林的防御就是一个空想。在顺风顺水、趾高气扬的胜利岁月里，纳粹高官们根本不会想到柏林将成为自己困兽犹斗的巢穴。他们在其他地方都建了防御工事——意大利的“古斯塔夫防线”、欧洲沿海的“大西洋壁垒”、德国西部边界的“西格弗里德防线”[1]（俗称“西部壁垒”）——柏林周围却连一条战壕都没有挖过。甚至在苏联人以庞大的兵力猛冲东欧、杀入德国本土时，希特勒和他的军事顾问们依然没有在城市周围构筑防御工事。

一直到1945年初苏联红军进抵奥得河畔，德国人才开始对柏林的防御给予些许重视，城市东郊渐渐出现了几道战壕和反坦克障碍物。但当苏联红军在冰封的河面前停下等待春天河面解冻时，保卫首都的准备工作也令人难以置信地停了下来。直到3月，柏林的防御工作才再次被提上台面，但那时显然已经太迟了，建立防线所需的兵力、补给或装备都严重匮乏。

经过两个月能够累垮人的疯狂劳作之后，一道道差强人意的防线匆匆建成。2月底，在距柏林30～50公里处，一道不连贯的“障碍地带”匆忙建立起来。这条障碍带穿过森林和沼泽，沿着湖泊、河流和运河布设，大多数是在城市的北部、南部和东部。在雷曼上任之前，下达的命令中已经宣告这条障碍地带是“筑垒地域”。为

1　西格弗里德防线（Siegfried Line），20世纪30年代沿德国西部边界修筑的碉堡和据点网。1944年从法国和比利时退却的德军利用这条防线暂时挡住了美军的追击，获得了宝贵的喘息时间。这条防线到1945年才被完全突破。

了迎合希特勒的“要塞癖”，当地的人民冲锋队被告知，他们被寄予了厚望——必须战至最后一人，决不能投降或是后退。要把这样的地方变成固若金汤的防线，需要投入数量巨大的人力、枪炮和材料，因为这道环绕着大柏林的障碍地带几乎长达240公里。

雷曼很快就发现，除了直接处于军事管理下的那些障碍区，所谓的“筑垒地域”往往只有几道掩护着大路的战壕和一些零星的炮兵阵地，抑或几栋钢筋混凝土结构的建筑，窗户用砖堵住后留出机枪眼，就被改建成了碉堡。这些脆弱的阵地大部分甚至都没有配备守军，完全就是个有名无实的花架子，却在总理府的防御地图上被夸张地标明为抵抗枢纽。

用来抵御进攻的主要防线在城市内外，好比3道同心圆似的环形防线，构成了内部防御的基本模式。

第一道防线周长约为100公里，围绕着城郊。由于没有合适的防御工事，所以任何东西都被用作障碍物：老式的火车车厢和马车、建筑物废墟、巨大的混凝土墙、被改建的防空地堡，以及大自然的贡献——柏林的湖泊与河流。现在，成群的人正在日夜连轴转，试图把这些天然障碍和人工设施连接成一道连续的防线和反坦克屏障。工作是靠人力徒手实施的，没有工程机械，大多数挖掘机早就被送到了东边，用以修筑奥得河前线野战军们急需的防御工事。所剩无几的几台机器也由于燃料短缺派不上太大用场，每一加仑可用的汽油，都被送到了装甲师。在环形防线上施工的工人本应该超过10万名，可事实上从来也没有超过30000人，甚至连手工工具也极度缺乏。报纸上曾疾呼，要大家捐献出铁镐和铁锹，但应者寥寥。诚如雷菲尔上校刻薄的话语：“柏林的园丁们理所应当地认为，与挖掘反坦克陷阱相比，开垦土豆地才是头等大事。”在雷曼眼中，无论如何这一切都是徒劳的，按时完成这道环形防线无异于痴人说梦，这是一个令人绝望的工作，远没有完成的希望。

第二道或者说中间那道环形防线，如果由久经战阵的精锐兵团把守，而且又能配备足够的武器，那么完全能够成为一道令人生畏的障碍。它周长约 40 公里，障碍物也早已就位了，柏林的发达的铁路系统已被改造成为一个致命的陷阱。很多地方有深深的轨道路堑和岔线，其中一些路堑和岔线有 100 ~ 200 米宽，形成了完美的反坦克壕沟。俯瞰着轨道的建筑物被改建成碉堡，里面的炮手能够逐个瞄准射击陷在沟壑里动弹不得的敌军坦克。这条环线沿着其他地域，随着柏林轻轨铁路延伸而去，给予防御者城墙似的高高路堤和有利地形。

即使这些防御都被打垮，城市中心仍然还有被称作“内圈”的第三道环形防线。这道最后防线内的区域位于米特区，被称为“堡垒”，被兰德韦尔运河和施普雷河环抱，几乎所有的政府大楼都挤在这个最后的防御岛屿里面。大楼被路障和混凝土块墙连接起来，最后的守军将在这些大楼里进行孤注一掷的顽抗——在戈林面积巨大的空军部大楼里，在位于本德勒街庞大的预备军司令部里，以及在总理府和帝国国会大厦空荡荡的发出回音的残垣断壁里。

从“堡垒”区朝外延展，在这 3 道环形防线内外分布着 8 个馅饼状的防区，每个防区都有自己的指挥官。从东边的韦森塞区开始，这些防区按顺时针方向被冠以 A—H 的代号，“内圈”的代号是 Z。支援这 3 道环形防线的是 6 座令人生畏的可抵御轰炸的防空塔，它们被部署在市内各处——洪堡海因、腓特烈斯海因以及柏林动物园。

不过这一“柏林要塞”缺乏许多极其重要的要素，尤为必不可少的要素就是守军。雷曼认为，如果真想保住这座面积达 832 平方公里的危城（如此巨大的城市在规模上已与纽约无异），即使在理想条件下也需要 20 万名经过充分训练并富于战斗经验的士兵。但这位焦头烂额的指挥官手头只拥有一支鱼龙混杂的杂牌军。柏林城内的守军——如果真能将其称为一支军队的话——是个彻头彻尾的大杂烩：从 15 岁的希特勒青年团员到 70 多岁的老人，不一而足。他有为数不少的警察、工兵部队和高射炮兵，但步兵却是 6 万名未经训练的人民冲锋队员。这些人民冲锋队员中的疲倦老人，现在要么正在挖掘战壕，要么正蹒跚地进入通向柏林城内的交通要道旁的阵地，他们将承担起城市防御战的重任。人民冲锋队在军队体系中地位低下，尽管在紧急时刻他们被要求与国防军并肩作战，但并不被认为是陆军的组成部分。就像希特勒青年团一样，他们是由当地的纳粹党官员负责的，在战役开始之前，雷曼甚至都不能对这支队伍行使指挥权。就连人民冲锋队的装备也是由纳粹党负责的，他们没有自己的车辆、野战厨房或者通信设备。

总而言之，雷曼的部下有三分之一纯粹就是手无寸铁的平头百姓，其余的人也是最近才拿到了五花八门的“武器”。他后来回忆道：“他们的武器，来自德国的每一个盟友或者对手。除了我们自己分发的武器之外，还有意大利、苏联、法国、捷克斯洛伐克、比利时、荷兰、挪威和英国的枪支。”至少有 15 种步枪和 10 种机枪。为这种大杂烩般的枪支找到足够的弹药是不可能的。那些装备了意大利枪支的营要比大多数营都走运，每支枪最多能有 20 发子弹。人们发现，比利时枪支只能用某种特制型号的捷克斯洛伐克子弹，但比利时的弹药在捷克式枪上却毫不匹配；希腊的武器没有多少，可不知出于何种原因，仓库里却储备了大量的希腊弹药。由于弹药严重短缺，人们情急之下找到了一个土法子：用各类机械对数量繁多的希腊子弹进行再次加工，这样就能用意大利步枪把它们射出去了。但这种发狂似的临时凑合只是聊胜于无，并不能缓解子弹匮乏的窘境。在苏联人发动进攻当天，每个人民冲锋队员的弹药供给是平均每支步枪配 5 发子弹。

现在，当雷曼在东郊的阵地上巡视时，他确信苏联人将会不受阻碍地从德军阵地上碾过。缺乏太多的防御要素了：对巩固防御而言极其重要的雷区几乎不存在，因为可用的地雷屈指可数；一种最古老也最有效的障碍物——铁丝网，几乎也无从获得；雷曼的炮兵部队包括一些机动高射炮，几辆隐藏在半地下掩体内只露出炮塔的坦克，这种炮塔上的枪炮不足以封锁前方的道路；还有巨型防空塔上的高射炮，尽管火力强大，但在地面战中用处有限，它们被固定在高耸的塔楼上且缺乏俯角，因此很难轰击近距离的目标，对杀到眼前的苏联步兵和坦克几乎无能为力。

雷曼知道，他自己的形势只能用“绝望”二字来形容，对其他地方的前景他几乎同样悲观。他认为奥得河前线根本守不了多久，也不能指望那些撤进城的正规军会对自己施以援手。雷菲尔上校曾经与布塞上将指挥部里的军官讨论过获得帮助的可能性，他只得到了一个生硬的答复。“别对我们抱有期待，”布塞的参谋长约翰内斯·赫尔茨（Johannes Hölz）少将说道，“第 9 集团军待在奥得河畔，并且将一直待在那里。如果必要的话，我们就算打光了也不会退却。”

雷曼始终难以忘却在一处防区与人民冲锋队官员的谈话。雷曼当时提问："如果一辆苏联坦克突然从远处向你冲来，你会如何应对？你如何警告友军敌人的装甲部队来袭？比如说吧，现在这辆轰鸣的重型坦克正朝着这里开来，告诉我你如何处理。"令他目瞪口呆的是，那个人突然转身跑向了阵地后面的村子里。几分钟后他回来了，气喘吁吁神情沮丧。"我找不到电话，"他窘迫地解释道，"我忘了邮局在下午 1 点到 2 点之间是不开门的。"

当雷曼驱车返回城里时，凝望着车窗外的他却什么也没有看进去。他感到可怕的厄运正在积聚，在黑暗之中柏林可能永远消失。

在敌人的巨大压力下，战线正在缓慢地破裂。海因里希一整天都在前线，从一个指挥部到另一个指挥部，视察野战阵地，与指挥官们谈话。令他惊讶的是尽管胜算如此之小，但布塞的士兵却打得很好。首先，三天来第 9 集团军挡住了猛烈的初步进攻；现在，他们承受苏联人主要攻势全部压力的时间已经超过了 24 小时。布塞的部队进行了凶猛的抵抗，单是在塞洛地区他们就干掉了 150 多辆坦克，击落了 132 架飞机。尽管如此，他们依然被不断削弱。

当海因里希在夜色中驱车返回指挥部时，他发现车在难民潮中几乎停止不前了。当天他在各处都看到了大量难民——有的人背着包袱，有的人拉着手推车，车上装着他们最后的财产，还有些人坐在用马或牛拉的农用板车上。在许多地方，数量惊人的难民给海因里希的部队带来的麻烦一点也不比冲杀过来的苏联人小。

在集团军群指挥部里，焦急的参谋们聚集在一起，听将军讲述他对形势的直观印象。海因里希神情严肃地总结了他所看到的情况。"他们撑不了多久，"他说道，"前线部队已经精疲力竭了，累得连舌头都伸了出来。不过，”他略显骄傲地说，“我们仍在坚持，这是舍尔纳办不到的壮举。那位伟大的军人甚至连挡住科涅夫的攻势一天时间都做不到。”

此后不大一会儿，陆军总参谋长克雷布斯将军来电话了。“我们对你部目前的战况十分满意。”他语气平和地告诉海因里希。海因里希承认这一点有道理。“考虑到进攻的规模，我们没有丢掉多少地盘。”他说。克雷布斯本以为自己会得到一个更为乐观的答复，他表达了自己的这种期许，但海因里希就是不这么做。“我已经认识到，”他干巴巴地告诉克雷布斯，“在太阳跃出地平线以前永远也不要赞美白天。”

在黑暗中，列兵维利·费尔德海姆更紧地握着他那支笨拙的“铁拳”反坦克榴弹发射器。他并不知道自己的确切所在，只是听说这条散兵坑组成的防线掩护着克洛斯特多夫地区的 3 条道路，距离前线大约有 29 公里。

就在刚才，在等待苏联坦克出现在道路上的时候，维利感到自己正在经历一次伟大的冒险。他想象着当他看到第一辆敌人坦克，并且终于能够第一次发射反坦克榴弹时的场面会是什么样子。坚守十字路口的 3 个连被告知，要让坦克离得尽可能近，然后再开火。维利的教员说射击距离最好压到 50 米以内。他不知道什么时候苏联人的坦克会咆哮而至。

蹲伏在潮湿的散兵坑里，维利想起当号手的那些日子。他对 1943 年的一个阳光灿烂、天气晴朗的日子记忆犹新。那天希特勒在奥林匹克体育场讲话，维利就在那群号手之中，他们在元首入场时吹奏出响亮的号声。他永远也忘不了元首对希特勒青年团员们的鼓舞："你们是国家未来的保证……"而人们则呐喊道："遵命元首！遵命元首！"那是维利生活中最难以忘却的纪念日。那天下午他确信无疑，帝国拥有最强大的军队、最精良的武器、最优秀的将军，更有寰宇之内最伟大的领袖！

夜空中突然出现了一道闪电，在明亮的一瞬间维利的梦想消失了。他探出头来朝前方注视，再次听到了暂时忘却的低沉炮声，他感到很冷。他的胃痛了起来，很想哭。15 岁的维利·费尔德海姆被吓坏了，一切高尚的目标和激励的话语都被他抛到了脑后，本能的恐惧压倒了一切。

鼓声渐渐小了，以至于人们几乎难以察觉。但就在此时，大号却轻轻地吹奏了起来，似乎是在对这难得的平静做出回答。鼓手们不甘寂寞，没过多久低沉的鼓音又加入了合奏，低音提琴也活跃了起来，但萦绕着的大号回音却显得格外沉重与不祥。令人敬畏而又壮丽辉煌的《诸神的黄昏》，正由柏林爱乐乐团行云流水般演奏出来。贝多芬大厅里的黑暗气氛，似乎就像音乐本身一样显得十分悲怆，唯一的照明仅仅是乐团谱架上的灯光。音乐厅里面很冷，很多人都裹着大衣。冯·韦斯特曼博士与他的妻子和兄弟一起坐在包厢里，附近是乐团指挥罗伯特·黑格尔的妹妹，她和 3 个朋友在一起。而在前排中央的惯常座位上，依然坐着帝国部长阿尔贝特·施佩尔。

在演奏完贝多芬的小提琴协奏曲之后，特施纳和他的家人以及格奥尔格·迪布尔茨的女儿便离开了音乐厅。他们现在正在通往安全的路上——他们是少数踏上这条路的人。施佩尔遵守诺言，他的车正在门外等候，他甚至还派了自己的助手护送这一小群人安全到达目的地。现在，为希特勒制造战争工业机器的可怕设计师，正倾听着暴风骤雨般的可怕音乐。音乐讲述着诸神的罪行，西格弗里德[1]躺在他的葬礼的火床之上，布伦希尔德骑着马登上柴堆，要陪他一起死去。然后，随着铙钹声和击鼓声，雷鸣般的音乐达到了高潮：可怕的浩劫摧毁了瓦尔哈拉神殿[2]。当这个悲怆而又雄壮的音乐充满了听众席时，听众们感到一种深深的悲恸，欲哭无泪。[3]

1 西格弗里德（Siegfried），中世纪中古高地德语史诗《尼伯龙根之歌》的英雄，理查德·瓦格纳著名歌剧《尼伯龙根的指环》的主角，以屠龙闻名。

2 瓦尔哈拉神殿，北欧神话中主神兼死亡之神奥丁接待战死者英灵的殿堂。

3 大概乐团有多少幸存者，对最后一场音乐会就有多少种说法，可谓众说纷纭。有关其日期、曲目甚至演奏者，都是言人人殊，那些对施佩尔的计划一无所知的人，拒不相信有这样的事情存在。本书引用的说法根据冯·韦斯特曼博士的叙述和记载，辅之以格哈德·特施纳提供的信息。——原注

2

一度强大的第三帝国已经山穷水尽了。它遭到了来自两个方向的庞大力量的挤压，其控制区在地图上看起来类似于沙漏：北海和波罗的海组成了沙漏的上半部分，巴伐利亚、捷克斯洛伐克一部、奥地利和如今依然由德国占领的意大利北部是沙漏的下半部分。在这块地区最狭窄的细腰部分，美军和苏联红军战线之间的距离只有大约 145 公里。北方的战斗依然十分激烈，南部地区的战斗烈度则要低得多。威廉·辛普森中将指挥的美军第 9 集团军在中部地区沿着易北河岸坚守阵地，同时将此前他们朝易北河突进时绕过的零星抵抗据点逐个拔除，并防止德军对桥头堡发动反击。对第 9 集团军来说，如鲠在喉的痛点只有一个：马格德堡。守军指挥官多次拒绝投降。最终，失去耐心的辛普森召来了轰炸机群，把这座城市的三分之一以上化为一片焦土，然后他的部队向该城发起猛攻。

17 日下午，第 30 步兵师和第 2 装甲师发起进攻后，布莱德雷上将来到了辛普森的指挥部。这时电话响了。辛普森拿起电话听了一会儿，然后用手捂住听筒对布莱德雷说："看来我们似乎可以完整地夺取马格德堡大桥。接下来我们该怎么做，布莱德雷？"

布莱德雷太清楚辛普森希望他怎么回答。这座高速公路桥是前往柏林距离最短和最快捷的通道，但他摇了摇头。“去他的，”他回答说，“我们在易北河不需要更多的桥头堡了。我估计如果夺下它，你就得派一个营过去守住。不过，让咱们期盼另一边的朋友在你着迷于它之前炸掉它吧。”

布莱德雷从盟军最高统帅部得到的指示十分明确，足以让他制止辛普森产生任何继续前进的期望。他接到的命令说：“要采取必要措施避免部队发起攻击行动，包括在易北河—穆尔德河一线以东建立新的桥头堡……”辛普森的部队仍然保持着威胁柏林的态势，仅此而已。

几分钟以后，第二个电话解决了这个问题。辛普森放下电话沮丧地告诉布莱德雷：“别担心我会轻举妄动了。德国佬刚刚把那座该死的桥炸上了天。”

大桥被炸终结了“大傻”辛普森的最终梦想，他本想率领强大的第 9 集团军攻入柏林。盟军最高统帅曾经把这座城市描述为“显然是首要目标”。

在易北河畔博伊岑堡（Boizenburg）北边的小村庄里，村民们因若隐若现的哀哭声受到惊吓。随着怪声逐渐清晰，他们看见了一幅奇景：两名苏格兰风笛手打头，吹奏着风笛沿路步行而来，身后跟随着“迪克西”·迪恩斯准尉以及 12000 名战俘，他们排成纵队，在少量德国警卫的监视下行军。这些战俘衣衫褴褛，将随身物品捆扎好背在背上，他们又冷又饿，十分憔悴却昂首挺胸。意志坚定的迪恩斯已经预见到这种情况。“当你们路过这些村庄的时候，”他告诉那些人，“即使感到疼痛也要打扮整齐，要让这些残忍的非人类确切明白究竟是谁赢得了这场战争。”

迪恩斯自己的运输工具是一辆随时都有可能散架的老式自行车，自行车的前胎因为打了一大块补丁而鼓起，尽管骑起来颠簸得很，但迪恩斯对它带来的机动性感到欣慰。道路上满是战俘，约2000人一个纵队，每个纵队两侧都有德军警卫。迪恩斯不断地从一个纵队骑到另外一个纵队，照顾他们并观察纵队两侧的德国警卫。迪恩斯试图把方方面面都照顾到，但这个差事令人精疲力竭。在经过十天似乎漫无目的的行军之后，战俘们的身体状况恶化了。只有为数不多的几辆德国补给车为战俘提供必需品，人们主要依靠从乡间找来的食物充饥。德国指挥官奥斯特曼上校为这漫无目的的行军和食品短缺感到有些尴尬，不过他告诉迪恩斯："我无能为力。"迪恩斯相信他说的是实情。他对自己的朋友、英国皇家空军准尉罗纳德·莫格（Ronald Mogg）说："我认为，他对我们这样一天又一天究竟要走到哪个鬼地方去，同样毫无头绪。"

自从离开法灵博斯特尔以来，这些战俘就像游牧部落一样游荡着。现在他们正前往格雷瑟（Gresse），据说载有红十字会提供的食品的卡车正在那里等着他们。迪恩斯希望，他们将在那里停下，别再走下去了。他对奥斯特曼直言，再走下去是毫无意义的，因为英军很快就会追上他们。迪恩斯希望他的说法是对的。他们从战俘营里秘密带出了几台珍贵的收音机，收音机里听到的情况表明盟军的态势非常好。莫格是一位速记专家，他每天两次记下英国广播公司的最新消息。只要是在有电源的地方，英国人就收听留声机里的声音；而在行军途中，则使用带电池的收音机。"查理"·贡巴赫（"Charlie" Gumbach）下士是一名德国警卫，也是奥斯特曼的翻译，他认为约翰·布里斯托中士背着那台沉重的老式留声机是愚蠢的。

“你为何不把它扔了？”这个德国人建议道。“我已经迷上它了，查理，”布里斯托严肃地说道，“无论如何，要是入夜后我们听不到音乐，大家是不会原谅我的。”布里斯托疑惑地看着这位德国人。“你不喜欢跳舞吗，查理？”他问道。贡巴赫茫然地耸了耸肩，这些英国人可能脑子都有问题。

当迪恩斯的纵队在道路上拐弯，转向下一个村子行军的时候，风笛手们再次奏响了风笛，队列中疲倦的人们挺直肩膀，迈起了正步。“至少，”罗恩·莫格敏捷地迈步出了行列，走到骑在自行车上的迪恩斯旁边，对他说道，“我们正给当地人带来无法抹掉的印象。”

在东线，崔可夫的近卫集团军和卡图科夫的坦克集团军，终于凭借数量上的压倒性优势在塞洛高地夺得了一个立足点。波佩尔中将后来记得，16 日午夜前，“在塞洛镇的北郊首先攻占了 3 座房屋……那是一场激烈的战斗”。16 日整晚，苏军的进攻一次又一次被高射炮的近距离平射粉碎。“德国人甚至都不用瞄准，”波佩尔说道，“他们只要对着大致的方向开火。”17 日中午时分，崔可夫亲自来到塞洛，他发现敌人的抵抗异常猛烈，这位将军悲观地估计“要突破奥得河和柏林之间的每道防线”，都需要“一天的时间”。塞洛高地直到 17 日晚上才被攻克。突破前两道防线，确实用了超过两天的时间。苏联人认为在柏林的前面至少还有 3 道这样的防线。

波佩尔试图前往卡图科夫的司令部，司令部离塞洛有一段距离，一路上可以看到战斗造成的极大混乱。到处都是部队和坦克，它们挤满了每一个角落、小巷、街道和花园。德国人的火炮仍然在射击。为了夺取高地，朱可夫的部队已经不成建制，如今需要重整之后才能继续前进。朱可夫大发雷霆，因为他清楚地知道自己的竞争对手科涅夫正在逐步推进，于是要求部下全力以赴。

在激战当中，苏联坦克手们想出了一个妙招，来防御“铁拳”反坦克榴弹发射器发射的超口径火箭弹。伊万·伊万诺维奇·尤舒克少将惊讶地看到，他的坦克手们把能够从德国人家里找到的每个弹簧床垫都带上了。这些铁丝盘绕起来的玩意儿现在被拴在坦克前面，它可以提前引爆触发引信的超口径火箭弹。在这些弹簧床垫保护之下的苏军坦克即将用大炮对城市发起猛攻。

在科特布斯附近一座俯瞰着施普雷河的中世纪城堡里，科涅夫元帅正等着直接与莫斯科通话。在某个地方，一个孤零零的敌军炮兵连仍在开火。科涅夫听着那种计时精确、有条不紊的炮弹爆炸声，他知道这是典型的德国炮兵的射击方式。他有些好奇德国人的射击目标是哪里——也许是这座城堡，也许就是自己司令部无线电台的天线。不管这炮火的目标是什么，都挡不住他的坦克。自从中午渡过施普雷河到现在，那些坦克已经开出数公里之遥了。它们冲垮了敌人的防线，正向吕本隆隆行进，那里已接近他的部队与朱可夫的部队之间分界线的终点。对科涅夫来说，现在该是给斯大林打电话，请求让他的坦克挥师北上、朝柏林进军的时候了。

科涅夫对目前的态势感到非常满意。尽管在某些地区战斗残酷激烈、部队伤亡惨重，但他的坦克手们推进速度之快出乎人们的意料。17 日一大早，当科涅夫驱车去前线视察部队渡过施普雷河的情况时，他第一次意识到这场战斗是多么可怕。他的汽车穿过了尚未燃尽的森林，经过了被炮火炸得坑坑洼洼的田野。他回忆说：“不计其数的坦克或是被打瘫，或是被彻底焚毁，各种车辆装备淤陷在溪流和沼泽之中，到处都是扭曲变形的钢铁，尸横遍野——这些都是刚刚经过此处，并且在此激战的部队遗留下来的。”

科涅夫本以为强渡施普雷河的作战行动会遇到困难，因为这条河的部分河段宽达 55 米。但等他来到雷巴尔科上将的近卫坦克第 3 集团军司令部时，有一些坦克实际上已经通过门桥运过河了。不过门桥轮渡太慢了，必须尽快突破施普雷河一线。科涅夫和雷巴尔科匆匆赶到一个地区，侦察兵气喘吁吁地报告说，有证据表明这个地方可以涉水渡河。尽管此处河面的宽度接近 45 米，但科涅夫在视察了地形之后，仍然决定冒险试试。雷巴尔科挑选了先遣分队中最优秀的坦克手，向他们做了情况介绍，那辆坦克开进河里，迎着来自西岸的炮火开始缓慢渡河。河水漫过了坦克履带——不过也就这样了，这里的河水深度只有一米出头一点。于是雷巴尔科的坦克一辆跟着一辆，缓缓地驶过了河道。施普雷河的德军防线随后就被冲破了。科涅夫的部队成功渡河，继续全速前进。

现在，在科特布斯城堡里，科涅夫元帅与莫斯科的电话接通了。一名副官把无线电话递给科涅夫。他以斯大林一贯要求部队遵守的军事礼仪开始了通话。“我是乌克兰第 1 方面军司令员。”他说道。斯大林回答说：“我是斯大林，请讲。”

“这是我军的战术态势，”科涅夫报告说，“我的坦克集团军现在是在芬斯特瓦尔德（Finsterwalde）西北 23 公里处（大约 14 英里），我的步兵已推进到施普雷河的岸边。”他顿了顿，“我建议应该让我的坦克部队立即向北推进。”他小心翼翼地避免提到柏林。

“朱可夫那里，”斯大林说道，“遇到了困难，他仍然在尝试突破塞洛高地的坚固防御。敌人在那里的抵抗极为顽强，不肯屈服。”说到这里斯大林短暂停顿了一下，然后说道：“为什么不让朱可夫的坦克集团军从你战线上的突破口通过，让他从那里冲向柏林呢？这样可行吗？”

“斯大林同志，”科涅夫迅速说道，“那样做将会耗费大量时间，而且会造成巨大的混乱。没有必要从白俄罗斯第1方面军把坦克集团军调过来，我的攻势进展顺利。”他决定冒险向领袖提出自己的计划。“我有足够的兵力，而且态势也极为有利，我的坦克集团军占据了转向柏林前进的极佳位置。”

科涅夫解释说，他可以派他的部队经由柏林南边40公里处的措森前往柏林。“你用的是多大比例的地图？”斯大林突然问道。“二十万分之一的地图。”科涅夫回答道。斯大林停顿了一下以查看自己的地图，然后他说道：“你知道措森是德军总参谋部的所在地吗？”科涅夫说他清楚这一点。斯大林又停顿了一下，最后说道：“那好吧。我同意，让你的坦克集团军转向柏林。”大元帅又补充说，他将发布新的部队分界线，然后他突然把电话挂了。科涅夫放下电话，心里很是满意。

朱可夫从斯大林那里得知了这条“噩耗”，老对头科涅夫正冲向柏林——对这位元帅而言，那显然不是一次让他感到愉快的交谈。谁也不知道他们到底具体说了些什么，不过司令部里的参谋们能够看出它对司令员产生的影响。帕维尔·特罗扬诺夫斯基中校是军报《红星报》的资深记者，他后来这样回忆了这个事件：“进攻受阻，斯大林训斥了朱可夫。情况相当严峻，况且斯大林的训斥通常措辞严厉。”特罗扬诺夫斯基完全看得出来，“朱可夫脸色铁青，他不喜欢任何人来分享本应属于他的光荣，他现在极其生气。”波佩尔中将则是更直截了当地描述了朱可夫的心态。“我们手里有一头狮子。”

他告诉他的参谋同僚，这头狮子很快就会用利爪刺向敌人了！当天夜晚，朱可夫严厉地向白俄罗斯第 1 方面军的全体官兵发布了命令：“现在攻克柏林！”

如今恐慌开始在德军防线迅速蔓延，在战线各处几乎都出现了物资短缺的现象。运输工具严重缺乏，燃料几乎没有，道路上挤满了逃命的难民，这一切都使得部队几乎难以进行大规模机动。机动性的丧失造成了恶果：当部队转移阵地的时候，他们的装备，包括所剩无几的火炮都得被遗弃。通信线路处于半瘫痪状态，在一些地方则已不复存在，这使得命令在最终传到目的地的时候，往往已经过时——甚至这些命令在发布的时候，就已经过时。令混乱局面变本加厉的是，当军官们来到前线接管部队的时候，他们发现已经没有部队可接管了，因为这些部队很多都已经全军覆没，手下士兵要么成了俘虏，要么早已战死。在一些地方，没有经验的新兵由于没有军官指挥，甚至不知道他们到底在什么位置，也不知道是谁在他们的两翼。即使在由老兵组成的部队里，由于指挥部被迫频繁转移，也全然不知他们的指挥部到底处于何方，自己应该如何与指挥部进行联络。

一支支部队陷于包围，或被俘虏，或被打垮、被歼灭；其他的部队士气低落，不是瓦解就是干脆逃跑了。维斯瓦集团军群的前线只有两个地方仍然完好无损。哈索·冯·曼陀菲尔的第 3 装甲集团军坚守的北部区域并没有遭到朱可夫的大规模攻击，但冯·曼陀菲尔预料到康斯坦丁·罗科索夫斯基元帅的白俄罗斯第 2 方面军随时都有可能发动进攻。南部较远一点的位置，布塞的第 9 集团军一部仍然在坚守着，但已经开始受到总崩溃的影响：集团军左翼在朱可夫雷霆万钧般的坦克攻势面前已经垮掉了，右翼则遭到科涅夫在柏林南边发起的强有力的猛攻而陷入了包围。事实上维斯瓦集团军群正在一片片地被粉碎，处于混乱、恐慌和死亡之中——正如海因里希早就料到的那样。

像海因里希一样，曾和苏军多次交战的冯·曼陀菲尔也不敢对当面的苏联人掉以轻心。现在他乘坐 Fi 156“鹳”式侦察机，飞行在奥得河上空观察敌人。罗科索夫斯基的部下根本就不想掩饰他们的攻击准备工作，炮兵和步兵部队正大摇大摆地向预定位置调动。苏联人的自负让冯·曼陀菲尔感到不可思议，好几天来当他在苏军战线上方飞来飞去的时候，地面上的敌人甚至都懒得抬头看看。

冯·曼陀菲尔知道，当苏联红军发起进攻的时候，他无法长时间坚守，他虽然名义上指挥着装甲集团军，但实际上手头根本就没多少坦克。为了顶住朱可夫对第 9 集团军发起的猛攻，海因里希又把冯·曼陀菲尔集团军所剩无几的装甲部队抽调一空。这些装甲部队隶属于党卫军第 3 装甲军，该军原本坚守着埃伯斯瓦尔德（Eberswalde）森林防区的南部边缘，军长是费利克斯·马丁·尤利乌斯·施泰纳（Felix Martin Julius Steiner）党卫队副总指挥兼武装党卫军上将，他被国防军的军官们誉为武装党卫军最优秀的将领之一。他报告说，尽管他的坦克被调走了，但他也获得了别的增援。他煞有介事地向冯·曼陀菲尔报告说：“我刚刚得到了 5000 名空军飞行员，他们每个人的脖子上都挂着小小的铁十字勋章。请您告诉我，我该如何使用他们？”

“我敢保证，”冯·曼陀菲尔向他的参谋们讽刺道，“在希特勒的地图上肯定插着一面表示第 7 装甲师的小旗，即使它连 1 辆坦克、1 辆卡车、1 门火炮甚至 1 挺机枪都没有。我们有一支幽灵组成的军队。”

现在，冯·曼陀菲尔从飞机上朝下看着苏联人的准备工作，他估计，苏军将在 20 日前后发动总攻。他知道自己那时应该怎么做，尽可能长时间地坚守，然后打算“节节后撤，让我的士兵们手挽手，肩并肩，全都撤退到西边去”。冯·曼陀菲尔无意让他们当中的任何一人落入苏联人之手。

第 9 集团军现在大难临头了，然而撤退却并不在其指挥官的考虑范围内。在特奥多尔·布塞将军看来，如果没有命令就撤退的话，自己铁定会被扣上一顶卖国贼的帽子——因为希特勒下的命令是死守，打到最后一个人和最后一颗子弹。朱可夫的坦克大军在突破了塞洛高地之后继续猛打猛冲，在第 9 集团军的北翼扯开了一个大口子，现在白俄罗斯第 1 方面军正在以惊人的速度突向柏林。联络基本中断，使得布塞无法评估突破的程度，他甚至不知道反击是否能够堵住防线上的口子。他得到的最精确的情报，就是朱可夫的坦克部队前锋已经冲杀到距柏林城仅 40 公里之遥的地方。科涅夫沿着第 9 集团军南翼的大举猛攻则更加令人惊恐，乌克兰第 1 方面军现在已经过了吕本，正在第 9 集团军的侧后迂回前进，并全速朝北进军直扑柏林城下。布塞不知道，第 9 集团军是否会步莫德尔的后尘，被敌军合围消灭掉。不过从一定程度上来讲，莫德尔和他的部队是很幸运的，因为他们是被美国人包围的。[1] 而自己一旦陷入重围，那就只能当苏联人的俘虏了。

1　4 月 18 日，被包围在鲁尔区的残余德军已经瓦解，3 天后莫德尔自杀。——原注魏德林上将指挥的第 56 装甲军在塞洛地区已经承受了朱可夫的主要突击，对他而言，形势令人烦躁不安。他的部队抵挡朱可夫的攻势已有两天之久，伤亡人数大得惊人，但魏德林焦急等待的上级许诺拨给他的后备师——党卫军第 11 北欧志愿装甲掷弹兵师和战斗力完备的第 18 装甲掷弹兵师——却并没有按时抵达参加反击以阻止朱可夫的坦克进攻。

北欧师的确有人露面了——他就是该师师长约阿希姆·齐格勒（Joachim Ziegler）党卫队旅队长兼武装党卫军少将。齐格勒乘车来到明谢贝格北边的魏德林的军部，从容地宣布他的师在几公里以外，但是燃料耗尽。魏德林怒不可遏。为了应付这种紧急情况，每个装甲师本来都应该带着备用燃料，但齐格勒根本就不想被国防军军官指挥，显然他并不认为他的师需要立即开赴前线。现在又在加油上浪费了宝贵的 20 个小时，但齐格勒和他的部下仍未进入预定阵地。本该在一天前，也就是 17 日抵达魏德林那里的第 18 装甲掷弹兵师刚刚才到，原计划投入这支部队进行反攻的计划流产了，这个师抵达前线时，刚好遇到大撤退。

魏德林碰到的倒霉事一个接着一个。当朱可夫强大的坦克部队源源不断地从高地上猛冲下来时，在那些遭到重创的德军部队当中，海因里希最为担心的戈林的第 9 伞兵师遭到了极大打击。戈林的伞兵们在高地争夺战爆发之后就士气全无，在苏联红军的炮击和坦克冲击下，他们惊恐万分，迅速溃散丢弃了防线。汉斯-奥斯卡·韦勒曼（Hans-Oscar Wöhlermann）上校是魏德林的新任炮兵指挥官，他是在苏联人发起强渡奥得河攻势的那天到达的，目睹了随后发生的可怕溃退。他说，到处都有士兵“像疯子一样狂奔”，哪怕他拔出手枪来威胁他们，那些狂乱的伞兵照样停都不停。韦勒曼发现，该师的师长“孤身一人，部下的溃逃令他抓狂，他试图把还没逃之夭夭的人，无论他们是干什么的全都拦下来”。最终这次狼狈不堪的逃跑被阻止了，但用韦勒曼的话来说，这支被戈林大肆吹嘘的伞兵部队“仍然是整场战役过程中的一个隐患”。至于海因里希，他听到这个消息的时候，便给在卡琳庄园的戈林打了电话。“我有件事要告诉您，”他讥讽地说道，“您的那些曾经在卡西诺山战斗过的部队，那些著名的伞兵——嗯，他们逃跑了。”

尽管魏德林试图不顾一切地挡住苏联坦克部队的攻击，但第56装甲军的战线仍然无法固守。魏德林的参谋长特奥多尔·冯·杜夫芬（Theodor von Dufving）中校看到，苏联人正在“出色地反复进行钳形机动，在向德军两翼实施迂回的同时展开猛攻，一再合围我们，迫使我们后撤”。这个军还遭受了无情的空中打击：冯·杜夫芬不得不在4个小时之内隐蔽30次。苏联红军的钳形战术迫使魏德林在午后转移了两次军部，这导致他与布塞的指挥部失去了联系。

夜幕降临时，魏德林来到明谢贝格西北的瓦尔齐费尔斯多夫（Waldsieversdorf）一个点着蜡烛的地下室，在那里他接待了一位特别的客人——外交部长约阿希姆·冯·里宾特洛甫，他显得紧张不安且忧心忡忡。韦勒曼后来记得，“他一直用焦虑、悲伤的眼睛，满怀期望地盯着我们”，当他听到有关第56装甲军的真实态势时，“仿佛遭到了毁灭性的打击”。外交部长用一种嘶哑、无力的嗓音，犹豫地问了几个问题后就离开了。韦勒曼和军部里的其他参谋本来期望冯·里宾特洛甫能够“告诉我们，我方与英国人和美国人的谈判已经拉开了序幕。若是这样的话，起码会给我们看到最后的希望”，但他并没有谈及此事。

外交部长刚走，32 岁的希特勒青年团独臂领导人阿图尔·阿克斯曼（Arutr Axmann）就来了，他相信自己带来的消息会让魏德林感到高兴。阿克斯曼大声宣布，希特勒青年团的小伙子们已经斗志昂扬地做好了准备，正在第 56 装甲军后方的道路上集结，将和正规军一起投入到血战当中。但魏德林对这个消息的反应却让阿克斯曼碰了一鼻子灰。韦勒曼记得，魏德林已经震怒到说不出话的地步，过了一会儿，他“用极其粗鲁的语言”痛斥了阿克斯曼的计划。“你不能为一个已经失败的事业牺牲这些孩子，”他愤怒地告诉这位青年团领导人，“我绝不会拿他们当炮灰！我要求立即撤销这道命令，别让这群可怜的孩子上战场！”胖乎乎的阿克斯曼被吓蒙了，匆匆向魏德林保证，这道命令将被撤回。

如果说真的发布了撤销这一命令的指示，那它也从来没有被传达到数以百计、在通往柏林的道路上处于备战状态的希特勒青年团员那里。他们仍然坚守在阵地上，在接下来的两天时间内，他们很快就被苏联人的攻击打垮了。维利·费尔德海姆与连里的 130 名少年被击溃，他们仓促退却，最终停下来试图坚守一条战线，以保护某些壕沟和一个地堡。最后，维利由于恐惧而精疲力竭，战斗间隙他躺在一条板凳上伸展四肢睡着了。

几个小时以后他惊醒了，忽然有一种异样的感觉，感觉哪里有些不对劲。有一个声音说道：“我纳闷发生了什么事情？这太安静了。”

活着的孩子们冲出地堡——面对着一个“古怪的不可思议的可怕景象，就像一幅描绘拿破仑战争的老油画一样”。灿烂的阳光下尸横遍野，没有什么是完好的，房屋成了废墟，车辆或被击毁或被遗弃，有些车辆仍然在燃烧。最令人震惊的就是死人，尸体堆成了堆，摆出了“一种怪诞的舞台造型，他们的步枪和‘铁拳’反坦克榴弹发射器就放在身边。这真是让人疯狂，此时我们意识到自己是幸存者”。

原来，在整个战斗过程中，他们一直在睡觉。

柏林城内，局势随着时间的推移而越发紧张。雷曼将军将手里薄弱的兵力部署在外环防线上，他得到了警告，“克劳塞维茨”这个信号随时都可能发出，而那是警告苏军已经破城的代号。各种各样的应急措施都已经付诸实施了，这使得所有的柏林人都清楚最后时刻即将来到。此外，在各条主要通道和大街上也开始设置路障了。

甚至连戈培尔也无法对近在眼前的威胁熟视无睹，大量歇斯底里的新闻和标语被宣传部炮制出来。纳粹党的官方报纸《人民观察家报》宣布，苏联红军已经强渡奥得河，并且说：“一个新的重大考验，也许是最严酷的考验，正摆在我们的面前。敌人所争夺的每一平方领土，掷弹兵、人民冲锋队员或者希特勒青年团员摧毁的每辆苏联坦克，在今天都比这场战争中任何其他时间来的分量更重。今天的口号是：咬紧牙关！战斗到底！寸土不让！为最后的决定时刻努力奋斗！”戈培尔还警告柏林人，苏联人已经决定了他们的命运，那些没有在街垒中战死的人“将被清算，作为奴隶被流放”。

18 日下午，雷曼将军接到了总理府发出的一道命令，戈培尔后来又亲自打来电话确认了这道命令，内容是：“第 9 集团军要求，用上你手头的一切力量，包括人民冲锋队，都应该守住第二道防线上的阵地。”换句话说，要把城里的所有兵力都抽调出去守住远离城市的防线。这使雷曼大为惊骇，10个营的人民冲锋队匆匆集结，外加大德意志警卫团的防空部队。在经过数小时的搜寻和征用之后，一支七拼八凑的车队集结起来，载着这支部队向东方开拔。雷曼注视着他们离开，然后转向戈培尔的副手。“告诉戈培尔，”他愤怒地说道，“帝国的首都守不住了，首都现在就是座不设防的城市。”

卡尔·维贝格的脸上不露声色，但他注意到自己的手在不停地颤抖。在经历了几个月漫长的暗查之后，他几乎不能相信自己听到的一切。他与其他顾客站在黑市食品商店的主柜台旁边，他弯下身子，轻拍着小巧的腊肠犬，这个动作也让他能够听得更清楚一些，不过那两个站在他身旁的衣着考究的女人也没有试图保密。

大多数柏林人对这个备货充足的商店一无所知，它只面向特定的顾客，包括纳粹党中有相当地位的各级人物。维贝格是这个地方的老客人了。不过，他来这里可不仅仅是购物的，特供商店云集的达官贵人给这位潜伏的特工提供了再好不过的情报来源。比如说刚才，仅仅听旁边两位胖嘟嘟的贵妇间的交谈，他便已经获得许多非同寻常而又准确的情报。他想，她们的消息应该是准确的，因为她们的丈夫均是重要的纳粹分子。

维贝格认为，他得到的东西已经够多了，便把购买的东西收集起来，摘下洪堡毡帽向店主致意，溜达着出了商店。在街上，他加快步伐，匆匆去找耶森-施密特。经过几个小时冗长的讨论之后，两人都认为维贝格听到的消息应该是真的。在4月18日星期三的下午，一封报告被用无线电发往伦敦，尽管他们所有其他的希望都已化为泡影，但维贝格仍然强烈希望盟军能够按照这份报告采取行动。按照他先前在食品店里偷听到的消息，希特勒肯定在柏林地区——位于贝尔瑙（Bernau）的一个指挥部里，在柏林东北仅约 22 公里处。4 月 20 日是他 56 岁的生日，除了一次大规模空袭之外，他们还能给他什么更好的生日礼物呢？

4 月 20 日，国防军指挥参谋部参谋长阿尔弗雷德·约德尔在凌晨 3 点回到了家。他的脸上布满了焦虑和疲惫的皱纹，他告诉妻子路易丝，最后时刻已经来临。“你最好开始收拾东西，准备撤离。”他说道。路易丝争论说她想继续留在红十字会里工作，但约德尔执意要她走。“因为你是我的妻子，苏联人一旦抓住你就会把你押解到卢比扬卡，一天都不会耽搁。”他说道。“但要跑到什么地方去呢？”她问道。约德尔耸了耸肩，“去北方或者南方——总而言之，没人知道的地方，”他有些焦急地解释着，“不过我希望我们能够一起面对结局。”那天晚上他们几乎谈了一夜。快到上午 10 点的时候，防空警报响了。“我敢打赌，柏林今天将遭到更加猛烈的轰炸，”约德尔说道，“这种事总是在希特勒的生日时发生。”

约德尔匆匆上楼刮脸，然后返回元首地堡。这个生日与元首的其他生日并无不同：与往年一样，政府官员和内阁成员将列队向希特勒祝寿，约德尔应该也在场。当他下楼的时候，路易丝递给他帽子和皮带，他拿起皮包，吻别了妻子。“我必须赶快去祝贺。”他说道。路易丝很担心这是他们最后一次相见，她每天都这样提心吊胆。“愿上帝保佑你！”当他上车的时候，路易斯追在丈夫的身后呼喊道。

希特勒统治集团中的另一个心腹也准备前往参加典礼。帝国元帅赫尔曼·戈林出席典礼只是为了证明他仍然忠诚，但他已经打算在典礼结束后就前往南方。戈林已经确信到了向卡琳庄园和不动产道别的时候了，而卡琳庄园在柏林西北约80公里处，在苏联红军于清晨5点30分开始轰炸当地后不久，他便做出了这个决定。戈林给在附近普伦茨劳的海因里希指挥部打电话，得知北方的战斗已经打响，罗科索夫斯基的白俄罗斯第2方面军终于对冯·曼陀菲尔的第3装甲集团军发起了进攻。戈林完全了解冯·曼陀菲尔手头那点兵力是完全不够的，帝国元帅曾在此前几个星期内数次巡视那道战线，他大声地讽刺着一个又一个将军，由于“到处都在懈怠闲混，什么准备都没做，苏联人只需一路大笑着走过你们的防线”。

戈林本人已经为这个时刻做了充分准备。卡琳庄园大门外的大道上，24辆德国空军的卡车排列成行，车上装载着庄园里的东西——他的古董、绘画、银器和家具。这支车队将立即开赴南方。柏林的德国空军总司令部里的大多数人，将与设备一起在那天夜里搭乘别的车离开。[1]

现在，戈林站在大门的旁边，对车队指挥官嘱咐了最后几句话。在摩托车的簇拥之下，车队离去了。戈林站在那里看着恢宏的庄园主楼、华丽的厢房和扶壁，一名德国空军的工兵军官走上前来，对他说一切都已准备妥当。在几名部下和一些当地人的注视下，戈林走到马路对面，在一个引爆装置旁弯下腰，把点火杆推了下去。

1　戈林可能不止有24辆卡车，海因里希认为，他有“4支车队”。不过，这可能包括那天夜里离开柏林的德国空军的其他车队。这个事实是荒唐的，因为在这个时刻，一方面由于燃料短缺的原因飞机停飞，车辆无法移动，而另一方面却是，戈林可以动用的不仅有卡车，而且还有充足的汽油供给。——原注随着一声巨响，卡琳庄园在剧烈的爆炸声中被炸掉了。

不待尘埃落定，戈林就走回他的轿车。他转向一名工兵军官平静地说道："嗯，这就是作为储君有时不得不做的事情。"他砰地关上车门，前往柏林，参加元首的生日庆典。

希特勒在上午 11 点起床，从中午开始接受他的心腹的祝词——其中有约瑟夫·戈培尔、马丁·鲍曼、约阿希姆·冯·里宾特洛甫、阿尔贝特·施佩尔，以及军队统帅卡尔·邓尼茨、威廉·凯特尔、阿尔弗雷德·约德尔、汉斯·克雷布斯，以及海因里希·希姆莱。在他们之后到来的是柏林地区的地方长官、参谋和随行的秘书。然后，在远处传来隆隆炮声之时，希特勒在随行人员的前呼后拥下走出地堡，在被炸成了荒原的总理府花园里检阅了来自两支部队的人员。一支是刚刚抵达的库尔兰集团军下属的党卫军第 10 弗伦茨贝格装甲师，[1] 另一支是阿克斯曼领导的一小群骄傲的希特勒青年团员。很久以后阿克斯曼说道："每个人都被元首的颓唐模样惊呆了。他走路时弯腰驼背，手也在颤抖。但令人吃惊的是，意志力和决心仍然从这个人身上焕发出来。"希特勒同孩子们一一握手，给阿克斯曼介绍的一些"近来在前线表现杰出"的孩子授予勋章。

然后希特勒向党卫军的队列走去。他同每个党卫军官兵握手，并且自信地预言，敌人在接近柏林之前就会被打败。党卫队全国领袖海因里希·希姆莱在旁陪同。自 4 月 6 日以来，他就不时地与瑞典红十字会会长福尔克·贝纳多特（Folke Bernadotte）伯爵秘密会

1　库尔兰集团军被包围在拉脱维亚西部波罗的海海滨，部分部队在 4 月初乘船撤离，到达斯维内明德（Swinemünde，今波兰希维诺乌伊希切）。18 个师中只有几船人和少数装备回到了德国。——原注

面，希姆莱闪烁其词，向贝纳多特试探是否有可能就有关和谈的条件与盟国谈判。但现在他迈步向前，重申他对希特勒的忠诚，以及党卫队对希特勒的忠诚。根据安排，几个小时以后他就要再次与贝纳多特会面。

检阅仪式结束之后，希特勒的军事会议立即开始，此时戈林也到了。克雷布斯做了情况简介——尽管每个人都已熟知形势，柏林将在几天内甚至几小时之内被敌人彻底包围。在柏林被围之前，布塞的第 9 集团军就可能被包围而陷入困境，除非下令让它撤退。在希特勒的军事顾问们的眼中，有一点是很清楚的：元首以及仍然留在柏林的最重要的政府部门必须离开首都到南方去。凯特尔和约德尔极力主张迁移，但希特勒则坚称目前的情况还没那么糟。按照元首的德国空军副官尼古劳斯·冯·贝洛（Nicolaus von Below）上校的说法，“希特勒认为，要避免战败的唯一可能就是打赢柏林保卫战”。不过他也做了一点让步：一旦美国人和苏联人在易北河会师，帝国的北方将由海军总司令邓尼茨指挥，南方则可能由阿尔贝特·凯塞林空军元帅指挥。与此同时，政府的各个部门将得到授权，立即从首都撤离。

希特勒并没有披露他本人的打算，不过地堡里至少有 3 个人确信他绝不会离开柏林。约翰娜·沃尔夫小姐是希特勒的秘书之一，几天前她就听见他说，“如果形势彻底崩溃的话，就会自我了断”。冯·贝洛也认为“希特勒已打定主意，要待在柏林，并死在那里”。约德尔回家后告诉他的妻子，希特勒在一次私下聊天时曾经说：“约德尔，我将与忠于我的人并肩战斗，然后我就开枪自杀。”[1]

大部分政府部门已经从柏林城内疏散，留下的帝国行政机构看来也已经为这个时刻准备好些天了，就像赛跑的人等待发令枪响一般。真正的集体大逃亡现在拉开了序幕，它将持续到城市最终被合围。德国空军总参谋长卡尔·科勒上将在日记里提道，戈林已经逃之夭夭。“自然，”科勒写道，“他把我扔在这里，是为了让希特勒把所有的怒火都发在我的身上。”大小官僚都逃得没影了。菲利普·昂贝尔（Philippe Hambert）是一名年轻的法国劳工，也是一名制图员，在托特组织的建筑师卡尔·杜斯特曼（Karl Dustmann）博士的事务所里工作。他的老板突然给了他一个价值1000马克（大约相当于250美元）的礼物后就离开了市区，这份大礼让菲利普·昂贝尔惊得目瞪口呆。玛格丽特·施瓦茨在自家位于夏洛滕堡区的公寓花园里朝街道扫了一眼，看见一辆配有司机的蓝色大轿车在附近一幢房子外停住了。她的邻居奥托·佐利曼也走了过来和她一起看热闹。“一名穿着整洁的白色短上衣的传令兵，与一位制服上有许多金质奖章的海军军官一起”离开了那幢房子，一堆行李被迅速塞进大轿车，然后那些人都上了车并“以最快的速度一溜烟地开走了”。佐利曼对玛格丽特说：“树倒猢狲散，刚才那位大员就是海军元帅雷德尔。”

柏林卫戍司令的办公室总共签发了2000多份离开首都的通行证。“国家和党的工作人员提出离城的理由令人发笑，”参谋长汉

1　希特勒对约德尔说的话，由路易丝·约德尔在她详尽的日记中记录下来。这条日记的下面有这条说明：“我丈夫评论说，‘除了另外一个场合，在我的前妻死去之后，这是希特勒对我说过的唯一有关他个人的话’。”——原注

斯·雷菲尔上校后来回忆说，“哪怕戈培尔已经下了死命令，‘能够拿起武器的人谁也不准离开柏林’，但对于那群想要通行证的‘保家卫国的战士’，我们也懒得刁难他们。我们为什么要阻碍这些卑鄙的人呢？他们都认为逃跑能够拯救他们宝贵的生命。绝大多数市民只能待在城里，不是老百姓不想跑，而是由于运输工具短缺，对于他们来说根本无力逃亡。”

在选帝侯大街第213号的牙科诊所里，金发碧眼的克特·赖斯·霍伊泽尔曼接到了雇主的一个电话，纳粹的首席牙医胡戈·布拉施克教授马上就要撤了。几天前，布拉施克就指示克特，把所有的牙科病历、X光机器、牙齿模具以及别的设备全都装箱，这样就能把它们集中起来送到南方去。布拉施克说，他估计“总理府的全体人员随时都可能离开，我们要同他们一起走”。克特告诉他，她要留在柏林。布拉施克勃然大怒。“你想过没有，当苏联人冲进来时这里会变成什么样？”他愤怒地诘问道，“首先你会被奸污，然后他们会把你绞死。难道你不知道苏联人会干出什么吗？”但克特就是“无法相信事情会那么糟糕”。后来她回忆道：“我当时太忙了，根本没有意识到眼前的一切已经变得如此绝望。局势已经崩溃了，但愚蠢的我对此一无所知。”现在布拉施克坚持要她走。“收拾行李，马上走！”他敦促道，“总理府的全体人员以及他们的家人都正在离开。”但克特不为所动，她已经下定决心待在城里。“那么，”布拉施克说道，“你要记住我告诉你的话。”然后他啪地一声把电话挂断了。

克特突然记起几天以前布拉施克要她做的事情：如果他离开了城市而她却留下来，她就要用暗语提醒他的某个朋友，纳粹高层正在逃跑，布拉施克说这是因为“电话可能被窃听”。如果所有的随行人员都离开的话，她就应该说：“昨晚整个齿桥都被拆掉了。”如果只有一部分人离开，那么那句话就应该是：“昨天晚上只拔了一颗牙。”她并不知道布拉施克的朋友是谁，只知道“他的名字叫加尔维茨（Gallwitz）或者格拉维茨（Grawitz）教授，我想他曾提到过，那人是党卫队的一位资深牙医”，布拉施克只给了她一个电话号码。现在，由于得到的印象是“总理府的全体人员”已经离开，她便拨通了那个号码。当有人接电话时，克特说道：“昨晚整个齿桥都被拆掉了。”

几个小时以后的傍晚时分，海因里希·希姆莱的朋友、德国红十字会会长恩斯特·格拉维茨教授与家人一起坐下来吃晚饭。大家都就座后，格拉维茨把手伸到桌子下面，拔掉了两颗手榴弹的保险，把自己和家人一起炸死了。[1]

那场大逃亡后来以“金雉逃亡”之名被柏林人铭记。不过当时大多数人更多意识到的是苏联人的逼近而不是纳粹的逃跑。海伦娜·伯泽（Helena Boese）是电影导演卡尔·伯泽的妻子，她回忆说，当时唯一关心的就是“怎样活下去”。苏联军队已经杀到了城东大约24公里的明谢贝格和施特劳斯贝格（Strausberg），这条消息正在全城慢慢传开，说另一支苏联军队正从南边直扑柏林，目前已经逼近措森。住在滕佩尔霍夫区的电影编剧格奥尔格·施勒特尔直接获悉了苏联人的推进状况，他的女朋友特露德·贝利纳是名歌舞表演艺术家，住在柏林南郊的一个地区，施勒特尔担心她，便给她家里

1 纽伦堡审判中的证词披露，格拉维茨除了是希姆莱的主治医师之外，还曾批准在集中营的囚犯身上做医学试验。——原注

打了电话。她接起电话说了句“等一下”，停顿了一下后说“这里有人想跟你通话”。随后施勒特尔发现自己在和一位说着流利德语的苏联上校交谈。“你可以这么认为，”他告诉震惊的施勒特尔，“我们将于两三日内抵达柏林。”

各个地方——北边、南边和东面——的德军防线都在压缩。现在，这个被击垮、被摧毁的大都会的几乎所有机构，不是运转不灵，就是停止了工作。工厂已经关门大吉了，有轨电车已经停开，地铁除了运输绝对必要的工人之外也瘫痪了。伊尔莎·柯尼希是城市卫生部门的一位实验室技术员，她记得为了能继续开车去上班，她得到了一本红色的通行证。垃圾遍地都是，无人打扫，邮件不能发送。格特鲁德·埃弗斯在奥拉宁堡大街的邮政总局里上班，她记得“大量无法投递也无人认领的食品包裹早已腐烂发臭，难闻的味道充斥着这栋大楼”。大部分警察早已被编入作战部队或是人民冲锋队，现在街上也不会再有人巡逻了。

在 4 月 20 日这一天，对许多人来说，另一个不祥之兆更使他们对形势的严峻性有了切身体会——动物园关闭了大门。就在上午 10 点 50 分，由于停电，无法用水泵抽水了，电要等到 4 天以后才来，恢复供电也仅仅持续了 19 分钟，而且停电将持续到战役结束之后。饲养员们知道，从这天起很多动物都会死去——尤其是池塘里的河马，以及早些时候救出来的水族馆里的动物。鸟类饲养员海因里希·施瓦茨已经在为那只罕见的鹳“阿布·马库博”的状况担忧了，它正在施瓦茨的卧室里挨饿，这样下去迟早是要饿死的。现在，水也没有了，绝望的施瓦茨真的不知道如何拯救这只鸟了。63 岁的老饲养员决定一桶又一桶地拎水，直到自己累垮下来。这不仅是为了阿布，也是为了大河马罗莎，以及罗莎 2 岁大的幼畜克瑙施克。

动物园园长卢茨·黑克觉得已经山穷水尽了，他知道如果最后时刻来临，那些危险的动物都必须被消灭，尤其是动物园的宝贝狒狒，不过他一再推迟杀死它们的时刻。由于心烦意乱，更由于需要得到片刻宁静，黑克做了此生从未做过的事情：他与一名饲养员一起去兰德韦尔运河钓鱼。在“把事情理出个头绪”的过程中，两人在那里钓上来两条狗鱼。

当日，市地铁主管弗里茨·克拉夫特与柏林市长尤利乌斯·利珀特见了面。市长给克拉夫特和聚集起来的地铁经理们做了一些指示。“如果西方盟军先到柏林，”利珀特告诉这群人，“那就完好无损地把地铁设备移交给他们。而如果苏联人抢在盟军前面来到这里……”他停下来耸了耸肩，说道，“那就想尽一切办法把地铁摧毁。”小型自动电话交换局也接到了类似的指示。布科（Buckow）的电话交换局的技工们就被告知，宁可把设备摧毁也不能让它们落入苏联人之手。但维修工赫伯特·马格德突然意识到，谁也没有告诉他们要如何摧毁设备。据马格德所知，没有一台电话交换机被摧毁，在整个战役过程中几乎所有的交换机都在持续工作。

为了贯彻希特勒的焦土政策，工厂也必须被夷为平地。格奥尔格·海因里希·亨内贝格（Georg Heinrich Hermann Henneberg）教授是位于夏洛滕堡区的舍林制药和化学股份公司（Schering AG.）的生化部主任，他记得老板把所有的生化学家召集在一起，宣读了他刚刚收到的一道命令。命令中说，随着敌人的逼近，水、煤气、电力和锅炉设施都要被摧毁。亨内贝格的老板读完了命令，沉默片刻，随后话锋一转：“现在，先生们，你们知道自己不该做什么。”他向所有人道别，关闭了工厂，而工厂本身却完好无损。亨内贝格记得："我们彼此之间都道了别。没有什么再见了，下辈子见吧。"

在此后的许多年里，由于另一个原因，柏林人仍然记得4月20日。究竟是为了庆祝元首的生日，还是因为预期的攻城即将开始，谁也不知道。反正在那一天，政府给了饥肠辘辘的市民额外的食物配给，称其为"危机口粮"。25岁的于尔根–埃里希·克洛茨是一名独臂退伍军人，他记得那次额外的食物配给包括1磅培根或者香肠、半磅大米或者燕麦片、250个干扁豆、1盒蔬菜罐头、2磅糖、大约1盎司咖啡、1小袋人造咖啡，还有一些动物油脂。尽管当天柏林被敌人的飞机狂轰滥炸了整整5个小时，但家庭主妇们仍然冒着生命危险去排队购买这些珍贵的额外定量。这些食物要支撑人们8天的生活。安妮–莉泽·拜尔对她的丈夫说："有这些口粮，我们现在就能升入天堂了。"有同样想法的柏林人显然无处不在，这额外的食品后来被称为"耶稣升天节口粮"（Himmelfahrtsrationen）。

在易北河北边的格雷瑟镇，迪克西·迪恩斯准尉和12000名战俘收到了红十字会为他们准备的包裹。迪恩斯精心安排了接收工作，奥斯特曼上校都被他说动了，破例允许英国皇家空军的战俘前往位于吕贝克的国际红十字会中心，然后开着卡车回来，以便加快包裹运送的速度。现在，排成纵队的战俘挤满了镇子周围的道路，那里正在分发包裹。"每人两个包裹。"迪恩斯宣布。卡尔顿·扬格空军上士记得："这些如同奇迹一样的包裹极大地提升了战俘们的士气。那时，迪恩斯在我们眼里立即显得像一位圣徒。"

迪恩斯骑着那辆车胎变形的老爷自行车，从一个纵队赶往另一个纵队，确保每个人都能得到配额，并且提醒那些快被饿死的战俘——须知那些战俘大多是用生菜代替食品的——要他们别吃得太多，而是“尽可能节省，天知道德国人以后还会给我们留下什么”。然而迪恩斯发现自己所做的一切完全是徒劳的：大多数战俘把他的劝告当成了耳边风，饥肠辘辘地大吃特吃起来，“就好像这是他们的最后晚餐一样”。杰弗里·威尔逊空军上士狼吞虎咽把包裹里的东西消灭得一干二净——咸牛肉、饼干、巧克力，尤其是120支香烟。他“疯狂地吃，一根接一根地抽烟，因为我打算做个饱死鬼而不是饿死鬼”。

大快朵颐时，英国皇家空军的飞机却瞄准了他们。那是9架满载弹药的“台风”式战斗轰炸机，它们在头顶上盘旋，然后以威尔逊难以忘却的“梦幻般引人入胜的方式”脱离编队，一头扎了下来。有人已经被这突如其来的死神吓蒙了，高叫：“上帝啊！它们是冲着我们来的！”大家疯狂散开，朝各处狂奔，有些人试图展开彩色布条——这些布条就是为了遭遇盟军飞机空袭时表明战俘身份而准备的。还有的人跳进壕沟，躺在墙后面，跑进谷仓里躲藏，或者就在镇子里隐蔽。但许多人的动作还是太慢了。“台风”战斗机一架接一架地猛扑下来，发射火箭弹，或投掷人员杀伤炸弹。战俘们叫嚷着：“自己人！自己人！”但飞机可听不见地面上的悲鸣，有8架飞机进行了攻击，第九架飞机或许感觉到了不对劲，没有进行攻击。几分钟之内空袭就结束了，有60名战俘被炸死，还有数十人受伤，有些人后来在德国医院里重伤不治。

迪恩斯走在道路上，目睹了大屠杀场面的他绝望地想要呕吐。他立即命令确认死者的身份，有些尸体已经被打成了马蜂窝，甚至干脆被打碎了，根本无法辨认——“就是些尸块，只好用铁锹铲到坟墓里。”迪恩斯后来悲伤地回忆说。

在把死者埋葬，把伤号送到德国医院以后，冷静而又意志坚定的迪恩斯骑车来到奥斯特曼上校的临时指挥部里，这次迪恩斯没有表现出任何军事礼仪。“奥斯特曼，”他说道，“我想让你给我出具一份通行证，我需要拿着这张通行证穿越战线，到英国人那边。这样惨痛的误伤绝对不能再发生了。”

奥斯特曼惊讶地看着他。“迪恩斯先生，”他说道，“这是不可能的。”

迪恩斯凝视着他。“哪支队伍会追上我们？这还是个未知数，”他提醒说，“也许是英国人，但也有可能是苏联人。我们战俘不知道谁是解放者，但您呢？上校先生，您想向谁投降？”迪恩斯就这么盯着那个德国人。“但我总觉得你和苏联人在一起不会有什么好结果。”他沉默了几秒钟，以便让对方能领会他最后说出的那句话。然后他轻声说道，“上校，写通行证吧。”

奥斯特曼坐在桌子旁，犹豫片刻后，他还是对迪恩斯屈服了，拿起笔在德国国防军的信笺上写了一张便条，它能让迪恩斯穿过德军控制的地盘。“我不知道你将如何穿越前线，”他告诉迪恩斯，“但最起码这能让你到达那里。”迪恩斯说道：“我想让警卫查理·贡巴赫和我一块去。”奥斯特曼想了一会儿，也同意了这个有些唐突的建议。他替贡巴赫也写了一张通行证。“我还需要一辆完好的自行车，起码别像现在这辆一样，都快散架了。”迪恩斯说道。奥斯特曼看了看他，然后耸了耸肩，表示他会安排妥当的。当迪恩斯离开办公室时，他对奥斯特曼说了最后几句话。“查理和我一块儿去的，我也会让他平安回到你的身边，我向你保证。”然后迪恩斯行了一个干净利落的军礼，说道："谢谢您，上校"。上校也以一个标准的军礼回敬，"谢谢您，迪恩斯先生。"

当晚，在德军下士查理·贡巴赫的陪同下，不屈不挠的迪克西·迪恩斯开始了前往英军战线的长途跋涉。

黄昏时分，当朱可夫的坦克朝柏林疾驶时，科涅夫正焦虑地盯着地图，敦促他的部下要拿出更快的速度前进。"别担心你的侧翼，帕维尔·谢苗诺维奇，"他对近卫坦克第3集团军司令员雷巴尔科将军下达了激昂的进军号令，"也别怕会与步兵脱节。你现在要做的就是前进！前进！再前进！"若干年后，科涅夫评论说："当时我十分清楚手下这些坦克指挥官的担心，'你是在把我们投入这个仅能容纳步兵通过的狭窄突破口，迫使我们在没有两翼掩护的情况下前进。万一德国人切断了我们的后路，从后方攻击我们怎么办？'"高个子的科涅夫用手拍着自己的元帅肩章，仿佛是在用自己的荣誉做出保证，他告诉坦克指挥官们，"我随你们一起行动，你们不必担心，我的观察所将在突破部队的中间位置。"雷巴尔科和列柳申科的反应极其出色，他们的突击堪与美军第2装甲师和第5装甲师向易北河的冲刺媲美，苏联的坦克手们穿过敌军阵地长驱直入——即使正如雷巴尔科所注意到的那样，"那些没有被消灭的德国师仍然待在我们的身后"。在24小时的时间里，雷巴尔科边打边冲，狂奔了61公里，列柳申科的坦克则猛冲了45公里。现在，雷巴尔科兴高采烈地给科涅夫打电话。"元帅同志，"他说道，"我们已经打到措森郊区了，现在正在激战！"乌克兰第1方面军的一些先遣支队现在离柏林仅有40公里远了。

在措森，警报已经哀号起来。现在看来，苏联红军将会在一天内到达，陆军总司令部下达了转移的命令。关键性岗位的军官们已经撤离，前往波茨坦附近的一个新指挥部。司令部的剩余人员与办公室的打字机、译码机、保险柜以及装有文件的板条箱，被一起塞进了大轿车和卡车。当打包和装车进行时，人们焦虑地来回踱步，急于离开此地。埃里希·德特勒夫森（Erich Dethleffsen）少将接替了克雷布斯的老岗位，担任陆军副总参谋长，他说，当时“我们给敌人的空军提供了一个极有价值的攻击目标”。天黑前车队出发前往巴伐利亚。德特勒夫森则动身赶往柏林，去参加元首的夜间会议，途中他看到了久违的一幕：一群涂着铁十字标志的德国空军飞机从他的头顶掠过，飞往南方，德特勒夫森对此感到十分欣喜。后来在情况简介中，他听见一名空军军官骄傲地向希特勒邀功：“战机对向措森推进的苏联红军坦克进行了一次极为成功的空袭，从而保卫了该地区免遭攻击。”德国空军的轰炸机群干的真是太棒了——所谓的“苏联红军坦克”正是前往南方的陆军总司令部的大轿车和卡车车队，德国飞机是在朝他们自己的护送车队发动攻击。

4 月 20 日午夜，海因里希神色严肃地审视着地图，试图理清楚当下的局势。几个小时以前，他所担心的一件事情已经变成了残酷的现实，柏林城防区也纳入了他的麾下。现在，这位焦头烂额的指挥官不仅要为维斯瓦集团军群殚精竭虑，还要为柏林守军操更多的心。接到命令之后，他几乎立即就把电话打到了雷曼的指挥所里，警告他城里的任何一座桥梁都不得摧毁。雷曼抱怨说，这座城市无论如何都难以布防了，因为他的人民冲锋队中最优秀的部分已经被调走，填充防线上的缺口去了。这一切海因里希都知道，事实上他正在通知雷曼，把剩余的人民冲锋队也调出来。“雷曼，”海因里希不耐烦地说道，“你还搞不懂我的意思吗？我正竭尽全力把战斗挡在城外，不想让这座城市被战火波及！”

海因里希知道，在当前状况下柏林是守不住的，他无意让军队退却到城内做毫无意义的挣扎。在城市狭窄的街巷内，坦克不能实施机动；由于有大楼且没有射界，间瞄火炮也派不上用场。除此以外，如果两军的无情战斗在城市内展开，那么老百姓将死伤枕藉。海因里希打定主意要不惜一切代价避免逐街逐屋的巷战。

此刻他主要关心的是布塞的部队，他确信，如果再不后撤的话，布塞的部队就会陷入敌人的重围之中。上午赶赴前线时，他给自己的参谋长留下了话，让他转告克雷布斯：“如果不让布塞的部队立即撤退，造成的一切后果我无法负责——也请他把这一点告诉元首。”

海因里希撂下话就驱车到了战场。到处都是崩溃的迹象。他看到“道路上挤满难民们的车辆，其中还经常夹杂着军车”。他在前往埃伯斯瓦尔德的路上遇到第一支正在后撤的部队，他质问官兵们后撤的原因，但得到的答复却令人震惊。“我见到的每个士兵都称自己得到了命令，要到后方去获得武器弹药、燃料或是某种别的东西”。海因里希旋即采取了行动。在埃伯斯瓦尔德的北边，他“发现人们正朝西北方向走，他们说自己的师要在约阿希姆斯塔尔（Joachimsthal）附近重新集结”。他让他们立即停下来，在埃伯斯瓦尔德附近对他们进行了重组。在同一地区的运河交汇处，他发现“党卫军第4警察装甲掷弹兵师的部分部队正在下船，这些年轻人刚刚被编入部队，但手头却很缺武器，他们被告知将在埃伯斯瓦尔德得到足够的武器”。在那个地方的南部，他发现道路上挤满了平民和军人。海因里希下了车，命令士官带着他们的部下向后转。“回到前线去！”他说道。

在舍恩霍尔茨镇（Schönholz），他看见“较为年轻的军官们很懒散，他们仿佛无所事事，东看看，西望望。必须得向这些人下死命令，让他们组成一条战线，把那些溃退的部队留下”。在舍恩霍尔茨和特兰珀（Trampe）之间的森林里面，“随处可见成群的士兵，他们要么在休息，要么就是在落荒而逃，没有一个人声称获得任何命令或者任务”。在另外一个地区，他发现“一支装甲侦察小队在其停下的车辆旁边休息”，他命令这个小队“立即赶往比森塔尔（Biesenthal），再次占领这个非常重要的岔路口”。海因里希后来回忆道，埃伯斯瓦尔德一片混乱，结果“没人能告诉我，这里究竟是否还存在着一条完整的战线”。但到午夜时分，他已经在那个地区恢复了秩序，并且开始发布命令。

显然，他的部队兵力捉襟见肘，武器严重不足，而且通常缺乏得力的领导，海因里希知道，前线快要垮了。在北方，冯·曼陀菲尔的第3装甲集团军拖延了罗科索夫斯基的进攻脚步，但也仅此而已，他估计也支持不了太久。

中午12点30分，海因里希给克雷布斯打了电话，告诉他情况正在失去控制。他特别提到第56装甲军，该军“尽管向苏联红军发动了反攻，但仍被逼得节节后退”，他说那里的形势“已经到了崩溃的边缘”。在一天时间里，他曾两次对克雷布斯谈到第9集团军濒临绝望的形势，每次克雷布斯都强调元首的决定：“布塞应该死死钉在奥得河上！”现在，海因里希又要再次为布塞辩护了。

现在海因里希告诉克雷布斯："我本来一直拒绝让第 9 集团军随意变动阵地，但现在我要求他们——如果情况还不算太晚的话——可以这么做。我必须指出，我并不是由于顽固或者无理由的悲观情绪而违抗元首的命令，从我在苏联的作战记录来看，你就会知道我是不会轻言放弃的。但为了拯救第 9 集团军，现在必须采取行动，不然这支部队就完了！""我知道已下发的命令，"他说道，"即集团军群必须在当前的阵地上坚守，所有可用的兵力都必须抽出，来填补第 9 集团军和南翼的舍尔纳部队之间的缺口。我对我要说出的肺腑之言感到遗憾，但这道命令是无法执行的，此次行动根本没有成功的机会。我请求批准我撤出第 9 集团军。正是基于元首本人的利益，我才提出这个要求。"

"实际上，"海因里希说道，"我应该做的，就是到元首那里说，'我的元首，既然您不同意我的建议，认为撤退危及您的安全，而我又无法实施您的作战命令，那请撤我的职吧，让更有能力的人来带领这个集团军群作战。然后我将作为一名普通的人民冲锋队员在战场上与敌搏杀，履行我作为军人的最后职责。'"海因里希这是在毫不含糊地摊牌，他是在向他的上级表明立场：他宁可被贬谪到最基层的单位里战斗，也不执行只会无谓牺牲生命的命令。

"你真的想让我把这些话转达给元首吗？"克雷布斯冷冷地问道。海因里希的回答是简短的。"是的，"他说道，"我的参谋长和作战军官可以为我证明。"

片刻之后，克雷布斯回电话了：第 9 集团军要继续坚守阵地；与此同时，所有可用的兵力都要尽力填补与南翼的舍尔纳部之间的缺口，"以便再次形成一条持续的战线"。于是海因里希知道，第 9

集团军实际上等于完蛋了。

在元首地堡里，希特勒冗长的晚间军事会议在凌晨3点宣告结束。在会议上希特勒狠批了一通第4集团军，该部在科涅夫发动攻势的第一天就被打垮了，希特勒对由此产生的诸多问题进行了指责，他痛斥该集团军叛国。“我的元首，”德特勒夫森少将惊讶万分地问道，“您真的这样认为？”希特勒看着德特勒夫森，“露出了怜悯的目光，仿佛在看一个愚蠢的傻瓜”。随后，他愤怒地嘶吼道：“知道我们在东线为什么会一败涂地吗？一切都是因为叛国！”

德特勒夫森即将离开房间时，冯·里宾特洛甫的外交部派驻元首大本营的联络员瓦尔特·黑韦尔（Walter Hewel）进来了，脸上露出一副极其关注的神情。“我的元首，”他说道，“您要给我下达命令吗？”黑韦尔顿了顿，继续说道：“现在正是我们在外交方面取得进展的好时候。”按照德特勒夫森的说法，希特勒“以一种柔和而又完全变了样的嗓音”说道：“政治，我对政治不再感兴趣，它只会令我作呕。”他朝门口走去，“步态迟缓”。德特勒夫森回忆说，希特勒显得“疲倦而又萎靡不振”。随后他转过身来，对黑韦尔说道：“不过，如果我死了，你就会被政治问题淹没了，到时有你忙的。”黑韦尔不停地追问，他表示“我们现在应该做点事情”。当希特勒来到门口时，黑韦尔郑重其事地补充道：“我的元首，现在正是迫在眉睫的时刻。”希特勒似乎压根就没有听见。

3

这种声音与柏林人以前听到的任何声音都不像，既非炸弹落下时发出的呼啸声，也不像高射炮射击时发出的砰砰声。在赫尔曼广场的卡尔施塔特百货大厦外面排队的购物者们，困惑地认真倾听着：那是一种从远方某处传来的低沉的哀号声，刹那间又迅速升高，随后就变成了可怕的刺耳尖啸。有那么一瞬间购物者们显得有些迷惑，随后成排的人猛然开始四散奔逃。但是太晚了！炮弹，首批落入市内的炮弹，在广场各处爆炸了。尸体碎块飞溅到用木板封闭的商店正面，男男女女倒在街道上，扭动着身躯发出痛苦的尖叫。此刻是4月21日，星期六，上午11点30分。柏林变成了前线。

几乎每处都落下了炮弹，火舌从城市中央各处的房顶上升腾而出。之前被炸弹炸坏的楼房彻底倒塌了，汽车被炸翻起火。勃兰登堡门也被击中，一块飞檐坠落在街道上。炮弹从菩提树下街的一端犁向另外一端，本已毁坏的王宫再次燃烧起来。帝国国会大厦也遭了殃，支撑着大厦穹顶的大梁顷刻间就垮了，大块的金属如同阵雨般落下。人们在选帝侯大街上狂奔乱跑，扔掉手里的提包与盒子，发疯似的从一个门口狂奔到另外一个门口。在这条大街靠动物园的一端，一所马厩中的马被直接命中，马的嘶鸣声与男女的叫喊声混杂在一起，几乎在爆炸的瞬间，马就从这个地狱中窜了出来，马鬃和马尾上燃起了火焰，在选帝侯大街上撒蹄飞奔。

一阵又一阵密集的炮火系统而有条理地轰击着城市。瑞士《联邦报》记者马克斯·施内策尔（Max Schnetzer）站在勃兰登堡门旁边，注意到在威廉大街的政府区段中央，每隔 5 秒钟就有一颗炮弹落地，然后就会有半分钟或者一分钟的停顿，接着炮弹又再次倾泻下来。从他站着的地方，这位报界人士能够看见火焰从腓特烈大街车站的方向直冲云霄。“烟雾与阳光交织在一起，”他后来写道，“看上去就仿佛是云彩本身在燃烧。”

炮击在城市的其他地方同样猛烈。在维尔默斯多夫区，伊尔莎·安茨（Ilse Antz）、她的母亲以及妹妹都觉得大楼在颤抖，两个姑娘立即趴倒在地板上，她们的母亲则紧靠着门柱，尖叫着“我的上帝啊！我的上帝啊！我的上帝啊！”在诺伊克尔恩区，多拉·扬森（Dora Janssen）目送着她的丈夫，一名国防军少校沿着车行道走向他的汽车。少校的勤务兵在打开车门时，突然被一颗炮弹“完全撕成了碎片”。当尘埃落定的时候，她看见丈夫仍然站在车旁，他高昂着头颅，但脸庞却因为痛苦而扭曲。扬森太太被吓呆了，好不容易缓过神来，立即向少校跑去，她看到“他的一条裤腿已被鲜血浸透，血流出了他的靴子，滴到了人行道上”。后来，受重伤的丈夫在她面前被担架抬走了，但扬森却觉得有一种奇特的情感正在与她对丈夫的关切进行竞争。她不由自主地想道：“尽管他受伤了，可又站得那么笔直啊。他是一位真正的军人！”

不远处的另一位“军官”，他从来也不相信苏联人能够来到这么近的地方。戈特哈德·卡尔上尉，这位狂热的德国空军会计师，仍然在用行举手礼向希特勒致敬的方式同他的家人打招呼，但他现在变得绝望了。随着苏联人离得越来越近，卡尔讲究的着装依然光彩照人——确实，其光彩是越发显见了。他的妻子格尔达虽然绝对不敢对他明言，但她却认为卡尔穿着盛装制服的模样显得很可笑，他的衬衫袖口上有金色链扣，他把毫无意义的缎带披在身上，在这些日子里他还总戴着图章戒指，他那枚戒指上有用钻石组成的卐字。

不过，戈特哈德·卡尔充分意识到事态正在急转直下。中午他从位于滕佩尔霍夫的办公室回到家里，一如既往用“希特勒万岁”的方式高举右手打招呼，然后给了妻子一些指示。“既然轰炸已经开始了，”他告诉她，“你就要去地下室，一直待在那里，我要你就坐在地下室门口的对面。”格尔达惊愕地看着他，因为那似乎是最危险的地方。但戈特哈德的回答令人感到寒意彻骨：“据说在别的城市里，苏联人对付地下室就是直接用火焰喷射器烧掉，大部分人都被活活烧死了。我要你直接坐在地下室门口的对面，起码能被第一个杀死，这样不用苦等着死神的降临，也少一些痛苦。”然后，他没有再多说一句话，抓住妻子的手，行了一个纳粹举手礼，转身离开了房间。

格尔达麻木地按照丈夫的嘱咐去做了，她远远地坐在别人的前头，就在地下室的入口处。当轰炸在头顶上猛烈进行的时候，她一直在祈祷。自结婚以来，她第一次没有把戈特哈德包括在她的祈祷辞之中。下午，在丈夫通常回家的时刻，格尔达不顾他的命令冒险上了楼，在颤抖与恐惧中等了一阵，但戈特哈德并没有回来。她再也没有见到过他。

空袭刚刚结束，炮击就开始了。西方盟军对柏林的最后一次空袭——这场战争中的第363次空袭，是在上午9点25分由美军第8航空队实施的。在长达三年零八个月的时间里，美国人和英国人一直在猛烈轰炸“大B”[1]，柏林的这个绰号是美国飞行员起的。柏林人向那些轰炸机愤怒地挥动着拳头，他们为亲友的死亡和家庭的毁灭感到悲伤。然而他们的愤怒，就像那些炸弹本身一样，并非特别针对某个人，而是针对他们永远也不会见到的人。而炮兵的炮击则不同，它就来自站在门外的敌人，他们很快就会面对的敌人。

而且还有另一个不同之处在于，柏林人已经学会了在敌机轰炸的阴影下生活，他们能抓住轰炸机飞临城市的规律，就如同钟表般精确，并据此预测空袭将在何时降临。很多人已经对空袭习以为常，甚至可以根据一枚炸弹的呼啸声猜出炸弹大概落在了哪里，到最后，不少柏林市民甚至在轰炸来临时都懒得寻找隐蔽处了。但大炮却不一样，炮火在某种程度上更加危险，炮弹落地是完全无法预计的，十分突然，巨响之后，锋利的弹片如同死神的镰刀般四下飞舞，往往从弹着点打击到数米之外的地方。

新闻记者汉斯·武勒-瓦尔贝格在穿过波茨坦广场的时候，正赶上苏联的炮击。大量炮弹在广场上爆炸，他的视线内到处都是已经死亡和濒临死亡的人。在他看来，有些人是被爆炸的冲击波震死的，冲击波“把他们的肺都震裂了”。当他躲避爆炸的时候，突然想到柏林人以前是同仇敌忾地反对他们的共同敌人盟军轰炸机，而“现在，市民们根本顾不上那些死者、伤者了，所有的人只想

1　柏林（Berlin）的首字母是B，所以“大B”即指柏林。

着自保”。

这残忍的炮击毫无模式可言，漫无目的地覆盖射击，并一天天地加强。很快，呼啸声中又增加了迫击炮的炮声，以及“喀秋莎”火箭炮齐射时刺耳的怒吼声。大多数人在大部分时间里都待在地下室、防空洞、防空塔堡垒以及地铁车站里，他们完全失去了时间感。时间早已被歇斯底里的恐惧、混乱和死亡搞得模糊不清了，那些一直到4月21日之前都记着严谨日记的柏林人，他们的日记日期突然间变得混淆起来了。许多人写道，4月21日或者22日，苏联人已经杀到了市中心，而实际上苏联红军当时还在郊区作战。他们往往因为自知罪孽深重，而愈加惧怕苏联人，至少有一些德国人知道德军在苏联国土上所做的一切恶行，知道第三帝国在集中营里秘密犯下的可怕暴行。因此，随着苏军越来越近，柏林的街头巷尾都弥漫着一种噩梦般的末日恐惧。自从迦太基被夷为平地以来，任何一座城市都还没有体验过这样的恐惧。

埃尔夫丽德·瓦塞尔曼（Elfriede Wassermann）和她的丈夫埃里希正在安哈尔特火车站旁的一个巨型地堡里躲避。埃里希曾是一名军人，1943年在苏联前线失去了左腿，只能靠T字形拐杖的支撑蹒跚而行，他迅速辨听出炮击声，然后就急忙拉着妻子进入了地堡。埃尔夫丽德已经把他们的家当塞进了两个手提箱和两个大袋子里，在她自己的衣服上面放了一条埃里希的旧军裤，最上面则是她的皮大衣和毛大衣。由于她的丈夫必须要用两只手拄着拐杖，所以她把一个袋子捆在他的背上，另一个袋子捆在胸前。其中一个袋子里装着食品：一些硬皮面包，几个肉罐头和蔬菜罐头。在一个手提箱里，埃尔夫丽德还放了一大罐子黄油。

等他们到达安哈尔特火车站的时候，火车站的地堡里已经挤满了人，埃尔夫丽德最终在一个楼梯平台上找到了一处落脚的地方。他们的头顶上只有一盏光线微弱的灯，模糊的灯光下，可以看到地板上和每一级台阶上都被前来避难的人挤得满满当当的。地堡内的状况是人们难以想象的，上面的一层满是伤员，不论白天黑夜都充斥着伤者的尖声喊叫。由于缺水，厕所无法使用，因而粪便遍地。那种恶臭最初令人作呕，但过了一段时间后埃尔夫丽德和埃里希便不再注意它了，他们木讷地待了几个小时，一句话也不说，对外面发生的事情也一无所知。

只有一件事情搅动了他们的思绪，那是孩子们不停的哭叫声。许多父母已经耗尽了食品和牛奶，埃尔夫丽德看到，“有三个小婴儿，确切说是三具冰凉的小尸体，被从楼上抱了下来，他们都是被饿死的”。埃尔夫丽德旁边有一位年轻的妈妈，她带着一个三个月大的婴儿。在某一刻，埃尔夫丽德注意到婴儿已经不在年轻母亲的怀里，而是躺在旁边的水泥地上，已经没有了生机。那位母亲似乎在发呆，埃尔夫丽德也在发呆，她记得，“我目睹孩子死去，心中却没有感到一丝不安”。

在波茨坦大街，旅游局大楼正在遭受炮击。在那座有44个房间的地下防空洞里躲着2000多人，忙得不可开交的玛格丽特·普罗迈斯特（Margarete Promeist）是这里的负责人。除了平民之外，还有两个营的人民冲锋队刚刚转移进来，玛格丽特被告知那是因为“苏联人来得更近了”。玛格丽特忙得几乎精疲力竭，她为刚刚接到的一个电话而心存感激，一位密友主动提出要给她送来一些食品。现在，当她在掩蔽所内四处走动的时候，44名负伤的平民从街上被送了下来，玛格丽特匆匆过来帮助处理伤亡人员。他们当中的一位已经不治而亡——当玛格丽特静静地坐在那位给她送食品的妇女的尸体旁边时，她“嫉妒她的平静而又平和的微笑，起码她已经不必像我们那样再踏上那条耶稣走向受难处的悲哀之路了”。

战斗过程中，当大多数人待在地下的时候，药剂师汉斯·米德（Hans Miede）作为夏洛滕堡区俾斯麦街61号公共掩蔽所的对空警戒哨，仍在他负责的区域巡逻。当炮弹在他的四周爆炸时，他痛苦地看着对面楼标语牌上的大字：黎明前的时光最黑暗。

对鲁道夫·许克尔医生来说，黎明不远了。在过去的几个星期里，这位杰出的病理学家一直令他的妻子安娜玛丽深深担忧，她认为他正变得精神失常。前不久，他曾给妻子展示了一个氰化物胶囊，他还在其中添加了乙酸，增加了致命性。他曾告诉她，如果柏林的形势继续恶化，他们就用毒药结束自己的生命。从那以后，许克尔太太就注意到，“战争带来的紧张，战争的毫无意义，以及我丈夫对希特勒的怒气，已经彻底把他自己打垮了”。可怕的炮击已经持续了数个小时，无数的炮弹正在嘶吼着乱飞或是轰然爆炸。许克尔医生彻底爆发了，他突然站起身来，冲到敞开的窗户前嘶吼道：“必须宰了那个狗娘养的（希特勒）！”

希特勒的手指猛戳着地图。“施泰纳！施泰纳！施泰纳！”他叫道。元首很快就找到答案了。他叫嚷着，费利克斯·施泰纳党卫队副总指挥和他的部队，应该立即从冯·曼陀菲尔的第3装甲集团军侧翼出击，从其位于埃伯斯瓦尔德的阵地上发起南进攻势，切断苏联人对柏林的攻势。施泰纳的进攻，将会封闭布塞的第9集团军北翼崩溃时被苏联人冲开的缺口。在希特勒的地图上看来，那将是一个绝妙的行动，朱可夫的攻势现在呈箭形，尾端在奥得河，箭头则直指柏林。在朱可夫的右翼，地图上有面小旗，这面旗帜如同利刃般指向正在突破中的苏联红军部队，小旗上写着“施泰纳集团军级支队”[1]。希特勒再次信心满满起来，施泰纳的进攻将会重建第3装甲集团军和第9集团军之间的联系——甚至挽救柏林的危局。

在元首的如意算盘中，只“忽略”了一件事：实际上施泰纳手头没有兵力。早些时候，海因里希已经决定，把被苏联人赶到北方的第9集团军部队置于施泰纳的指挥之下。不幸的是，由于前线的大范围混乱以及缺乏时间，根本不可能集结起足够的兵力让施泰纳集团军级支队行动起来。事实上，施泰纳集团军级支队就是个空架子，仅仅徒有其名——但希特勒的地图上却因为其名头而赋予了其代表重兵集团的小旗。这面小旗一直插在那儿，很显然，希特勒想当然地认为它是名副其实的。

现在希特勒给施泰纳打了电话。“我记得，”施泰纳说道，“电话是在上午8点30分到9点之间打来的。希特勒的原话是，‘施泰纳，你是否知道帝国元帅（指戈林）在卡琳庄园有一支私人部队？这支部队要立即解散，并投入战斗。’我试着理解这番话到底想表达什么，但还没反应过来，他又接着开了腔，‘在柏林和波罗的海之间，从斯德丁到汉堡，每一个可用的人，都要投入我下令发起的此次进攻之中。’我申辩道，我所掌握的部队没有作战经验，我又进一步询问确切的进攻发起地点，这时元首没有给我任何答复，而是直

1 集团军级支队（Armeeabteilungen），是德军中高于军级，低于集团军级的一种部队临时特殊编制，一般只存在几个月时间就会整编掉，其间所辖的部队会根据战况需要随时变动。

接把电话挂断了。到目前为止，我根本不知道这次莫名其妙的进攻要从哪里发起，要在何时发起，更关键的是，我到底用什么发起一次进攻？”

施泰纳给克雷布斯打了电话，解释了他的状况，并且告诉陆军总参谋长他就是个光杆司令。“我记得，随后希特勒插话了，当时我正在向克雷布斯解释我的部队完全没有战斗经验，而且我们缺乏重武器。这时希特勒忽然给我上起了政治课，时间还特别长。他毫无意义的唠叨以这样一句话结尾：‘你将会看到，施泰纳。你也一定会看到，苏联人将在柏林大门前被他们自己的鲜血淹没，入侵者必将遭受最严重的失败。’我提醒他，我认为柏林的形势已经绝望了，但他对我的话完全是充耳不闻。”

之后不久，施泰纳便收到了发动进攻的正式命令。命令的最后一段这样警告道：

> 明确禁止向西撤退，凡是未能无条件地服从这道命令的军官，都要被立即逮捕并处决。
>
> 你，施泰纳，要用你的生命来负起执行这道命令的责任。帝国首都的命运就靠你出色完成此项任务了。
>
> 阿道夫·希特勒

在与施泰纳交谈之后，希特勒和空军总参谋长科勒上将通了话。“北方地区每一个可以走路的空军人员，都要交给施泰纳来部署，”希特勒说道，他的嗓门提高了，“凡是把人员截留下来的军官，都将在5个小时之内被处决。必须这样严厉警告他们！”然后他咆哮道，“你要用自己的生命来担保，每个人都被派上了战场！每一个！”

科勒惊呆了，这是他第一次听说施泰纳集团军级支队。他给陆军总司令部的德特勒夫森打电话，询问道：“施泰纳在哪里？我们的部队又应该派到哪里？”德特勒夫森对此一无所知，但他许诺会尽快搞清楚这件事情。

在这段令人发狂的时期内，有一个人，也就是海因里希，对这个方案毫不知情。当最终得知如此荒谬的消息时，他立即给克雷布斯打了电话。“施泰纳没有足够的力量发动这样的进攻，”海因里希愤怒地吼道，“我拒绝接受这道命令。我坚决主张第 9 集团军应该后撤，如果不这样做的话，克雷布斯，我必须警告你，这支唯一仍然在阵地上保卫希特勒和柏林的部队就完了。如果这最后的要求得不到批准的话，那么我就只能请求解除我的职务。”海因里希提出，自己能不能约个时间觐见一下希特勒，讨论一下形势？还没等他说完，克雷布斯立马否掉了这个请求。“那不可能，”他说道，“元首太累了。”

海因里希在他的个人作战日记中将这次交谈记录在案：“我向最高级的军官们疾呼，要记住他们对部队所承担的责任，我的呼吁被这样的话拒绝了——‘那项责任是由元首承担的’。”

维斯瓦集团军群的存在即将终结，海因里希知道，它充其量也就只能撑几天了。他的职业生涯看来也要走向终点了，这位将军完全清楚，他在打这场注定失败的战役时表现出来的不屈和顽固，会被克雷布斯看成失败主义的典型。4 月 21 日夜里，在没有预兆的情况下，海因里希接到命令，昨天刚刚晋升步兵上将的维斯瓦集团军群参谋长埃伯哈德·金策尔将被撤换，接替他的人是伊福-蒂洛·冯·特罗塔（Ivo-Thilo von Trotha）少将，他是希特勒最狂热的信徒之一。海因里希确信克雷布斯是故意把冯·特罗塔放在这个职位上的，试图以此来制约他的决策。如果真是这样的话，那其实是个毫无意义的动作。“我了解这个冯·特罗塔，”海因里希告诉艾斯曼上校，“或许他很聪明，但他有着华而不实的乐观主义，粉饰事实，不会脚踏实地而是虚妄浮夸。”将军的评论很是刻薄。海因里希决定，当冯·特罗塔到任后完全孤立他，只与艾斯曼打交道。对希特勒的信徒采用这样的做法是危险的，但海因里希现在已经考虑不了这么多了。

在 22 日黎明之前，海因里希又接到了另一个通告。柏林卫戍司令雷曼将军打电话告诉他：“我被撤职了。”随着雷曼的解职而发生的一系列事情犹如闹剧。他的继任者是另一位高级纳粹官员，某个姓克特尔（Kaether）的上校，此人籍籍无名，结果他的全名遗落在了历史之中。[1]克特尔立即被提拔为中将，跳过了少将这一级别[2]，那天的其余时间他都在兴高采烈地给朋友们打电话，告诉他们这个喜讯。但到傍晚时分，希特勒决定暂时亲自指挥[3]，克特尔被解除了职务后又成了一名上校。

1　现有资料可以确认，此人的名字叫恩斯特·克特尔（Ernst Kaether），曾经获得骑士铁十字勋章。

2　此处原文写的是提拔为少将跳过了准将，但英美国家为了和德军军衔对等，将德军中将军衔对应翻译成英美国家的少将军衔，将德军少将军衔对应翻译成准将军衔。然而根据德语直译的话，德国陆军中并无准将军衔，因此校译时保留了德语军衔的直译。

3　所谓的希特勒亲自指挥也只是挂名，他让埃里希·巴伦费格（Erich Bärenfänger）少将给他当副手，不到一天就把柏林卫戍司令的职务交给了魏德林。巴伦费格后来只负责指挥 A 防区等地的战斗，此人并非无名之辈，在营长的职务上曾获得过双剑银橡叶骑士铁十字勋章（德军中第 45 位获得者），年仅 30 岁就成了德国陆军中最年轻的少将，德国投降后他于 5 月 2 日自杀身亡。

与此同时，那个未来命运会与这座城市的最后几天结合得最紧密的人，正在让自己陷入严重的麻烦之中。卡尔·魏德林上将彻底失去了与包括他的顶头上司布塞将军在内的所有指挥部的联络。他的第56装甲军遭到卡图科夫将军的近卫坦克第1集团军的多次穿插包围和猛烈打击，这使得他与友军完全失去了联系。一时间，谣言四起，有人说魏德林是故意撤退，而魏德林又无法及时做出解释和驳斥。希特勒和布塞都听说了这些故事，在为了获得最新消息而等了将近一天之后，两人都下达了立即逮捕并处决魏德林的命令。

当硝烟在贝尔瑙的郊区消散之时，谢尔盖·戈尔博夫上尉注意到第一批俘虏从他们的防御工事里灰溜溜地走了出来。这里的战斗血腥残酷，崔可夫的部队花了差不多半天的时间，才在这个位于柏林东北方向22公里处的防区里推进了8公里。现在，镇子里的一些房屋仍在熊熊燃烧，坦克穿过它朝西南方向前进，直扑柏林的潘科区和韦森塞区。戈尔博夫坐在刚刚缴获的摩托车上，打量着那些俘虏，那是一群看起来模样糟透的人——“面如死灰，浑身尘土，疲惫不堪”。戈尔博夫向周围看了看，人造物和大自然杰作间的悬殊差异让他感慨万分。果树开花了，“花儿开遍了田舍之间，它们白得就像冬天的雪球。但坦克战车们却从这幅风景画中隆隆开过，如同黑色的猛兽。这是怎样的对比啊！”

戈尔博夫从军装上衣口袋里取出了一份折叠起来的《红星报》，仔细地从上面撕下一小片纸，在纸片上倒了一些烟草，卷成一支烟。每个人都用《红星报》卷烟，因为它比《真理报》或者《消息报》更薄一些，看起来更易燃。当土制香烟刚点着时，他还没来得及吞云吐雾一番，就看见一名德国少校在马路上摇摇晃晃地朝自己走来。

“别碰我老婆！”那人用波兰语高叫，“别碰我老婆！”戈尔博夫困惑地看着这个两眼发直的军官，眼见这个疯疯癫癫的德国人越来越近，戈尔博夫便下了摩托车迎了过去。鲜血正在从那名少校的手上汩汩淌下。

那个德国人举起布满血迹的双臂，戈尔博夫才注意到他割了自己的手腕。“我就要完蛋了，”那人喘着粗气说道，“我要自我了断，看这里！”他把流血的双手伸向戈尔博夫，“现在！你能别碰我老婆吗？”

戈尔博夫盯着他。“你这个蠢猪，”他说道，“我还有别的事情要做，才不会操心你老婆呢。”他大声召唤卫生员，然后抓住那人的手腕替他止血。当卫生员把少校带走时，戈尔博夫觉得很可能已经为时晚矣。“别碰我老婆！别碰她！”那个德国人不停地嘶吼道。戈尔博夫背靠着摩托车，再次点燃烟卷。他想，戈培尔的宣传工作真是做到家了，他们以为我们是谁，是魔鬼吗？

当布鲁诺·扎日茨基长久期盼的解放者们经过时，他站在街道上泪流满面。作为柏林以东19公里处的诺因哈根—霍珀加滕地区的共产党领导人，此刻他欣喜地看到，戈培尔攻击苏联人的那些恶毒谎言彻底垮台了。在德国老百姓的见证下，苏联红军部队整齐而高效地进入并迅速向西穿过诺因哈根，前往柏林的韦森塞区和利希滕贝格区。这个镇子并没有被战火波及，因为当地的大部分纳粹分子已于4月15日就溜号了。当时布鲁诺就告诉镇长奥托·施奈德：“苏联人一来，我就要打着白旗去迎接这群解放者，继续抵抗是毫无意义的。”镇长同意了。只有一个人进行了战斗：纳粹党社会福利单位的负责人，狂热的赫尔曼·舒斯特在自己家里筑起工事固守，向先头侦察部队开火。那是一场一边倒的战斗，苏联人用手榴弹有效地摧毁了舒斯特和他的房子。布鲁诺和共产党支部的其他成员烧掉了他们的人民冲锋队袖章，打着一面白旗出来迎接苏联人。布鲁诺这辈子还从未那么高兴过，他把所有的情报都告诉了苏联军人，并且告诉他们，他和他的朋友们是“反法西斯者，一直是反法西斯者”。对于布鲁诺来说，朱可夫所部的到来给他带来了几个星期以前就预见到的神奇疗效：他的溃疡消失了，他第一次能够在吃东西的时候不恶心也不痛了。

但这个“特效药”转瞬即逝。布鲁诺在几个星期以后拿出了自己精心准备的详尽计划，他将这份“小镇未来的社会主义行政管理”的宏图伟业交给了解放者们。但一位苏联军官听完他的念叨以后，只用一个字就枪毙了他的梦想：“不”。从这一天开始——在布鲁诺·扎日茨基怀着骄傲和惊奇注视着他的偶像们到来的 3 个星期之后——那种始终被他称为“法西斯造成的”溃疡又回来了，而且比以往更严重。

在莱尔特街监狱，被判了死刑的赫伯特·科斯奈伊下士不知道自己还能幸运多久。民政当局向他宣布，他的死刑判决已经下达，不过仍有待于军事法庭的判决。赫伯特是靠借来的时间而活着，4 月 20 日他被告知，军事法庭将在第二天审理他的案子。他知道这样的裁定只会有一个结果，那就是把他立即处决。但第二天上午，当他被押送到位于普勒岑塞（Plötzensee）的法院大楼时，那里空无一人：每个人都跑到掩蔽所里去了。

尽管苏联人的突然炮击救了他，但这个缓刑也只是暂时的。科斯奈伊现在被告知，对他的审判将在星期一，也就是 23 日进行。苏联人是赫伯特的最后救星，如果在23日前他们还没能打到监狱，那自己就彻底完蛋了。

由于炮击，囚犯们被转移到了地下室里。赫伯特注意到，警卫们突然开始变得友善起来。有谣传说一些囚犯已经被放出去了，其余的人也可能在几个小时之内被允许离开。但赫伯特确信，他将被扣留，不过他希望自己的哥哥库尔特能够出去。

库尔特也注意到了这些谣传，不过他还知道一些赫伯特不知道的事情——而且那些事情至少在某种程度上是真的。耶和华见证会[1]的某些成员，那些被宣判有罪的拒服兵役者，他们在监狱里做各种各样的零星粗活——已经被点了名，释放证也发给了他们，这意味着他们即将重获自由了。库尔特注意到，一位耶和华见证会的成员似乎并不急于离开，他坐在地下室的一张桌子旁，细嚼慢咽把马口铁盘子里的最后一丁点食物全部吃光。“你为什么不和别人一起离开这个鬼地方呢？”库尔特疑惑地问道。那人的解释很简单。“我家在莱茵兰那边，在西方盟军战线的后方，”他说道，“现在没法去那里。我只是打算留在原处，待在这里，等战争结束了再做打算。”

库尔特看着那人的释放证，如果那位见证会信徒要浪费这个宝贵的机会，那就把它让给更需要的人吧！当那名囚犯继续吃东西的时候，库尔特一边继续和他搭话，一边靠近了那张黄色的意味着自由的纸。又经过了几分钟的亲切交谈后，库尔特设法把那张纸塞进

1　耶和华见证会，19世纪70年代初由查尔斯·塔兹·罗素在美国创立的一个基督教教派，认为“世界末日”在即，主张个人与上帝感应交流。这里的拒服兵役者，就是由于宗教信仰，而不积极参与任何有关战争行动的人。

了自己口袋里，神不知鬼不觉，他马上离开了。

他迅速找到赫伯特，把那张珍贵的释放证给了他。但令他大吃一惊的是，赫伯特拒绝接受。赫伯特说，由于他被判了死罪，盖世太保是不会放过他的；而库尔特只是因为有共产党嫌疑入狱，他没有受到任何指控。“你会有一个更好的机会，”赫伯特告诉他哥哥，“你走吧。”然后他又佯装热情地补充道，“别担心，也许我们今天都能出去，谁先走不是走呢。”

过了一小会儿，库尔特·科斯奈伊肩膀上扛着铺盖，走进底楼的警卫室，排在了那列正在等候办理释放手续的耶和华见证会成员里面。有个名叫巴特的党卫队士官认识库尔特，一下子就看到了他。在这可怕的瞬间，库尔特以为自己铁定完蛋了，但巴特却转过身去当作啥也没发生。桌子后面的人有些不耐烦地说道：“下一个。”库尔特立马诚惶诚恐地呈上他的释放证。5分钟以后，库尔特·科斯奈伊手里拿着盖着官方大印的释放证，站在了监狱外面的街道上——他自由了。街道上炮火肆掠，“空中弹片横飞”，但库尔特·科斯奈伊几乎没有注意到这一切，他感到“幸福得发狂——好像我喝了二十来杯白兰地似的”。

苏联红军已经进抵措森。雷巴尔科上将的近卫坦克第3集团军的坦克手们，把德国陆军总司令部完好无损地拿了下来，同时还俘获了少数几个工程师、士兵和技术员。别的人都已经撤离了。

雷巴尔科手下的那些疲倦、满脸污垢的坦克手，面对着庞大的地下空间内的夺目灯光，惊讶地眨着眼睛。当他们在走廊、生活区和办公室里四下走动时，随处可见迅速撤离的迹象。鲍里斯·波列伏依（Boris Polevoi）少校是科涅夫司令部里的政工人员，他看到地板上散布着地图和文件；在一个房间里，桌子上放着一件浴袍，不远处的皮箱子里放着一些家庭照片。

第500型电话交换机是台巨大的电话综合处理设备，被完好无损地缴获了。士兵们站在门口，目瞪口呆地注视着控制台上闪烁的灯光，现在已经无人来操作了。一块大标牌就靠在电话配电板前，用非常简单的俄语写着警告："士兵们！不要损坏这座设备，对苏联红军来说很有价值。"波列伏依和其他军官猜测，是那些逃跑的德国工人"立起这些标牌，为的是保命"。

那些在这个指挥中心被俘的人当中包括汉斯·贝尔托，他就是这座复杂的电器系统的主任工程师，现在他正带着苏联人参观500型电话交换机。贝尔托通过苏联女译员解释说，有位接线员一直待到司令部被攻占的前一刻，当钢丝录音机播放他最后的谈话内容时，苏联人就站在这个洁净整齐的大房间里安静地听着。措森在德国人手中的最后几分钟里，电话仍然继续从这个面积迅速缩小的帝国各地打来，这些电话都被录了下来。

"我有一条给奥斯陆的紧急信息。"一个声音用德语说道。

"对不起，"措森的接线员说道，"我们不再转接了，我是这里的最后一个人。"

"天啊，发生什么了……？"

另一个声音："注意，注意，我有一条紧急信息……"

"我们并不接受任何信息。"

"能与布拉格联系吗？他们在柏林感觉如何？"

"伊万马上就到门口了。我现在关机了。"

措森陷落了。除了这番短暂的检查，科涅夫的部队在那里几乎没有停留。坦克部队的一个触手正伸向波茨坦，另一个触手已经越过了努特运河，抵达了柏林滕佩尔霍夫区南边的利希滕拉德（Lichtenrade）。其他坦克朝泰尔托（Teltow）推进，正在突破泰尔托运河南边的防御。运河彼岸就是采伦多夫区和施泰格利茨区（Steglitz）。

到 4 月 22 日傍晚，科涅夫的部队已经突破了柏林南边的防线，第一个冲入了柏林，比朱可夫提前了 24 小时以上。

在元首地堡里，例行的军事会议在下午 3 点开始。在第三帝国为期 12 年的历史中，从来也没有像今天这样，惯常流露出来的乐观情绪消失不见了。奥得河前线几乎崩溃了。第 9 集团军事实上已经惨遭合围，该集团军战斗力最强的第 56 装甲军失去了联系，音讯全无[1]。施泰纳根本就没有力量发动进攻。柏林被苏联人包围也是指日可待了。几乎每个小时都有打了败仗的指挥官被撤换。帝国已经行将就木，正在进行最后的垂死挣扎。连它的最高统治者，现在似乎也放弃了希望。

希特勒的发言在滔滔不绝歇斯底里的辱骂之中达到了高潮，挨骂的对象是他的将军、他的顾问、他的军队，以及被他引领到灾难中的德国人民。希特勒唾沫横飞地说道，最后结局已经近在眼前，一切都分崩离析了，他再也无法继续打下去了，他决定留在柏林，亲自指挥城防战直到最后的时刻，最后再开枪自杀。克雷布斯上将

1　在海因里希的战争日记里，所有的电话交谈内容都用速写逐字记了下来，其中有一条令人吃惊的内容："4 月 21 日 12 点 30 分，布塞对海因里希说：'刚刚得到消息，第 56 装甲军昨晚在没有得到明确命令的情况下，从霍珀加滕移驻奥林匹克村，要求逮捕……'"谁也不知道布塞是从哪里得这份情报的，但这份情报是错误的，奥林匹克村位于柏林西边的德伯里茨，而魏德林则在城市的东郊作战。——原注

和德国空军的代表埃克哈特·克里斯蒂安（Eckhardt Christian）少将都被这突如其来的一幕吓蒙了，在他们俩眼中，希特勒似乎完全崩溃了。只有约德尔一个人保持冷静，因为就在两天前，希特勒已经把这一切全都告诉这位国防军指挥参谋部参谋长了。

在场的每个人都试图说服陷入疯狂的元首，他们还没有输掉一切。他们说，他必须继续掌控帝国，而且他必须离开柏林，因为已经不可能从首都来控制帝国的事务了。这位曾经让他们的世界保持团结的人，现在粗暴地拒绝了他们。希特勒说，他会待在柏林，其他人愿意上哪里去就请便。所有人都目瞪口呆。为了证明自己不会食言，希特勒将自己与柏林城共存亡的决定公开。他在众人面前口述了一份声明，要求立即广播出去，其他人则设法说服他在第二天之前是没法发布声明的，结果这份声明就没有立即发布出去。与此同时，地堡里的军官和顾问们都向他们在城外的同僚发出呼吁，再给元首施加一些压力。希姆莱、邓尼茨甚至连戈林都打来电话，像之前那些身处柏林城的高官一样，乞求他改变主意。但希特勒不为所动。

约德尔被人叫走去接听电话。当他离开后凯特尔试图劝阻希特勒，还要求与他私下交流。会议室里的人随后都识趣地离开了。凯特尔轻声告诉希特勒，目前有两个举措仍然可以一试：一是“在柏林被战火吞噬前就提出投降”；二是安排“希特勒飞往贝希特斯加登，并在那里立即开始停战谈判”。按照凯特尔后来的回忆，希特勒“立即打断了我的话，不让我再说下去，他说道：‘我已下定决心，绝不离开柏林，我将保卫这座城市直到最后。要么我赢得这场保卫帝国首都的伟大战斗，要么我作为帝国的象征而走向死亡。’”

凯特尔认为这个决定完全是疯了。“我坚持我的看法，”他告诉希特勒，“您今晚就应该前往贝希特斯加登。”希特勒已经不想再听了，他把约德尔喊了回来，在与这两位军官随后进行的私下交流中，他“给我们下达了命令，要我们飞赴贝希特斯加登，在那里与希特勒的指定接班人戈林一起接管政权”。

“这么多年了，”凯特尔抗议道，“我从未拒绝执行您的命令，但这道命令我无法执行，您不能抛弃我们的国防军。”希特勒回答说：“我必须待在这。”接着约德尔建议，可以把温克的部队从其在易北河的阵地调往柏林[1]。凯特尔宣称他将立即赶到西线，去见温克将军，“免除他此前的所有任务，命令他率部火速支援柏林，与第9集团军会合”。

希特勒对这项建议表示出了难得的赞同。在凯特尔眼中，这项提议“在如今显然糟透了的局势中给希特勒带来了某种宽慰”。随后不久，凯特尔便动身奔赴温克的指挥部。

某些没有参加此次会议的军官，比如德国空军总参谋长卡尔·科勒上将，他们对元首精神崩溃的消息大为吃惊，以至于拒不相信他们派出的代表对当时的场面所做的汇报。科勒匆匆赶到约德尔新设在波茨坦东北8公里处的克兰普尼茨（Krampnitz）的指挥部，在那里科勒几乎一字不差地证实了他听到的消息。“你知道的是真的。”约德尔对科勒说道。他还告知德国空军总参谋长，希特勒已经放弃了战争，打算在最后时刻自杀。约德尔继续说道：“希特勒说，他由于身体原因无法参加战斗，而且他不这么做的原因是害怕落入

1 约德尔曾彻底研究了“日食行动”的文件，他确信，温克向东大举猛攻不会受到美国人的阻碍，他相信美国人在易北河就永远停止前进了。——原注

苏联人的手里，比如说在只伤不死的情况下。我们全都劝他别这样，希特勒歇斯底里地狂喊着他再也无法继续了，接下来要靠帝国元帅掌舵了。还有人指出，戈林根本指挥不动下面的部队。元首回答说：‘你想得太多了，谈什么战斗？不会再打多久了，轮到谈判登场的时候，帝国元帅的表现肯定优于我。’”约德尔补充道：“希特勒说，部队已经丧失斗志了，柏林的反坦克路障已经被我们自己人打开了，整座城市不再处于防御状态了。”

元首地堡现在的情况表明，希特勒说的话句句当真。他花了几个小时来挑选文件和书信，让人拿到院子里统统烧掉；然后他又唤来了戈培尔、戈培尔太太以及他们的孩子们，要他们与他一起待在地堡里，直到最后时刻。戈培尔的助手维尔纳·瑙曼博士之前就已知道，“戈培尔觉得当战败来临时，唯一体面的做法就是在战场上光荣牺牲或是自我了断”，帝国部长的妻子玛格达·戈培尔也持同样的观点。当瑙曼听说戈培尔一家搬进总理府的时候，他就知道“那将是他们的最后归宿”。

戈培尔对“叛国者和卑劣者”的鄙视程度，几乎与希特勒相同。在元首情绪总爆发的前一天，戈培尔将宣传部的人召集到一起，大声骂道：“德国人民失败了！东边的人在夺路而逃，西边的人正打着白旗迎接敌人。德国人民自己选择了他们的命运，我并没有强迫任何人与我共事，但你们为何与我一起工作呢？现在你们的小小的喉咙就要被割开了！不过请记住我的话，当我们踏上离去的路途，大地也将战栗。”

按照希特勒的标准，看来唯有那些现在计划自杀并把自己埋入坟墓里的人，才算是忠诚的德国人。就在那天晚上，成群的党卫军逐屋搜查，寻找他们眼中的逃兵和卖国贼。惩罚是迅速而无情的。刚刚抵达柏林的难民——16 岁的埃娃·克诺布劳赫——在附近的亚历山大广场看到了可怕的一幕：路灯柱子上吊着一名年轻的国防军列兵的尸体。死者脖子被绳子拽着，摇摇晃晃的，满是血污的腿上捆着一张惨白的纸板，上面写道："叛徒。我是抛弃人民的懦夫。"

在这个决定性的一天，海因里希从早到晚都在等待一条他觉得肯定会来的消息，即希特勒已经允许第 9 集团军撤退。布塞的部队快陷入苏联红军的合围，与两翼友军的联系都已被切断，面临着被歼灭的命运。然而克雷布斯却仍然坚持要其坚守既有阵地，甚至更进一步地提议第 9 集团军的部分部队应尝试向南打出一条路来，随后与舍尔纳元帅的部队会合。布塞本人的态度也令事情复杂化了。海因里希试图让他在没有得到命令的情况下撤退，而布塞却对此严词拒绝，声称除非元首本人下达明确的命令，否则决不后撤，也不敢后撤。

4 月 22 日上午 11 点，海因里希警告克雷布斯，到傍晚的时候第 9 集团军就将被敌人分割成数个部分。克雷布斯对此不以为然，反而乐观地预言，舍尔纳元帅将会向北方推进，很快就将与布塞会合并改善当前的局势。海因里希没那么蠢，他告诉克雷布斯："舍尔纳的进攻光准备都要花上好几天的时间，到那时第 9 集团军早已不复存在了。"

随着时间一个小时又一个小时地流逝，形势正变得越来越令人绝望。海因里希一再敦促克雷布斯采取果断措施。"你把我的部队钉死在了阵地上，"他终于爆发了，"而这时你又告诉我，我必须竭尽全力避免柏林被敌人包围，要为元首的安危负责。但我要从崩溃的前线拯救出部队来保卫元首和首都你们又不同意，我说这一切我办不到，请求把我撤了你们又不允许。你到底要怎么样？”元首大本营不仅在布塞的事情上指手画脚，制造了无尽的麻烦，现在又要求冯·曼陀菲尔的第3装甲集团军发起反击，把罗科索夫斯基的部队赶回到奥得河的另一边去，这完全是一种疯子般的梦呓。所以当海因里希接到这道命令的时候，他只能喘粗气。

中午12点10分，海因里希再次警告克雷布斯："我确定，这是把第9集团军撤出来的最后机会。"两个小时以后，他再次打电话，但克雷布斯已经去参加元首的会议了。海因里希对德特勒夫森将军说道："我们必须得下决心了。"下午2点50分，克雷布斯终于给海因里希回了电话：元首同意，第9集团军的部分兵力可以撤退到外环防线的北翼一带，同时放弃法兰克福。海因里希对此嗤之以鼻，这是个对改善局势几乎没有帮助的折中方案。他并没有向克雷布斯指出，那座城市一直由希特勒断定的"绝非格奈森瑙式人物"的比勒尔上校率部稳固地坚守着。比勒尔将会发现，现在已经很难脱离战斗了。无论如何，批准撤退的命令来得太晚了，第9集团军已经被敌人包围了。

两个小时之后，克雷布斯再次打来电话。这一次他告知海因里希，元首在会议上已经决定，要把温克将军麾下的第12集团军从西线抽调出来，掉头向东朝柏林发动一次进攻，以减轻第9集团军的压力。这是一个令人惊愕万分的通知，海因里希干巴巴地评论道："他们将受到最热烈的欢迎。"然而，让第9集团军完全撤出的命令仍未下达。尽管他们已经陷入了重围之中，但海因里希依旧相信布塞的部队有足够的力量向西转进，现在克雷布斯谈到温克的消息——在此之前海因里希甚至从未听说过他——又提供了一种新的可能性。海因里希后来说道："这个消息似乎给岌岌可危的第9集团军带来了希望，他们仍有机会被从包围圈里救出来。"海因里希给布塞打了电话。"克雷布斯刚刚告诉我，温克集团军即将转移，向你的方向机动。"他说道。他指示布塞，把他最得力的师撤出来，向西突破苏军防御，与温克的部队会师。布塞抗议说，这将会让他失去大部分战力。海因里希已经忍无可忍了，他没有继续解释，而是粗暴地吼道，"这是给第9集团军下达的命令，"他用强硬的口吻让对方哑口无言，"撤出一个师，让它打通与温克会合的道路。"争论已经把他累坏了。

在柏林环形防御圈各处，夜空染上了红色的光芒，持续不停的炮击将每个区都炸得坑洼洼。不过，在莱尔特街监狱的地下室里，一种喜气洋洋且令人激动的气氛一直在稳固地发酵。当天下午有21个人被放走了，剩下的囚犯后来还拿回了一些自己的贵重物品。按照警卫们的说法，这个行动是高层授意的，为的是能加快释放的进程。现在，囚犯们时刻期待着重获自由，有些人甚至乐观地认为第二天清晨前他们就可以到家了，甚至连赫伯特·科斯奈伊现在也感到，他已经战胜了刽子手。

一个警卫走进了地下室，他手里拿着一份名单，迅速开始点名。人们用耳朵紧张地捕捉着每个被点到的名字，其中有一名共产党员、一名苏联战俘，还有几个科斯奈伊认出是在1944年密谋行刺希特勒的嫌疑人。警卫一口气报出了一长串名字："……豪斯霍费尔……施莱歇……蒙青格尔……佐西诺……科斯奈伊……莫尔……"突然，赫伯特·科斯奈伊希望满满地意识到，他的名字被点到了。

一共有16名囚犯被挑了出来。清点人数之后，警卫便把他们带入了办公室。他们一个挨着一个被叫进去，其他人就在门外等着。当轮到科斯奈伊的时候，他看到屋子里有6个党卫队员，全都喝得醉醺醺的。其中一个人核对了他的名字，然后把他被逮捕时取走的东西还给了他，那些东西实在少得可怜：他的军饷簿、一支铅笔和一个打火机。赫伯特为他的个人财产写了收条，又在一张表上签了字，那张表声明他已经被释放了。一个党卫队员告诉他："好吧，你很快就能和你老婆团聚了。"

回到地下室以后，他们被告知去收拾铺盖。赫伯特·科斯奈伊被自己的好运惊呆了，但他很快回过了神来，迅速将自己那点可怜的行李打包，特别是把结婚四周年时妻子送给他的那套好西装仔细地折叠好。打完自己的包后，他又开始帮助狱友豪斯霍费尔打包。豪斯霍费尔的财物中有一些吃的喝的，包括一瓶酒和一块黑面包，他无法把那块黑面包塞进自己的帆布背包里，所以就做顺水人情送给了科斯奈伊。接下来就是长时间的等待，在差不多过了一个半小时之后，这16个人排成两排，被人带着走上了地下室的台阶，随后又穿过一扇门进入了一间黑乎乎的大厅。突然，门在他们身后砰地关上了，这让他们完全处于黑暗之中。接着有人打开了一个手电筒，赫伯特的眼睛逐渐习惯了昏暗的光线之后，看到手电筒挂在一名戴着钢盔、握着手枪的党卫队军官的皮带上，那是名一级突击队大队长（中校）。"你们要被转移，"他告诉大家，"别想逃跑，那会被就地枪决。把你们的坛坛罐罐装到外面的卡车上，我们要去波茨坦火车站。"

赫伯特的希望破灭了。有那么一会儿他想着要逃进附近的一间小牢房里躲起来，他确信苏联人将在几个小时之内到达这个地方。但就在他考虑是否要躲藏起来的时候，他心灰意冷地意识到党卫队员正端着冲锋枪站在屋内各处，黑洞洞的枪口随时都可以要了自己的小命。

囚犯们被驱赶出去，来到了莱尔特街上，然后朝伤残退役军人街走去。天正下着雨，赫伯特把夹克衫的领子拉了上来，把围在脖子上充作围巾用的毛巾系得更紧了一些。在街道上，这些人被叫住后遭到了搜查，刚刚退还给他们的个人财产又被拿走了。随后队伍再次动身，每个囚犯身旁都有一名携枪的党卫队员。当他们踏上伤残退役军人街时，一名党卫队士官提议抄近路，穿过被炸毁的乌拉普（Ulap）展览馆。他们在瓦砾中穿行，进入了那座巨大建筑物的废墟之中，其混凝土柱子框架犹存。突然，每个囚犯都被身边的党卫队警卫揪住了衣领，一些囚犯被押到了左边，其余的被押到了右边。他们被直接带到建筑物的墙根面前站好，相隔大约 2 米——现在，所有人都知道接下来迎接自己的将是什么了。

有些囚犯开始跪地求饶。赫伯特旁边的那个人尖叫了起来："求求你们！让我活下去！我什么都没干！"这时赫伯特感到一把手枪的冰冷枪管顶着他的后脖颈，就在士官高喊"开枪"的瞬间，赫伯特把头转了过去。党卫队员齐射时发出了震耳的枪声，赫伯特感到突然受到猛击，随后倒在地上失去了知觉。

现在，那名一级突击队大队长沿着倒地的人走去，依次对着每个囚犯的脑袋补枪。当他来到赫伯特面前的时候，嘀咕了一句："这头猪已经够受了。"随后他说道，"快，伙计们。我们必须抓紧，今天晚上我们还有更多的活要干。"

赫伯特永远也不知道他在那里躺了多长时间。过了一段时间后，他小心翼翼地把手放在脖子和面颊上，那里血流如注。在枪声响起的那一刻，他转头的动作让他幸存了下来。现在他发现自己的右臂和右腿已经无法动弹了。但他缓慢地爬着，咬着牙爬出废墟，终于来到了伤残退役军人街上。随后他站起身来，发现自己还能走，他将毛巾在受伤的喉部系得更紧了一些，然后缓慢而痛苦地朝沙里泰医院走去。他数次倒地，其间还被一群希特勒青年团员叫住了一次，起初他们要求验看他的身份证，但后来见他伤势严重，也没有为难这个可怜虫，便把他放走了。

路上，他扔了鞋子，因为“鞋太重了”。他还遇到了猛烈炮击。究竟走了多久，他永远也记不清了——他始终神志恍惚——不过，最终还是走回到离弗兰泽基街有一段距离的家。然后，赫伯特·科斯奈伊，这位莱尔特街监狱大屠杀唯一幸存的见证人，用最后一点力气砰砰地敲着房门。他的妻子黑德维希吓了一跳，但仍战战兢兢地开了门，却没有认出站在那里的人是谁，他满脸是血，上衣前面也浸满了鲜血。她被这一幕吓坏了，颤抖地问道：“你是谁？”就在倒下之前，科斯奈伊勉强说了句：“我是赫伯特”。[1]

4 月 23 日凌晨 1 点，在第 12 集团军指挥官瓦尔特·温克上将位于维森堡森林的指挥部里，电话响了。德国国防军中最年轻的兵种上将仍然穿着制服，坐在扶手椅上打盹。他的指挥部代号“旧地狱”，位于马格德堡以东约 56 公里处，以前是一位猎场看守

1　另外 15 具尸体在 3 个星期以后被人发现，阿尔布雷希特·豪斯霍费尔的手里仍然攥着他在狱中写下的几句十四行诗。其中一句是：“当时光被疯狂引导的时候，他们就是被绞死的最好的头颅。”——原注

人的家。

温克拿起电话。第 20 军军长报告说，威廉·凯特尔元帅刚刚经过他的防线，正在前往集团军指挥部的途中。温克给他的参谋长京特·赖希黑尔姆上校打了个电话。“有客人要来，”他说道，“是凯特尔。”温克一直打心眼里厌恶希特勒的参谋总长，凯特尔是这世上他最不想与之交谈的人。

在过去的几个星期里，温克所目睹的悲伤、苦难和惨剧，比他在任何战斗中所见到的还要多。随着德国边界的收缩，他的防区已经成了一个彻头彻尾的巨大难民营，到处都是无家可归的德国人——在道路上，在田野、村庄和森林里，睡在四轮马车里、帐篷里、抛锚的卡车里、火车车厢里，乃至空地上。温克已经把他防区里每栋可住人的建筑——屋舍、教堂，甚至村镇的舞厅——都变成了难民的避难所。他后来回忆道：“我扮演着牧师的角色，每天到处走动，尽一切可能拯救那些难民，特别是孩童和伤患。而且我们也一直想搞清楚，美国人究竟何时会从他们的桥头堡发动进攻，渡过易北河。”

集团军现在每天都为 50 多万人提供食物。来自帝国各地的火车到了易北河和柏林之间的这块狭窄地带，就再也无法继续行进了，它们装载的货物对第 12 集团军来说既是一种福利，又是一种负担。每种能够想象到的货物，从飞机零部件到整车的黄油，都能在火车上找到。在几公里之外的东线，冯·曼陀菲尔的装甲部队由于缺乏燃料停止了行进；而另一边的温克手里的汽油几乎多得用不完。他已经向柏林汇报说有这些多余物资可供调遣，但至今也无人认领，甚至都没有人承认曾收到他的报告。

在等候凯特尔抵达期间，温克十分焦虑地认为，如果这位国防军最高统帅部长官知道他用大量物资救助难民，帮助他们维持生活的话，肯定会表示反对——按照凯特尔那套军人道德规范，这样的行为是不可思议的。温克听见一辆小汽车驶来，一名参谋讽刺道："现在一起来围观凯特尔扮演英雄吧。"

凯特尔身着陆军元帅的全套服饰，甚至还手持元帅权杖，在助手和副官的伴随下进入了这间不大的房子。"凯特尔和他的手下趾高气扬地迈着步，仿佛他们刚拿下了巴黎，正在胜利进军呢。"那种"傲慢和炫耀"在温克看来是极其可鄙的，"因为每条道路都在讲述悲惨的故事，德国事实上已经一败涂地了"。

凯特尔用元帅权杖触了一下他的帽子，然后正式行了军礼。温克立即看出他的客人拘礼作态下的焦虑与激动。凯特尔的助手取出地图摊开，凯特尔俯下身，轻轻地点着柏林的位置，开门见山地说道："我们必须拯救元首。"

随后，也许感觉有些唐突，凯特尔转移了话题，要求听取关于第 12 集团军的形势简报。温克对难民和麾下部队为难民所做的一切只字未提，只是笼统地讲了讲易北河地区的情况。甚至在端上咖啡和三明治的时候，凯特尔也没有放松下来，而温克一点也没让他的客人得到放松。"事实上，"他后来解释说，"我们觉得这群人没什么了不起的。凯特尔又能告诉我们什么我们还不知道的信息呢？告诉我们一切都结束了？"

凯特尔突然站了起来，开始在房间里来回踱步。"希特勒，"他神情严肃地说道，"已经完全崩溃了，更糟糕的是他似乎丧失了斗志。鉴于当前的形势，你必须让你的部队转向，与布塞的第 9 集团军一起向柏林全力进攻。”当凯特尔描述形势的时候，温克只是静静地听着。“柏林战役已经开始了，”凯特尔略显激动地说道，“德国和希特勒的命运正处在危急关头。”他郑重地望着温克，“发动进攻救出元首是你的责任。”温克的思绪突然溜了号，很不适宜地想到，这大概是凯特尔这一辈子离前线最近的时刻了吧？很早以前，在与凯特尔打交道过程中温克就总结出了一个“真理”：“如果你向他提出一个反驳的理由，那么等待你的只有两种下场，要么被痛斥两个小时，要么被当场撤职。”所以现在温克学精了，他很自觉地答道：“当然，元帅阁下，我们将执行您的命令。”

凯特尔点了点头。“你将从贝尔齐希-特罗伊恩布里岑（Treuenbrietzen）地区进攻柏林。”他说道，同时指着在第12集团军战线东北大约19公里处的两个小镇。温克知道，这个计划根本无法实施。凯特尔的所谈所想是以充足的部队为基础的——足够的兵员、大量的坦克，整装待发的各个师——而这些部队要么很早前就在敌人的打击下灰飞烟灭了，要么压根就没存在过。受困于兵力的严重不足，再加上装甲部队实力趋近于零，温克根本不可能在坚守易北河防线抵御美国人的同时，又向柏林发动进攻以拯救元首。无论如何，要从东北方向发起攻势并杀入柏林是极其困难的，路上有太多的湖泊和河流，他手头的这点有限兵力只能从北面进入柏林。他向凯特尔提议，第12集团军向柏林的进攻，“应该从湖泊的北边，途经瑙恩（Nauen）和施潘道”。温克补充道，“我想，我可以在大约两天之内发动进攻。”凯特尔默默地站了一会儿，然后面无表情地说道：“我们等不了那么长时间了。”

温克不想与凯特尔爆发争论，那完全就是在浪费时间，所以他当即同意了凯特尔的计划。陆军元帅离开指挥部的时候，转向温克说道："我祝您的作战取得圆满成功。"

当凯特尔的汽车驶离之后，温克把他的参谋们统统召了过来。"现在，"他指出，"我们实际上要这么做。我们将尽力向柏林靠近，但我们不会放弃易北河畔的阵地，我们的两个侧翼要保留在易北河畔，这样的话一条逃往西边的渠道就能保持畅通。向柏林进攻除了被苏联人包围别无意义，我们将尝试与第 9 集团军会合，然后把每个能够及时赶到西边的士兵和平民带出去。"

至于希特勒，温克只是淡淡地说了句"他的命运已经不再重要了"。当他在发布进攻命令时，温克忽然想起在夜间冗长的讨论中，凯特尔竟然一次也没有提起柏林的人民。

马格德堡迎来黎明曙光之时，有三个德国人悄悄地渡过易北河，向美军第 30 步兵师投降。其中一人是 54 岁[1]的库尔特·迪特马尔（Kurt Dittmar）中将，他是一名德国国防军军官，每天向前线广播最新的公报，在整个帝国以"德国最高统帅部的喉舌"而出名。和他一起举起双手的是自己 16 岁的儿子埃伯哈德和维尔纳·普卢斯卡特少校。普卢斯卡特少校是参加过 D 日战斗的老兵，他率领的马格德堡炮群在阻击辛普森将军的美军第 9 集团军强渡易北河的过程中发挥了关键作用。

迪特马尔被认为是所有德国军事播音员中最合格的一位，他在德军中有大量崇拜者，甚至在盟军监听人员中也收获了为数不少的拥趸。这位"明星"立即被带到了第 30 步兵师师部接受审讯。他

1 此处原文写的是 57 岁，但迪特马尔出生于 1891 年，1945 年时应该是 54 岁。

提供的一份情报让情报军官们大吃一惊：他明确表示希特勒还留在柏林。对盟军军官们来说，这是个有启发性的消息，迄今为止，对于元首的具体位置谁也不清楚[1]，大多数谣传都说他待在南边的“国家堡垒”里。但迪特马尔坚持自己的说法，他直言不讳地告诉审讯者，元首不仅在柏林，而且他认为“希特勒要么选择在那里战死，要么会在绝境中自杀”。

“告诉我们‘国家堡垒’的情况。”有人催促他。迪特马尔对此感到大惑不解，他说自己所知的有关“国家堡垒”的唯一事情，是一月份他从一份瑞士报纸上读到的。他同意这样的说法，即在北方有小股部队的抵抗，“包括挪威和丹麦，在南方意大利境内的阿尔卑斯山区也有小股部队的抵抗”。他补充说，“不过，那与其说是有组织的抵抗，不如说是环境逼出来的”。审问他的人逼他说出“国家堡垒”的详细情报，迪特马尔摇了摇头：“‘国家堡垒’吗？那是一个编造出来的浪漫梦想，只是个传说而已。”

这就是事实。第12集团军群指挥官布莱德雷后来感叹道：“‘国家堡垒’仅仅存在于几个狂热的纳粹分子的臆想之中。它竟被神化成了一个如此夸张的方案。更令我感到吃惊的是，我们居然就这样天真地相信它的存在。由于一直相信它的存在，这个传说……也就决定了我们战术思维的发展方向。”

卡尔斯霍斯特位于柏林东部利希滕贝格区的南部边缘，德军坦克纵队在卡尔斯霍斯特的街道上隆隆穿行着，扬起了一团团尘埃。埃莉诺·克吕格尔惊诧地观望着这一幕，她的犹太人未婚夫约阿希

1　显然伦敦在收到维贝格提交的报告之后，还没来得及把它传达出去。——原注

姆·利普希茨就躲藏在她家的地下室里。这些坦克是从哪里来的？它们要到哪里去？那些坦克不是往城里开，而是向南边的舍讷韦德（Schöneweide）冲去，似乎是在逃离柏林。是不是苏联人就跟在后面？如果真的如此，那就意味着约阿希姆终于获得了自由。不过德国军队为什么要离开这座城市呢？他们是不是已经放弃了这座城市？是不是在撤退？

埃莉诺并不知道，她看到的是魏德林将军吃了败仗、遭到重创的第56装甲军残部，他们正在试图与主力部队恢复联系。在被逼到了城市的郊外之后，魏德林的部下以一种最为迂回的方式，与已被包围的布塞的第9集团军再次恢复了联系：他们一抵达城市边缘，便用公用电话给在柏林的最高统帅部打电话，随即还通过无线电叫通了第9集团军。第56装甲军接到急令，立即开赴首都的南部地区，从那里冲破苏联人的包围圈，再次与第9集团军会合，会合地点是离城大约24公里处的柯尼希斯武斯特豪森（Königs Wusterhausen）和小基尼茨（Klein Kienitz）地区。从那里，他们将参与尝试切断科涅夫部队的战斗。

但在此之前，魏德林还有其他未尽事宜要处理。他现在已经听说，根据对他故意从战场上逃跑而导致他的部队失去指挥的指控，布塞的指挥部和希特勒的大本营都已派出军官要逮捕他。盛怒之下，他命令部下在没有他的情况下向前推进，而他则前往城里，要与克雷布斯对质。

几个小时后，魏德林横穿柏林来到总理府，穿过地下室来到所谓的副官地堡。克雷布斯和布格多夫在那里有办公室，他们态度冷漠地迎接了他。“出了什么事？”魏德林愤怒地质问道，“告诉我，为什么要枪毙我。”从战役开始的那一刻起，他的军部就一直位于前线，怎么能说他逃跑了？有人提到德伯里茨的奥林匹克村。魏德林咆哮道，第56装甲军从来也没有去过德伯里茨的附近，若是到了那里，“那就是最大的愚蠢”。克雷布斯和布格多夫的态度慢慢缓和起来，他们很快便许诺，将“毫不耽搁”地向元首澄清事实。

魏德林随后向两人简要介绍了第56装甲军的态势。告诉他们部队即将向柏林南部发动进攻——接着，“我顺口提了一句，在离开以前我收到了一个报告，说在鲁多（Rudow）附近看到了苏联坦克先遣部队”。鲁多在城市东南的诺伊克尔恩区边缘，克雷布斯立即察觉到了危险。他说，这样的话，第9集团军给第56装甲军下达的命令就得改变，魏德林的部队得待在柏林。随后克雷布斯和布格多夫一起匆匆去见希特勒。

不久之后，魏德林被告知希特勒想见他。前往元首地堡的路并不近，走了挺长一段路才穿过魏德林后来所称的“地下城”。从克雷布斯的办公室出发，他首先经过一段地下隧道，然后又穿过一间厨房和餐厅，最后走下一段楼梯，才进入元首的个人房间。

克雷布斯和布格多夫向希特勒介绍了他。“帝国的元首，”魏德林写道，“就坐在一张摆满了地图的桌子后面。我走进去的时候，他的头转了过来，我看见了一张可怕的浮肿的脸，眼神焦虑不安。当他试图站起来的时候，我惊恐地注意到他的手和腿在不断颤抖。他费了很大力气终于直起了身，脸上带着扭曲的微笑与我握手，以几乎听不见的声音问，我们以前见过面吗？”魏德林说以前见过一次，一年以前元首曾经给他授勋。希特勒解释道：“我确实记得你的名字，但没能记住脸。”当希特勒坐下后，魏德林注意到甚至连坐着的时候，“他的左腿也在不停地抖动，膝盖就像钟摆一样摇摆，只是摆动得更快一些”。

魏德林向希特勒汇报了第56装甲军的态势。接着希特勒批准了克雷布斯的建议，即该军要留在柏林城内。元首随即开始阐述他的柏林防御方案。他提出，应该从西边把温克的集团军抽回来，从东南把布塞的部队调进来，从北边把施泰纳的部队调进来，这样一来，就能在某种程度上把苏联人的进攻矛头截断。魏德林写道：“我越来越惊愕地听着元首的高谈阔论。”魏德林越发清楚一个残酷的事实，“如果没有奇迹，那么最终战败的日子已经快要来到了”。

当晚，在遭受了惨重损失以后，第56装甲军总算与南边的苏联军队脱离了接触，进入了柏林城。一天后，魏德林被任命为柏林的卫戍司令，这令其感到震惊。

斯大林向朱可夫和科涅夫下达了编号为11074的命令，这道命令把柏林在他们俩之间分割了开来：从即日，也就是4月23日起，白俄罗斯第1方面军和乌克兰第1方面军之间的分界线将从“吕本起，经托伊皮茨（Teupitz）、米滕瓦尔德（Mittenwalde）、马林多夫（Mariendorf），一直到柏林的安哈尔特火车站”。

尽管科涅夫不能公开抱怨，但他却对此感到十分伤心，因为最大的战利品被划在了朱可夫那边。这条分界线笔直地划过了柏林城区，将科涅夫的部队置于帝国国会大厦以西大约135米处，而苏联人始终认为帝国国会大厦是这座城市的象征性建筑，是战利品中的皇冠，是要插上苏联国旗的地方。

现在这座城市开始死亡了。在大多数地方，水和煤气供应已经被彻底切断。报社开始歇业，最后一份报纸是纳粹官方主办的《人民观察家报》，也在4月26日关闭了。它被戈培尔授意创办的一份有4页篇幅的《装甲熊报》(*Der Panzerbär*)取代，后者被吹嘘为“大柏林保卫者的战斗报纸”，持续出版了6天。随着街道变得无法通行、汽油短缺、车辆损坏，市内的所有交通也就渐渐地停止了。货物配送服务停止运转，已没有任何类型的货运。制冷工厂也不再运转。4月22日，城内有百年历史的电报公司有史以来首次关门，它收到的最后一封电报来自东京，电文内容是：“祝你们所有人好运。”在同一天，最后一架飞机离开了滕佩尔霍夫机场，载着9名乘客飞往斯德哥尔摩。而柏林的1400名消防队员接到命令，要他们到西边去。[1]

现在，由于所有的警察不是在军队里就是在人民冲锋队里服役，城市逐渐变得失控了。人们开始劫掠财物，铁路调车场里停滞的货运列车，在光天化日之下就被人破门而入了。玛格丽特·普罗迈斯特在猛烈的炮击当中，去铁路调车场跑了一个极其危险的来回，带出来一块腊肉。“回想起来，”她事后说道，“我认为这纯粹是在发疯。”埃莱娜·马耶夫斯基(Elena Majewski)和薇拉·翁格纳德(Vera Ungnad)一路跑到位于莫阿比特区(Moabit)的铁路调车场，她们看到人们在抢夺成箱的杏、李子和桃子罐头，还有成麻袋的各种奇怪的豆子，但这两个姑娘不感兴趣，她们不认识绿色的咖啡豆。她们拿了一箱罐头食品，上面贴的标签是“杏”，回到家才发现是

1 有两项业务没有间断，始终继续着：一是波茨坦气象台做的气象记录，在整个1945年一天都不缺；二是该城17家啤酒厂中的11家——根据政府法令，它们从事的是“必需性”生产——在持续生产啤酒。——原注

苹果酱，而两个姑娘本来一直就讨厌苹果酱。罗伯特·舒尔策的遭遇甚至更为糟糕。他花了5个小时，与一伙暴民试图从一家大型食品商店里搞一些土豆，但轮到他的时候，土豆全都被抢光了。

那些不想把物品白送人的店主，往往不得不白送。希特勒青年团员克劳斯·屈斯特与他的姑姑一起走进一家商店，想要一些吃的。当店主坚持说只剩下一些米面的时候，屈斯特掏出枪威逼他。店主飞快地拿出了各式各样的食物，确切地说是从柜台底下拿出来的。屈斯特把能拿得动的都拿走了，随后和震惊不已的姑姑离开了商店。“你个无法无天的小兔崽子，”当他们出去后他的姑姑叫道，“你就是个美国歹徒！”屈斯特回答道：“噢，闭嘴！现在的问题是事关生死。”

埃尔夫丽德·迈加特听到谣传，说是位于赫尔曼广场的卡尔施塔特百货大厦遭到了洗劫。她匆匆赶到那里，发现里面已经人满为患。“每个人都在推搡着，踢打着，就为了挤进门去，”她后来说道，“没有人排队，没有售货员，看上去也没有人在负责。人们只是在争抢看得见的每样东西，如果最终发现那件东西无用，他们就干脆把它扔在地板上。在食品部，地板上有一层几寸厚的地毯似的烂泥，那是由炼乳、柑橘浆、面条、面粉、蜂蜜组成的烂泥，是由被暴民们打翻或者扔掉的所有东西组成的烂泥。”

看上去店里还有几个管理员，因为不时有人喊道：“出去！出去！商店要被炸掉了！”没有人搭理他，那明显是个花招。妇女们在服装部抢夺外套、连衣裙和鞋子，床上用品、亚麻织品和毯子则被其他人从架子上拽了下来。在糖果部，埃尔夫丽德看见一个男人从一个小男孩手里抢了一盒巧克力，那孩子哭了起来，他喊道：

“我要再找一盒。”他果然又找到了一盒。

但在出口处，结局出现了。当人们试图带着他们的赃物出去时，有两个管理员把每个人都挡住，他们允许人们带走食品，但别的都不行。很快，门旁边就堆满了商品，人们吃力地从那堆商品中间穿行而过，推推搡搡，试图强行从那两名管理员身边走过。当埃尔夫丽德拿着她抢来的外套试图通过时，一名商店管理员从她手里一把夺走了外套。“请把它给我，”她乞求道，“我冷。”他耸了耸肩，又从那堆商品中把外套取回来递给她。“滚蛋！”他说道。从始至终，当暴民们互相争抢眼前所有东西的时候，一直有人在不断地叫喊：“出去！出去！商店要被炸掉了！”

目击卡尔施塔特百货大厦遭到洗劫的人中就有莱克沙伊特牧师，他以一种令人吃惊的方式身处现场。他的一位教区居民生了一个死胎，婴儿的尸体被火化，悲痛万分的母亲想以恰当的仪式安放骨灰瓮，莱克沙伊特同意到场——即使这意味着得冒着持续不断的炮击走上几公里路，才能到达那个妇女想让孩子落葬的诺伊克尔恩区的墓地。他们迈着沉重的脚步走着，那位母亲用购物袋装着那个小小的骨灰瓮。在途经卡尔施塔特百货大厦的时候，他们看见暴民在洗劫商品。他的那位教区居民瞪眼看着，突然说道：“等我一下！”莱克沙伊特吃惊地站在那里，只见“她从我的身边跑开，消失在商场里，连同她一起消失的还有骨灰瓮和购物袋”。过了会儿她回来了，兴高采烈地挥动着一双结实的靴子。她转向莱克沙伊特说道：“我们走吧？”

在回去的路上，莱克沙伊特故意不让她靠近卡尔施塔特百货大厦，而这恰恰做对了。那天下午，这座巨大的百货商厦发生了剧烈震动，炸药把它炸成了碎片。据报道，党卫军在商店地下室里储存了价值2900万马克的补给品，为了不让这些东西落入苏联人手里，他们炸掉了这座大商场。有若干名妇女和儿童在爆炸中丧生。

面对劫掠者，许多店主干脆放弃了。他们不是让自己的商店被不法之徒砸得粉碎，就是把货架上的商品清理出来，把补给品分发出去，且不收配给票证或者钱。部分原因是店主们听说，如果苏联人发现有人囤积食品，就会把商店烧掉。一个星期以前，在诺伊克尔恩区，电影放映员京特·罗塞茨（Günther Rosetz）曾经想在滕格尔曼的食品杂货店里买一些柑橘酱，但遭到了拒绝。现在罗泽茨看见，滕格尔曼食品杂货店正在销售一桶桶的柑橘酱、燕麦、糖和面粉，全都是10马克1磅。这家商店正在惊恐地把食品倾销掉，只是为了清掉商店里所有的库存。在兴登堡大街拐角处的卡斯帕里酒馆里，亚历山大·克尔姆简直无法相信自己的眼睛：凡是来到这里的人都分到了成瓶的酒。希特勒青年团员克劳斯·屈斯特在他家所在的街区里再次冒险，从一个地方搞到了200支免费香烟，又从另外一个地方搞到了2瓶白兰地。街区里的酒馆老板说："嘿，你还不如把它喝掉，苦日子就要到了。"

即使是这些强抢者，实际上也搞不到肉类。起初有几位肉商把供应品发放给特殊的顾客，不久后那些供应品也发完了。现在，整个柏林的人开始瓜分马肉，那些马匹是被炮弹炸死在街道上的。夏洛特·里希特（Charlotte Richter）和她的妹妹看见人们正在用刀子切割布赖滕巴赫广场上的一匹灰白色的死马，夏洛特看到"那匹马并没有倒向一边，而是蹲坐在地，马头仍然高仰着，睁大着眼睛，有些妇女正用切肉刀剁马腿肉"。

鲁比·博格曼发现，她喜欢用香槟酒刷牙，因为香槟酒能让牙膏产生大量泡沫。在海因里希·舍勒时尚的格鲁班–苏夏饭店里，鲁比和她的丈夫埃伯哈德过着一种颇具异国情调的生活，舍勒信守诺言，当炮击开始的时候，他就邀请博格曼夫妇和他一起住到自己华丽的地下室里。饭店的银器、水晶制品和精美瓷器的备用品都储存在那里，而且舍勒还提供了物质享受。地板上铺着东方地毯，在入口的两侧，睡觉的地方用厚重的灰绿色帷幕隔开，屋里摆放着奢华的厚垫椅子、一张沙发和几张小桌子。每张小桌子上都覆盖着从饭店里取来的米黄色和赭色的亚麻布。自来水停了几天，香槟酒却管够。“清晨、中午和晚上我们都在喝香槟酒，”鲁比记得，“香槟酒就像水一样——就像我们没有的自来水一样——流淌着。”

食品是真正的问题。博格曼夫妇的好友皮娅·范赫芬有时同他们分享地下室里的物质享受，她在来访的时候偶尔能带来一些面包，甚至还有点肉。不过，住在这里的人大多是靠金枪鱼肉和土豆维持。鲁比想知道准备这些主食得有多少方式。每当被问起，饭店那位喜怒无常的法国厨师长莫普提就得再说上一遍。既然现在美国人的到来似乎无望，这一小群人就决定享乐一番，因为他们随时都可能死去。

“老爸”森格尔去世了。在经历了4年的轰炸以及最后几天的炮击之后，这位78岁、经历过第一次世界大战的老兵拒绝被吓倒。事实上，埃尔娜·森格尔用尽了所有的说服力量，才得以阻止她的丈夫康拉德去参加一战战友的例会。她让“老爸”干活，在花园里挖一个浅洞，把她制作的果酱藏起来。康拉德也认为，把他的旧军刀与果酱藏在一起是个不错的主意，这样苏联人在家里就找不到武器了。

但这活一干完，“老爸”就不顾全家人的苦苦哀求上了街。后来他们在马丁·尼默勒牧师家燃烧着的废墟外的树丛中，发现了他被弹片打得满是窟窿的尸体，而那里距离他们家并不远。当炮弹覆盖整个地区的时候，一家人用手推车把“老爸”送回了家。埃尔娜走在车旁，回忆起他们最后一次聊天时，谈到《圣经》中的哪句引语用在这个时代更为贴切，当时她的观点与康拉德稍微有点不同。“老爸”断言，人只能靠着诗篇第90篇活着，尤其是第4诗节。“在你看来，千年如已过的昨日，又如夜间的一更。”埃尔娜并不同意。“在我个人看来，”她告诉他，“我认为那首诗过于悲观了。我更喜欢第46篇：‘神是我们的避难所，是我们的力量，是我们在患难中随时的帮助。’”

棺材无处可得。要是试图去墓地的话，无论如何都太危险了。可是他们又不能把尸体停放在温暖的家中，最后只得把尸体留在门廊里。埃尔娜找到两小片木头，把它们钉在一起充当十字架，随后轻轻地把十字架放在丈夫的两手之间。她低头看着“老爸”，希望能够告诉他，他是对的，因为第90首诗篇接下来的那句话是：“我们因你的怒气而消灭，因你的愤怒而惊惶。”

伯恩哈德·哈皮希神父低下头，看着他的布道笔记。柔和的烛光照耀着达勒姆宗教会所的小礼拜堂；而在外面，维尔默斯多夫区以东的天空却几乎是血红的，炮击在凌晨3点就把修女们唤醒，几乎12个小时以后仍然在持续。附近某处的玻璃被震碎了，一波巨大的震荡摇撼着大楼。哈皮希神父听见街上传来大声的叫喊，然后又听见捷克斯洛伐克造的高射炮发出低沉的射击声，高射炮就架在马路对面的产科医院和孤儿院里。

坐在他面前的那些修女一动也不动。当他抬头注视她们的时候，他发现根据院长库内贡德斯的命令，嬷嬷们已经把她们日常佩戴的沉重的银质十字架取了下来，取而代之的是小小的不显眼的铁十字架——所谓的死亡十字架——被固定在她们的法衣上。那些银十字架连同所有的戒指和手表都被藏了起来。

哈皮希神父自己也做了一些准备。他在达勒姆区的居所里备好了一个大箱子，里面放进了一些医疗器械、装有药品的药箱，还有邻居们贡献出来的药剂、绷带和白床单。在当牧师以前，哈皮希神父曾获得过医学学位，眼下他重操旧业，既当医生又当牧师。他现在每天都要看护炮击中的伤者，照料事故中的受害者，治疗歇斯底里和休克的病人。他身穿医生白大褂的时间和穿牧师法袍的时间一样多了。

他再次看着眼前的一小群修女、护士和庶务修女，默默祈祷上帝将把正确的话语带给他，然后开始布道。

“在不久的将来，预计苏联红军将占领这座城市，”他说道，“有关苏联人非常坏的谣传已经散布开来。在某种程度上，那些谣传已经被证明是确有其事，但也不应该一概而论。如果你们在场的人当中，有人经历过不快的事情，那就要记住小圣阿格尼丝的故事。在12岁的时候，她被命令崇拜虚假的神。她对耶稣起誓，做了画十字的动作，结果她的衣服被撕扯掉了，她在一群异教徒的面前受到折磨。然而这并没有使她胆怯，而异教徒们被感动得流下了眼泪。她的事迹为公众所知，有些人讨好她，还有些人甚至向她求婚，但她回答说‘耶稣是她的所爱’，最终被判了死刑。她站着祈祷了一会儿，随后被斩首，天使立刻把她带到天堂去了。”[1]

哈皮希神父停顿了一会儿。“你必须记住，”他说道，“就像圣阿格尼丝一样，如果你的身体被玷污了，那你就不想要它了，你将在天国得到双倍的永恒报偿，将戴上殉难者的冠冕，因而不要有负罪感。”他停了下来，接着又强调说，“你没有罪”。

当他沿着侧廊走回去时，会众们唱起了退场赞美诗。“无论何时，我愿与主同住；若无主佑，恶魔无法驱除”，这是那首古老的赞美诗《求主同住》中的词句。

由于边远的社区被苏联人的进攻隔断了，因而在舍讷贝格区温特费尔德大街的长途电话交换机房里，主控台上的灯光一个接一个熄灭了，然而交换机房里的人仍然像以往那样忙碌着。主管伊丽莎白·米尔布兰德和接线员夏洛特·布尔梅斯特并没有躲到地下掩蔽所里，而是把折叠帆布躺椅、床垫和枕头带进了办公室。这两个女人打算在主交换机房所在的5楼能坚持多长时间，就坚持多长时间。

突然，大楼里的喇叭传出了电台的广播声。设在掩蔽所的医院里，接线员海伦娜·施罗德为她所听到的消息感到欣喜若狂。而在5楼，米尔布兰德和布尔梅斯特正在记录消息，这样一来她们就能用电话通知所有仍与交换机房有联系的地区。“注意！注意！”电台播音员说道，“不必焦虑，温克将军的部队已经与美国人取得了联系，他们正在向柏林发动进攻。鼓起勇气来吧！柏林不会

1　圣阿格尼丝（Saint Agnes，291—304），基督教敬奉的童贞女和殉道者，生活于公元4世纪初的罗马。传说阿格尼丝貌美，约13岁时自称除耶稣外别无所爱，矢志不嫁。罗马皇帝戴克里先迫害基督教徒时，阿格尼丝以身殉教。

失守！”

苏联红军突破了城市防御圈的外环，冲进了第二道防线。他们在 T-34 坦克和自行火炮的后面蹲伏着，在街道、马路、林荫道和公共绿地中激战。打头阵的是科涅夫和朱可夫麾下拥有“近卫军”称号的久经战阵的突击部队，与他们在一起的戴坦克帽的军人来自 4 个坦克集团军，跟在他们身后的是一列又一列步兵。

一群奇怪的军人，几乎来自苏联的每个加盟共和国，除了生机勃勃的各近卫军团之外，他们在外貌和战斗服装上都有很大不同。他们操着许多不同的语言和方言，结果军官往往无法与自己部队里的人进行交流[1]。大军中有俄罗斯人和白俄罗斯人、乌克兰人和卡累利阿人[2]、乌兹别克人、蒙古人和哥萨克人。有些人穿着深棕色的制服，有些人穿着土黄色或者灰绿色的制服，还有的人穿着深颜色的裤子和高领军上衣，军上衣的颜色从黑色到米黄色不等。他们的帽子也是各种各样——带有可上下移动护耳的皮风帽、毛皮帽子，还有破旧不堪汗渍斑斑的卡其布帽子。他们似乎全都使用自动武器，或骑马，或步行，或骑着摩托车，或坐在马车以及各式各样缴获的车辆上，奔向柏林。

在舍讷贝格的交换机房里，喇叭里传来的声音命令道：“大家注意。摘下你们的党徽，丢掉你们的党内书籍，脱下你们的制服，把它们扔进院子里的那个大沙堆，要不然就送到机房，它们将在那

1 本书作者记得，1944 年在诺曼底，两个穿着德军制服的被俘士兵给美军第 1 集团军情报部门的审问者带来了一个奇怪的问题，当时本书作者也在场，那问题是谁也不听懂他们的语言。这两个人都被送到了英国，在那里人们发现他们是西藏牧民，被强抓壮丁加入了苏联红军，在东线被俘后又再次被强抓壮丁加入了德军。——原注

2 卡累利阿（Karelia），苏联自治共和国，与芬兰接壤。

里烧掉。”

目睹了5辆苏联坦克在步兵的簇拥下从街道上隆隆驶过，送奶工里夏德·波甘诺夫斯卡停下送奶车，惊得目瞪口呆。波甘诺夫斯卡把马车调过头来，赶着车回到了达勒姆庄园农场。他直奔地下室，和自己的家人待在一起。

他们等了片刻。掩蔽所的门突然被踢开了，苏联红军士兵走了进来，他们默默地四下打量了一番又离开了。过了一小会儿，有些士兵回来了，命令波甘诺夫斯卡和农场的其他员工到行政楼里去。等候期间，他注意到所有的马都不见了，不过奶牛还在。一名苏联军官说着流利的德语，命令工人们回去工作，让他们喂牛和挤牛奶。波甘诺夫斯卡几乎无法相信，他原以为情况会糟糕得多。

在市郊的各区里，人们接触到首批苏联军队的情况都一样。苏联红军的先头部队，虽历经磨难但在行为举止上无懈可击，完全不是吓坏了的市民们原先预料的那个样子。

下午7点，皮娅·范赫芬坐在位于舍讷贝格区公寓楼的地下室通道里，正在给几个马铃薯削皮。不远处同一幢公寓楼的几个妇女背朝着敞开的地下室大门，聚在一起聊天。突然间皮娅抬起头来，张大了嘴凝视着两个端着冲锋枪的苏联士兵，冲锋枪的枪口正对着她。“我静静地举起了双手，一只手里拿着刀子，另一只手里拿着马铃薯”，这个场面令她永生难忘。另外几个妇女看了看她，转过身来，也举起了手。令皮娅惊讶的是，其中一名士兵用德语问道：“这里有当兵的吗？有人民冲锋队吗？有枪吗？”妇女们摇了摇头。“好德国人！”那名士兵赞许道。他们走了进去，摘下几个女人的手表，然后消失了。

随着夜色越来越深，皮娅看见的苏联人也越来越多。“他们是作战部队，许多人会说德语，”她记得，“但他们似乎只对继续前进、参加战斗感兴趣。”皮娅和公寓楼里的妇女们断定，戈培尔有关苏联红军穷凶极恶的所有言论，只不过是另一番谎言。“如果所有的苏联人都这样的话，”皮娅告诉她的朋友们，“那么我们就没有什么可担忧的了。”

玛丽安娜·邦巴赫也有同样的感觉。一天早晨，她刚钻出位于维尔默斯多夫区的地下室，就看见她家后门的外面出现了一间苏联人的野战厨房。在黑林地公园里露营过夜的苏联战斗部队的士兵，正在与这一带的孩子们共同享用食品和糖果。他们的举动给玛丽安娜留下了特别深刻的印象。他们把一些方形的垃圾箱倒立起来充当桌子，每个上面都铺着布垫子，那些布垫子显然是从附近的别墅里拿来的。他们在那块地的中央，坐在直靠背椅子上，吃着摆在垃圾箱上面的东西。除了对孩子们和蔼可亲之外，这些苏联人似乎对平民视而不见。他们只待了几个小时，然后继续前进了。

多拉·扬森以及她丈夫的勤务兵的遗孀既震惊又害怕得要死。在勤务兵被炸死、扬森少校负伤之后，多拉邀请那位遗孀与她住在一起。这两个毫无自卫能力的女人由于悲伤和恐惧而饱受精神摧残。她们待在扬森家的地下室里，这时多拉看见“墙上出现了一个巨大的影子”，影子的手中握着一支枪。在多拉看来，那个幽灵“似乎就像一门大炮，握在一个大猩猩的爪子里，士兵的头似乎大得有些变形”，这令她喘不过气来。苏联人出现在眼前，后面还跟着一个，命令她们从地下室里出去。“现在，”多拉想，“有些事情要发生了。”

两个女人被带到户外，苏联人递给她们扫帚，指着散落在人行道上的瓦砾和碎玻璃。两个女人呆住了，她们既惊讶又如释重负。这令苏联人捧腹大笑。

别的人与刚刚到达的一线部队间的遭遇更为折磨人。伊丽莎白·埃伯哈德差一点就被枪毙。作为一名社会福利工作者，她受雇于天主教主教康拉德·冯·普莱辛，几年来一直在帮助犹太人四处躲藏。她在拜访一个朋友时，首次遇见了两个苏联人——一名年轻的金发军官和一名女翻译。两人全副武装走进了房子，女翻译手里还端着冲锋枪。苏联人刚进屋，恰好电话响了。当伊丽莎白的朋友接起电话的时候，那位原先举止得体的军官一把夺过了电话。“你们俩都是叛徒，”翻译告诉她们，“你们与敌人联系。”两个女人被匆匆赶出房子来到花园里，军官让她们背靠墙站着，说是要枪毙她们。伊丽莎白的膝盖在颤抖，她冲着他喊道：“我们一直在等你们！我们一直是反对希特勒的！我丈夫作为政治犯在监狱里待了 12 年！”

那个苏联女军人做了翻译。军官慢慢放下了枪，他似乎非常尴尬，于是他向伊丽莎白走去，抓起她的右手吻了一下。伊丽莎白同样吻了对方的手，她用尽可能保持的随意口吻礼貌地问道：“你们愿意同我们一起喝一杯吗？”

先期抵达的苏军部队纪律严明秩序井然，几乎令每个人都感到惊异。药剂师汉斯·米德注意到，苏联士兵“似乎在避免朝房子里面开火，除非他们确信德国守军躲在那里”。海伦娜·伯泽一直生活在对苏联人到来的恐惧之中，她在自家的地下室台阶上与一名苏军士兵面对面相遇，对方看上去“年轻英俊，身穿干净整洁的制服”。当她从地下室里走出来的时候，他只是看了看她，然后做出表示善意的手势，给了她一根绑着白手绢的棍子作为投降的标志。在维尔默斯多夫区的同一地区，伊尔莎·安茨一直认为柏林人将会“像饲料一样被丢给苏联人”。当第一个苏联士兵进来的时候，她正在公寓楼的地下室里睡觉。她醒了过来，恐惧地盯着他，但那个黑头发的军人只是冲着她微笑，用蹩脚的德语说道：“为什么要害怕？现在一切都好了，睡觉吧。”

对某个群体的柏林人来说，苏联军队的到来根本就没有带来恐慌。犹太人早就习惯了恐惧。莱奥·施特恩费尔德原先是住在滕佩尔霍夫区的一名商人，被迫替盖世太保收垃圾，在苏联人的推进过程中他一直苦苦等待着。他有一半的犹太血统，整个战争期间都生活在极度痛苦的提心吊胆之中，永远也不知道什么时候他和他的家人就会被送到集中营去。在战时的大多数时间里，施特恩费尔德的姓都让他和他的家人在防空掩蔽所里不受欢迎；但是当炮击开始的时候，莱奥注意到邻居的身上出现了一种值得注意的变化。“这幢房子的居民，”他回忆道，“几乎是把我们拽进掩蔽所里的”。

施特恩费尔德看见第一批部队来到的时候，真是喜出望外。他们秩序井然且态度平和，对莱奥来说他们就是解放者。苏联红军的营长询问，他们是否可以用莱奥家里的一间屋子举办一场庆祝会。“我的所有东西您都可以用。”莱奥告诉他。若干天以前，当附近的邮局被炸毁的时候，他已经失去了房子的一半，好在还剩下 3 间屋子。“您可以使用那间有天花板的屋子。”莱奥向苏联军官保证道。作为回报，他和家人以及一些朋友都被邀请参加庆祝会。苏联人来的时候提着几篮子食品和酒水。“这一刻在我看来，”莱奥说道，“就仿佛整个苏联红军都来参加这场庆祝会似的。”苏联人喝了许多伏特加，然后在手风琴的伴奏下，那位营长开始放声高歌，生活中他可是位歌剧明星。坐在边上的莱奥被迷住了，多年以来，他第一次觉得自由了。

躲藏在克吕格尔夫妇家地下室里的约阿希姆·利普希茨从藏身处走了出来，迎接苏联红军的到来。在几个月的隐匿生活期间他自学了俄语，现在他正用语速缓慢磕磕巴巴的俄语，试图向苏军战士说明自己是谁，并表达他对获得解放的感激之情。令他惊讶的是，那些苏联人都高声大笑起来，嘻嘻哈哈地拍着他的后背说他们也感到高兴，随即又补充说他的俄语说得太可怕了，再次笑得喘不过气来。约阿希姆并不介意，对他和埃莉诺·克吕格尔来说，漫长的等待已经结束了。战役结束的时候，他们将成为首对结婚者。埃莉诺后来说，一旦他们领到结婚证，那将标志着“我们个人对纳粹的胜利。我们赢了，再也没有什么东西能伤害我们了”。[1]

随着一个个社区被红军占领，各处的犹太人也从藏身之处走了出来。然而，有些犹太人仍然非常害怕，即便来自纳粹的危险早就成为过去，仍然待在他们的秘密藏身处。20 岁的汉斯·罗森塔尔在利希滕贝格区那间长 1.8 米宽 1.5 米的小房间里一直待到 5 月份，总共躲藏了 28 个月。在一些地区，犹太人因为苏联军队的到达获得了自由；但当苏联人暂时被此起彼伏的猛烈反击赶回去的时候，他们又不得不面临再次转入地下的命运。

1　约阿希姆·利普希茨最终成为西柏林最著名的官员之一。1955 年他当上了西柏林政府的内务局长，掌管该城的警察部队。一直到 1961 年去世以前，他一直是东德共产党政权的死敌。——原注住在潘科区的韦尔特林格尔夫妇的经历最为奇特。他们很早就被解放了，那名进入他们藏身的默林家公寓套房里的苏联军官，将永远被西格蒙德·韦尔特林格尔当作“天使长米迦勒的化身”而铭记。当这名军官看见他们的时候，用不怎么流利的德语大声说道：“苏联人不是野蛮人，我们会善待你们的。”他以前曾在柏林留过学。

接下来的气氛又突然变得紧张起来。军官和他的部下搜查了整栋公寓，结果发现了6把左轮手枪。苏联人将公寓楼的居民集中起来，宣布士兵发现了他们藏匿起来的被丢弃的制服。每个人都被命令走出大楼，背靠墙排列成行。西格蒙德迈步向前，说道：“我是犹太人。”那名年轻军官微笑着摇了摇头，做了一个割断喉咙的手势，说道：“不会有犹太人活着了。”西格蒙德一再强调他是犹太人。他看着背靠着墙排列成行的其他人，如果是几个星期以前，倘若知道他下落的话，其中的许多人就会去告发他。然而现在，西格蒙德却用清晰洪亮的声音说道：“这些人都是好人，他们给藏在这栋房子里的我们提供了庇护。我求你们不要伤害他们，这些武器是人民冲锋队丢掉的。”

他的声明拯救了所有居民的命。德国人和苏联人开始互相拥抱。西格蒙德说：“我们陶醉在幸福和欢乐之中。”那名苏联军官立即为西格蒙德和他的妻子带来了食品和酒水，站在那里急切地注视着他们，敦促他们吃。西格蒙德和妻子差点由于吃了这些东西而病倒，因为他们的肠胃已经不适应这么油腻的食物了。“瞬间，”西格蒙德说道，“人们变得对我们非常亲切友好。我们被请进了一个空套间，有人给我们食物和衣服，我们第一次能够站在清新的空气里，走在大街上。”

不过，党卫军发动的一次反击把苏联人从这个地区赶了出去。西格蒙德头一天救出来的那批居民，突然变得再次充满敌意。西格蒙德说："那真是令人难以置信。"第二天苏联人再次夺回了这个地区，他们再次获得了解放，不过却是由另一支苏联军队，而这一次，苏联人不愿意相信西格蒙德是犹太人。楼里所有的男人都被装上一辆卡车，带走询问。当西格蒙德与妻子道别的时候，他不知道所有的剥夺和所有的藏匿，是否会面临一个毫无意义的结局。他们被带到东北郊的某个地区，一个接一个地在地下室里受到讯问。西格蒙德被带进房间，坐到明亮的灯光下，对面的黑暗处有几名军官坐在一张长桌的后面。西格蒙德再次强调他是犹太人，躲藏了两年多的时间。随后一个女人的声音从黑暗中传了出来："向我证明你是犹太人。""怎样证明？"于是她要他背诵希伯来人的信经。

在寂静的屋子里，西格蒙德看着坐在前方黑暗处模糊不清的脸庞，用右手盖住自己的头，声情并茂地颂念出一段最为古老的祈祷文：《以色列啊，你要听！》(Shema Yisrael)。他用希伯来语缓慢地吟诵道：

> 以色列啊，你要听！
> 耶和华我们神是独一的主。

此时那个女人再次说话了。"走吧，"她说道，"你是犹太人，是个好人。"她说自己也是犹太人。第二天，西格蒙德与他的妻子团圆了。"没有任何语言，"他说道，"能够描述我们重逢时的感受。"

他们手拉着手走在阳光下，“自由了，就像孩子一样幸福”。

如果说修女院院长库内贡德斯感觉到任何恐惧的话，她那张安详的圆脸上也不会表现出丝毫。在达勒姆宗教会所的周围，战斗进行得十分激烈，每次坦克一开火大楼都会晃动，甚至在用沙袋封堵的地下室里也能感觉到那种震荡。不过库内贡德斯却并不理会机枪发出的嗒嗒声以及炮弹的轰鸣声，当枪炮声停止的时候，她正在那间成了小礼拜堂的小餐室里祈祷，有那么一段时间，战斗的喧嚣声似乎消失了，不过库内贡德斯仍然跪着。一名修女走进小礼拜堂，对修女院院长耳语道：“苏联人，他们来了。”

修女院院长库内贡德斯平静地求主给自己赐福，跪拜，然后迅速跟着那名修女走出了小礼拜堂。苏联军人先是出现在宗教会所后面，接着穿过花园走了过来，他们出现在厨房的窗户外面，冲着里面的嬷嬷和庶务修女咧着嘴笑，用枪指着她们。现在，一名年轻的中尉率领10名士兵正等待着院长嬷嬷的到来。厨娘列娜是乌克兰人，于是她被匆忙找来充当翻译。修女院院长注意到，那名军官“看上去很聪明，而且举止得体”。

他询问达勒姆宗教会所的情况。库内贡德斯解释说，这是一家产科医院、医院和孤儿院，列娜补充说里面只有“修女和婴儿”。中尉似乎明白了，“这里有没有士兵或者武器？”他问道。库内贡德斯说道：“没有，当然没有，这座楼里没有那样的东西。”有些士兵开始索要手表和首饰。中尉对着他们痛骂一顿，那些家伙羞愧地退了下去。

修女院院长嬷嬷告诉年轻的军官，由于有孩子、孕妇和修女，达勒姆宗教会所需要得到某种保护的保证。中尉耸了耸肩，他是个战士，他所感兴趣的只是肃清敌人，继续前进。

就在苏联人离开大楼的时候，有些士兵停下来注视着圣米迦勒的巨大雕像，圣米迦勒是“与一切恶魔进行战斗的上帝的武士”。他们绕着雕像转圈，用手触摸着雕刻出来的长袍的褶子，抬头望着雕像的脸。中尉向院长嬷嬷道别，似乎有什么东西让他忧虑，有那么一会儿，他注视着那些看雕像的人，然后对库内贡德斯说道：“这些都是好人，正派的遵守军纪的军人。但我必须告诉你，那些跟在我们后面的人，那些正从后面赶上来的家伙，都是猪猡。”

苏联人向前推进的浪潮无可阻挡。随着帝国和首都的剩余领土被入侵者分割开来，元首地堡里那些陷入疯狂的人突然发出了一道又一道孤注一掷的命令。前面的命令被相反的命令所取代，然后相反的命令再被取消，新的命令又接踵而至。魏德林的参谋长冯·杜夫芬中校是这样总结的：“杂乱导致混乱，命令相互矛盾，最终一切都走向了无序。”

德国人的指挥系统几近崩溃。随着西方盟军和苏军距离会师越来越近，负责指挥西线战事的国防军最高统帅部与负责东线战事的陆军总司令部令人绝望地纠缠在了一起。陆军总司令部的副总参谋长埃里希·德特勒夫森少将接到了德累斯顿城防指挥官绝望的电话，科涅夫向西进军打算与美国人会师的坦克部队已经接近了该城。德累斯顿城防指挥官被告知，要把他所有兵力放在穿城而过的易北河的东岸。10 分钟以后，国防军最高统帅部又命令德累斯顿城防指挥官，让他把兵力放在西岸。

这样的状况到处都是。通信系统几乎不存在了：国防军最高统帅部眼下设在柏林西北方[1]大约80公里处的莱茵斯贝格（Rheinsberg），它的通信完全依赖于一根固定在一个低空拦阻气球上的天线。而在柏林，希特勒那些无法用电话下达的命令，都要通过动物园防空双塔中那座较小的指挥塔上的通信指挥系统中转，再用无线电发出。在L塔巨大的电信室里，空军中尉格尔达·尼迪克（Gerda Niedieck）坐在电传打字机和译码机的旁边，她注意到此时希特勒的来电大多都是一个主题：对信息表现出疯狂的疑问——通常是有关已经消失的集团军的信息。无线电电传打字机一再打出他的来电："温克的阵地在什么地方？""施泰纳在哪里？""温克在哪里？"有时来电令24岁的格尔达难以忍受，她只能在电传打字机前默默哭泣，一边流泪一边发出希特勒的电文和他的威胁，还有他的命令：这个濒临灭亡的国家要战斗到最后一个德国人。

最后，在经历了6年的战争之后，陆军总司令部和国防军最高统帅部——他们麾下的军队一度相隔4800公里远——通力合作，成立了一个统一的指挥部。威廉·凯特尔元帅立即对陆军总司令部和国防军最高统帅部组成的联合指挥部的军官们发表了演说。"我们的部队，"他非常有把握地说道，"不仅愿意战斗，而且完全有能力战斗。"他在新指挥部里踱着步子，国防军指挥参谋部参谋长阿尔弗雷德·约德尔大将和陆军副总参谋长埃里希·德特勒夫森少将，则流露出警惕的目光。4月24日，凯特尔曾在元首命令高级军官离开首都设法从城外为柏林实施解围行动之前，为希特勒描绘过同样光明的蓝图。那是德特勒夫森最后一次进入元首地堡的地下世界，

1 原文错写成柏林东北方。

当他抵达的时候发现那里一片混乱：入口处没有警卫，令他吃惊的是有二十来个工人在地堡大门的后面躲避炮火，他们接到的命令是“在停车场到入口处之间挖一条战壕”，但由于炮击他们又无法工作。当他走下楼梯后，发现接待室里没有警卫，更没有人检查他的公文包，或者“检查他是否携带了武器”。由此他得出了“完全崩溃”的结论。

在希特勒小小的简报室外面的小门厅里，“立着空玻璃杯和半满的酒瓶”。在他看来，“那种保持冷静，进而避免产生慌乱局面的军人原则，已经荡然无存了”。每个人都神经紧张、急躁易怒，女人除外，“那些秘书们，女性人员……埃娃·布劳恩，戈培尔太太及其子女……她们亲切友好，她们的榜样风范令许多男人蒙羞。”

凯特尔向希特勒做了简短的汇报。“他用乐观的话语，”德特勒夫森记得，“汇报了温克的第12集团军的状况，以及柏林解围的前景。”德特勒夫森发现，难以判断“凯特尔的话，他自己能相信多少，也许他的乐观主义只是建立在不给元首带来负担的基础之上”。

但现在，在陆军总司令部和国防军最高统帅部联合指挥部的领导人面前，在远离希特勒的时候，凯特尔的论调仍然一成不变。他在地板上一边踱着步子一边说：“我们的失败实际上是因为缺乏勇气，高级和中级指挥官们缺乏意志。”他讲话的风格就像希特勒一样，德特勒夫森认为凯特尔是“得到了师傅真传的弟子”。而从他热情洋溢的有关柏林将如何解围的报告来看，“显然他对部队的困境没有丝毫理解”。凯特尔不停地说着“一切都会好起来的，苏联人对柏林迅速合拢的包围圈将被打破，元首会被救出来……”

在巴伐利亚，帝国元帅赫尔曼·戈林发现自己处于一种荒谬的处境之中，他被党卫队的警卫软禁了。

在4月22日希特勒的那次决定性会议散会之后，戈林的参谋长科勒上将便飞往巴伐利亚去见他。科勒汇报说："希特勒已经崩溃了"，元首说过"轮到谈判的时候，帝国元帅能够做得比我好"。在听取了汇报后戈林就付诸了行动。他给元首发去了一份措辞非常严谨的电报。"我的元首，"他在电报中说，"鉴于您已经决定留守在柏林要塞里，请问您是否同意我根据您1941年6月29日的命令，立即接管帝国的全部领导权，代表您在国内外充分自由地采取行动？如果到今晚10点仍未收到您的答复，我将认为您已经失去了行动自由，并且认为执行您命令的条件已经具备，我将为我们国家和人民的最大利益采取行动……"

戈林很快就收到了答复，这个答复毫无疑问受到了他的主要竞争对手、野心勃勃的马丁·鲍曼的影响。希特勒发出的电文指控戈林叛国，并且宣布除非他立即辞职，否则就把他处决。4月25日傍晚，柏林电台郑重报道说："帝国元帅戈林患心脏病，久治不愈，且有日益严重的趋势。有鉴于此，他本人请求解除其对空军的指挥权以及与此有关的一切职责……元首已经同意了这个请求。"戈林告诉他的妻子埃米，他认为整件事情是荒谬的，最终无论如何他都是要去谈判的。埃米后来告诉冯·席拉赫男爵夫人，戈林不知道"当他与艾森豪威尔初次会面的时候，应该穿什么制服"。

当柏林在燃烧、帝国濒临灭亡之时，一个希特勒从未怀疑过会叛国的人，却已经在攫取权力方面超过了戈林。

4月25日下午，华盛顿，美国陆军参谋部参谋长助理兼作战处处长约翰·埃德温·赫尔（John Edwin Hull）中将，应召来到陆军参谋长乔治·马歇尔将军在五角大楼的办公室。马歇尔告诉他，杜鲁门总统正在从白宫前往五角大楼的路上，他要用装有保密器的电话与温斯顿·丘吉尔通话。通过瑞典红十字会会长福尔克·贝纳多特伯爵，盟国已经收到了德国人要进行谈判的提议。做出这个和平试探的不是别人，正是被希特勒称为“可信赖的海因里希”的那个人——海因里希·希姆莱。

据说驻瑞典的美国大使正通过密码电报将希姆莱的提议发送过来。马歇尔告诉赫尔，把电话室设置好，立即从国务院搞清楚电报的文本是否已经收到。“我给国务院的迪安·艾奇逊打了电话，”赫尔说道，“他告诉我，他对涉及希姆莱提议的电报一无所知。实际上，电报当时还在收发途中，国务院还没人看到电文内容。”

随后杜鲁门总统来了，美国东部时间3点10分，他在五角大楼的电话室里与英国首相通话。“当他拿起电话的时候，”赫尔回忆道，“总统甚至都不知道德国人的提议是什么。”按照赫尔的说法，丘吉尔“一开始就说你认为这份电报怎么样？总统回答说，‘电报还在收发过程中’”。

于是丘吉尔读了一下他从英国驻瑞典大使维克托·马利特爵士那里收到的电文，他告诉杜鲁门，希姆莱希望能与艾森豪威尔会晤并且投降。这位党卫队领袖透露说希特勒病入膏肓，甚至很可能已经死了，无论如何几天之内就会死去。显然希姆莱希望有条件投降，不过仅仅是向西方盟军投降，而不是向苏联人投降。贝纳多特曾经问过希姆莱：“如果西方盟军拒绝你的提议，那又怎么样呢？”希姆莱回答道：“那么我将在东线指挥战斗并且战死。”赫尔正在用另外一部电话听着，接下来他听见丘吉尔说：“好吧，你觉得怎么样？”

这位新总统刚刚接任 13 天，他毫不犹豫地回答说：“我们不能接受，否则就是无耻了，因为我们已经同苏联人达成了协议，不得单独议和。”

丘吉尔立即表示同意，正如他后来所说：“我告诉他（杜鲁门），我们确信投降应该是无条件的，而且应该同时向三大国投降。”当丘吉尔和杜鲁门都向斯大林告知希姆莱的提议以及他们的反应时，大元帅向他们两位都表示了感谢，并且做出了相似的承诺作为答复，苏联红军将“为了我们的共同事业，保持对柏林的压力”。

美军第 69 步兵师 273 团 3 营 G 连 3 排排长艾伯特·科茨布（Albert Kotzebue）中尉坐在吉普车上，打量着远处的农场，心里觉得那里太安静了。他下了车，走到了由 26 个人组成的侦察队前头，这样他就能单独靠近那栋房子了。

易北河附近的乡村安静得有些奇怪，村里飘扬着白色的降旗，却没有任何动静，村民们都闭门不出。科茨布曾经和几名镇长交谈过，他们讲的都是同样的故事：苏联人正在前来，他们一定会被杀死，他们的女人一定会遭到强暴。

科茨布小心翼翼地来到房子跟前。门半开着，他站在门侧用步枪把门推开。门发出嘎吱的声音向里面退去，科茨布驻足凝望，发现农场主与妻子以及三个孩子围坐在饭桌前，这是一幅祥和温馨的画面——只是所有人都死了。他们一定是吓坏了，因为他们全都服毒自杀了。

巡逻小队侦察队的其他人赶了过来，中尉又跳进吉普车快速朝易北河驶去。接下来，在抵达河畔之前，艾伯特·科茨布创造了历史。在莱克维茨（Leckwitz）村，他看见一个模样奇怪的人穿着一身从未见过的制服，骑着一匹小马。那个人在马鞍上猛地转过身来看着科茨布，中尉也直勾勾地看着他。为了这一时刻，科茨布和骑马人一边打仗一边跨越了半个世界。看上去科茨布遇见了第一个苏联人[1]。

有个会说俄语的人询问了骑马人。是的，他是苏联人，他说道。“他的部队在哪里？”科茨布问道。那人简要地答道：“在易北河。”在骑着马的苏联人注视下，侦察队再次动身前往易北河。在河边，科茨布和其他几个人找到了一艘小艇，于是他们把手里的步枪当作桨，将小艇划到了对岸。当他们离开小艇迈步上岸的时候，科茨布看到几百米长的河岸被平民尸体覆盖着——男人、女人和孩子。那里有一些倾覆的四轮马车和大车，到处都是行李和衣服。没有什么东西能够表明，这些人是怎样又是为何遭到屠杀的。几分钟之后，美国人遇见了第一拨苏联人。科茨布行了军礼，苏联军人回敬了军礼。没有欢腾的相逢场面，没有互拍肩膀或者拥抱，他们只是站在那里彼此相望。此时的时间是 1945 年 4 月 25 日下午 1 点 30 分，西方盟军和东方的盟友在小镇施特雷拉（Strehla）会师了。

下午 4 点 40 分，在北边大约 32 公里处的易北河畔托尔高（Torgau），美军第 69 步兵师 273 团 1 营的威廉·D. 罗伯逊（William D. Robertson）少尉，偶然碰到了一些苏联人。他带着 4 名苏联士兵一起回到了指挥部，他们的相遇将作为正式的会师而载入史册。不

1 这个骑马的苏联人名叫艾特卡利亚·阿利别科夫（Aitkalia Alibekov），来自哈萨克斯坦，隶属于苏联红军近卫第 5 集团军近卫步兵第 34 军近卫步兵第 58 师 175 团。

管怎么说，不论是在1点30分还是在4点40分，希特勒的帝国都已经被霍奇斯中将的美军第1集团军和科涅夫元帅的乌克兰第1方面军切成了两半，而且在同一天——似乎谁也说不出准确的时间——柏林被包围了。

德军第9集团军的整个北翼崩溃了，部队完全被包围，正日夜遭到苏联轰炸机群的打击。运送补给的形势非常困难，德国空军试图进行一次空投，但诸事不顺。没有足够的飞机来完成这项任务，飞机也没有足够的燃料，而且空投的物资又落到了错误的地方。尽管如此，第9集团军却仍然在顽强地战斗着，向温克的第12集团军靠拢。

然而，现在海因里希获悉了温克真正的情况：与克雷布斯所说的相反，第12集团军几乎没有战斗力。他愤懑地给克雷布斯打电话，指控他故意提供虚假信息。“那是一支影子部队，”海因里希怒气冲冲地说道，“它完全没有实力向第9集团军推进，与它会合并向北进攻以解柏林之围。等到这两支部队会师的时候，不论是哪支部队都剩下没多少战斗力了，而这一点你很清楚！”

事实上，冯·曼陀菲尔的第3装甲集团军是维斯瓦集团军群硕果仅存的一支部队。冯·曼陀菲尔在顽强地坚守着，不过其防线中央却不祥地被打凹了进去。更糟糕的是，朱可夫的坦克部队在其南翼大举猛攻，现在已处于适当位置，随时可以挥师北上包抄冯·曼陀菲尔的集团军。挡在他们前进道路上的唯一一支部队，就是党卫军将领费利克斯·施泰纳那支由乌合之众组成的集团军级支队。

希特勒的柏林解围计划要求施泰纳从柏林北部向南攻击苏联红

军的推进路线，与此同时第 9 集团军和第 12 集团军合兵一处，从柏林南部朝北大举猛攻。从理论上讲，这是一个可行的计划，但实际上它没有成功的可能，施泰纳就是障碍之一。“他老是找各种各样的借口不发动进攻，”海因里希说道，“我渐渐感觉到有什么地方出了问题。”

这位维斯瓦集团军群的指挥官知道，按照希特勒的要求，施泰纳的部队应该进抵施潘道区，不过他并没有足够的兵力完成此项任务，即便如此海因里希仍然希望进攻照常发动。施泰纳起码有足够的实力牵制朱可夫的大举猛攻，如果他能勉力做到这一点，就可以阻止苏联人包围冯·曼陀菲尔的部队，这样一来就能给海因里希争取到所需要的时间，把曼陀菲尔的部队分批撤退到易北河。他现在所能做的，只是努力拯救自己的部下，帝国的完全崩溃显然已不可避免，就在这几天之内了。海因里希保存着一张地图，他在上面从北到南画了 5 条撤退路线，让部队从奥得河一直撤退到西线。第一条撤退路线叫“沃坦”（Wotan），第二条叫“于克尔”（Uecker），剩下的只是编了号，这些路线间隔 24 ~ 32 公里。冯·曼陀菲尔的部队现在正处于“沃坦”路线上，问题是他能够在那里坚持多久。

25 日上午，海因里希去见了冯·曼陀菲尔。他们在集团军指挥部后面的小花园里散步，第 3 装甲集团军指挥官轻声说道：“我再也坚持不下去了。”他神情严峻，“没有坦克，没有反坦克炮，缺乏经验的部队已经在逃跑了，又怎么能指望我再坚持下去？”

“你还能坚持多久？”

冯·曼陀菲尔摇了摇头。

“也许再坚持一天。”

一架飞机在遭到严重破坏的城市上空来回穿梭，传单穿过烈火硝烟和炮弹爆炸形成的弹幕，从飞机上飘落到地面。在维尔默斯多夫区，夏洛特·里希特捡起一张传单，上面写着：“坚持下去！温克将军和施泰纳将军正赶来为柏林解围。”

现在最重要的，是要搞清楚施泰纳要做什么。海因里希来到位于纳森海德（Nassenheide）的第25装甲掷弹兵师师部。约德尔正与施泰纳待在一起，他们已经在争论施泰纳的进攻应该怎样进行。现在每个人又再次推演了一遍，随后施泰纳开始谈论其部队的状况。“你们谁看到过他们？”他问道。

约德尔说道：“他们处于一流状态，他们的士气非常高涨。”

施泰纳吃惊地看着约德尔。

海因里希平静地问道：“施泰纳，你为什么不进攻呢？你为什么一再推迟呢？”

“原因非常简单，”施泰纳说道，“我只是兵力不足，我连成功的最小概率都没有。”

“那你有什么呢？”海因里希耐心地问道。

施泰纳解释说，他的总兵力只有六个营，其中包括党卫军警察师的一些人，再加上第5装甲师和第3海军步兵师。“海军的人我可以忽略不计，”施泰纳说道，“我确信他们在军舰上是了不起的，但他们从未接受过步兵战术训练。我几乎没有炮兵，只有几辆坦克和少许高射炮。”他停顿了一下，继续说道：“我告诉你我有什么，一大群乌合之众，他们永远也不可能从格门多夫（Germendorf）冲到施潘道。”

“好吧，施泰纳，”海因里希冷静地说道，“你得为你的元首发动进攻。”施泰纳对他怒目而视。“他也是你的元首！”他叫嚷道。

当海因里希与约德尔离开的时候，海因里希心里清楚，施泰纳根本就无意发动进攻。

几个小时以后，在位于比肯海恩的维斯瓦集团军群指挥部里，电话铃声响起。海因里希拿起电话，发现是冯·曼陀菲尔打来的，他似乎绝望了。“我必须得到您的允许，从斯德丁和施韦特撤退。我再也顶不住了。如果现在不撤，我们就要被合围了。”

一瞬间，海因里希想起了希特勒在1月份下达给高级将领的命令。他们要“亲自向希特勒负责”，如果事先没有正式向希特勒汇报，以便由希特勒做出决定，就不能撤退或者放弃阵地。现在海因里希说道：“撤退。你听见我的话了吗？我说的是，撤退。听着，曼陀菲尔，同时放弃斯德丁要塞。”

他穿着羊皮大衣，绑着一战时用的裹腿，站在桌子旁认真考虑着他所做的事情。他恰好在军队里服役了40年，他知道现在即使自己不被枪毙，事业也结束了。随后他叫来了艾斯曼上校和他的参谋长。“告知国防军最高统帅部，”他说道，“我已经命令第3装甲集团军撤退了。”他思考了一番，然后说道：“等他们得到这个消息的时候，就算想把这道命令撤回，也为时已晚了。”

他看着冯·特罗塔这位最坚定的希特勒的信徒，又看了看他的老朋友艾斯曼，解释了从现在开始他的原则是什么：他绝不会再让部队毫无必要地暴露在敌人面前，他宁可撤退，也绝不毫无必要地把人们送上绝路。“你们有什么意见？”他问他们，艾斯曼立即提议，应该下令“撤退到‘于克尔’路线的后方，待在梅克伦堡湖区里，等待投降”。冯·特罗塔一听到这话便跳了起来。“哪怕想到投降，哪怕使用‘投降’这个词，都是玷污军人荣誉的，”冯·特罗塔气急败坏地说道，“不应该由我们，而应该由国防军最高统帅部来下命令。”

海因里希平静地说道：“我拒绝再接受这些自杀式的命令，代表我的部队拒绝这些命令是我的责任，我打算这样做。而且，为我的行动向德国人民做出解释也是我的责任。”随后，他又补充说：“还有，特罗塔，尤其是向上帝为我的行动做出解释。”

“晚安，先生们。”

凯特尔用了48小时的时间才得知，海因里希已经命令冯·曼陀菲尔撤退了，他是目睹部队正在撤退的。在驱车穿过第3装甲集团军防区的时候，他吃惊地看到各处的部队都在撤退。于是他勃然大怒，命令海因里希和冯·曼陀菲尔到菲尔斯滕贝格（Fürstenberg）附近的一个十字路口向他汇报。

当冯·曼陀菲尔的参谋长布克哈特·米勒—希勒布兰德（Burkhart Müler-Hillebrand）少将得知这个安排的时候，大吃一惊之余又非常担心。为什么要在十字路口呢？为什么要在开阔地里呢？他赶忙出去寻找他的参谋们。

在十字路口，当海因里希和冯·曼陀菲尔从小汽车里下来的时候，他们看见凯特尔和随行人员已经在此等候了。希特勒的参谋总长一副克制不住的狂怒模样，他的脸阴沉沉的，元帅权杖反复敲打戴着手套的手掌。冯·曼陀菲尔向他致意。海因里希行了军礼。凯特尔立即叫嚷起来：“你为什么下令撤退？你被告知要待在奥得河畔！希特勒命令你坚守！他命令你不得移动！”他指着海因里希，

“可是你！却下令撤退！”

海因里希一言不发。按照冯·曼陀菲尔的说法，等凯特尔发泄完毕之后，“海因里希条理清晰地说明了形势，他的理由是完全符合逻辑的”。海因里希说道：“我告诉你，凯特尔元帅，我没法用手头的这点部队守住奥得河，我不想牺牲他们的生命。还有，我们将不得不撤退到更远的地方。”

冯·曼陀菲尔立即表态，尽力说明导致撤退的战术态势。“我遗憾地告诉您，”他最后说，“海因里希将军是对的。如果没有增援部队，我将不得不撤退到更远的地方。我到这里来是为了要搞清楚，我是否能得到增援部队。”

凯特尔大发雷霆。“没有可用的预备队！”他喊道，“这是元首的命令！”他用元帅权杖敲打着手心，“你要守住你原有的阵地！”他再次敲打着手心，“现在你的集团军要从这儿掉头回去！”

“凯特尔元帅，”海因里希说道，“只要我还在指挥，我就绝不会向冯·曼陀菲尔下这道命令。”

冯·曼陀菲尔说道：“凯特尔元帅，第3装甲集团军听哈索·冯·曼陀菲尔将军的。”

这时凯特尔完全失控了。“他突然发作起来，”冯·曼陀菲尔回忆道，“结果不论是海因里希还是我都听不清他在说些什么。”最后他叫喊道：“你们将在历史面前为自己的行为负责！”

冯·曼陀菲尔立即火气很大地回敬道：“曼陀菲尔家族为普鲁士王朝尽忠200年了，他们始终为自己的行为负全责。我，哈索·冯·曼陀菲尔，欣然承担这份责任。”

凯特尔转向海因里希。“你是始作俑者！”他说道，“是你！”

海因里希转过身，指着道路上正在撤退的冯·曼陀菲尔的部队，正色道："我只能说，凯特尔元帅，如果你想让这些人被派回去挨枪子送命，那么你为什么不动手呢？"

在冯·曼陀菲尔看来，凯特尔"似乎朝着海因里希威胁性地迈了一步"，然后他厉声急促地说道："海因里希大将，从即刻起你被解除了维斯瓦集团军群指挥官的职务，你要回到指挥部等候你的继任者。"

说完，凯特尔铁青着脸钻进轿车离开了。

这时米勒-希勒布兰德少将和他的参谋们从树林里走了出来，每个人手里都提着冲锋枪。"我们以为会有点小麻烦。"他解释说。

冯·曼陀菲尔仍然认为会有点小麻烦。他提出要保护海因里希的安全"直到最后"，但海因里希婉拒了。他向军官们行了军礼，然后上了自己的车。在经历了40年的军旅生涯之后，就在战争的最后几个小时里他被耻辱地解除了职务。海因里希拉起身上的老羊皮大衣领子，对司机说，"返回指挥部。"

到处都有苏联人从四面八方蜂拥而至。城区内兵力单薄的守军不断被击退，一个又一个街区被苏军夺取。在一些地方，装备不足的人民冲锋队员望风而逃，希特勒青年团、人民冲锋队、警察部队和消防队为了守卫同一个目标并肩作战，却由不同的指挥官各自指挥，并经常得到相互矛盾的命令。实际上，他们中的许多人甚至弄不清楚自己的上级究竟是谁。新任柏林卫戍司令魏德林将军，把他遭到重创的老部下第56装甲军里所剩无几的有战斗经验的老兵，分散投入各个防区，充当骨干力量支撑人民冲锋队和希特勒青年团，但这一措施最终收效甚微。

采伦多夫区几乎没怎么坚守就很快失守了，希特勒青年团和人民冲锋队试图守住政府办公楼前的防线，但他们失败了，区长挂出白旗投降，然后在绝望中自杀了。韦森塞区在希特勒上台以前是一个共产党占优势的区，现在，这个区里的许多街区不战而降，很多地方匆匆扯下黑色的纳粹卐字旗换上了红旗。潘科区抵抗了两天，韦丁区则抵抗了三天。一些小包围圈里的德国人顽强地战斗到最后，但在各处已经没有了连贯的防线。

街垒被摧毁，变成了一堆碎片。苏军坦克快速推进，遭遇狙击手的时候他们通常倾向于炸毁狙击手所在的大楼，而不是派士兵进入大楼搜寻狙击手，苏军一点儿也没有浪费时间。有些障碍物，比如有轨电车和装满了石头的四轮马车，则被炮火近距离摧毁。在遭遇到较为顽强的抵抗时，苏军就迂回包抄过去。在维尔默斯多夫区和舍讷贝格区，遇到抵抗的苏军部队从筑有街垒的街道两边的建筑物里用火箭筒开路，破墙前进，迂回到德国守军后方，把他们消灭。

密集的炮火一片一片地把市中心的几个区夷为平地。那些地区一被攻陷，苏联人便把在奥得河和尼斯河畔大显神威的诸多重炮单位和“斯大林管风琴”（即“喀秋莎”火箭炮）尽快运了进来。在滕佩尔霍夫机场和加托机场，大炮密布，炮管林立。在格鲁讷瓦尔德，在泰格尔森林，在公园和各处空地，甚至在公寓住宅的花园里，也是如此。一排排“斯大林管风琴”把大街堵得水泄不通，喷吐出烈焰风暴，用含磷的火箭弹把整个地区变成一片火海。“到处都是烈焰，结果没有夜晚可言，”人民冲锋队员埃德蒙·黑克舍回忆道，“你甚至能在夜里读报，如果你能搞到报纸的话。”威廉·诺尔特博士是一位化学家，被消防部门临时征召参与救火任务[1]。他看到当他的工人们试图扑灭大火的时候，苏联红军的炮兵校射机引导着密集的炮火落到他们的头上。赫尔曼·黑尔里格尔不久前刚刚加入人民冲锋队，炮弹爆炸的冲击波把他掀离地面，抛进了附近的一个弹坑里。令黑尔里格尔惊恐的是，他落在了 3 名士兵的尸体上。这位 58 岁的人民冲锋队员原先只是一名旅行社的推销员，他爬出弹坑，全速逃回了家。

随着苏联人越来越深入城市，人民冲锋队开始消失，制服和臂章被丢弃在街上。有些部队是被他们的指挥官故意遣散的。在帝国奥林匹克体育场，有着骑士头衔的人民冲锋队营长卡尔·冯·哈尔特，在一场激烈战斗结束后将幸存者们召集在一起，告诉他们可以回家了。毕竟近半数的人什么都做不了。他们用的是德制步枪，可发给他们的却是口径不合的意大利子弹。"让他们回家，是接下来唯一能做的事情，"冯·哈尔特说道，"要么让他们回家，要么让他们向苏联人扔石头。"

城里到处都有士兵在开小差。赫尔姆特·福尔克中士就看不出自己有什么理由应该为元首捐躯。福尔克是德国的反间谍机构军事情报局（Abwehr）的会计师，他突然被发给一支步枪，让他去参加守卫格鲁讷瓦尔德的战斗值勤。当他听说他的部队受命前往帝国总理府一带时，福尔克反而动身回到了他位于乌兰德大街的家。家里

1 瓦尔特·戈尔巴赫少将是消防局局长，按照他的命令，在 22 日离开的一些消防车又被派回了城里。按照战后报道的说法，戈培尔之所以命令把那些消防车运出柏林，是为了不让它们落入苏联人之手。戈尔巴赫听说由于他撤销了戈培尔的命令，将会被逮捕，于是试图自杀，但自杀失败。他脸上受伤，血流不止，被党卫队带出去处决了。——原注

人看见他真是高兴坏了，但他的制服给所有人都带来了危险。福尔克迅速脱下制服，换上平民装束，并把制服藏到了地下室里。他干得很及时，还不到一个小时苏联红军就占领了该地区。

在弗赖桥附近的战地指挥所里，列兵维利·塔姆（Willi Thamm）听到了一些事，这使得他决定继续待在部队直到最后。当时有名中尉进来，向塔姆的上尉汇报情况。中尉一边喝着咖啡和杜松子酒，一边说道："想想吧！到处都有步兵想要开小差，今天有三个人没有向我请假就离队了。"塔姆的上尉看着他："你是怎么做的？"中尉喝了一小口咖啡，说道："我把他们都毙了。"

成群结队的党卫军如同匪帮一样在城里四处游荡，他们自行赋予自己审判权，到处搜寻逃亡的士兵。他们差不多把每个穿制服的人都叫住，检查他们的身份和所属部队，任何被怀疑从连队里逃跑的人，大都被就地枪决，要不就是被吊死在树上或者路灯柱上，以儆效尤。16 岁的阿里贝特·舒尔茨（Aribert Schulz）是希特勒青年团员，他向设在施皮特尔市场（Spittelmarkt，又称养老院市场）一家废弃的电影院里的指挥部报告说，他看见一个红头发的瘦高个党卫军士兵端着步枪，押着一个人走到街上。舒尔茨问他出了什么事，对方告诉他那个人是国防军的一名士官，被发现穿着便服。党卫军士兵押着他在莱比锡大街上走着，舒尔茨在后面跟随。突然，那名党卫军士兵用力推了国防军士官一下，当他一个踉跄试图保持平衡的时候，党卫军士兵朝着他的背上开了一枪。

那天晚上，舒尔茨再次看见了那个红头发的党卫军士兵。舒尔茨和所在部队的其他男孩子一起，正在一道街垒边站岗时，看见一辆苏联 T-34 坦克从库尔大街驶来。坦克炮塔缓慢地转动着，这时它被直射火力命中，发生了爆炸，坦克车组中唯一的幸存者立即被俘虏了。在那个苏联人的口袋里，男孩们发现了一些柏林关键性地标的照片。在指挥部里，苏联红军坦克手受到了审讯，然后他被交给了一个拿步枪的人，此人正是舒尔茨之前见过的那个党卫军士兵。他再次押着囚犯走上大街，但这次他友好地拍着苏联人，打着手势示意他走。苏联人咧着嘴笑了笑，转身离去，随后党卫军士兵同样从背后给了他一枪。年轻的舒尔茨明白了，这名瘦高个的党卫军射手原来是指挥部指定的刽子手。

现在，各个地方的柏林守军都被迫退入了中央地区的废墟之中。为了迟滞苏联红军的推进速度，这座城市总共 248 座桥梁中的 120 座被炸掉了，因此魏德林将军指挥下的部队一直缺乏炸药，不得不使用航空炸弹作为炸药的替代品。狂热分子还额外摧毁了一些设施，却不去考虑会导致什么后果。党卫军炸毁了一条从施普雷河河湾与兰德维尔运河下面穿过的 6.4 公里长的隧道，隧道本身恰好是一条铁路连接线，数千名平民将那里当作藏身的掩蔽所。当河水开始涌入隧道内的时候，人们疯狂地沿着铁路争相跑向高处。隧道被人们堵得水泄不通，四列同样躲避在隧道内满载伤员的列车上，伤员们在高声哀号。刚刚从安哈尔特火车站掩体过来的埃尔夫丽德·瓦塞尔曼和她的丈夫埃里希，正在设法从人群中挤出去，埃尔夫丽德听见了火车里的伤员发出的尖叫声："让我们出去！让我们出去！我们要被淹死了！"但没有任何人停下来帮助他们。水几乎漫到了埃尔夫丽德的腰，埃里希则拄着拐杖一瘸一拐地向前走着，他的情况甚至更糟。人们争吵着、喊叫着，彼此推搡践踏，拼命跑到安全的地方。埃尔夫丽德几乎绝望了，但埃里希仍不断地喊道：

“一直走！一直走！我们就要到了，我们要成功了。”他们是成功了，但埃尔夫丽德永远也不知道，还有多少人也成功了。

到4月28日，苏联红军已经接近了城市的中心地带，包围圈越收越紧。在夏洛滕堡区、米特区以及腓特烈斯海因区的边缘，殊死的战斗正在激烈进行。一条狭窄的通道仍然通向施潘道区，魏德林所剩无几的真正有战斗经验的部队正在努力保持通道畅通，以备紧急关头突围之需。伤亡巨大，街道上到处都是尸体。由于炮击人们无法从掩蔽所出来帮助在附近受伤倒地的朋友和亲戚，许多人是在柏林老式的街道水泵旁排队取水时被击中的。士兵们也没有好到哪里去，能够自己走到包扎所的伤员是幸运的，那些失去行动能力的伤员，往往就躺在他们受伤倒下的地方，死于失血过多。

人民冲锋队的库尔特·博格几乎失去了一个脚后跟，他又是爬行，又是一瘸一拐地走，就这样前进了几公里，最后再也走不动了。他躺在街道上喊救命，但寥寥无几敢于冒着炮击的危险离开掩蔽所的人，正忙于救他们自己的命。

博格躺在路旁的一条排水沟里，看见一个路德会修女从一个门口跑到另外一个门口。“嬷嬷，嬷嬷，”他喊道，“你能帮帮我吗？”修女停了下来，“你能爬到教堂旁边的礼拜堂吗？”她问道，“从这里过去只要5分钟的时间，我到了那里就会帮你。”他终于爬到了那里。所有的房门都敞开着，他爬进走廊，又进了一间接待室，最后昏倒了。当他醒来时发现自己躺在一摊血泊之中，他慢慢转动眼睛，查看那血到底是从哪里来的。他朝房间对面望去，那里通向一座花园，敞开着的门边一头荷兰的黑白花奶牛抵着门，身体扭曲着，正在用柔和的眼睛看着他。奶牛的嘴里像泉涌一般流着血。人和动物一言不发，充满同情地彼此凝视着。

随着苏联人把柏林城区的中心地带孤立起来，魏德林的部队也被压缩得越来越厉害。补给品用完了，他绝望地恳请空投补给，结果收到了6吨补给品和16枚反坦克火箭弹。

令人难以置信的是，可怕的战斗中有架飞机突然飞了进来，降落在东西轴心大道上。那条宽阔的大道从西边的哈弗尔河一直通向东边的菩提树下街。那是一架小型的Fi 156“鹳”式侦察机，里面坐着罗伯特·冯·格赖姆（Robert von Greim）空军大将和著名的女飞行员汉娜·赖奇（Hanna Reitsch）。飞机在降落前被防空炮火击中，燃料正从机翼油箱里泄漏出来。驾机飞行的是冯·格赖姆，在飞机触地之前他的脚受了伤。汉娜一把抓住操纵杆和油门杆，完美地着陆了。这两位飞行员是被希特勒召到帝国总理府的，他们抵达后，希特勒立即提升冯·格赖姆为空军元帅，取代“叛国”的戈林，成为现在实际上已经不存在的德国空军的新总司令。

元首地堡已经遭受过炮击，不过暂时还算安全。另一个安全岛是位于城市中央地带的动物园里的防空双塔。在大约40米高的G塔里面挤满了人，谁也无法精确地统计出有多少人。据德国空军医生瓦尔特·哈格多恩（Walter Hagedorn）医生估计，有多达3万人——加上驻扎其内的军队。每一层都有人或坐或站在楼梯和楼梯平台上，没有移动的空间。红十字会的工作人员，比如19岁的乌尔苏拉·施塔拉，正在尽其所能减轻平民的痛苦。她永远也忘不了那种令人作呕的混合气味，“汗水味、衣服散发出的臭味、婴儿的尿布味，全都与医院里的消毒剂味混合在一起”。在这个掩蔽所里待了几天以后，很多人都处于崩溃的边缘，有些人自杀了。两个在第一层的楼梯平台上并肩坐着的老太太服毒了，但谁也说不出是什么时候服的毒。由于她们周围挤满了人，因而她们死的时候是笔直坐着的，被人发现时显然已经有几天了。

哈格多恩医生在他的小医院里为伤员做手术，几乎连续不停地做了五天。他面临的问题是如何才能掩埋死者。由于炮击，人们不可能出去。“在炮击的间歇期，”他后来回忆说，“我们试图把尸体和被切除的四肢运出去掩埋，但那几乎是不可能的。”此时此刻，炮弹从四周猛烈轰击着这座掩蔽所坚固的混凝土墙，弹片四溅在窗户的钢制挡板上。哈格多恩已经有了500名死者和1500名伤员，另外还有数目不详的几乎精神错乱的人。到处都有自杀者，由于过于拥挤，自杀者的人数甚至都无法清点。不过医生记得，在防空塔里仍然有人在说：“我们能够坚持到温克或者美国人到达这里。”

在这座塔的下面，就是动物园辽阔的荒地。动物们也遭到了可怕的屠杀。每当炮弹落地，鸟都朝各个方向飞去，狮子们被射杀了，河马罗莎在池子里被一枚炮弹炸死了。鸟类饲养员施瓦茨感到绝望，那只待在他浴室里的罕见的鹳“阿布·马库博”，不知怎么竟逃脱了。现在，动物园园长卢茨·黑克已经接到了防空塔指挥官的命令，杀死那只狒狒，笼子损坏后那只野兽有逃跑的危险。

黑克端着步枪走到猴笼边，那只如同老朋友一样的狒狒身子缩成一团坐在铁笼边上。黑克举起步枪，把枪口靠近这只动物的头部，狒狒轻轻地把枪口推到一边。黑克在惊讶中再次举起步枪，狒狒再次把枪口推到一边。黑克感到厌烦而且有些动摇了，但他又试了一次。这次狒狒只是沉默地看着他。然后，黑克扣动了扳机。

战斗仍在继续，另一种野蛮的攻击同样在进行，那种攻击是可怕的和私底下的。在纪律严明的前线后方，大群的苏军老兵现在要求得到征服者应得的权利：被征服者的女人。

乌尔苏拉·克斯特与她的父母、6岁的双胞胎女儿英格丽德和吉塞拉，以及7个月大的儿子贝恩德一起躲在采伦多夫区的一间地下室里，当4个苏联士兵用步枪枪托砸开门的时候，她正在睡觉。他们搜查了这个掩蔽所，找到一个空皮箱，把水果罐头、自来水笔、钢笔、铅笔、手表以及乌尔苏拉的钱包装进皮箱里。一个苏联人发现了一瓶法国香水，他打开香水闻了闻，然后把香水倒在他的衣服上。第二个苏联人端着枪把乌尔苏拉的父母和孩子逼到地下室的一间小屋子里，随后那4个人一个接一个侵犯了她。

第二天早晨大约6点的时候，蒙受创伤的乌尔苏拉正在给孩子喂奶，这时又有两名士兵进入了地下室。她怀抱着孩子试图躲闪并夺门而出，但她太虚弱了，根本冲不出去。一个士兵从她怀里把婴儿夺过去，把孩子放在了婴儿车里，第二个士兵看着她，咧着嘴笑了。他们俩都脏兮兮的，衣服上沾满了砂砾，靴子里插着匕首，他们戴着皮帽子，其中一个人甚至连衬衣都没好好扎进裤子里。两人奸污了她。当他们离开以后，乌尔苏拉抓住她能够找到的所有毯子，抱起婴儿，把她的女儿们叫过来，然后跑进街道对面的一个花园式住宅区。在那里，她找到了一个浴缸，那是从一幢房子里扔出来的，要不然就是被炸出来的。乌尔苏拉把浴缸反扣在地，和她的孩子们一起躲了进去。

在赫尔姆斯多夫，18岁的尤利亚妮·博赫尼克在听见苏联人走近的时候，钻进了地下室后面的沙发底下。她的父亲是一位会说俄语的语言学家，她听见父亲对闯入者提出抗议。士兵们询问尤利亚妮在什么地方，她的父亲喊叫着“我要到政委那里告你们”。她的父亲最终被枪威逼着离开地下室，赶到了大街上。尤利亚妮安静地躺着一动也不动，希望那些苏联人会离开。她已经把自己的脸和金发弄黑了，为的是让自己显得老一些，不过她仍然没有心存侥幸，一直待在沙发底下。

在毗连的地下室里有两个老人，突然尤利亚妮听见其中一人用可怕的声音喊道：“她在那里！在那里！在沙发底下。”尤利亚妮从躲藏处被硬拽了出来，她站在那里，吓得浑身颤抖。苏联人彼此交谈了一会儿，接下来除了一个人之外都离开了。“他是个青年军官，”她后来讲述道，“透过他的手电筒的灯光，我所能说的是，他衣着整洁、外表潇洒。”他做出了意义明确的手势。她直往后缩。他朝前靠过来，微笑着“温文尔雅但又坚定有力地”开始脱尤利亚妮的衣服。她挣扎起来。“那对他来说没那么容易，”尤利亚妮记得，“他一只手拿着手电筒，带着一种苏联式的警惕，保持着对周围的观察，防备着可能的突然袭击。”

尽管她全力挣扎，苏联军官还是逐渐扒掉了尤利亚妮的衣服。她试图求饶，可又不会说俄语，最后她哭了起来，跪下来求他别碰自己。那个年轻的苏联人只是看着她。尤利亚妮停止哭泣，控制住自己尝试另一种策略，她开始坚定而又委婉地说话。“我告诉他，这全都错了，”她回忆道，“我说，人们不能这样做。”那个苏联人开始显得恼火。由于她的衣服几乎全都被扒掉，接下来姑娘又崩溃了。“我就是不爱你！”她叫道，“这样做没有道理！我就是不爱你！”突然，苏联人用厌烦的语调说了句“啊哈”，然后匆匆离开了地下室。

第二天上午，尤利亚妮和另外一个姑娘逃进了一家多明我会女修道院。在此后的4个星期里，她们受到了修道院的庇护，就躲藏在那里。尤利亚妮后来得知，她的朋友罗茜·霍夫曼以及罗茜的母亲，原先就曾发誓，如果苏联人来了她们就自杀。结果她们母女都遭到了强奸，最后她们服毒了。[1]

格尔德·布赫瓦尔德（Gerd Buchwald）是一名教师，他目睹了苏联军人在赖尼肯多夫区的野蛮行径。他的公寓套房被苏联红军女兵洗劫一空，看上去“我妻子的衣服像磁石一样吸引着她们，她们拿上所有看得上眼的东西，飘然而去”。他把剩下的衣服烧掉，又把手枪拆开藏在花园里。当晚一群醉醺醺的苏联士兵出现了。“女人！女人！”他们朝布赫瓦尔德喊道。他用友善的微笑迎接他们，“我长了两天的胡子，没梳理过的头发显得很邋遢，由于我显得比实际年龄更老吧，我的故事奏效了。我挺直身子张开双手，说了句‘女人死了’”。显然他们听明白了：他的妻子死了。布赫瓦尔德坐在沙发上伸了伸懒腰，与此同时他们四下张望，拿了一副男裤的吊带后消失了。在他们离开之后，布赫瓦尔德把门闩上，把沙发移开，帮助妻子埃尔莎从水泥地面上挖出来的一米见方的洞里爬出来。在以后的几个星期里，她每天晚上都待在那里。

格哈德·雅各比博士是威廉皇帝纪念教堂的牧师，他也成功地把自己的妻子藏了起来。尽管有许多妇女从他的地下室里被带出去遭到强暴，但他却巧妙地利用了一张毯子，成功地把他的妻子藏了

1 她们都活了下来，一名医生抢救及时，保住了她们的命。——原注

起来。他睡在一把狭窄的长躺椅外侧，他的妻子侧着身子躺在里侧，她的脚放在他的头部位置，被一张沉重的毯子完全覆盖着，别人基本上看不见她。

在维尔默斯多夫区，伊尔莎·安茨、她的妹妹安内莉泽以及母亲，起初给苏联红军留下了很好的印象，因此在一段时间里并没有受到打扰。然而，某个黎明之前的深夜中，安内莉泽从她与母亲共用的床上被拽了下来，她尖叫着被拖进楼上的一个套间，随后被一名苏联军官野蛮地强暴了。完事后，那个苏联人抚摸着她的头发，说道："好德国人。"他要她不要告诉任何人一名苏联军官强奸了她。第二天一个士兵给她带来了一包食品。

不久之后，另一个红军士兵又打起了伊尔莎的主意，他双手各提着一支手枪走了进来。"我从床上坐起来，不知道他要用哪支手枪打死我，是左手的那支还是右手的那支？"她回忆道。由于地下室十分寒冷，伊尔莎穿着好几件毛线衫和滑雪裤，他猛然扑向她，扯开她的毛线衫，接着突然困惑地问道："你是德国士兵吗？"伊尔莎说："我并不感到惊讶，我饿得太瘦了，看起来几乎不像女人。"但那个苏联人很快就发现了自己的错误，她还是被奸污了。苏联士兵离开时说道："德国人在苏联就是这么做的。"过了一些时候他回来了，令她惊异的是，他在那天晚上的剩余时间里就待在她的床边，保护她免受其他欲火焚身的士兵的侵犯。

自那以后，安茨一家多次遭到野蛮对待。有一次她们被带了出去，背靠墙站着，似乎将被枪决。还有一次，伊尔莎又被强奸了。这一切让她们开始考虑自杀。"要是我们有毒药的话，就拿我来说吧，肯定会自杀的。"伊尔莎回忆说。

在苏联人进行强奸和抢劫的时候，到处都有人自杀。单是在潘科区，在 3 周之内就记录了 215 例自杀，其中大多是妇女。约瑟夫·米夏尔克神父和阿尔方斯·马茨克尔神父是夏洛滕堡区圣卡尼修斯天主教堂的耶稣会会士[1]，他们看见一位母亲和两个孩子被人们从哈弗尔河里打捞出来，这时他们才意识到妇女被苏联人的暴行逼到了什么程度。那个母亲把两个装满了砖的购物袋捆扎在胳膊上，每条胳膊下面都夹着一个孩子，跳进了河中。

17 岁的姑娘汉内洛蕾·冯·克穆达，是米夏尔克神父教区的一位居民，她遭到了一群醉醺醺的苏联军人的轮流强暴，事后他们又对着这个姑娘开了三枪。女孩身负重伤，但并没有当场死亡，人们用唯一可用的交通工具—— 一辆婴儿车将她送到了教区教堂。当时米夏尔克神父并不在那里，等到他回来的时候那姑娘不见了。在接下来的 24 小时里，他一直在寻找汉内洛蕾，最后在圣希尔德加德医院找到了她。他主持了最后的圣礼，第二天晚上他几乎整夜都坐在她的床边，告诉她不要担忧。汉内洛蕾幸存了下来（一年以后，她和她母亲被一辆卡车撞死了）。

玛格丽特·普罗迈斯特负责管理一个巨大的防空掩蔽所。“两天两夜里，”她回忆说，“一茬又一茬的苏联人涌入我的防空洞，肆意抢劫、强奸。妇女若是拒绝就会被杀死，有些妇女则不管怎样做还是被枪杀了。单是在一个房间里，我就发现了六七具女性的尸体，

---

1 圣卡尼修斯（Peter Canisius , S.J.，1521—1597），荷兰耶稣会天主教牧师。他在德国、奥地利、波希米亚、摩拉维亚和瑞士的新教改革期间对天主教信仰的大力支持而闻名。在新教改革后，德国天主教会的恢复主要归功于他领导的耶稣会的工作。他在天主教会中被尊为圣人，也是教会博士。他最有影响的著作是《三重教理回答》，对天主教教理进行了明晰的说明。

她们全都躺在被奸污的位置上，头都被打爆了。”玛格丽特本人也被强暴了，尽管她向那个年轻人多次声明“我对你来说太老了”。她还看见三个苏联人抓住一名护士，他们按住了她，而第四个苏联人则侮辱了她。

希特勒青年团员克劳斯·屈斯特现在身着平民服饰，同两个坐在吉普车上的苏联军官谈得热火朝天。其中一名军官会说德语而且非常健谈，这使得屈斯特鼓起勇气，问了一个不够聪明的问题。“苏联士兵是不是真的像报纸上说的那样奸淫掳掠？”屈斯特问道。那名军官豪爽地给了他一包香烟，说道：“我可以用我作为一名军官的名誉向你担保，苏联士兵绝不会把手放在任何人的身上，那些报纸写的全都是谎言。”

第二天，屈斯特看见三个苏联人在巴比将军街抓着一个妇女，把她拽进一条走廊。一个士兵用冲锋枪示意屈斯特退回去，第二个士兵按住那名尖叫的女人，第三个人强奸了她。随后屈斯特看见那个施暴者从走廊里走了出来，他醉得非常厉害，脸上泪如雨下，嘴里喊着“Ja bolshoi swinja”。屈斯特问其中一个苏联人，那句话是什么意思，那人大笑起来，用德语说，“那意思是，‘我是头大肥猪’。”

玛格丽塔·普罗布斯特待在克罗依茨贝格区的一处掩蔽所里。在那处掩蔽所里有个名叫默勒的狂热的纳粹分子，他藏匿在一间上了锁的房间里。苏联人得知他在这里，于是试图破门而入。默勒高声喊道：“给我一点时间，我要自杀。”苏联人再次试图破门而入，默勒高声喊道：“等一下！枪卡壳了。”然后就是一声枪响。

在接下来的几个小时里，掩蔽所出现了大量寻找姑娘的苏联人。玛格丽塔就像许多别的女人一样，试图尽可能地让自己看起来没有吸引力，她把一头金色长发藏在帽子下面，戴上墨镜，脸上用碘酒涂得斑斑点点，面颊上贴着一大块橡皮膏药。她没有被调戏，但很多女人遭到了猥亵。“姑娘们被直接赶到一起，带到上面的公寓房间里，”她回忆说，“我们整夜都能听见她们的尖叫，尖叫声甚至渗入地下室里。”后来有位 80 岁的老太太告诉玛格丽塔，在一些士兵轮奸她的时候，有两个士兵用黄油塞住她的嘴，让她的尖叫声不那么吵人。

多拉·扬森以及丈夫勤务兵的遗孀，原以为她们已轻易地逃脱了险境，当下的情况却很不妙了。在她们藏身的掩蔽所里，寡妇英格被一名野蛮的士兵粗暴地侵犯了。那名士兵声称在德国军队入侵苏联以后，她的母亲被强行带去了柏林，从那以后就再也没有人见过她。多拉得以幸免是因为她说自己有肺结核，随后她发现苏联人确实非常害怕肺结核。但英格又被侵犯了一次，身体受到严重伤害，导致她无法正常行走。多拉跑到街上，找到一个像军官的人，告诉他发生了什么事情。对方冷淡地看着多拉，说道：“德国人在苏联干的事情比这坏得多，这只是士兵们纯粹的报复行为。”

17 岁的埃莱娜·马耶夫斯基和 19 岁的薇拉·翁格纳德，既见识到了苏联人好的一面，也见识到了他们坏的一面。当劫掠和强奸开始在蒂尔加滕地区出现的时候，一名年轻的苏联士兵实际上就睡在她们地下室的门外面，以确保他的同胞们不能进来。在他离开后的当日，七八个苏联士兵进入了姑娘们的房间，要求她们去参加苏联人在隔壁举行的一个聚会。姑娘们别无选择，只能接受，无论如何，一开始她们也看不出害怕的真正理由。举行聚会的地方原先是一间卧室，屋子里有大约 30 名军人，但那里的一切看来似乎都足够无害。床被推到了墙边，为一张长条桌留出了空间，桌子上铺着亚麻桌布，摆放着银质的枝形烛台和玻璃器皿。一名年轻的金发军官正在留声机上播放英国唱片，他朝姑娘们微笑着说道："尽情吃喝吧。"埃莱娜坐在桌旁，但薇拉突然想离开了，不知为何，她觉得这似乎并不是那么单纯的聚会。

她想离开，一个站在其他人后面的士兵笑嘻嘻地阻止了她，接着一个苏联人对她说："和 30 个军人在一起你就死定了，和我在一起你就不会死。"这时，对薇拉来说，这次聚会的目的已没什么可怀疑的了。但她同意和那个士兵单独离开，不仅是因为从一个人手里逃脱要容易一些，同时也因为只应付一个人要确实好过应付 30 个人。她熟悉这个社区的角角落落，如果能逃走的话，他们永远也找不到她。但那个士兵一点也不给她机会，他抓着她的头发，拽着她朝一个空房间走去。她扭动着、尖叫着，用手乱抓。在路上她挣脱了，并设法把他绊倒在地。为了能跑得快点她还踢掉了高跟鞋，光着脚从满是碎玻璃渣和瓦砾的后院跑了过去，一直跑到普特利茨大街的废墟里。在那里，她拼命在泥地里挖了一个洞，把一个被丢弃的水桶盖在自己头上，决心待在那里一直到死。

埃莱娜仍然待在聚会现场，她感到心神不宁，但同时也感到了饥饿。桌子上有成堆的鱼子酱、大条白面包、巧克力，还有那些苏联人正在生吃的大块牛肉。他们还一口气整杯整杯地喝伏特加，醉得愈加厉害。最后，埃莱娜瞅准机会轻轻地从桌子边站起身来，溜了出去，令她高兴的是没有人跟着她。但在下一个房间里，一个留着翘八字胡须、满脸凶相的士兵一把抓住了她，把她拖进了一间小接待室。他把她扔在地上，扯开了她穿着的连体工装。她昏了过去。

过了很长时间，她醒了过来，把那个喝醉后睡着的人从她身上推开，痛苦地爬出了房子。和薇拉一样，埃莱娜也躲了起来，她在附近的一幢房子里，在一个大厨灶的后面找到了避难处。

少年鲁道夫·雷施克，就是那个把希特勒玩偶斩首的孩子，他当场救下了自己的母亲，使她免遭侵犯。当时一个苏联人想把雷施克太太拖走，却发现自己陷入了一场与鲁道夫和他的妹妹克丽斯塔的拔河比赛。苏联人越是拉他们母亲的胳膊，鲁道夫和克丽斯塔就越是拽着她的裙子不放，尖声哭喊着："妈妈！妈妈！"苏联人最后放弃了。

有些妇女纯粹是靠着凶猛的抵抗，迫使苏联士兵放弃了尝试，不得不转到别处寻找目标，从而使自己免遭强暴。约伦塔·科赫被一个苏联人哄骗进了一栋空房子，那个苏联人让她相信里面有个人受了伤。房子里有另外一名士兵，他一把抓住她，想把她扔到床上。她拼命抵抗挣扎，最后那两个人只好把她放了。

她的邻居舒尔茨太太就不这么幸运了。舒尔茨太太被枪威逼着，当着她无助的丈夫和15岁的儿子的面被强暴了。那些苏联人离开后，几乎疯癫的丈夫开枪打死了自己的妻子和儿子，然后自杀了。

在达勒姆宗教会所，修女院院长库内贡德斯听说，一名三个孩子的母亲当着她家人的面被拖走，被强暴了整整一夜。天亮后她被放了出来，当她匆匆回到孩子身边，却发现她的母亲和兄弟勒死了三个孩子后已经上吊自杀了，于是那个精神崩溃的女人也割腕自杀了。

达勒姆宗教会所的修女们现在24小时不停地工作，避难者以及苏联人的兽行令她们不知所措。有一个苏联士兵想奸污会所的乌克兰厨娘列娜，当修女院院长库内贡德斯出面阻止的时候，火冒三丈的他干脆拔出手枪向她开火，幸运的是喝得酩酊大醉的他射偏了。其他士兵则冲进了产科病房，尽管修女们全力阻拦，他们还是多次强暴了孕妇和刚刚生产的妇女。“她们的尖叫声日夜不停。”一个修女讲述道。院长库内贡德斯说，在这个社区，受害者包括 70 岁的老太太和 10 ~ 12 岁的小姑娘。她无力抵抗这些攻击，不过她把大楼里的修女和其他妇女召集在一起，重申了哈皮希神父对她们说过的话。“这里依旧还有其他事务，”她继续说道，“这就是我们的神圣的主的帮助。尽管出了这么多事，主还是把圣米迦勒留在了这里，不要害怕。”除此之外，她也无法给予她们其他安慰了。

在维尔默斯多夫区，盟军间谍卡尔·维贝格和他的上司亨宁斯·耶森–施密特，已经成功地向苏联人表明了身份。他们正在维贝格家外面同一个苏联上校谈话时，另一名苏联军官则在地下室里试图强奸维贝格的未婚妻英格。维贝格听见她的尖声大叫，冲了进去。邻居们喊叫着告诉他，那个人把姑娘带进了另外一个房间，还锁上了门。维贝格和苏联上校破门而入，此时英格的衣服被撕破了，那名军官连衣服都已经脱掉了。上校一把抓住那名军官，冲着他嚷道：“是美国人！是美国人！”随后把他押到外面，用手枪无情地敲打他。接着上校让那名军官靠墙站着，打算枪毙他。维贝格冲到两人之间，恳求上校饶那人一命。“你不能就这样对一个人开枪。”他说道。上校最终心软，那名军官被抓起来押走了。

苏联人的行为简直肆无忌惮。在波茨坦附近的巴伯尔斯贝格（Babelsberg）的国际红十字会仓库，英国战俘就在那里工作，醉醺醺的苏军士兵以开枪为乐，毁坏了数千个装有药品、医疗用品和提供给伤病军人的各种营养食品的包裹。“他们闯了进来，”约翰·埃亨下士回忆道，“进入一间地下室，看见大堆的包裹后干脆用冲锋枪扫射那些物资。各种各样的液体从被打碎的包裹里倾泻而出。那场面令人难以置信。”

在仓库的旁边是全球电影股份公司（UFA）[1]的大摄影棚。亚历山大·科拉布是一名身居柏林的外国学生，他看见上百名酩酊大醉的士兵破门进入服装部，而后又出现在街道上，穿着“各种各样用作电影道具的奇装异服，从带有白色轮状硬领的西班牙紧身上衣，到拿破仑时期的军服和帽子，再到撑裙，五花八门，应有尽有。他们在手风琴的伴奏下，在街道上翩翩起舞，还不断朝天射击，而与此同时战斗仍在激烈进行”。

数以千计的苏联军人似乎此前从未进过大城市。他们把电灯泡拧下来仔细包装好，准备带回家，因为他们误以为那些灯泡里面有光，到哪里都能发亮。由于同样的原因，水龙头被从墙上生生拧了下来。对许多人来说，浴室里的喷淋设备是种神秘的事物。他们有时用抽水马桶洗土豆，削土豆皮，却不知道拿浴缸来做什么，结果上万支浴缸干脆被扔出了窗外。由于士兵们不知道浴室是干什么用的，又找不到户外厕所，于是就随地大小便。有些苏联人做出了努力，格尔德·布赫瓦尔德发现，“我妻子的十多个玻璃广口瓶里面全都是尿，玻璃盖子还被牢牢地拧紧了。”

1　全球电影股份公司（Universum Film-Aktiengesellschaft），德国电影制片公司，成立于1917年12月18日。默片时期该公司的影片在艺术上是最突出的，技术上也是最优良的，拥有当时世界上设备最好、最现代化的摄影棚，至今仍为制片中心。

在夏洛滕堡区的舍林制药和化学股份公司，格奥尔格·亨内贝格教授惊恐万状地发现苏联人闯进了他的实验室，还拿着实验用的鸡蛋玩抛接球游戏，而那些鸡蛋都已经感染了斑疹伤寒细菌。大惊失色的亨内贝格最终找到了一名苏联上校，上校命令那些士兵从大楼里出去，然后把大楼上了锁。

在这一切无谓的抢劫和暴行当中，战斗仍然在激烈进行着。处于战斗中心的，是几乎被困难重重的保卫者和受到骚扰的人民所忘却的元首地堡及其居住者。

地堡里的生活已经呈现出一种漫无目的的迷梦般的感觉。“那些还留在那里的人，”希特勒的秘书格特鲁德·容格（Gertrud Junge）后来讲述道，“一再期待着能有某种决定，但什么也没有。地图摊放在桌子上，所有的房门都敞开着，谁也无法再入睡，谁也不知道日期或者时间。希特勒无法忍受单独待在一个地方，他不停地在那些小屋子里走来走去，和仍留在那里的每个人谈话。他提到自己就要死了，末日即将到来了。”

在此期间，戈培尔一家搬进了地堡。戈培尔的孩子们在玩耍，为“希特勒伯伯”唱歌。

看来没有任何人怀疑希特勒打算自杀，他经常谈到自杀。每个人同样还充分意识到，玛格达和约瑟夫·戈培尔在计划结束他们自己以及他们的 6 个孩子：黑尔佳、霍尔德、希尔德、海德、黑达以及赫尔穆特的生命。唯一毫不知情的人，是孩子们自己。埃尔温·雅库贝克（Erwin Jakubek）是地堡里的一名侍从，孩子们告诉埃尔温，他们要通过长途飞行离开柏林。最大的孩子黑尔佳说道：“我们要打针，预防晕机。”

戈培尔太太有一颗牙齿发炎，于是从总理府下面的医院地堡里请来了牙医赫尔穆特·孔茨。他拔掉了那颗臼齿。完事后玛格达对医生说道：“孩子们绝不能活着落入苏联人的手中，如果更糟变成了最糟，而我们又出不去，那你必须得帮我。”

埃娃·布劳恩听说孔茨替玛格达拔了牙，于是提出也许他也能够帮助自己解决一些牙齿上的问题。随后，她突然想起了什么，于是对他说道：“哎呀，我都忘了，还有什么必要呢？几个小时以后，一切都将结束了！”

埃娃打算服用毒药。她拿出了一颗氰化物胶囊，说道：“就是这么简单——你只要把它咬破，一切就都结束了。”路德维希·施通普费格尔（Ludwig Stumpfegger）是希特勒的医生之一，他碰巧在场，于是说道：“那么你怎么知道它会奏效？你怎么知道里面有毒药？”这话让每个人都大吃一惊，于是大家立即拿出一颗胶囊在希特勒的狗布朗迪身上试用。孔茨说，施通普费格尔用一副镊子在狗的嘴里把胶囊夹碎，那只动物立即毙命了。

美国太平洋时区4月27日下午[1]，距柏林大约10 000公里之外的旧金山市，一个坐在打字机面前的人无意中给予了希特勒最后一次打击。他名叫保罗·斯科特·兰金（Paul Scott Rankine），是路透社的一名记者，他正在该市报道联合国组织的成立大会。那天，他从英国资讯服务 (BIS) 的负责人杰克·威诺库尔（Jack Winocour）那里得知，希姆莱提出要与西方盟军和谈，而威诺库尔又是直接从英国

1　此处原文写的是4月29日，考虑到旧金山与柏林有9个小时的时差，既然希特勒是在柏林时间4月28日夜间收到这个消息的，再加上转发消息的时间，那么记者发稿的时间无论如何都不可能是4月29日，只可能是27日。

外交大臣安东尼·艾登那里获悉的。兰金把这份报道发了出去，在几分钟之内就在全世界传播开了。

正是这个报道，令希特勒首次了解到希姆莱的变节行为。这个消息是夜间送到他那里的，当时他正在与魏德林、克雷布斯、布格多夫、戈培尔以及戈培尔的助手维尔纳·瑙曼一起开会。按照魏德林的说法，“瑙曼被叫去接电话，没过多久他就回来告诉我们，根据斯德哥尔摩电台的德语广播，党卫队全国领袖希姆莱已经开始与英美盟军最高统帅部谈判了。”

希特勒摇晃着站了起来，面如土色。“他盯着戈培尔博士看了半天，”魏德林说，“然后用谁也没法听明白的音量低声咕哝了点什么。”他似乎气得目瞪口呆。“我后来看见了希特勒，”格特鲁德·容格说，“他面色苍白，眼睛凹陷，看上去似乎失去了一切。”他确实是失去了一切。“今天晚上我们肯定得掉眼泪了。”埃娃·布劳恩告诉格特鲁德和希特勒的另外一位秘书。

希姆莱在元首地堡的联络官是汉斯·赫尔曼·费格莱因（Hans Georg Otto Hermann Fegelein）党卫队地区总队长兼武装党卫军中将，他娶了埃娃·布劳恩的妹妹，成了希特勒的连襟。他立即被怀疑参与了希姆莱的叛国行动。而费格莱因几天以前就从地堡里消失了。经过搜寻后发现他在家里，换了便装正准备离开柏林。他被送回地堡关了起来。现在希特勒得出结论，费格莱因计划离开柏林与希姆莱的叛国有密切联系。按照奥托·京舍二级突击队大队长的说法，“费格莱因受到了军事法庭的审判，在28日到29日夜间被处决了，他的大姨子拒绝替他求情。”

现在，对希特勒来说，最后的时刻显然临近了。到黎明时分，他已经口授了他的个人遗嘱和政治遗嘱，把政府大权交到了海军总司令卡尔·邓尼茨和约瑟夫·戈培尔的手中。邓尼茨任元首，戈培尔任帝国总理。他还娶了埃娃·布劳恩。“婚礼结束以后，”格特鲁德·容格回忆说，“希特勒和他的新娘坐了一个小时，和他们在一起的是戈培尔夫妇、克雷布斯将军和布格多夫将军、瑙曼博士，以及空军上校尼古劳斯·冯·贝洛。”格特鲁德·容格只和这群人一起待了 15 分钟，时间足以“向新人表达最美好的祝愿”。她说：“希特勒谈到了民族社会主义的结束，他现在认为，民族社会主义是不能轻易恢复的。他说，‘对我来说，死亡只是意味着从担忧和艰难困苦的生活中解放出来，我被我最好的朋友们欺骗了，我遭受了背叛’。”

在那一天，希特勒还得到了更多的坏消息。墨索里尼和他的情妇被游击队抓获并处死，脚跟朝上倒挂着暴尸。那天晚上，希特勒向地堡里的每一个人告别。第二天，苏联人的坦克已经近到离这里只有数百米的地方，他断定那个时刻到了。他和自己的两位秘书以及素食者厨师共进了午餐，侍从埃尔温·雅库贝克记得，最后一顿饭吃的是“浇着清淡酱汁的意大利面条”。午餐后希特勒再次告别，他对格特鲁德·容格说道：“现在已经到这个地步了，结束了。再见。”埃娃·布劳恩拥抱了这位秘书，说道：“代我向慕尼黑致以良好的祝愿，把我的狐皮大衣拿去做纪念吧，我一直喜欢穿得好的人。”然后他们走进了自己的住处，从人们的视线中消失了。

奥托·京舍在希特勒准备自杀的时候，守卫在通向其套房的接待室门外。“那是我所做过的最困难的事情，”他后来回忆道，“时间大约是 15 点 30 分或者 15 点 40 分。我尽力不动感情。我知道他不得不自杀，没有别的出路。”

当他等待的时候，出现了一个短暂的令人扫兴的事情，忧心如焚的玛格达·戈培尔突然冲到了他的面前，要求见元首。京舍没能劝阻她，于是敲开了希特勒的房门。“元首正站在书房里，埃娃不在房间里，不过在浴室里有自来水的流动声，因而我认为她是在那里。他因为我的闯入而对我非常恼火，我问他是否想见戈培尔太太。‘我一点也不想再跟她说话了。’他说道。我离开了。”

“5 分钟以后，我听见一声枪响。”[1]

“鲍曼首先走了进去，我跟在希特勒的贴身侍从林格后面。希特勒坐在长沙发的一端，脸上全是血。埃娃躺在长沙发的另一端，她脱掉了鞋子，把鞋子整齐地摆放在长沙发的一头。房间里有两支枪，一支是瓦尔特 PPK 手枪，那是希特勒的；另一支是他始终装在口袋里的小一些的手枪。埃娃穿着一件有着白色领子和白色袖口的蓝色连衣裙，她的眼睛大睁着，房间里有一股浓烈的氰化物的恶臭味。那味道太强烈了，我觉得我的衣服此后几天都带着这种味道——不过这也可能只是我的想象。”

“鲍曼什么也没有说，但我立即走进会议室，戈培尔、布格多夫以及其他一些我现在已经记不清的人坐在那里。我说‘元首死了’。”

---

1 战争结束之初，关于希特勒自杀时的“门外听到一声枪响”的说法广为流传，这种说法基本上源于希特勒的司机埃里希·肯普卡最初的证词。但多年后肯普卡承认，希特勒自杀时他根本不在地堡内，而是在地堡外的地面上准备汽油。当时在门外的奥托·京舍和阿图尔·阿克斯曼日后都表示没有听到枪声，因为从希特勒自杀的房间到走廊之间有两道密封的能够防火防毒的门，自然也能隔音。京舍在 70 年代接受历史学家采访时明确否认了听到枪声，并说自己战后被苏联关押的十年间受到了多次讯问和诱供，要他承认那一枪是他对着希特勒打的。

过了一小会儿，两具尸体都被毯子包着，放进了地堡入口不远处一个临时挖出来的浅坑里，旁边就是废弃的水泥搅拌机。尸体被浇上汽油点着了。希特勒的司机埃里希·肯普卡发现，在尸体被点着之后，“我们仍然被希特勒的存在束缚了”。地堡的进气口吸入了燃烧着的尸体的气味，把它吸进了房间里。“我们无法摆脱它，”肯普卡回忆说，“闻起来就像燃烧着的熏肉的味道。”

夜幕降临的时候，新任总理约瑟夫·戈培尔做出了就任以来的第一个重大决定：他决定尝试就城市的投降进行谈判——按照他本人的条件谈判。一条无线电信息用苏联红军的频率发了出去，要求会谈。苏联人很快就做出了回应。他们同意接待特使，并且专门指定了一个地方，让德国军官从那里通过他们的防线。

就在午夜之前，汉斯·克雷布斯上将以及魏德林的参谋长特奥多尔·冯·杜夫芬（他刚刚晋升为上校），走过了废墟，在一名翻译和两个士兵的陪同下，到达了苏军阵地。士兵接待了他们，要求验看他们的身份证件，并试图缴下他们的手枪。克雷布斯的俄语说得很流利，他严厉地说道：“一个有勇气的对手应该被允许在谈判的时候带武器。”那些苏联士兵尴尬了，最后允许他们保留随身武器。

他们被一辆小汽车送到滕佩尔霍夫区的一幢公寓楼，带进了一间小餐室。屋中的家具仍然体现出平民住处的痕迹——一条长桌子，一个靠墙的大衣柜，几把椅子，对面墙上挂着达·芬奇《最后的晚餐》石版画，屋子里还有几部野战电话机。在克雷布斯和冯·杜夫芬看来，那个地方似乎都是高级军官。由于彼此没有互致问候，苏联人也没有自我介绍，因而克雷布斯也就无从知晓坐在他对面的那个人就是大名鼎鼎的瓦西里·伊万诺维奇·崔可夫上将，他是斯大林格勒的保卫者、近卫第8集团军司令。克雷布斯更无从知晓，其他的苏联“军官”是两位战地记者、崔可夫的副官（他也是崔可夫的小舅子）以及两位翻译。[1]实际情况是，崔可夫被德国人突然提出的会谈要求搞得措手不及，没来得及把他的整个参谋班子都召集过来。

克雷布斯首先要求能够与“苏联首席谈判代表”进行私下会晤。崔可夫从他面前的盒子里取出一支长长的苏联香烟，点上后随意地挥动着，指着坐在他周围的人说：“这是我的参谋班子——这是我的军事会议。”

克雷布斯继续提出异议，但最后他还是让步了。“我的使命，”他说道，“是送交一个信息，它有非同寻常的重要性，而且属于绝密。我想让你知道，你是第一个得知这一信息的外国人，在4月30日希特勒自杀身亡了。”

对崔可夫来说这确实是新闻，但他眼睛眨都不眨地说道：“这消息我们已经知道了。”

克雷布斯震惊了。“你怎么会知道？”他问道，“希特勒刚刚在几个小时以前自杀身亡。”希特勒在29日娶了埃娃·布劳恩，她也自杀身亡了，他们的尸体被焚烧并掩埋了。他解释说，这发生在元

1 和那两位记者一起被崔可夫召来开会的，有来访的苏联作曲家马特维·伊萨科维奇·布兰特（Matvei Isaakovich Blanter），作为著名歌曲《喀秋莎》的曲作者，他是被斯大林派来的，要求他写出一部纪念柏林战役胜利的交响乐。那两位记者问将军那位作曲家怎么办时，崔可夫说“把他带来吧”。可是当布兰特到来的时候却穿着便装，显然无法冒充苏联军官了。他被匆匆推进毗邻会议室的一个衣橱里，在随后的会议期间他基本上就待在那里。就在客人们要离开的时候，他由于缺氧而昏厥，一跤跌落房内，令德国人大吃一惊。——原注

首地堡。崔可夫再次克制住了自己的惊讶。不论是他还是苏联红军司令部里的其他任何人，都不知道有这么个地方，他们也从未听说过埃娃·布劳恩。

然后，他们开始进行艰难的谈判。克雷布斯告诉崔可夫，希特勒留下了一份遗嘱，并在遗嘱中任命了继任者。他把一份遗嘱副本递给了眼前的这个苏联人，表示当前的问题是不可能有完全的投降，因为邓尼茨——那位新任元首——不在柏林。克雷布斯提议，第一步，应该是停火或者部分投降，在那以后也许邓尼茨政府就可以直接与苏联人进行谈判。崔可夫在匆匆地给朱可夫打了电话以后，断然拒绝了这个试图分裂盟军的提案（这个决定后来又得到了莫斯科的确认）。

谈判进行了整整一个通宵。到黎明时分克雷布斯从苏联人那里得到的一切只是一个要求：这座城市立即无条件投降，加上地堡里的所有人亲自出来投降。

当克雷布斯留下继续同崔可夫谈判的时候，冯·杜夫芬冒着危险穿过战线返回，其间遭到了党卫军部队的枪击，一个苏联中校又把他拉到了安全的地方。他终于回到元首地堡后，告诉戈培尔苏联人坚持无条件投降，这令戈培尔激动起来。“这我永远，永远也不会同意！”他叫道。

由于双方都不肯让步，谈判破裂了。地堡里一片恐慌。现在，似乎在这个地区苏联人的每门大炮都直接瞄准了帝国总理府。冯·杜夫芬后来推测，这是克雷布斯泄露了地堡的位置所造成的直接后果。对那些被围困在元首地堡里的人来说，现在只有两个选择：自杀或者突围。每个人都立即开始制订计划，他们将分成数个小组离开，穿过总理府大楼以及庭园底下复杂的隧道和地堡；从那里，他们将沿着地铁系统到达弗里德里希大街车站。他们希望在那里能与一支战斗部队会合，那支部队会把他们送到北方。“一旦我们突破苏联人在施普雷河北边的警戒线，”戈培尔的助手维尔纳·瑙曼后来回忆说，“那么我们肯定能安全地朝任何方向走。”

有些人则做出了另外的选择。

戈培尔一家选择自杀。维尔纳·瑙曼在过去的几个星期里曾经试图劝阻玛格达·戈培尔，但她不为所动。现在，时候到了。5月1日，大约17点30分[1]，瑙曼正在与戈培尔以及他的妻子谈话，这时玛格达突然“站起身来，走进孩子们的房间。过了一小会儿，她回来了，面色苍白，浑身颤抖”。紧接着，戈培尔开始道别。“他对我说了几句私人的话——没有政治上的或者有关后事的话，只是说再见。”瑙曼后来回忆说。当戈培尔离开地堡的时候，他要求自己的副官京特·施韦格曼，在他死后把他和他家人的尸体烧掉。然后，在瑙曼的注视下，约瑟夫和玛格达·戈培尔缓缓地上了楼梯，进入了花园。戈培尔戴着帽子和手套，玛格达“颤抖得很厉害，几乎无法爬上楼梯”。没有人再看到他们活着。

孩子们也死了，而且是死在一个最不可能是杀手的人手里。“在约瑟夫和玛格达·戈培尔自杀前的最后一段时间里，”瑙曼说道，

1　玛格达毒死6个孩子的具体时间，不同的资料有不同的说法。本书原文写的是20点30分，但根据詹姆斯·P.奥唐奈所著的《希特勒暗堡》（*The Berlin Bunker*）一书的记载，20点30分左右是戈培尔夫妇自杀的时间，18点30分左右阿克斯曼来到地堡与戈培尔夫妇话别，几个人聊天至19点左右，而此时孩子们已经被毒死了。从时间上向前倒推的话，玛格达毒死孩子的时间应该是在17点30分左右，而且奥康奈书中记录戈培尔夫妇走出暗堡去地面自杀的过程中，瑙曼并不在场，目送着夫妻俩朝通向院子的楼梯走去的人，是戈培尔的副官京特·施韦格曼和另外两人。

“只有一个人进入了孩子们的房间，而那个人就是玛格达本人。”

那些突围出去的人里面，很多人的遭遇也没有好到哪里去。有些人被打死了，还有些人在几个小时之内落入了苏联人之手，希特勒的贴身警卫奥托·京舍后来作为战俘被苏联人关押了十年[1]。有些人很快成了伤亡者，比如飞行员汉斯·鲍尔（Hans Baur），他拿着希特勒送给他的腓特烈大帝的肖像画，被炮弹炸掉了一条腿，醒来的时候已经躺在苏联人的医院里，画像也不见了。其他人，比如马丁·鲍曼，则神秘地消失了。少数几个人确实是逃脱了，或者几乎和逃脱的结局差不多一样好——落入了英美盟军的手中。

有三个人待在地堡里，自杀了。希特勒的首席副官布格多夫上将、陆军总参谋长汉斯·克雷布斯上将，以及地堡警卫部队的弗朗茨·舍德尔（Franz Schedle）一级突击队中队长。

现在，由于别的当权者全都不在了，这座城市、城市保卫者以及城里民众安全的全部责任，就落在了一个人——卡尔·魏德林将军——的身上。眼下柏林成了一个燃烧着的浩劫之城，守军被压迫到了城市最中心的区域，在菩提树下街和威廉大街上有坦克，在整个蒂尔加滕地区和动物园里都有战斗。苏军炮兵从东西轴心大道猛轰城市。部队待在亚历山大广场和弗里德里希大街的地铁车站里，而帝国国会大厦里面正在进行激烈的战斗。魏德林发现，除了投降别无他法，不过他仍然觉得应该通知他的部下。他召集手下的指挥官们开了个会，说明了形势。“我告知他们，”魏德林说道，“在过去的 24 小时里发生的事件以及我的计划，最后我让他们每个人选择

---

1 原文写的是关押了 12 年，但奥托·京舍获释是在 1955 年，他先是回到了东德，1956 年下半年去了西德。

另外一条出路，但他们没有别的解决办法。不过，那些想要突围的人，如果愿意的话可以去尝试。”

5 月 2 日凌晨接近 1 点的时候，苏联红军近卫步兵第 79 师收听到了一个无线电呼叫。“注意，注意，”那个声音说道，“这是第 56 装甲军。我们请求停火。柏林时间 0 点 50 分，我们将派出停战谈判代表到波茨坦桥，识别记号——一面白旗。等待回答。”

苏联人回答道：“明白你的意思。明白你的意思。正在把你的要求上报给参谋长。”

收到这个信息以后，崔可夫将军立即命令停火。5 月 2 日 0 点 50 分，魏德林的参谋长冯·杜夫芬上校以及另外两名军官，打着白旗来到了波茨坦桥。他们被带到崔可夫的司令部。不久后魏德林也来了。那天晚些时候，全城各地的高音喇叭播放了魏德林的命令，宣布战事结束了。“战斗每持续一个小时，”魏德林在命令中说，“都在增加柏林的平民和我军伤员的可怕苦难……我命令立即停止战斗。”尽管零星的交火还将持续几天，但柏林之战已经正式结束了。那天下午，冒险到共和国广场的人能够看到红旗在帝国国会大厦上面飘扬。4 月 30 日下午 1 点 45 分，当时战斗还在进行，红旗就已经在那里升起了。

尽管苏联人知道元首地堡在帝国总理府的下面，但找到它的位置还是花了几个小时的时间。街上的人被拉了过来给搜索者带路，摄影师格哈德·门策尔（Gerhard Menzel）就是其中被询问的一位。他从未听说过那个地堡，不过他还是和一群士兵一起去了遭到严重破坏的帝国总理府。在迷宫般的地下室和通道里，苏联工兵用探雷器开路，每当一个房间或者走廊被探测完毕，其他士兵就把文件、档案和地图收集起来。苏联人突然送给门策尔一副他们找到的望远镜，并要求他离开。他们已经来到元首地堡了。

他们首先发现的是布格多夫将军和克雷布斯将军的尸体。这两名军官在走廊休息室里，坐在一张满是酒杯和酒瓶的长条桌面前。他们是用手枪自杀的，制服口袋里发现的身份证暴露了他们的身份。

鲍里斯·波列伏依少校是最早进入元首地堡的搜索队中的一员，他们迅速对整个地堡进行了检查。在一间墙上安装着普尔曼式卧铺床[1]的小屋子里，他发现了戈培尔一家。约瑟夫和玛格达的尸体被放在地板上。“两具尸体都被焚烧过了，”波列伏依说道，“只有约瑟夫·戈培尔的脸还能认出来。”要搞清楚他们俩的尸体是怎么到那里去的，苏联人后来还费了不少事。大概在尸体被部分火化之后，有人又把他们的尸体送回地堡里了，但苏联人一直都没有弄清楚到底是谁干的。孩子们也在那里，“看见那些孩子让人感觉糟糕透了，”波列伏依少校说道，“唯一似乎挣扎过的孩子是老大黑尔佳，她的身上有瘀伤。孩子们全都死了，但其他孩子是平和地躺在那里死去的。”

苏联医生立即检查了那些孩子。他们的嘴上有灼伤的痕迹，这使得医生们认为，孩子们先是服用了安眠药水，等睡着后再被氰化物胶囊毒死，毒胶囊是从牙齿之间塞进去的。从黑尔佳的瘀伤来看，医生们猜测在下毒的时候她醒了，于是挣扎起来，因而不得不把她按住。尸体被抬出来，送到总理府的荣誉法庭，拍照备案，并加上

1 普尔曼式卧铺床，指 19 世纪美国发明家乔治·M. 普尔曼（George M. Pullman）设计的豪华型列车车厢，装有舒适的卧铺或座椅。

标签说明身份。这时波列伏依最后一次在这间死亡之屋里四下看了看，地板上丢着孩子们的牙刷，以及一管压扁了的牙膏。

一支由专家组成的特殊小队几乎立即就发现了希特勒的尸体，他被掩埋在一层薄薄的土下面。鲍里斯·谢苗诺维奇·杰利普霍夫斯基将军是一位苏联历史学家，他确信那就是元首。“尸体被烧焦得很厉害，”他说道，“但头颅却完整无缺，尽管头的后部被子弹打碎了。牙齿脱落了下来，就在头的旁边。”

不过一些疑问开始出现了。在同一个地方又发现了一些尸体，其中一些尸体也被焚烧了。“我们发现了一个穿制服的男性尸体，他的相貌与希特勒相像，”特洛普乔夫斯基说道，“但他的袜子上有缝补过的破洞。我们断定这不可能是希特勒，因为我们认为帝国元首不会穿缝补过破洞的袜子。还有一个人的尸体，他刚死不久，但尸体并没有被烧过。”

当第一具尸体放在第二具尸体旁边的时候，这两个人极为相像的事实就更令人困惑了。于是总理府的警卫和其他德国人被叫来对尸体进行辨认，但他们要么认不出来，要么不愿意辨认。几天以后，瓦西里·丹尼洛维奇·索科洛夫斯基（Vasily Danilovich Sokolovsky）大将命令对每具尸体进行牙科检查。弗里茨·埃希特曼（Fritz Echtmann）和克特·霍伊泽尔曼被找来，他们曾是在希特勒的牙医布拉施克诊所里工作过的牙科技师。埃希特曼被带到埃伯斯瓦尔德附近的菲诺（Finow），差不多位于柏林东北 40 公里处，他被要求画出希特勒口腔牙齿的素描图，画完以后他的询问者们便带着素描图走进了另一个房间。过了一小会儿他们回来了。“它们是相符的。”埃希特曼被告知。随后苏联人把希特勒的整个下颚和假牙上的齿桥拿给这位技师看。

克特·霍伊泽尔曼是在5月7日被找来的，她立即对下颚和假牙上的齿桥进行辨认。她和布拉施克几个月前干的活是很容易确认的。苏联人给了克特一包食品，又派人开车把她送回柏林。两天后她又被找去，这次被带到了埃尔克讷。树林中的一块空地里有排敞开的坟墓，里面的尸体清楚可见。"辨认他们。"和她在一起的那个苏联人说道。克特一下子就认出了约瑟夫·戈培尔和他的孩子们的尸体。"女孩子仍然全都穿着法兰绒睡衣，料子上印有小小的红色玫瑰和蓝色的花。"她说。玛格达·戈培尔则不见踪迹。

显然，由于她对希特勒的牙齿做了确认，克特·霍伊泽尔曼在此后的11年里一直待在苏联的监狱里，大部分时间是单独监禁。

希特勒残留的尸体又该怎么处理呢？苏联人声称就在柏林外面火化了，但他们又不说是在什么地方。他们说，他们从来也没有找到埃娃·布劳恩的尸体，尸体一定是被火完全烧光了，任何在正常情况下可用来辨认其身份的部分，都在对政府大楼的猛烈炮击中被毁灭或者炸散了[1]。

4月30日清晨，戈特哈德·海因里希正行走在指挥部的走廊里，准备永远离去的时候，一位年轻的上尉迈步走到他的面前。"将军，"他说道，"您不认识我，我一直在作战部工作。和其他人一样，我也知道您被免职了，奉命去普伦（Plön）报到。"

---

1 本书作者认为，苏联人对埃娃·布劳恩不感兴趣，因而没有真正下功夫去辨认她的尸体。苏联人对希特勒死亡的第一次确认是在1963年4月17日，由瓦西里·索科洛夫斯基元帅向本书作者和约翰·埃里克森教授做出的，那已经是事件发生的18年之后了。——原注

海因里希没有说话。

“我恳求您，”年轻的上尉说道，“不要急着去那里。”

“你想说什么？”海因里希问道。

“几年前，”上尉说道，“在施瓦本格明德（Schwäbisch Gmünd），星期日做完礼拜后从教堂走出来的人中，我经常走在乐队的后面。当时您还是少校，长官。我后来与您当时的副官非常熟悉。”

海因里希说道：“是的——隆美尔。”

“好吧，长官，”上尉继续说道，“我希望您能原谅我说的话。我不想让与隆美尔元帅相同的命运，再突然降临到您的身上。”

“你的话是什么意思？”海因里希问道，同时严厉地看着他，“隆美尔是战死的。”

上尉回答说：“不，长官，他不是战死的，他是被迫自杀身亡的。”海因里希盯着他。“你怎么会知道的？”他厉声说道。

“我是隆美尔的副官，”那个军官告诉他，“我叫赫尔穆特·朗。我恳求您，尽可能慢一点开车去普伦。这样的话，等您到那里的时候，战争大概就结束了。”

海因里希犹豫了一下，握住了朗上尉的手。“谢谢你，”他拘谨地说道，“非常感谢你。”

海因里希沿着走廊往前走着，直到出了大楼，他那规模不大的参谋班子已经在那里列队等候了。有人发出一声命令，于是全体向海因里希行军礼致敬。海因里希走到他们的面前。“我要感谢你们所有人。”他说道。将军的副官海因里希·冯·比拉上尉打开车门，海因里希上了车。冯·比拉上车后坐到了副驾驶的位置上，“普伦。”他说道。海因里希探过身来，拍了拍司机的肩膀。“我们不赶时间，慢慢开。”他说道。

第二天晚上，海因里希到达了位于普伦的兵营。当他走进房间时，一台收音机正在播音，广播突然中断了。在一阵低沉的隆隆鼓声之后，播音员宣布元首去世了，此刻的时间是5月1日晚上10点。

迪克西·迪恩斯准尉坐在他的德国看守查理·贡巴赫的旁边，两人一起听着新闻。那是很长时间以来迪克西听到过的最好的新闻。“……在反对布尔什维克的战斗中，元首在去世前战斗到最后一息。”播音员庄严地宣布。他和贡巴赫此时在劳恩堡（Lauenburg）东边的某个地方，躲在一栋房子的地下室里，就在德军战线后方。德籍房主一家人全在这里。妻子听到这个消息后泪流满面，迪恩斯克制住了自己的欣喜。尽管元首可能已经死去，但战争却还没有结束。德军战线就在前方，迪恩斯得穿越那些阵地，那并不是一件轻而易举的事情，因为炮火很猛烈。

所有人都在这个不怎么舒服的地方安顿下来过夜。迪恩斯很快便进入了梦乡。一连几天他一直试着骑自行车穿过该地区，进入英军的防线，现在只需要一点运气，他就可能做到——只要他能够说服遇到的下一批德国兵，让他通过就行。这是迪恩斯睡着前记得的最后一件事情。

几个小时以后，随着一阵摇动，他醒了过来。一支斯登冲锋枪正顶在他的肋骨上，一个声音说道：“嘿，伙计，站起来。”迪恩斯抬起头来，映入眼帘的是一名长相凶狠的英军士兵的脸庞，他是英军第6空降师的伞兵。当天夜间，当他们正在睡觉的时候，英军攻占了该地区。大喜过望的迪恩斯跳了起来，表明自己的身份后，他和贡巴赫被押回连部，接着先是被带到师部，然后又被送到军部。最后，他们见到了第 8 军军长伊夫林·休·巴克（Evelyn Hugh Barker）中将。

迪恩斯迅速说明了形势。“有 12000 名英国皇家空军战俘在朝前线行军，”他急切地说道，“我们的飞机正在朝他们开火！”他让巴克中将看他把那些人留在了什么地方。将军大吃一惊，匆忙拿起电话取消了原定对这个地区进行的另一次空中打击。“现在一切都会好的，”巴克中将说道，显得如释重负，“我们会在接下来的 48 个小时内占领这个地区，你最好休息一下。”

“不，长官，”迪恩斯说道，“我向奥斯特曼上校承诺过我会回去的。”

巴克吃惊地看着他。“这是不是有点蠢呢？”他问道，“不管怎么说，我们到那里也就是几个小时的事情。”

但迪恩斯仍然坚持。“那好吧，”将军说道，“我给你一辆挂红十字会旗的车，这也许能让你顺利通过战线。告诉你遇见的那些德国兵，他们现在最好放弃抵抗。”

迪恩斯行了军礼。他路过参谋长办公室的时候四下张望，“我的德国看守查理·贡巴赫在哪里？”他问道。有人告诉他说：“他被送去战俘营了。”迪恩斯怒了。“没有他我就不离开这里，”他咆哮道，“我用了我的名誉做担保的。”查理被迅速送了回来。于是他们乘坐一辆缴获的梅赛德斯汽车动身了，车篷上挂着一面红十字会会旗。

两天以后，迪克西·迪恩斯与他的人一起行军抵达了英军战线。他的那些由苏格兰风笛手领头、骨瘦如柴、疲惫不堪的英国皇家空军官兵高昂着头，迈着整齐的脚步进入英军占领区的时候，人们都站着行注目礼。奥斯特曼上校和他手下的看守们现在被羁押起来，迪恩斯和他的一些难友陪同他们一起来到英国人的战俘营地门口。这两群人相向列队立正，奥斯特曼迈步向前，和迪恩斯互致军礼。“再见，奥斯特曼上校。”迪恩斯说道。“再见，迪恩斯先生，我希望我们能再次相逢。”奥斯特曼说道。然后迪恩斯重复道：“立正！”随后奥斯特曼和他手下的看守们齐步走进了英国人的战俘营大门。当查理·贡巴赫走过去的时候，他还挥手致意。

致命的火力毫不留情地从四面八方射来。布塞四处走动，朝他的手下大声吼叫着：“站起来！继续前进！只剩下几公里了！温克正等着我们！”布塞太疲倦了，不但弄不清现在是几点，甚至连今天是星期几都不知道。第9集团军一直朝着温克所部的方向攻击前进，仿佛打了几个星期一样。弹药所剩无几，火炮全丢光了，只剩下一些迫击炮，仅存的几挺机枪也基本上打光了子弹。无论布塞往哪里看，映入眼帘的都是处于崩溃之中、无法继续前进的人们。他和军官们倾尽全力，才能让他们继续向前走。而加入行军队列的成千上万的难民，使得本已很麻烦的情况变得更加复杂。食品短缺，甚至连他自己的部下也没有足够的食品。

温克可能就在几公里以外的地方，但苏联人的抵抗仍然十分顽强。布塞把剩下的最后一辆坦克召了过来，他一直保留着这辆坦克，等的就是这个时刻。他要沃尔夫·哈格曼（Wolf Hagemann）中将率先冲出去。哈格曼跳进坦克，告诉驾驶员加速。坦克奋力前进，轰鸣着越过了一条壕沟和崎岖不平的地面。突然间哈格曼看见苏联军队在他们面前四散逃走了。他四下张望，寻找可以用来射击的东西。车载机枪没有子弹了，他抓起一支冲锋枪开始朝撤退的苏军士兵连续射击。

随后，他听见了从另一个方向传来的枪炮声——是从苏联人的背后传来的，那是温克的部下！这个会合来得太突然了，结果谁都没能真正记住这事后来是怎么结束的。精疲力竭的人们只是彼此倒在对方的怀里。温克和布塞会合了。

“第9集团军的人太疲惫了，消耗太大了，状态糟糕透顶，实在是令人难以置信。”温克后来回忆道。当他站在那里查看队伍的时候，有个人离开队列朝他走来。出现在温克眼前的是一个眼窝深陷、蓬头垢面、胡子拉碴的军人。几乎直到那人走到他眼前，温克才认出来这是特奥多尔·布塞上将。他们无言地握着手，随后温克开口说道：“感谢上帝，你到这儿了。”

5月7日，这两个集团军又回到了易北河畔，有10万多人渡河来到西岸，当了美国人的俘虏。布塞的部队原先有20万人，只有4万人幸存了下来。

德国新闻机构越洋新闻社发出的最后一个消息，是用法语发出的，内容是“Sauve qui peut”——各自逃命吧。柏林人接受了这个提议。坦克、部队、婴儿车、汽车、马车、人员运输车、自行火炮，骑马的人，成千上万步行的人，他们通过那些通向施潘道区的桥梁，蜂拥着离开柏林。这场规模庞大的集体大逃亡一直持续了很多个小时。投降书可能已经签字了，但射击仍然在继续，逃亡者尽全力逃跑。逃亡中的德国人偶尔会遭到炮击，很显然，北边和南边的苏联炮兵尚未接到停火命令。

年轻的布丽吉特·韦伯乘坐由她岳父的司机驾驶的汽车，从柏林出发时她穿着毛皮大衣，脚下放着一篮子祖传的银器。后来汽车被前往施潘道区的人流挤得动弹不得，短短几公里路花了十个半小时。她最终不得不放弃汽车，就像成千上万的其他人一样，步行向西跋涉。

16 岁的阿里贝特·舒尔茨吃惊地发现，他又再次见到了那名党卫军的官方刽子手。在一个急救掩蔽所里，舒尔茨就躺在那个红头发的家伙旁边。瘦高个的党卫军射手的胃部被一颗子弹打穿了，他痛苦地尖叫呻吟了 16 个小时才死去。

当挤满了道路的庞大人流向着那些桥梁移动的时候，炮弹不时地在人群之中落下。希尔德加德·潘策尔与库尔特·阿赫上尉一起逃亡，阿赫帮助她领着两个孩子，9 岁的沃尔夫冈和 5 岁的黑尔佳。她与这双年幼的儿女在人流中挤散了，她再也没有见到他们。据估计，在这场疯狂的集体大逃亡中，总共约有 2 万人死去或受伤。

最后，炮弹不再落下，难民们把枪炮声留在了身后。他们继续走了一段路以确保这一点，然后都躺倒在地。男人、女人和孩子在哪里倒下，就在哪里睡着了——田野里，沟渠里，空屋子里，废弃的车辆里，道路的路肩部，甚至就在道路上。他们现在安全了，最后一役结束了。

“阿布！阿布！”海因里希·施瓦茨在遭到可怕破坏的动物园里四处走着。他想，现在什么都没有留下，动物园永远也不会再成为原先的样子了。死亡的动物和瓦砾到处都是。他朝池塘走去，一路上叫着“阿布！阿布！”

一阵拍打翅膀的声音传来，在空了的池塘的边上，那只罕见的鹳“阿布·马库博”正单腿站立，看着施瓦茨。他绕过池塘，抱起这只鸟。“一切都结束了，阿布，”施瓦茨说道，“一切都结束了。”

他抱着这只鸟离去了。

安茨慢慢地从维尔默斯多夫区的地下室里走了出来，这是自 4 月 24 日以来，她第一次来到阳光之下。街道上出奇地安静，“一开始，由于不习惯亮光，我眼前全是黑圈，什么也看不清。接下来我四下张望，阳光明媚，春天来了，树开花了，微风轻柔。即使在这个备受折磨的垂死的城市里，大自然也带回了生命。在此之前没有什么东西曾触动过我，所有的情感都死去了。但当我眺望着远处的公园，看着那儿已经到来的春色，我再也控制不住自己。自从这一切开始以来，我第一次哭了。”

伤亡小记

即使在20年以后，也没有人能肯定地说出柏林战役期间平民的伤亡数是多少。至今仍然有尸体在废墟中、花园里和公园里被发现，那是在战斗期间被匆匆埋葬的；还有尸体在集体坟墓里被发现。然而，根据统计，大概有10万平民死于这场战役。至少有20000人因心脏病发作而死，大约6000人自杀，其余的不是直接死于炮击或者巷战，就是负伤后伤重不治。那些在最后几天里逃离柏林然后死在德国各地的人，从来也没有得到过精确统计。如果说仅仅死于轰炸的人起码有5.2万的话，那么总的数字就上升到15万人以上，这还不包括受伤的人。

有多少人遭到了侵犯？没人知道。我从医生那里得到的估计是2～10万人。堕胎得到了默许，但由于众所周知的原因，谁也不愿意统计甚至猜测到底有多少人堕胎了。

至于德国军队的伤亡数字，就像平民的伤亡情况一样，没人知道确切数字。令这个问题复杂化的是，实际上他们被包括进了德国总的战争伤亡数字里，因而要说出有多少人是在柏林阵亡的就不大可能了。苏联人对他们的伤亡人数非常确定。苏联国防部官方说，从强渡奥得河的战斗直至最后攻克柏林，他们有“超过10万人阵亡”。在我看来，那个数字似乎很高，但也可能被故意夸大了，为的是让胜利引人注目。另一方面，科涅夫元帅告诉我，单是他的部队，“在从奥得河到柏林的整个战斗中，以及我的南翼向易北河挺进的过程中……就有15000人阵亡”。这样一来，朱可夫和科涅夫的军队加在一起，在攻克柏林的过程中仅阵亡就有10万人。奇怪的是，美军第12集团军群指挥官奥马尔·N.布莱德雷将军曾经提醒艾森豪威尔，他要是试图攻克德国首都的话，很可能蒙受10万人的伤亡，不过布莱德雷说的是阵亡、受伤和失踪人员的总数。

作者致谢

本书的写作材料，主要来自参与者本人——盟军的官兵、与盟军作战的德军部队，以及在战役中幸免于难的柏林人，总共有2 000多人为本书提供了材料。从1962年开始，在为期3年的时间里，大约有700个人提供了书面材料，或者接受了采访。他们给了我各种各样的收藏品，从日记到地图，从个人的叙述到珍藏的剪贴簿，不一而足。这些人的名字出现在本书“战后幸存者名单”一节中[1]。

亲历者们提供的材料，又被安置在根据美国、英国、苏联和德国的资料所勾勒出来的军事框架之内。我获得了部队的战后报告、战争日记、师史、情报总结和审讯报告，还对那个时期关键的军事人物和政府人物进行了采访，他们当中有许多人把自己的档案、文件和笔记交付于我。仅搜集到的资料累计填满了十个文件柜，所包含的信息五花八门，比如战役开始前柏林的大型储气罐中的燃料数量，甚至包括罗科索夫斯基元帅戴的手表里面有一块罗盘。

1　英文原著附有“战后幸存者名单”，列举了亲历柏林战役又为本书提供了材料的所有人的名单。首先是盟军的名单，然后是和盟军较量的德国军人的名单，最后是在1945年3月到4月住在柏林及其周边的平民。中文版翻译时略去，有需要者可以向出版方索取。——编者注

许多人在这个项目上提供了帮助。要是没有《读者文摘》的莉拉和德威特·华莱士（DeWitt Wallace）的话，这个项目根本就不可能开始，华莱士夫妇把他们机构的巨大研究资源提供给我使用，并报销了我的许多费用。我谨对我的朋友霍巴特·刘易斯（Hobart Lewis）表达敬意，刘易斯是《读者文摘》的总裁兼执行主编，他的不懈努力使本书面世成为可能。我还想对《读者文摘》驻美国和欧洲的编辑部的朋友们表示感谢，他们搜集了研究资料，采访了数十位参与者。如果只是单单挑选出某些人来，那是不公平的，因而我想以各个编辑部中人物的姓氏字母先后为序，报出他们的名字。柏林编辑部：约翰·弗林特（John Flint）、黑尔佳德·克拉默（Helgard Kramer）、苏珊娜·林登（Suzanne Linden）、露特·韦尔曼（Ruth Wellman）。伦敦编辑部：希瑟·查普曼（Heather Chapman）、琼·艾萨克斯（Joan Isaacs）。纽约编辑部：格特鲁德·阿伦德尔（Gertrude Arundel）、尼娜·乔治斯-皮科（Nina Georges-Picot）。巴黎编辑部：于尔叙拉·纳卡什（Ursula Naccache）、约翰·D. 帕尼察（John D. Panitza，欧洲首席记者）。斯图加特编辑部：阿尔诺·亚历克西（Arno Alexi）。华盛顿编辑部：布鲁斯·李（Bruce Lee）、朱莉娅·摩根（Julia Morgan）。

我因为获准在历史档案馆里进行研究而必须感谢美国国防部。我尤其想对军事历史中心办公室主任哈尔·C. 帕蒂森（Hal C. Pattison）准将及其同事所提供的帮助表示感谢：玛格达·鲍尔（Magda Bauer）、德特马·芬克（Detma Fincke）、查尔斯·冯·吕蒂肖（Charles von Luttichau）、伊斯雷尔·威斯（Israel Wice）、汉娜·蔡德里克（Hannah Zeidlik），以及厄尔·齐姆克（Earl Ziemke）

博士——他们都把时间和帮助给予了我和我的同事。我还感谢“二战录音部”的主任谢罗德·伊斯特（Sherrod East），他允许我在几个月的时间里对录音进行日复一日的研究。录音部里的其他人也同样友善：资料组的主任威尔伯·J. 奈伊（Wilbur J. Nigh），以及他的同事洛伊丝·奥尔德里奇（Lois Aldridge）、莫顿·阿珀森（Morton Apperson）、约瑟夫·埃弗里（Joseph Avery）、理查德·鲍尔（Richard Bauer）、诺拉·欣肖（Nora Hinshaw）、托马斯·霍曼（Thomas Hohmann）、希尔德雷德·利文斯顿（Hildred Livingston）、V. 卡罗琳·穆尔（V. Caroline Moore）、弗朗西斯·鲁布赖特（Frances Rubright），以及黑兹尔·沃德（Hazel Ward）。与这个小组一起紧密合作的是朱丽叶斯·怀尔德斯托瑟（Julius Wildstosser）博士，她完成了艰苦的工作，替我和我在《读者文摘》的同事们检查了几米长的微缩胶卷，并翻译了几千份德国文件。

我尤其感谢前总统德怀特·D. 艾森豪威尔；阿拉曼子爵伯纳德·劳·蒙哥马利元帅；奥马尔·N. 布莱德雷上将；中将弗雷德里克·摩根爵士；沃尔特·比德尔·史密斯上将；威廉·H. 辛普森上将；詹姆斯·M. 加文中将；黑斯廷斯·伊斯梅勋爵；中将布赖恩·霍罗克斯爵士；斯特朗勋爵；大使威廉·埃夫里尔·哈里曼；大使福伊·D. 科勒；大使戴维·布鲁斯；大使查尔斯·波伦；艾德礼伯爵；安娜·罗森堡·霍夫曼太太；少将弗朗西斯·德甘冈爵士；迈尔斯·登普西爵士；伊夫林·巴克中将；刘易斯·莱恩少将；罗纳德·弗雷德里克·贝尔彻姆少将和菲利普·E. 莫斯利教授。这些人以及许多其他美英官员和外交家，都帮助我理解那个时期的军事和政治上的背景，并且阐明了英美盟军无法继续向柏林挺进的原因。

感谢苏联政府，承蒙他们允许，我从他们国防部的档案中看到了此前尚未披露出来的文件、命令、审讯报告以及其他文件。在许多问题上，我们一向无法取得一致观点，而且我的方法也并非总是那么富于外交手腕。然而我却发现，对苏联军方持直言不讳而又坦诚的态度，也得到了他们同样直言不讳而又坦诚的回报。例如，有关在柏林发生的性侵问题，美国国务院和英国外交部的某些官员对我指出，若是提出这个问题，那就是不讲外交策略。约翰·F. 肯尼迪总统不同意那种看法。在我动身前往苏联之前，他对我讲话的大意是，苏联人大概一点也不在意，因为他们从本质上讲是做交易的老手。他觉得我应该直言不讳，“把话摆在桌面上”。我这样做了，而苏联当局也直言不讳地做出了回应。然而，还是有一些令人尴尬的时刻。尽管我受到了赫鲁晓夫政府的邀请，前往进行我的研究，但莫斯科机场的边防警察却试图截下苏联国防部送给我的文件。那些苏联红军军官，科涅夫、罗科索夫斯基、索科洛夫斯基和崔可夫诸位元帅，他们是亲切和蔼的榜样，慷慨地为我提供了他们的时间和资料，我采访的其他苏联军方人士同样如此。之所以能够建立起这样的联系，在很大程度上得益于我在那次旅行中的同事——曼彻斯特大学的约翰·埃里克森教授，他在语言学上的能力以及在苏联事务上的专业知识被证明是非常宝贵的。

在德国，波恩市政府新闻与信息部的格拉夫·施魏因茨博士为我大开方便之门。北大西洋公约组织军事委员会主席阿道夫·霍伊辛格上将写了几十封介绍信。特奥多尔·冯·杜夫芬上校是柏林最后一任卫戍司令卡尔·魏德林上将的参谋长，他花了几天时间和我一起重温了这最后一场战役。瓦尔特·温克上将、特奥多尔·布塞上将、马丁·加赖斯上将、埃里希·德特勒夫森少将、赫尔穆特·雷曼中将、哈索·冯·曼陀菲尔上将、马克斯–约瑟夫·彭泽尔中将、弗里德里希·西克斯特（Friedrich Sixt）中将、费利克斯·施泰纳党卫军上将、布克哈特·米勒–希勒布兰德中将、古斯塔夫·克鲁肯贝格（Gustav Krukenberg）党卫军少将、汉斯·雷菲尔上校、汉斯·奥斯卡·韦勒曼上校以及路易丝·约德尔太太。他们全都以每一种可能的方式，帮助我把柏林战役以及柏林最后的日子重新勾画出来。

还有许多人，他们以各种各样的方式提供了帮助。位于慕尼黑的苏联研究所副顾问莱昂·J. 巴拉特（Leon J. Barat）；柏林广播电台的总编罗尔夫·门策尔（Rolf Menzel）；德国军队档案馆的迈尔·韦尔克（Meyer Welcker）中校；柏林《晚报》（*Der Abend*）的主编弗兰克·E.W. 德雷克斯勒（Frank E.W. Drexler）；位于柏林的美军占领区电台（RIAS）负责人罗伯特·洛克纳（Robert Lochner）；《巴黎竞赛画报》（*Paris Match*）的雷蒙·卡蒂埃（Raymond Cartier）；慕尼黑现代历史图书馆的尤尔根·罗韦尔（Jurgen Rohwer）博士；柏林市档案馆的阿尔布雷希特·兰珀（Albrecht Lampe）博士；德国老兵组织 WAST 的卡尔·勒德尔（Karl Röder）、卡尔·约翰·维贝格；战俘营前战俘全国联谊会的马塞尔·西莫诺（Marcel Simonneau）；西格贝特·莫恩出版社的迪特尔·施特劳斯（Dieter Strauss）博士。我谨向他们以及诸多其他朋友，致以我最诚挚的感谢。

最后，因为本书故事中的德国一面，我要把我的感谢留给戈特哈德·海因里希大将。在为期 3 个月的时间里，我们进行了无数次的采访和交谈。他再次在战役的每个阶段投入作战了！他让我使用他的个人笔记、文件和战争日记。尽管他疾病缠身，却总是慷慨地把时间给予我。要是没有他的话，我认为这本书就不可能写出来。我当作家有二十来年了，很少遇见具有这样的尊严和荣誉的人，也很少遇见在细节记忆上这样精确的人。

该如何感谢那些在写作过程中支持我的人呢？我亲爱的妻子做了校对，编了索引，进行了编辑和重写，与此同时，又在漫长的研究和写作的岁月中照料着我们的家庭。我的好朋友和最严厉的批评家杰里·科恩（Jerry Korn），他尖锐的编辑铅笔在稿纸上是如此才华横溢地移动着（不过在本页书稿上他不会有这个机会了）。我非常宝贵的秘书“霍蒂”·范特雷斯卡（‘Horty’ Vantresca）和芭芭拉·索耶（Barbara Sawyer），她们不停地打字，把文稿归档，接电话，并且支持了我们所有人。苏珊与查利·克利夫斯（Charlie Cleaves），我什么时候需要他们，他们就什么时候出现。西蒙舒斯特出版公司的彼得·施韦德（Peter Schwed）和迈克尔·科达（Michael Korda），他们与海伦·巴罗（Helen Barrow，产品经理）、弗兰克·梅茨（Frank Metz，美术总监）、伊芙·梅茨（Eve Metz，版面设计），以及索菲·索金（Sophie Sorkin，编辑部主任），他们全都容忍了我那些难以达到的要求。拉斐尔·帕拉西奥斯（Raphael Palacios），他一丝不苟绘制的地图，以及他的幽默感超出了任何作者所能怀有的希望。泛美航空公司的戴夫·帕森斯（Dave Parsons），他在欧洲各地运送着成箱的研究资料且一件未少。我的朋友比利·科林斯（Billy Collins）和罗伯特·拉丰（Robert Laffont）——他们是我在英国和法国的出版商——为了这本书等待得太久，几乎就要“密切注视瑞恩”了。我的律师保罗·吉特林（Paul Gitlin），他的帮助、指导以及冷静是非同寻常的。我的代理玛丽·舍贝克（Marie Schebeko，在法国）和伊莱恩·格林（Elaine Greene，在英国），她们通过工作、勇气、支持和信念帮助我。所有这些帮助过我的人，我向他们表示诚挚深切的谢意。